プリント形式のリアル過去問で本番の臨場感！

東京都
都立

白鷗高等学校附属中学校

2025年春受験用

解答集

本書は，実物をなるべくそのままに，プリント形式で年度ごとに収録しています。
問題用紙を教科別に分けて使うことができるので，本番さながらの演習ができます。

■ 収録内容

・解答集（この冊子です）

書籍ＩＤ番号，この問題集の使い方，最新年度実物データ，リアル過去問の活用，
解答例と解説，ご使用にあたってのお願い・ご注意，お問い合わせ

・2024（令和６）年度 ～ 2018（平成30）年度　学力検査問題

JN131852

〇は収録あり

年度	'24	'23	'22	'21	'20	'19
■ 問題（適性検査Ⅰ～Ⅲ）	〇	〇	〇	〇	〇	〇
■ 解答用紙	〇	〇	〇	〇	〇	〇
■ 配点	〇	〇	〇	〇	〇	〇

全分野に解説
があります

上記に2018年度を加えた7年分を収録しています
注）問題文等非掲載：2022年度適性検査Ⅰの1と適性検査Ⅱの2，2021年度適性検査Ⅰの1，2020年度適性検査Ⅰの1

問題文などの非掲載につきまして

著作権上の都合により，本書に収録している過去入試問題の本文や図表の一部を掲載しておりません。ご不便をおかけし，誠に申し訳ございません。

教英出版

■ 書籍ＩＤ番号

入試に役立つダウンロード付録や学校情報などを随時更新して掲載しています。
教英出版ウェブサイトの「ご購入者様のページ」画面で，書籍ＩＤ番号を入力してご利用ください。

書籍ＩＤ番号　102213

（有効期限：2025年9月30日まで）

【入試に役立つダウンロード付録】
「要点のまとめ(国語／算数)」
「課題作文演習」ほか

■ この問題集の使い方

年度ごとにプリント形式で収録しています。針を外して教科ごとに分けて使用します。①片側，②中央のどちらかでとじてありますので，下図を参考に，問題用紙と解答用紙に分けて準備をしましょう（解答用紙がない場合もあります）。

針を外すときは，けがをしないように十分注意してください。また，針を外すと紛失しやすくなりますので気をつけましょう。

① 片側でとじてあるもの　　② 中央でとじてあるもの

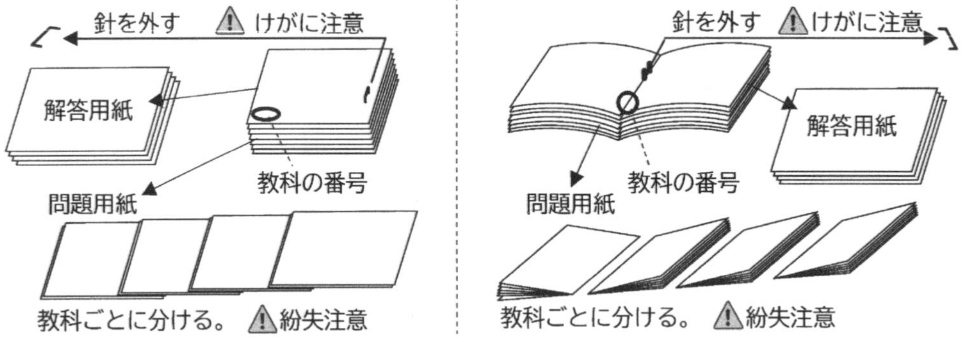

※教科数が上図と異なる場合があります。
解答用紙がない場合や，問題と一体になっている場合があります。
教科の番号は，教科ごとに分けるときの参考にしてください。

■ 最新年度 実物データ

実物をなるべくそのままに編集していますが，収録の都合上，実際の試験問題とは異なる場合があります。実物のサイズ，様式は右表で確認してください。

問題用紙	Ａ４冊子(二つ折り)
解答用紙	Ａ３プリント

リアル過去問の活用

～リアル過去問なら入試本番で力を発揮することができる～

本番を体験しよう！

問題用紙の形式（縦向き / 横向き），問題の配置や余白など，実物に近い紙面構成なので本番の臨場感が味わえます。まずはパラパラとめくって眺めてみてください。「これが志望校の入試問題なんだ！」と思えば入試に向けて気持ちが高まることでしょう。

入試を知ろう！

同じ教科の過去数年分の問題紙面を並べて，見比べてみましょう。

① 問題の量

毎年同じ大問数か，年によって違うのか，また全体の問題量はどのくらいか知っておきましょう。どのくらいのスピードで解けば時間内に終わるのか，大問ひとつにかけられる時間を計算してみましょう。

② 出題分野

よく出題されている分野とそうでない分野を見つけましょう。同じような問題が過去にも出題されていることに気がつくはずです。

③ 出題順序

得意な分野が毎年同じ大問番号で出題されていると分かれば，本番で取りこぼさないように先回りして解答することができるでしょう。

④ 解答方法

記述式か選択式か（マークシートか），見ておきましょう。記述式なら，単位まで書く必要があるかどうか，文字数はどのくらいかなど，細かいところまでチェックしておきましょう。計算過程を書く必要があるかどうかも重要です。

⑤ 問題の難易度

必ず正解したい基本問題，条件や指示の読み間違いといったケアレスミスに気をつけたい問題，後回しにしたほうがいい問題などをチェックしておきましょう。

問題を解こう！

志望校の入試傾向をつかんだら，問題を何度も解いていきましょう。ほかにも問題文の独特な言いまわしや，その学校独自の答え方を発見できることもあるでしょう。オリンピックや環境問題など，話題になった出来事を毎年出題する学校だと分かれば，日頃のニュースの見かたも変わってきます。

こうして志望校の入試傾向を知り対策を立てることこそが，過去問を解く最大の理由なのです。

実力を知ろう！

過去問を解くにあたって，得点はそれほど重要ではありません。大切なのは，志望校の過去問演習を通して，苦手な教科，苦手な分野を知ることです。苦手な教科，分野が分かったら，教科書や参考書に戻って重点的に学習する時間をつくりましょう。今の自分の実力を知れば，入試本番までの勉強の道すじが見えてきます。

試験に慣れよう！

入試では時間配分も重要です。本番で時間が足りなくなってあわてないように，リアル過去問で実戦演習をして，時間配分や出題パターンに慣れておきましょう。教科ごとに気持ちを切り替える練習もしておきましょう。

心を整えよう！

入試は誰でも緊張するものです。入試前日になったら，演習をやり尽くしたリアル過去問の表紙を眺めてみましょう。問題の内容を見る必要はもうありません。どんな形式だったかな？受験番号や氏名はどこに書くのかな？…ほんの少し見ておくだけでも，志望校の入試に向けて心の準備が整うことでしょう。

そして入試本番では，見慣れた問題紙面が緊張した心を落ち着かせてくれるはずです。

※まれに入試形式を変更する学校もありますが，条件はほかの受験生も同じです。心を整えてあせらずに問題に取りかかりましょう。

白鷗高等学校附属中学校　2024 令和6 年度　適性検査Ⅰ

《解答例》

1 〔問題1〕 文章1 自分の気持ちを保つ　文章2 わずかなくふうでうまくいくことに気づく

〔問題2〕 あのきれ～ように。

〔問題3〕（1字あける）私は、小学校の時、友達とけんかをしてしまうことが何度かあった。友達が言ったことを深く考えずにすぐに否定したり、自分の思ったことをそのまま口にしたりして、友達をおこらせてしまうことがあったのだ。（改行）芭蕉の「謂応せて何か有」について、筆者は、ことばの裏側に余韻や想像力といった考えを置いてはどうか、詩という文芸は、表面的な理解だけでわかった気になってはつまらないと述べている。また、「舌頭に千転せよ」については、わずかな工夫でうまくいく、そこに気づくまで「千転せよ」というわけですと説明している。こうしたことは、俳句だけではなく、言葉を使う全ての場面で言えることだと思う。相手の言葉を表面的に理解してわかったつもりになったり、思ったことをそのまま言葉にしたりするのはよくない。言葉を受け取る人がどう思うか想像力を働かせ、言い方を工夫するように心がけたい。特に、ＳＮＳなどで、文字で言葉を伝える場合には、声や表情で感情を伝えられないので、より一層ていねいに言葉を使っていきたい。

《解　説》

1 〔問題1〕 文章1 で，筆者が「くり返し唱えたり，思いうかべたりする」歌が，「こよひ逢《あ》ふ人みなうつくしき」で，この言葉を唱えることで，筆者は「前向きになり，好意的に人と会える気持ちになれて勇気がわく」のである。そして，短歌を思いうかべることで，このような効果があることを一般化《いっぱんか》して，「短歌を知る，覚えていくということは，自分の気持ちを保つための言葉を確保していくことでもあるのだと思う」とまとめている。文章2 では，芭蕉《ばしょう》の「舌頭《ぜっとう》に千転《せんてん》せよ」という言葉をあげ，言葉を千回もくり返し唱えることで，「ほんのわずかの工夫《くふう》でうまくいく」ことに気づくことができると述べている。

〔問題2〕 筆者は「てのひらをくぼめて待てば青空の見えぬ傷《きず》より花こぼれ来る」という短歌から，「あのきれいな青い空にも傷がある。自分の中の見えない場所にあるもののように」という情景を想像している。倒置を用いた連続する二文になっている。「清水《きよみず》へ～こよひ逢ふひとみなうつくしき」の歌から想像した「桜の咲くころの祇園《ぎおん》を訪《たず》ねたことはないのだが，脳内《のうない》には花灯《はなあか》りの下を，浮《う》かれたような～人々《ひとびと》の，うつくしい顔がくっきりと浮かぶ」も短歌から想像した情景だが，「連続する二文」になっていないので，誤り。この直後の「夜桜見物を一度だけしたことがあるが～ロマンチックではない」は，筆者の実体験を述べたもの。

《解答例》

1　〔問題１〕太郎さんの作業…かく→切る→切る→切る→切る→切る→切る

花子さんの作業…かく→かく→かく→かく→かく

６枚のマグネットシートを切り終えるのにかかる時間…40

〔問題２〕右表

(得点板の数字を４５６から９８７にするのにかかる最短の時間) (16)秒	
(4)→(6)	一の位と百の位のボードを入れかえる。
(6)→(9)	6のボードを180度回す。
(5)→(8)	5にマグネットを2個つける。
(4)→(7)	4にマグネットを1個つけて2個取る。
( )→( )	

2　〔問題１〕ＡからＣ／航空機と鉄道の利用わり合は，ＡからＢはほぼ同じであるのに対して，ＡからＣは航空機の方が高い。その理由としては，ＡからＣの航空機と鉄道の料金は，ほぼ変わらないが，航空機の所要時間が約半分だからと考えられる。　〔問題２〕「ふれあいタクシー」の取り組みが必要になった理由…人口が減少し，路線バスの本数が減少したＥ町が，移動することにこまっている人を対象とした交通手だんを用意するため。

「ふれあいタクシー」導入の効果…75 さい以上の人の多くが，利用者証を得て，「ふれあいタクシー」を利用して買い物や病院へ行くことができるようになった。

3　〔問題１〕750ｇの金属をのせて調べたときも 1000ｇの金属をのせて調べたときも，おもりの数は手順６の板のときが最大であった。そして，手順６の板のみぞの方向に対して糸の引く方向はすい直であり，キャップのみぞの方向に対して手で回す方向もすい直であるから。　〔問題２〕組み合わせ…２号と５号　理由…実験２では同じでなかった条件のうち実験３では同じにした条件は，重さである。１号と３号のすべり下りる時間が同じなのに，１号と６号のすべり下りる時間は同じではなかった。だから，すべり下りる時間が同じになるのは，一番下の板の素材が同じ場合だと考えられるから。

《解　説》

1　**〔問題１〕**　太郎さんは「かく」作業に10分，「切る」作業に５分かかり，花子さんは「かく」「切る」作業のどちらも７分かかる。よって，「かく」作業は花子さん，「切る」作業は太郎さんができる限りするように考える。

最初の作業はどちらも「かく」作業になり，かいた枚数よりも切った枚数の方が多くならないように，２人の作業をまとめると，右図のようになる。このとき，太郎さんの作業時間は$10+5\times6=40$(分間)，花子さんの作業時間は$7\times5=35$(分間)だから，45分未満で終わらせることができる。解答例以外にも，条件に合えば他の手順，時間となってもよい。

太郎	⑩	⑤	⑤	⑤	⑤	⑤	⑤
花子	⑦	⑦	⑦	⑦	⑦		

※単位は「分」であり，「かく」作業は○印，「切る」作業は□印で表す。

〔問題２〕　２枚のボードを入れかえること(操作４)を行うかどうかで，場合を分けて考える。

操作４を行わない場合，〔４〕→〔９〕はマグネットを２個つける，〔５〕→〔８〕はマグネットを２個つける，〔６〕→〔７〕は180°回してマグネットを３個とるのが最短の方法で，$2\times2+2\times2+(3+2\times3)=17$(秒)

かかる。

操作4を行う場合，〔6〕→〔7〕に時間がかかることを考えると，6を他の数字と入れかえたい。〔6〕→〔9〕は180°回転させるだけでよいので，最初に4と6を入れかえる。〔6〕→〔9〕は180°回す，〔5〕→〔8〕はマグネットを2個つける，〔4〕→〔7〕はマグネットを1個つけて2個とるのが最短の方法で，

3＋3＋2×2＋2×3＝16(秒)かかり，こちらの方法が最短となる。

2 〔問題1〕 AからDを選んだ場合の解答は，「航空機と鉄道の利用わり合は，AからBはほぼ同じであるのに対して，AからDは鉄道の方が高い。その理由としては，AからDの航空機と鉄道の所要時間は，ほぼ変わらないが，鉄道の料金が航空機の料金の約3分の2だからと考えられる。」となる。移動手段を考える場合，所要時間と料金のどちらを重視するかで選択が変わってくる。所要時間が同じなら料金の安い方，料金が同じなら所要時間の短い方を選択するのが，一般的な消費者の行動と言える。数値が比較しにくいときは，(料金)÷(所要時間)から，単位時間あたりの料金を求めるか，(所要時間)÷(料金)から，単位料金あたりの所要時間を求めるかして比べてみればよい。

〔問題2〕 表2からE町における路線バスの平日一日あたりの運行本数が減っていることを読み取り，図2からE町の人口が減っていることを読み取る。次に，路線バスの運行本数が減って困る人がどのような人かを，図3から読み取る。そうすれば「ふれあいタクシー」の取り組みが必要になった理由を考えることができる。また，表3から，利用者証新規交付数が減少するなか，利用者証累計交付数が，E町の 75 歳以上の人口の数値に近づいていて，75歳以上の人の多くが利用者証の交付を受けていることを読み取る。

3 〔問題1〕 手でつかむ力が大きいときを1000ｇの金属をのせたとき，手でつかむ力が小さいときを750ｇの金属をのせたときとして考える。また，結果では，プラスチックの板が動いたときのおもりの数が多いほど，すべりにくいと考えればよい。なお，実験でプラスチックの板が動くときが，キャップが開くときではない。

〔問題2〕 組み合わせについては，解答例の他に「4号と6号」でもよい。このときの理由は，「2号と5号」のときと同じで，実験3では重さを同じにしたこと，一番下の板の素材が同じであればすべり下りる時間が同じになると考えられることについてまとめてあればよい。

白鷗高等学校附属中学校　2024 令和6年度　適性検査Ⅲ

《解答例》

1　〔問題1〕［①7　②6　③12　④10］［①7　②5　③12　④15］［①6　②5　③16　④15］のうち1つ

〔問題2〕混んでいたシート…B　理由…部屋1，2ともに同じ面積なので，シートの大きさを求めてから比べる。

シートAの面積は，3×3×3.14＝28.26　つまり 28.26 ㎡となる。

シートBの面積は6×4＝24　つまり 24 ㎡となる。

ここで，シートにすわっていた人について，一人あたりのシートの面積を求める。

シートAでは 28.26÷24＝1.1775　つまり一人あたりのシートの面積は小数第三位を四しゃ五入して約 1.18 ㎡となる。

シートBでは 24÷21＝1.14285…　つまり一人あたりのシートの面積は小数第三位を四しゃ五入して約 1.14 ㎡となる。

したがって，シートBの方が，一人あたりのシートの面積が小さいことが分かる。よって，混んでいたシートはBである。

〔問題3〕昨年度の1・2年生の合計の人数は 40×8＝320　つまり 320 人となる。

今年度の1・2年生の合計の人数は 40×9＝360　つまり 360 人となる。

昨年度の1・2年生の参加者は 216 人なので，昨年度の1・2年生の合計の人数に対する昨年度の参加者のわり合を求めると，216÷320×100＝67.5　つまり 67.5％となる。

今年度の1・2年生の合計の人数は 360 人なので，今年度は 360 人の 67.5％をこえる参加者数を目標とする。

360×0.675＝243　つまり，243 人をこえればよい。

2　〔問題1〕右図

〔問題2〕右グラフ

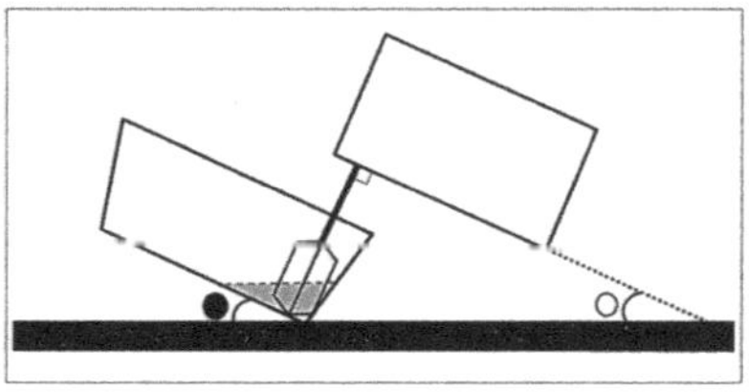

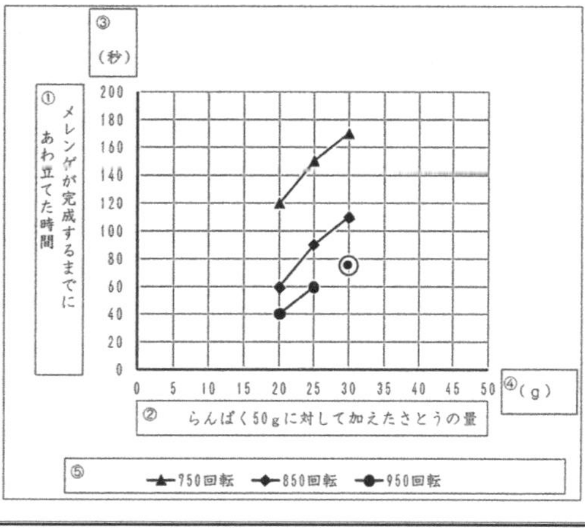

《解　説》

1　**〔問題1〕**　1年生の特別区域1か所の人数によって，場合を分けて考える。

特別区域	教室	
	1年生	2年生
9人	4人	
8人	8人	
7人	12人	5人
6人	16人	10人
5人	20人	15人
4人	24人	20人

1年生の特別区域1か所の人数は，9×4＝36，10×4＝40 より，多くとも9人であり，2年生の特別区域1か所の人数は，7×5＝35，8×5＝40 より，多くとも7人である。よって，そうじする人数は右表のようにまとめられる。

1年生の特別区域1か所の人数を8人とすると，1年生の教室の人数は8人だから，2年生の教室の人数は5人または 10 人となる。2年生の教室の人数が5人のとき，特別区域の人数は8＋7＝15(人)となり，条件4を満たさない。2年生の教室の人数が 10 人のとき，特別区域1か所の人数は8＋6＝14(人)

となり，条件4を満たさない。1年生の特別区域1か所の人数を9人に増やしたときも同様に，条件に合わない。
1年生の特別区域1か所の人数を7人とすると，1年生の教室の人数は12人だから，2年生の教室の人数は10人または15人となる。2年生の教室の人数が10人のとき，特別区域の人数は7＋6＝13(人)となり，すべての条件を満たす。よって，①＝7，②＝6，③＝12，④＝10とすればよい。2年生の教室の人数が15人のとき，同様に考えると，①＝7，②＝5，③＝12，④＝15となり，条件を満たす。
1年生の特別区域1か所の人数を6人とすると，1年生の教室の人数は16人だから，2年生の教室の人数は15人または20人となる。先ほどと同様に考えると，①＝6，②＝5，③＝16，④＝15とすれば条件を満たす。
解答は以上3つのうちの，いずれかの組み合わせであればよい。

〔問題2〕 解答例のように，2枚のシートそれぞれにおける生徒の密度を求め，比べる。

〔問題3〕 解答例以外にも，以下のように考えてもよい。
昨年と今年の1・2年生の合計の人数の比は320：360＝8：9である。よって，イベントの参加者の人数比も昨年と今年で8：9となればよいから，今年の目標を$216\times\frac{9}{8}=243$(人)とすればよい。

2 **〔問題1〕** 解答例の図は，電動あわ立て器の角度を一定にし，砂糖を加えた卵白の入ったボウルの角度を変える実験である。解答例の図の○と●を反対にすれば，電動あわ立て器の角度を変え，砂糖を加えた卵白の入ったボウルの角度を一定にした実験になる。

〔問題2〕 砂糖の量が20gから25gになると，1分間当たりの回転数が750回転と850回転のときではメレンゲが完成するまでにあわ立てた時間が30秒長くなるが，1分間当たりの回転数が950回転のときではメレンゲが完成するまでにあわ立てた時間が20秒長くなる。つまり，950回転のときは750回転や850回転のときと比べて時間の増加が$\frac{20}{30}=\frac{2}{3}$(倍)になると考えられる。よって，砂糖の量が25gから30gになると，750回転や850回転のときの時間の増加は20秒だから，950回転のときの時間の増加は$20\times\frac{2}{3}=13.3\cdots\rightarrow 13$秒であり，メレンゲが完成するまでにあわ立てた時間は約60＋13＝73(秒)になると考えられる。なお，何かを変化させることで，別の何かが変化するグラフをかくときには，変化させる量(ここでは「1分間当たりの回転数」や「砂糖の量」)を横じくにし，変化する量(ここでは「メレンゲが完成するまでにあわ立てた時間」)を縦じくにするとよい。よって，①は「メレンゲが完成するまでにあわ立てた時間」とし，②を「1分間当たりの回転数」，⑤を「砂糖の量」についてまとめたグラフにしてもよい。

《解答例》

1 〔問題1〕何かに問題意識や関心、興味を持っていると、たとえそれがぼんやりしたものであっても、情報を引っかけるためのトゲトゲのような働きをして、接した情報の中からそれに関連するものが頭に残っていくから。

〔問題2〕わたしたちが生きるこの世界には、多くの人が毎日の生活で当たり前のように目にする光景や何気なくいだくぎ問の中に、まだだれにも発見されていないたくさんの問題があふれているということ。

〔問題3〕(例文)

私は日常生活の中で、周りの出来事や物事に常に疑問と好奇心を持ち、それを解決するにはどうすればよいかを意識していくことが必要だと思う。

私は学校生活の中で、授業から情報を得るだけではなく、学校行事や部活動、友達との会話などから、自分の興味関心のある問題の解決のためのヒントを得るようにしたい。私は海洋生物に興味があり、関連する番組を見たり、本を読んだりしてきた。その中で、今、海洋プラスチックごみが問題になっていることを知り、将来はその解決法を見つけたいと思っている。そのために学校で勉強して大学に進みたいとぼんやりと思っていたが、資料を読んで、問題意識を持っていれば、思いがけないことがアイディアにつながるのだとわかった。白鷗高校附属中学校には伝統行事や海外研修などの様々な体験をする機会がある。それらに積極的に取り組み、日本の文化や歴史、海外の人や文化について知ることで、広い視野を持てるようにしたい。そうすることでかん境問題を解決するヒントを得ることができたら良いと思う。

《解　説》

1 **〔問題1〕**　「網《あみ》を張る」という比喩《ひゆ》に着目すると、第9段落に「こうして情報をたくさん頭の中に流していると～情報が頭にくっついてきます。そのたびに、網の上に海苔《のり》が面を広げていくわけです」とあり、この部分までに傍線部《ぼうせんぶ》のように筆者がいう理由が書かれている。特に第3～4段落の「もちろん、最初のうちは～関心事がぼんやりとした塊《かたまり》となっている程度かもしれません。しかし～好奇心《こうきしん》や問題意識が芽生えてくると、それに関連する情報が少しずつ頭に引っかかりはじめるのです。問題意識というのは、いわば、情報を引っかけるためのトゲトゲのようなものです」に端的に書かれている。

〔問題2〕　傍線部の前に同じような表現で「こうしたカタチにすらなっていない問題未満のものが満ちあふれてい」るとあるから、「問題未満の物事」「問題未満のもの」がどういうことなのかを、これより前の部分の内容からまとめる。「問題未満」だから、〝まだ問題になっていない〟ということを落とさずに書くこと。傍線部の前の段落の「私《わたし》たちが暮《く》らすこの世界には、まだ多くの謎《なぞ》、誰《だれ》も取り組んでいない問題が無数にあります」「当たり前すぎて何が問題なのか普通《ふつう》の人にはさっぱり分からないことも珍《めずら》しくありません」などを参照。

白鷗高等学校附属中学校　2023 令和5 年度　適性検査Ⅱ

《解答例》

1 〔問題１〕道順…(エ)→キ→オ→イ→カ　式と文章…５＋７×1.4＋７＋10×1.4＋13＝48.8　ロボットの分速は 12m なので，１m進むには，５秒かかる。ブロックを１個運んでいるときは７秒，ブロックを２個運んでいるときは 10 秒，ブロックを３個運んでいるときは 13 秒かかる。また，1.4m進むためには，１m進むときよりも時間は 1.4 倍かかる。わたしが考えた道順に合わせて，かかる時間をそれぞれたし合わせると，48.8 秒になる。

〔問題２〕A，B，D／右表

表５　太郎《たろう》さんと花子さんがさらに書きこんだ表

	①の電球	②の電球	③の電球	④の電球
Aのスイッチ	×	○	○	×
Bのスイッチ	○	×	○	○
Cのスイッチ	×	○	○	○
Dのスイッチ	×	×	×	○
Eのスイッチ	○	○	○	×

2 〔問題１〕第２次産業／しゅう業数者は，1960 年と比べて 1990 年は増加し，1990 年と比べて 2020 年は減少している。しゅう業者数の最も多い年れいそうは，1960 年は 15～24 さい，1990 年は 35～44 さい，2020 年は 45～54 さいと変化している。

〔問題２〕図２…①　図３…⑤　農家の人たちの立場…共通する利点は，カフェ事業を始めたり，新しい観光ルートを提案したりして，来客数が増えて，売り上げが増加したことである。　農家以外の人たちの立場…消費者にとって共通する利点は，新しくできたカフェをおとずれたり，加工工場見学などの新しい観光ルートを体験したりして，新たなサービスを受けられるようになったことである。

3 〔問題１〕⑴ウ　⑵葉の面積を同じにしたときの葉についたままの水の量が多いか少ないかを比べ，水てきが葉とくっついている部分の大きさが大きいか小さいかを比べることによって判断した。

〔問題２〕⑴図３から黒色のインクがついた部分がより少ないので，すき間がより広いと考えられ，図４からおもりをのせるとよりちぢむので，厚みがある方向にもすき間がより広いと考えられる。つまり，あらゆる方向に，水が入ることができるすき間がより多いから。　⑵じょう発した水の量は，箱とシャツの合計の重さが軽くなった量からTシャツの重さが重くなった量を引くことによって求められる。キは，Tシャツによってきゅうしゅうされた水の量とじょう発した水の量のどちらも最も多いから。

《解　説》

1 **〔問題１〕**　ロボットの移動する速さは何も運んでいないとき分速 12mだから，１m進むのに 60÷12＝５(秒)，1.4m進むのに５×1.4＝７(秒)かかる。同様にして，ブロックを運んでいるときの個数と時間をまとめると，右表のようになる。

運んでいるブロックの数	１m進むのにかかる時間	1.4m進むのにかかる時間
０個	５秒	７秒
１個	７秒	9.8 秒
２個	10 秒	14 秒
３個	13 秒	18.2 秒

時間の合計の小数第一位を８にするためには，9.8 秒かかる進み方を１回だけ行い，あとはかかる時間が整数になるようにしたい。

まずは時間が最短となるような道順を考えてみる。時間を最短にする方法として，倉庫に行くのを１回ですませたいので①「３つのブロックをまとめて倉庫まで運ぶ場合」と，ブロックを３つ運ぶことでロボットがおそくなることをさけたいので②「途《と》中《ちゅう》で倉庫にブロックをおろす場合」の２パターンが考えられる。

①の場合，ブロックを２つまたは３つ運んでいる状態をなるべく短くしたいので，ブロックの位置をまわる順番はキ→イ→カとしたい。この場合最短の道のりを通るには，エまたはクをスタートして，キ→オ→イ→カ→ケとまわ

ればよい。このときかかる時間は，５＋9.8＋７＋14＋13＝48.8(秒)となる。よって，これが求める道順である。

②の場合，ブロックの位置をイ→カとまわってから倉庫に２つおろしたいので，ア，ウ，オのいずれかからスタートして，イ→カ→ケ→ク→キ→ク→ケとまわればよい。このときかかる時間は，５＋9.8＋10＋５＋５＋７＋７＝48.8(秒)となる。よって，これも求める道順である。

解答例のように適切に式と文章で説明してあれば，いずれの道順でもよい。

〔問題２〕　まずはそれぞれの電球について，対応するスイッチを確定させていく。②の電球について，ヒント(あ)から，ＢとＣの一方が○でもう一方が×とわかる。よって，ヒント(い)から，Ｄは×で確定する。したがって，ヒント(う)から，Ｅは○で確定する。

③の電球について，表４よりＢとＣはともに○か×だから，ヒント(い)から，Ｄは×で確定する。また，ヒント(う)から，Ｅは○で確定する。

④の電球について，ヒント(あ)から，ＢとＣはともに○か×だから，ヒント(い)から，Ｄは○で確定する。

また，ヒント(う)から，Ｅは×で確定する。

以上より，ＤとＥはすべて確定するので，下の表のようになる。

ヒント(あ)	②の電球
Ａのスイッチ	○
Ｂのスイッチ	○
Ｃのスイッチ	×

または

ヒント(あ)	②の電球
Ａのスイッチ	○
Ｂのスイッチ	×
Ｃのスイッチ	○

ヒント(い)	②の電球
Ｂのスイッチ	○
Ｃのスイッチ	×
Ｄのスイッチ	×

または

ヒント(い)	②の電球
Ｂのスイッチ	×
Ｃのスイッチ	○
Ｄのスイッチ	×

ヒント(う)	②の電球
Ａのスイッチ	○
Ｄのスイッチ	×
Ｅのスイッチ	○

ヒント(あ)	④の電球
Ａのスイッチ	×
Ｂのスイッチ	○
Ｃのスイッチ	○

または

ヒント(あ)	④の電球
Ａのスイッチ	×
Ｂのスイッチ	×
Ｃのスイッチ	×

ヒント(い)	④の電球
Ｂのスイッチ	○
Ｃのスイッチ	○
Ｄのスイッチ	○

または

ヒント(い)	④の電球
Ｂのスイッチ	×
Ｃのスイッチ	×
Ｄのスイッチ	○

ヒント(う)	④の電球
Ａのスイッチ	×
Ｄのスイッチ	○
Ｅのスイッチ	×

	①の電球		②の電球		③の電球		④の電球	
Ａのスイッチ	×		○		○		×	
Ｂのスイッチ	○	×	○	×	○	×	○	×
Ｃのスイッチ	×	○	×	○	○	×	○	×
Ｄのスイッチ	×		×		×		○	
Ｅのスイッチ	○		○		○		×	

よって，ＢかＣはどちらか一方が確定すればもう一方も確定する。したがって，例えばＡ，Ｂ，Ｄを押した後に明かりがついていたのは①と②の電球だとすると，Ｂを押したとき①から④の電球はそれぞれ○，×，○，○と確定し，これによってＣを押したとき①から④の電球はそれぞれ×，○，○，○と確定するので，Ａ，Ｂ，Ｄは解答の１つである。同様に，Ｂ，Ｃの中から１つ，Ａ，Ｄ，Ｅの中から２つを選んだ組み合わせであればどのような組み合わせでもよいが，組み合わせによってＢとＣに反応する電球は変化する。

2　**〔問題１〕**　第３次産業を選んだ場合，「就業者数は，1960 年と比べて 1990 年は増加し，1990 年と比べて 2020 年も増加している。就業者数の最も多い年齢層は，1960 年は 25～34 歳，1990 年は 35～44 歳，2020 年は 45～54 歳と変化している。」となる。1960 年の第３次産業人口は 453＋474＋319＋248＋130＋39＋６＝1669(万人)，1990 年の第３次産業人口は 533＋786＋945＋760＋451＋134＋33＝3642(万人)，2020 年の第３次産業人口は 321＋645＋813＋971＋766＋444＋108＝4068(万人)だから，確実に増えている。また，産業別の就業者数の最も多い年齢層は，徐々に上がっていることが読み取れ，どの産業においても，就業者の高齢化が進んでいることがわかる。

〔問題２〕　＜具体的な取り組み＞の利点をまとめてみよう。

	農家の人たちの立場	農家以外の人たちの立場
①	来客数が増加する。	新鮮な卵を使ったメニューが食べられる。
②	卵や肉などの売り上げが増える。	宿泊と地元の料理が楽しめる。
③	体験をする観光客が増える。	都会では味わえない体験ができる。
④	捨てていたしいたけを出荷できる。	新たなメニューを楽しめる。
⑤	観光客が増える。	工場見学ができる。
⑥	販売品目が増える。	新たな商品を購入できる。

例えば③と⑤を選べば，農家の人たちの立場から共通する利点は，「家族連れの観光客の数が増える。」，農家以外の人たちの立場から共通する利点は，「飼育体験や工場見学など都会ではできないような体験ができる。」などが考えられる。農家の人たちの立場からの利点は，「売り上げが増えるための工夫」を読み取ろう。農家以外の人たちの立場からの利点は，「商品や体験から得られる価値」を考えよう。

3　〔問題１〕　太郎さんと花子さんの会話より，水滴《すいてき》が転がりやすいかどうかを判断するときには，表２の結果だけに着目するのではなく，表１でそれぞれの葉の面積が異なることにも着目しなければならないことがわかる。表２の10枚の葉についたままの水の量を表１の葉の面積で割った値が小さいものほど，同じ面積についたままの水の量が少ない，つまり水滴が転がりやすいと考えればよい。よって，その値が約0.1のアとイとエは水滴が転がりにくい葉，約0.02のウとオは水滴が転がりやすい葉と判断できる。

〔問題２〕(1)　水を多く吸収できるということは，吸収した水をたくわえておくことができるすき間が多くあるということである。粒《つぶ》が小さいどろがたい積した層ではすき間がほとんどないため水を通しにくいのに対し，粒が大きい砂がたい積した層ではすき間が大きいため水を通しやすいことと同様に考えればよい。　(2)　カでは，箱とシャツの合計の重さが1648.3－1611＝37.3(ｇ)軽くなっているが，これがすべて蒸発した水の量ではない。Ｔシャツの重さに着目すると，189.8－177.4＝12.4(ｇ)重くなっている。つまり，Ｔシャツが吸収した37.3ｇのうち，12.4ｇはＴシャツに残っているから，蒸発した水の量は37.3－12.4＝24.9(ｇ)と求められる。キについても同様に考えると，Ｔシャツが吸収した水が45.9ｇ，Ｔシャツに残っている水が18.8ｇ，蒸発した水が45.9－18.8＝27.1(ｇ)である。また，クについては変化した23.1ｇが蒸発した水の量である。以上のことから，蒸発した水の量が多い順に，キ＞カ＞クとなる。よって，ポリエステルは木綿よりも水を吸収しやすく，かわきやすい素材だと考えられる。

《解答例》

1 〔問題1〕ア．5.9　イ 149.6

〔問題2〕下図

〔問題3〕下図

2 〔問題1〕温度…40℃　時間…3時間　理由…40℃，4時間の実験と40℃，6時間の実験では，温度が同じとき，時間が短い方が酸味が弱く，やわらかいヨーグルトになる。よって，4時間よりも短い3時間にすることで，酸味が「少し弱い」以下で，さらにやわらかいヨーグルトを作ることができると考えたから。

〔問題2〕温度…30℃　時間…8時間　理由…25℃，8時間の実験ではヨーグルトができていないが，35℃，8時間の実験ではヨーグルトができているため，その間の温度で設定すれば，知ることができると考えたから。

〔問題3〕下表

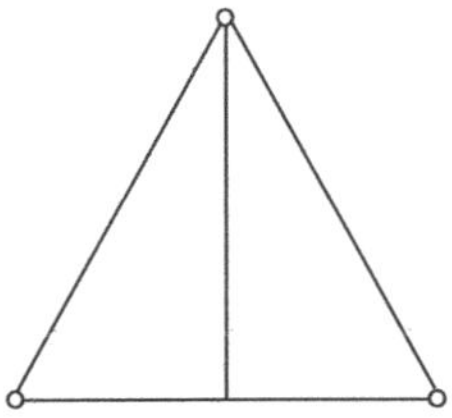

1〔問題2〕の図

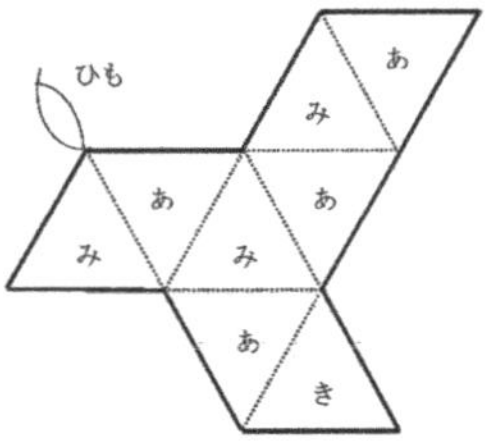

色	赤	緑	黄
ぬった色の面の数	4	3	1

1〔問題3〕の図

実験計画書

実験は令和４年６月２日（木）に開始し、以下の内容で行います。

実験	牛乳《ぎゅうにゅう》（g）	ヨーグルト（g）	温度（℃）	時間（時間）
1(基準)	450	50	40	6
2	420	80	40	6
3	480	20	40	6
4	420	80	40	4
5	420	80	40	8
6	480	20	40	4
7	480	20	40	8
8				

実験は令和４年［６］月［１４］日（［火］）に終わる予定です。

《解　説》

1 **〔問題1〕**　18㎝のストローが4本あり，立体を作るのに必要なストローは12本である。立体の1辺の長さを最大にするとき，18×4÷12＝6(㎝)とすると，6は18の約数だから，この長さは18㎝のストローから18÷6＝3(本)に切り分けて使うことができる。よって，ひもの長さを考えないときの立体の1辺の長さの最大値は6㎝となる。

次に，150㎝のひもの両はしを4㎝ずつストローから出すから，立体の辺として使える長さは150－2×4＝142(㎝)である。1辺に2回ずつひもを通すので，ひもが通る辺の数は2×12＝24(本)として考えられる。よって，1辺に通すひもの長さ最大値は，142÷24＝5.91…より，5.9㎝である。これはストローの1辺の長さの最大値6㎝より短いから，ストローの1辺の長さは5.9㎝とすればよい。このとき使うひもの長さは，5.9×24＋8＝149.6(㎝)である。

〔問題2〕　図ｉの見取り図を平面ＡＢＣの方から目線がＢＣと水平になるように見ると，ＤＢ，ＣＤがそれぞれＢＣと重なり，図ⅱのように見える。

図ｉ

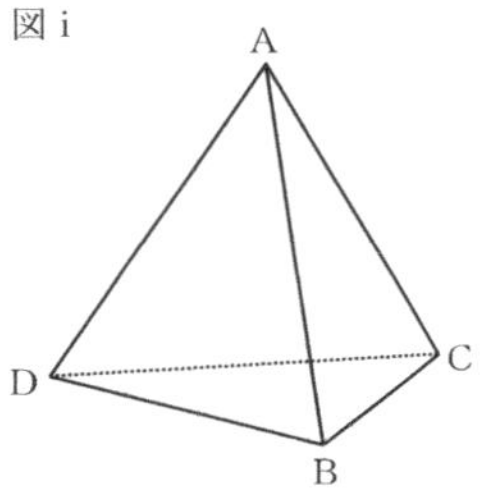

図ⅱ

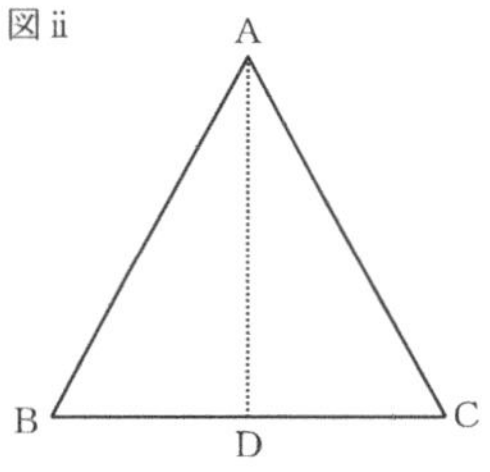

ストローのつなぎ目は頂点A，B，Cだから，解答例のように作図すればよい。

〔問題３〕　まずは図９の展開図を組み立てたとき，８個の正三角形のどの辺とどの辺が重なるのかを考える。展開図において，となり合う辺は重なるので，図iiiの①，②，③がそれぞれ重なることがわかる。図iiiの２つの頂点Pが重なるので，④が重なるとわかる。よって，残った⑤が重なる。

図iii

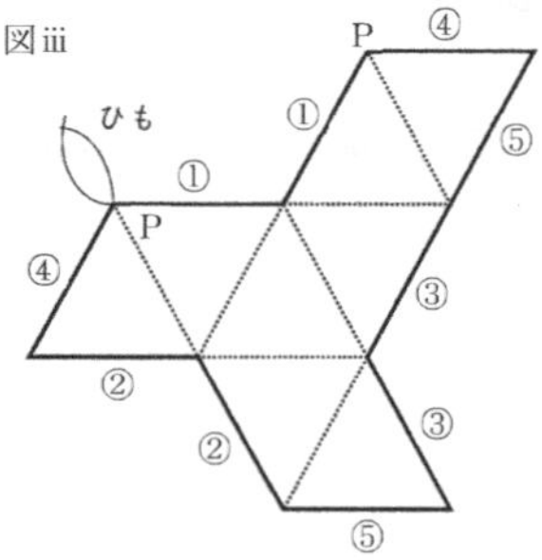

次に，８個の正三角形に図ivのように[1]から[8]までの番号をつける。ひもでつるしたとき，[1]から[4]が上側，[5]から[8]が下側にくる。[1]を赤とし，黄色をできるだけ使わないように順に考えていく。図iiiと図ivを見比べながら，となり合う三角形を考えると，[1]ととなりあうのは[2]，[3]，[5]だから，この３つの三角形を緑でぬる。[4]は[2]ととなり合い，[1]と向かい合っているので，[1]と同じ赤でぬる。これで立体の上側はすべて赤と緑でぬられ，下側は[5]のみ緑でぬられている状態になる。[5]ととなり合う[6]，[7]を赤でぬる。残りの[8]を黄でぬれば，ぬった色の面の数は赤が４，緑が３，黄が１となり，解答例のようになる。

図iv

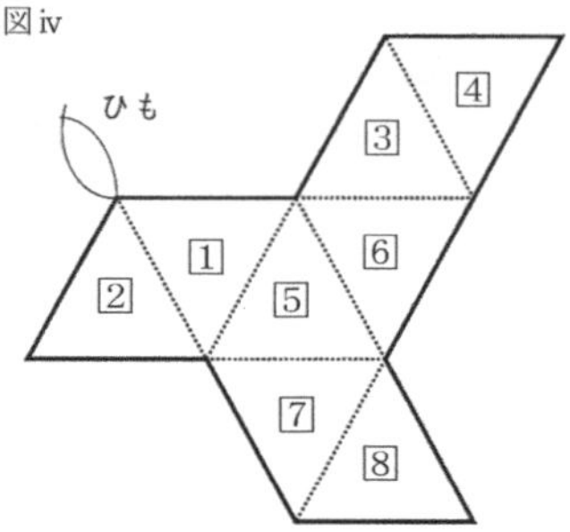

この立体は[1]，[4]，[6]，[7]を赤，[2]，[3]，[5]，[8]を緑のようにぬると，２色のみでぬることができる。この状態からどこか１か所を黄色にすることで条件をすべて満たすので，そのような解答や，[1]，[4]，[6]，[7]を緑，[2]，[3]，[5]，[8]を赤でぬった状態からどこか１か所を黄色にするような解答であればよい。

[2]　〔問題１〕　表１より，２番目に軽いプラスチックがしずんだのは条件が(40℃，４時間)のときだけであり，最もやわらかいヨーグルトが作られたと考えられる。また，温度が同じ40℃で時間が４時間より長い他の条件と比べたとき，酸味についても最も弱くなっていることがわかる。よって，温度を40℃に設定した場合，時間を４時間よりさらに短くすれば，酸味がより少なく，かたさがよりやわらかいヨーグルトを作ることができると考えられる。

〔問題２〕　表１で，ヨーグルトと呼べないものは，条件が(25℃，８時間)，(40℃，４時間)，(50℃，６時間)，(60℃，８時間)のときである。よって，これらと温度か時間のどちらか一方の条件が同じで，もう一方の条件が最も近いときに着目し，その間でヨーグルトができるか確かめればよい。解答例は(25℃，８時間)と(35℃，８時間)の関係に着目している。これ以外でも，(40℃，４時間)と(40℃，６時間)の関係に着目して(40℃，５時間)，(50℃，６時間)と(40℃，６時間)の関係に着目して(45℃，６時間)，(60℃，８時間)と(40℃，８時間)の関係に着目して(50℃，８時間)などの条件でヨーグルトができるか確かめる方法も考えられる。

〔問題３〕　解答例のように実験を７種類行う場合，ヨーグルトメーカーを使用する回数は全部で７×３＝21(回)になる。２台のヨーグルトメーカーはそれぞれ１日１回しか使えないので，21÷２＝10.5より，実験を行う日数は最低11日必要である(日曜日を除く)。また，平日は学校に滞在《たいざい》できる時間が最長で８時間20分なので，実験時間は最長で８時間であり，土曜日は学校に滞在できる時間が最長で４時間20分なので，実験時間は最長で４時間である。以上のようなことに注意しながら計画が立てられ，実験が終わる予定日が設定されていればよい。

白鷗高等学校附属中学校　2022 令和4年度　適性検査Ⅰ

《解答例》

1　〔問題1〕わかりやすくしっかりとした理念があれば、それを自分の心の支えにして生きることができるだけでなく、相手がどこの国の人であっても自分のことを理解してもらうことができ、支えんを得ることができるから。

〔問題2〕これまでの日本的な仕事のやり方が通用しなくなっているので、今いる会社で通用している経験やスキルが、情報化、グローバル化した世界で使えるものなのか自問し考え直す必要があるということ。

〔問題3〕〈作文のポイント〉

・最初に自分の主張、立場を明確に決め、その内容に沿って書いていく。

・わかりやすい表現を心がける。自信のない表現や漢字は使わない。

さらにくわしい作文の書き方・作文例はこちら！→https://kyoei-syuppan.net/mobile/files/sakupo.html

《解　説》

1　※問題文非公表につき、省略します。

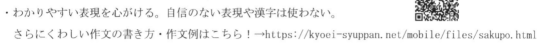

《解答例》

1 〔問題1〕(1)4.06　(2)直角三角形…20　正三角形…10　円…7

説明…1本のモールは，直角三角形を6個，正三角形を3個作るように切る。

1本のモールは，直角三角形を6個，正三角形を2個，円を1個作るように切る。

1本のモールは，直角三角形を6個，正三角形を1個，円を2個作るように切る。

1本のモールは，直角三角形を2個，正三角形を4個，円を4個作るように切る。

〔問題2〕(1)右図のうち1つ

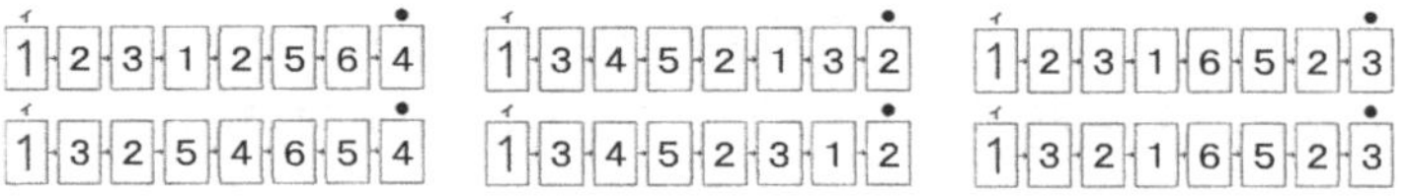

(2)2，3，4

2 〔問題1〕サケのルイベ…サケのルイベに「雪にうめて，こおらせる」という保存方法が用いられているのは，小樽市の冬の平均気温が0度以下だから。　マアジのひもの…マアジのひものに「日光に当てて干す」という保存方法が用いられているのは，小田原市の冬の降水量が夏に比べて少なく，日光に当てることができたから。

ブリのかぶらずし…ブリのかぶらずしに「甘酒につけて，発酵をうながす」という保存方法が用いられているのは，金沢市の冬は降水量が多く，空気がしめっており，発酵が進む気温だから。

〔問題2〕（米と小麦の例文）米がとれる地域と小麦がとれる地域の年平均気温と年間降水量をそれぞれ比べると，米がとれる地域の年平均気温は高く，年間降水量は多いが，小麦がとれる地域の年平均気温は低く，年間降水量は少ない。

3 〔問題1〕(1)選んだもの…ウ　理由…実験1から，色がついているよごれを最もよく落とすのは，アとウであることが分かる。そして，実験2から，アとウを比べると，ウの方がより多くでんぷんのつぶを減少させることが分かるから。　(2)5分後のつぶの数をもとにした，減少したつぶの数のわり合は，水だけの場合よりも液体ウの場合の方が大きいから。

〔問題2〕(1)せんざいの量を28てきより多くしても，かんそうさせた後のふきんの重さは減少しないので，落とすことができる油の量は増加していないと分かるから。

(2)サラダ油が見えなくなるもの…A，B，C，D　洗剤…4

《解　説》

1 **〔問題1〕(1)(2)**　図2の周りの長さは，直角三角形が3＋4＋5＝12(cm)，正三角形が3×3＝9(cm)，円が3×3.14＝9.42(cm)である。1m＝100cmだから，100÷12＝8余り4，100÷9＝11余り1より，すでに切ってある2本のモールからは，直角三角形が8個，正三角形が11個できる。また，2本のモールの余りの長さの合計は4＋1＝5(cm)である。

図3のカード1枚には，直角三角形が4個，正三角形が3個，円が1個あるので，図3のカードを1枚作るのに，モールは12×4＋9×3＋9.42＝84.42(cm)必要である。モールは全部で6m＝600cmあるから，無駄なく使うと考えると，600÷84.42＝7余り9.06より，図3のカードは最大で7枚できる。よって，モール6本で図2の直角三角形が4×7＝28(個)，正三角形が3×7＝21(個)，円が1×7＝7(個)できるかを考える。残り4本のモールで直角三角形が28－8＝20(個)，正三角形が21－11＝10(個)，円が7個できればよい。また，このときの6本のモールの余りの長さの合計は9.06cmだから，図3のカードが7枚できるのであれば，4本のモールの余りの長

さの合計は9.06－5＝4.06(㎝)となる。

4本のモールについて，1本あたりの余りの長さが約1㎝になればよいので，これを基準に，余りの長さに注目して考える。また，必要な直角三角形と正三角形の個数の比は20：10＝2：1だから，この比となるようにできるだけ多く直角三角形と正三角形を1本のモールから作ろうとすると，直角三角形を6個，正三角形を3個作ることができ，このときの余りは100－12×6－9×3＝1(㎝)となる。ここから，正三角形を1個減らして円を1個増やすと，余りは9.42－9＝0.42(㎝)減るから，この操作を全部で2回できる。よって，3本のモールからそれぞれ，「直角三角形6個と正三角形3個」，「直角三角形6個と正三角形2個と円1個」，「直角三角形6個と正三角形1個と円2個」を作ることができるので，あと1本のモールから，直角三角形が20－6×3＝2(個)，正三角形が10－3－2－1＝4(個)，円が7－1－2＝4(個)できればよい。12×2＋9×4＋9.42×4＝97.68より，1本のモールから直角三角形が2個と正三角形が4個と円が4個できるので，解答例のような切り方が考えられ，カードは7枚作れる。

この考え方以外にも，モールの切り方は次のように考えることもできる。

4本のモールの余りは4.06㎝であり，モールの余りが小数になるのは円を作ったときだから，先に円を7個作ることを考える。1本のモールから円を7個作り，さらにできるだけ余りが少なくなるように直角三角形と正三角形を作ろうとすると，「直角三角形2個と正三角形1個と円7個」を作ることができ，このときの余りは100－12×2－9－9.42×7＝1.06(㎝)となる。残り3本のモールの余りの合計は4.06－1.06＝3(㎝)だから，「直角三角形6個と正三角形3個」を作る(余りは1㎝)ことを3回行うと，4本のモールの余りの合計が4.06㎝となり，直角三角形を20個，正三角形を10個，円を7個作ることができる。

モールの切り方は解答例やこの方法以外にもいくつかある。

〔問題2〕(1)(2) 図4の一番左の図で，上の頂点を□，下の頂点を■とする。□が動かないように立体を転がすと，机に接する面は「1，2，3」のいずれかになり，■が動かないように立体を転がすと，机に接する面は「4，5，6」のいずれかになる。また，□または■が動くように立体を転がすと，机に接する面は「1⇔6」「2⇔5」「3⇔4」のように変化する。

このことに注意すると，■が最初に接するのは，図ⅰのa～eのいずれかとなる。最初にc，dで接する場合は7回の移動で●のマスまで移動できないので，a，b，eについて考える。

aのときの接する面の数字は図ⅱのようになり，●のマスは4で，7回の転がし方は「イ(1)→2→3→1→2→5→6→●(4)」「イ(1)→3→2→5→4→6→5→●(4)」の2通りある。

bのときの接する面の数字は図ⅲのようになり，●のマスは2で，7回の転がし方は「イ(1)→3→4→5→2→1→3→●(2)」「イ(1)→3→4→5→2→3→1→●(2)」の2通りある。

eのときの接する面の数字は図ⅳのようになり，●のマスは3で，7回の転がし方は「イ(1)→2→3→1→6→5→2→●(3)」「イ(1)→3→2→1→6→5→2→●(3)」の2通りある。

したがって，●のマスに接する面の数字は2，3，4である。

図ⅰ

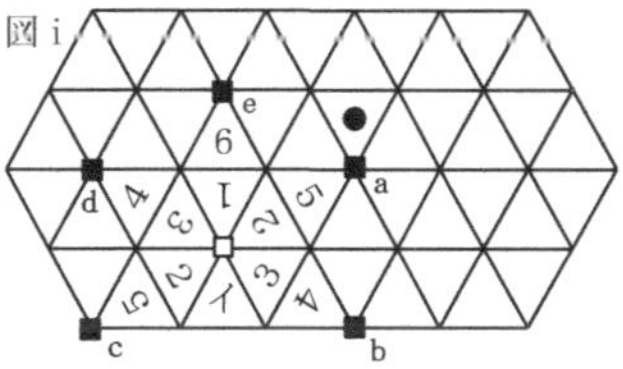

図ⅱ

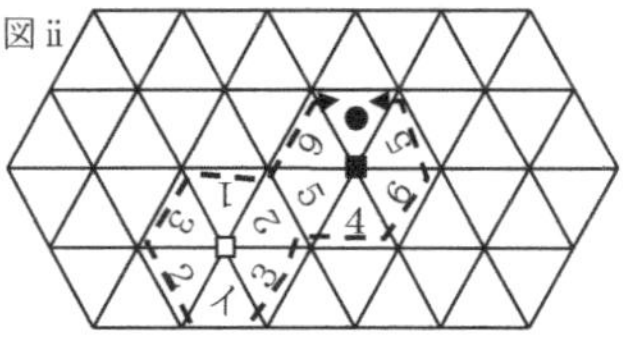

図ⅲ

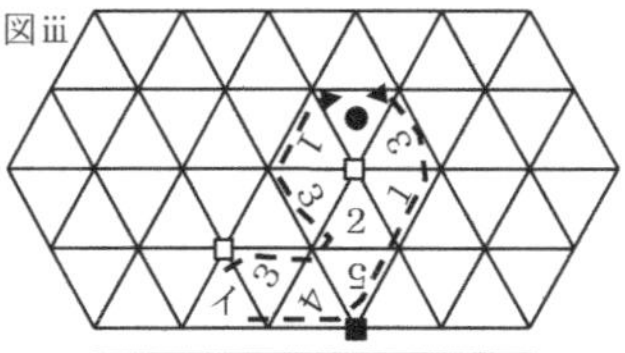

図ⅳ

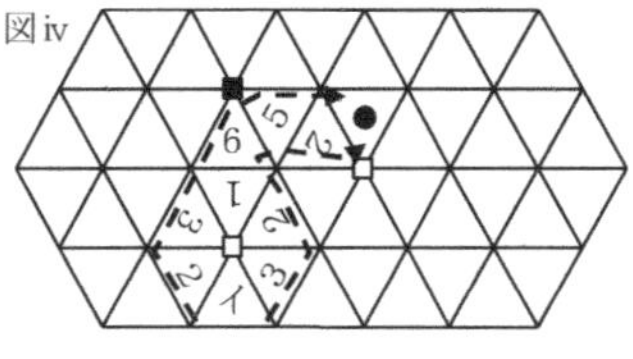

2 〔問題１〕　図１の保存方法から地域の気候の特徴を読み取り，図２の都市の冬(12 月１月)の降水量や気温と関連付ける。　〔サケのルイベ〕　図１で雪にうめてこおらせていることから，冬にまとまった雪が降ると考えられる。それを踏まえて図２を見ると，北海道小樽市の冬の気温がマイナスなので，寒さが厳しいことが読み取れる。

〔マアジのひもの〕　図１で空気がかわいた時期に天日干ししていることから，冬にかんそうした晴れの日が多いと考えられる。それを踏まえて図２を見ると，神奈川県小田原市の冬の降水量が 100 ㎜以下で少ないことが読み取れる。　〔ブリのかぶらずし〕　図１で空気がしめっている時期に発酵させていることから，冬の降水量が多いと考えられる。それを踏まえて図２を見ると，石川県金沢市の冬の降水量が 250〜300 ㎜で多いことが読み取れる。

また，冬の気温が５度以上であることに着目すれば，発酵に適した温度だと導ける。

〔問題２〕　図４より，①と②は小麦，③と⑤はそば，④と⑥は米が材料である(右図参照)。解答例の他，「そばがとれる地域の年平均気温は低く，年間降水量は多い。」も考えられる。

図５　先生が示した図

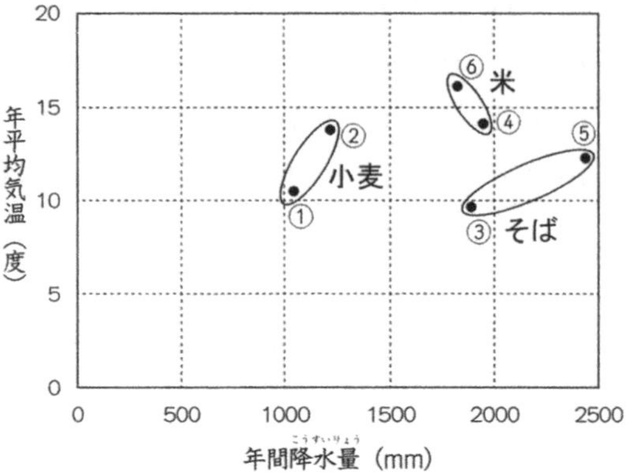

3 〔問題１〕⑴　ここでは５分間液体につけておくときのよごれの落ち方を考える必要があるので，表１と２では，５分後の結果に着目し，表１からは色がついているよごれの落ち方，表２からはでんぷんのよごれの落ち方を読み取る。５分間では，色のついているよごれはアとウで最も落ちやすく，でんぷんのよごれはウで最も落ちやすい。よって，どちらのよごれも落ちやすいウが適切である。　⑵　表２より，水だけのときの５分後の粒《つぶ》の数は804，60分後の粒の数は484だから，55分間で804－484＝320減っている。５分後の粒の数をもとにした，減少した粒の割合は320÷804×100＝39.8…(％)である。ウについても同様にして求めると，(476－166)÷476×100＝65.1…(％)となるから，ウの方がでんぷんのよごれの程度をより変化させたといえる。

〔問題２〕⑴　表３の乾燥《かんそう》させた後のふきんの重さから最初のふきんの重さ20.6ｇを引いたものが，ふきんに残っているサラダ油の重さだと考えられる。24滴《てき》までは，洗剤《せんざい》の量を多くすると，残っている油の重さが軽くなっていくが，28滴のときには24滴のときよりも多くの油が残っていて，28滴より多くしても残っている油の重さが軽くならないから，太郎さんの予想は正しくないといえる。　⑵　サラダ油100滴の重さが2.5ｇだから，サラダ油0.4ｇは$100\times\frac{0.4}{2.5}$＝16(滴)である。よって，表４で，加えたサラダ油の量が16滴より多いＡ～Ｄでは，液体の上部にサラダ油が見えなくなる。また，実験４から考えられる，サラダ油0.4ｇを落とすことができる最低限の洗剤の重さは，サラダ油の量が17滴のときに上部にサラダ油が見えた(16滴のサラダ油は落とすことができる)Ｄに入っている洗剤の重さと同じである。入っている洗剤の重さは，Ａが１ｇの半分，ＢがＡの半分，ＣがＢの半分，ＤがＣの半分だから，Ｄに入っている洗剤の重さは$1\div\overset{A}{2}\div\overset{B}{2}\div\overset{C}{2}\div\overset{D}{2}$＝0.0625(ｇ)である。よって，洗剤100滴の重さが２ｇだから，洗剤0.0625ｇは$100\times\frac{0.0625}{2}$＝3.125(滴)であり，最低４滴の洗剤が必要である。

《解答例》

1 〔問題1〕㋐38　㋑40.34

〔別解〕㋐38.22　㋑40

〔問題2〕右図

〔問題3〕右図

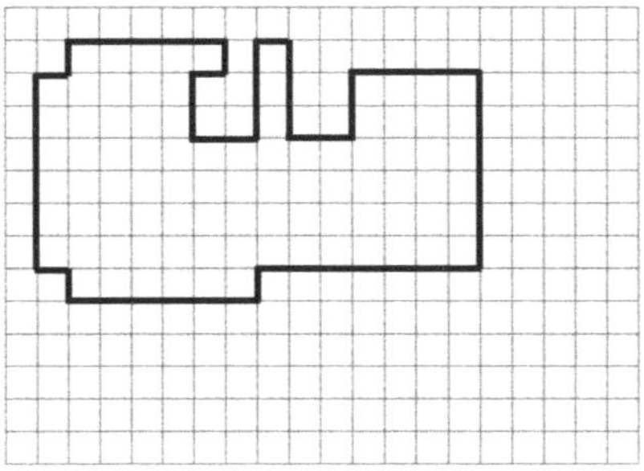

1〔問題2〕の図

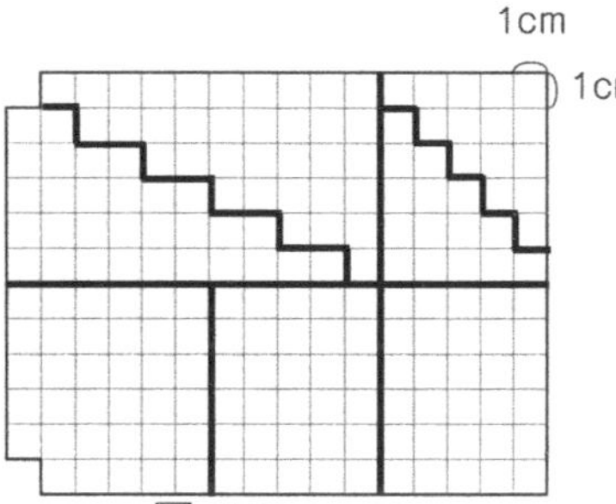

1〔問題3〕の図

2 〔問題1〕逆さ卵の「逆さ」とは，何が逆になっているのかの説明…半熟卵は白身が固まっていて，黄身が固まっていない卵であり，逆さ卵は白身が固まっておらず，黄身が固まっている卵である。よって，白身と黄身の固まり方が逆になっている。　「さか」がつく言葉…さかだち　何が逆であるかの説明…立つときに，足が下で手が上ではなく，足が上で手が下となるように，上下逆に立つことである。

〔問題2〕実験結果から，黄身の方が白身より低い温度で固まる。逆さ卵は，黄身が固まり，白身が固まらない温度で加熱することでできる。

〔問題3〕卵の大きさがちがう／なべの材質や大きさ，形状がちがう　などから1つ

〔問題4〕考えた疑問…同じ種類の魚では，大きさがちがっていても，ほねの数は同じなのか。

疑問を解決する方法…①お店で同じ種類で，大きさがちがう魚を買ってくる。　②魚を焼いて，身をはがす。

③ほねの数を数えて，比かくする。

《解　説》

1 **〔問題1〕** 長方形の縦《たて》か横の長さを先に決めると考えやすい。

例えば，長方形の縦の長さを38mに決めると，トラックの曲線部分は，直径が38mの半円を2つ分だから，その走る部分の長さの和は，38×3.14＝119.32(m)となる。

直線部分の走る長さの和は，200－119.32＝80.68(m)だから，長方形の横の長さは80.68÷2＝40.34(m)に決まる。

また，長方形の横の長さを40mに決めると，直線部分の走る長さの和は40×2＝80(m)だから，曲線部分の走る長さの和は，200－80＝120(m)となる。よって，半円の直径は120÷3.14＝38.216…より38.22mとなるので，長方形の縦の長さは38.22mに決まる。

長方形の縦と横の組み合わせは，縦が39m以下，横が80m以下であれば，他の組み合わせでもよい。

〔問題2〕 解答例の展開図は，下から2段目の立体について，図iの太線のように切り口を入れることで，図iiのような展開図ができる(面ごとの区切りを太点線で表している)。組み立てて下から2段目の立体になれば，展開図は解答例以外でもよい。

図i

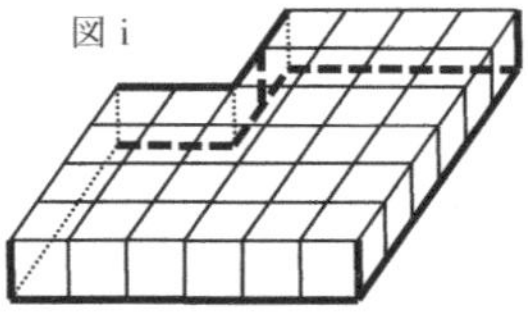

図ii

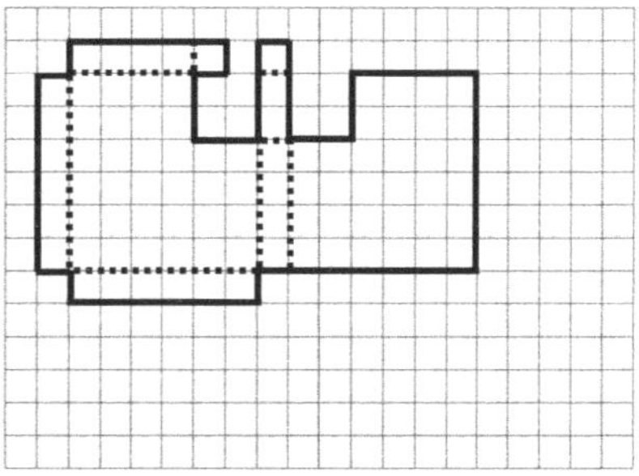

〔問題３〕　解答例のように，同じ形の面を２つ合わせるように並べると考えやすい。
解答例以外にも，並べ方はいくつかある。

2　**〔問題１〕**　ここで話題にしている「逆さ卵《たまご》」は，温泉《おんせん》卵のこと。温泉卵の何が「半熟《はんじゅく》卵に対して逆さ」なのかを，直前のはじめさんの言葉から読み取る。

〔問題２〕　表１より，黄身は 70℃で表面が固まるが，白身はほぼ変化しない。100℃のときにはどちらも固まったので，黄身の方が白身より低い温度で固まることがわかる。逆さ卵は，白身が固まっておらず，黄身が固まっているものだから，80℃になったところで卵を入れると，黄身が白身より固まった逆さ卵ができると考えられる。

〔問題３〕　卵の大きさが異なれば，熱の伝わり方が異なる。また，なべの材質や大きさ，形状などが異なれば，火を止めた後の水温の下がり方が異なる。解答例以外では，室温のちがいなどが考えられる。

《解答例》

1 〔問題1〕はじめは、友人たちはうまくひけ、自分だけが失敗したと悲しく思ったが、のちに、かれらは失敗してもその全責任はかれら自身がせおい、他人には絶対に泣き言をいわない、という考え方をしているのだと思った。

〔問題2〕しずむべきものはしずみ、うかぶべきものはうかび、そしてうかんだものだけがうまく自然につながって、自分の目でしっかり見て頭の中にきざみこまれた情景やふんいきやにおいや音などが文章になっていくから。

〔問題3〕※問題文非公表につき、省略します。

《解　説》

1 ※問題文非公表につき、省略します。

《解答例》

1 〔問題1〕右図　説明…AとCの和はBの２倍になっていて，DとFの和はEの２倍になっている。したがって，BとEの和の３倍が，６個の数の和と同じになる。

135÷３＝45 なので，BとEの和が 45 になる場所を見つければよい。

14	21	28
16	24	32

〔別解〕

16	20	24
20	25	30

〔問題2〕アの側面に書く４個の数…１，２，３，５　イの側面に書く４個の数…１，３，４，５

ウの側面に書く４個の数…１，２，３，７　エの側面に書く４個の数…１，３，４，７

〔アの展開図〕

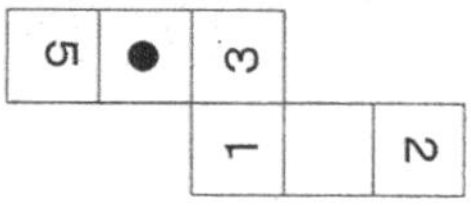

〔イの展開図〕

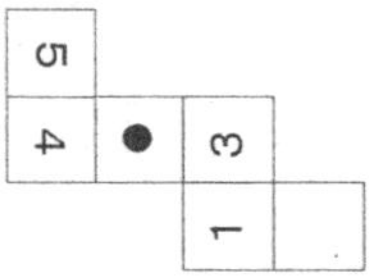

〔ウの展開図〕

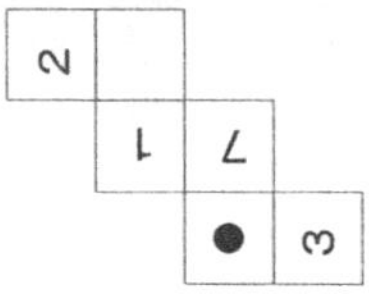

〔エの展開図〕

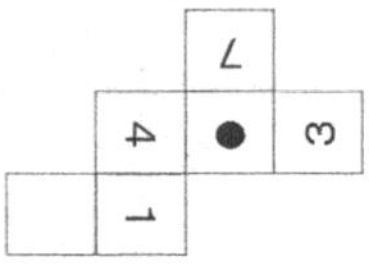

2 〔問題1〕図１より，主ばつに適した林齢は，50 年以上であることが分かる。図２の 2017 年の林齢構成をみると，主ばつに適した林齢 50 年をむかえる人工林の面積は大きいが，林齢 30 年よりもわかい人工林の面積は小さい。1976 年，1995 年，2017 年の変化から，林齢 50 年以上の人工林が主ばつされると，しょう来，主ばつに適した人工林は少なくなっていくことが予想される。よって，利用することのできる木材の量が減ることが課題である。

〔問題2〕(図３と図４を選んだときの例文)図３のように商品を生産する立場の人たちが，間ばつ材を使った商品を開発したり，利用方法を考えたりすることで，さまざまな商品が生まれる。また，商品を買う立場の人たちも，図４のような間ばつ材を知ってもらう活動を通じて，間ばつや，間ばつ材を使った商品に関心をもつ。これらの活動から，商品を売ったり買ったりする機会が生まれ，間ばつ材の利用が促進される。

3 〔問題1〕(1)右図　(2)右図　理由…図６から，㋓は㋐に対して，つつの右側のじ石の極は変わらないが，左側のじ石の極は反対である。図７のイより，鉄板に置く４個のじ石のうち，右側の２個のじ石の上側の極は変えずに，左側の２個のじ石の上側をN極からS極に変えるとよいから。

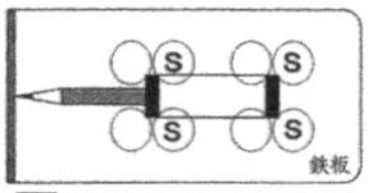

3〔問題1〕(1)の図

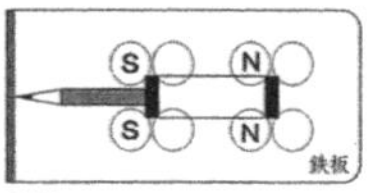

3〔問題1〕(2)の図

〔問題2〕(1)２　(2)大きい場合…②　理由…①はA方向がそろっていないので，N極とS極が引き合う部分と，N極どうしやS極どうしがしりぞけ合う部分がある。それに対して，②はA方向がそろっているので，ほとんどの部分でN極とS極が引き合う。そのため，①より②のほうが引き合う部分が大きいから。

《解　説》

1 **〔問題1〕**　表内のどこであっても，横に並んだ３つの数を見てみると，左の数と真ん中の数の差と，右の数と真ん中の数の差が等しいので，３つの数の和は真ん中の数の３倍に等しくなる。よって，解答例のように説明できる。

〔問題2〕　九九の表にある数は，すべて１～９までの２つの整数の積になるので，ア～エのうち２つの立方体の数の積で１～９までの整数をすべて表せるような組み合わせを作り，その組み合わせが２組あれば，九九の表にあるすべての数を表せる(例えば，８×９＝72 を表す場合は，２つ立方体の数の積で８，残り２つの立方体の数

の積で９を表せばよい)。１から７までの数を書くから，１から９までの数を，１から７までの積で表すと，
１＝１×１，２＝１×２，３＝１×３，４＝１×４＝２×２，５＝１×５，６＝１×６＝２×３，７＝１×７，８＝２×４，９＝３×３となる。

１＝１×１，９＝３×３を表したいので，２つの立方体両方に１と３を書く。８＝２×４を表したいので，２つの立方体について，一方に２，もう一方に４を書く。５＝１×５，７＝１×７を表したいので，２つの立方体について，一方に５，もう一方に７を書く。よって，２つの立方体に書く数は，（１，２，３，５)と(１，３，４，７)になるか，(１，２，３，７)と(１，３，４，５)になる(この２つの立方体の数の積で，２，３，４，６も表せる)。このような組み合わせの立方体を２組書けばよい。解答例は，アとエ，イとウの積で，１から９までの整数を作ることができる。

また，ア～エについて，「●」の面の辺と重なる辺は，右図の太線部分になるから，この太線の辺が上の辺となるように４つの数字を書けばよい。

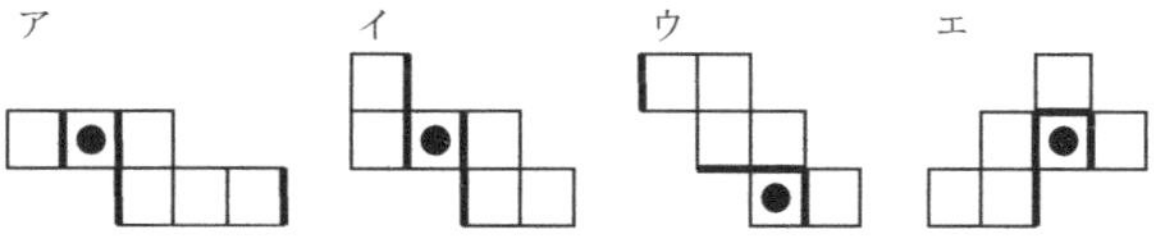

2 〔問題１〕　図１より，木材として利用するために林齢 50 年以上の木々を切っていること，図２より，人工林の高齢化が進んでおり，2017 年では林齢 50 年以下の人工林は若くなるほど面積が小さくなっていることが読み取れる。また，花子さんが「人工林の総面積は，1995 年から 2017 年にかけて少し減っています」，先生が「都市化が進んでいることなどから，これ以上，人工林の面積を増やすことは難しい」と言っていることから，今後，人工林の面積はさらに減っていき，主ばつして利用できる木材の量が不足してしまうことが予測できる。

〔問題２〕　図の取り組みについて，会話中の言葉を手がかりにしよう。図３について，花子さんが「間ばつ材も，重要な木材資源として活用することが，資源の限られた日本にとって大切なこと」と言っている。図４について，太郎さんが「間ばつ材マークは…間ばつ材利用の重要性などを広く知ってもらうためにも利用される」と言っている。図５を選択する場合は，「図５のように実際に林業にたずさわる人たちが，高性能の林業機械を使ってばっ採したり，大型トラックで大量に木材を運んだりすることで，効率的に作業できる。」を，図３の間ばつ材を使った商品の開発や利用に関連付けてまとめるとよい。

3 〔問題１〕(1)　(あ)のつつの磁石のＮ極の真下の鉄板には上側がＮ極の磁石を２個，Ｓ極の真下の鉄板には上側がＳ極の磁石を２個置く。解答例の他に，右図のように磁石を置いてもよい。　(2)　解答例の他に下図のように磁石を置いてもよい。

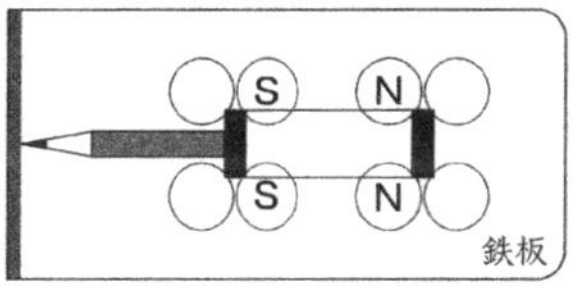

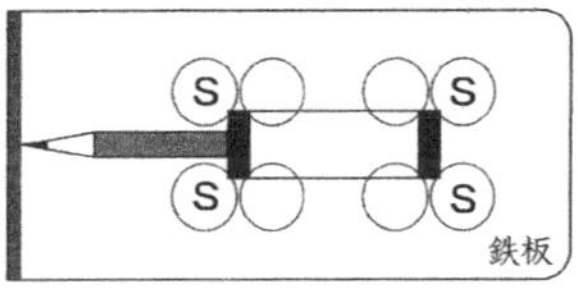

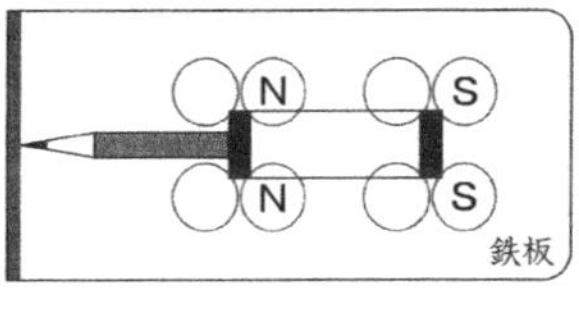

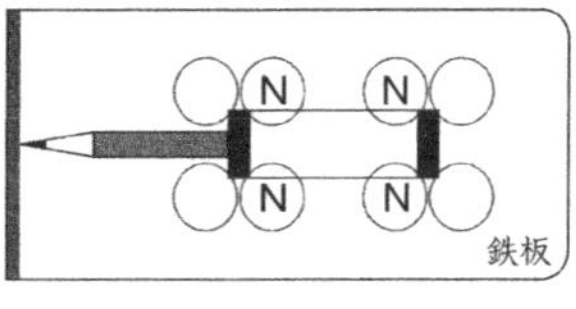

〔問題２〕(1)　表１のＡ方向が地面に平行なときの記録に着目する。１辺が１cm の正方形のシートの面積は１×１＝１(㎠)で，このときの記録は０個(０ｇ)，１辺が２cm の正方形のシートの面積は２×２＝４(㎠)で，このときの記録は２個(20ｇ)，１辺が３cm の正方形のシートの面積は３×３＝９(㎠)で，このときの記録は５個(50ｇ)である。１辺が３cm 以下の正方形では，つりさげることができる最大の重さはシートの面積に比例するので，１辺が２cm の正方形のシートと比べると 20÷４＝５(ｇ)，１辺が３cm の正方形のシートと比べると 50÷９＝5.5…(ｇ)までつ

りさげることができる。したがって，１辺が１cmの正方形について，２gのおもりでの記録は２個と考えられる。

⑵　①(表２の１番下の記録)よりも②(表２の真ん中の記録)の方が記録が大きい。このように記録の大きさにちがいが出るのは，シートのＮ極とＳ極が図 10 のように並んでおり，２枚のシートのＡ方向がそろっていると，ほとんどの部分でＮ極とＳ極が引き合うが，２枚のシートのＡ方向がそろっていないと，引き合う部分としりぞけ合う部分ができるからである。なお，表２の１番上の記録よりも②の方が記録が大きいのは，②では，おもりをつけたシートが下にずれようとするとき，それぞれの極が，黒板に貼りつけたシートから上向きの引きつける力と上向きのしりぞける力を受けるためである。

《解答例》

1　〔問題1〕数字や記号の順番…７，－，２，×，３，＋，１，５，＝とおす。

考え方…３×７－２×３は(７－２)×３と考えることができる。３×７－２×３の正しい答えである15を電たくで求めるためには７，－，２，×，３とおせばよい。よって，７，－，２，×，３，＋，１，５，＝とおすと，正しい答えである30を電たくで計算し，表示させることができる。

〔問題2〕うに入れることができる数…2.20／2.21／2.22 から２つ

理由…右のスイッチを２に合わせてあるので，電たくに表示されている数は小数第３位を四しゃ五入した数である。小数第３位を四しゃ五入して3.00となる数は2.995以上，3.005未満なので，あに当てはまる数はそれぞれから1.029を引いた，1.966以上，1.976未満。小数第３位を四しゃ五入して1.04となる数は1.035以上，1.045未満なので，いに当てはまる数はそれぞれから0.804を引いた，0.231以上，0.241未満。よって，あといを足した数は2.197以上，2.217未満の数であり，四しゃ五入すると，2.20，2.21，2.22の３種類あるから。

2　〔問題1〕

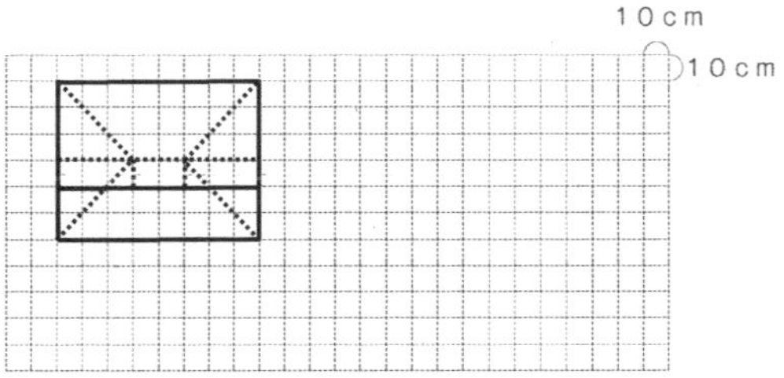

くるみさんのたたみ方を選んだ場合

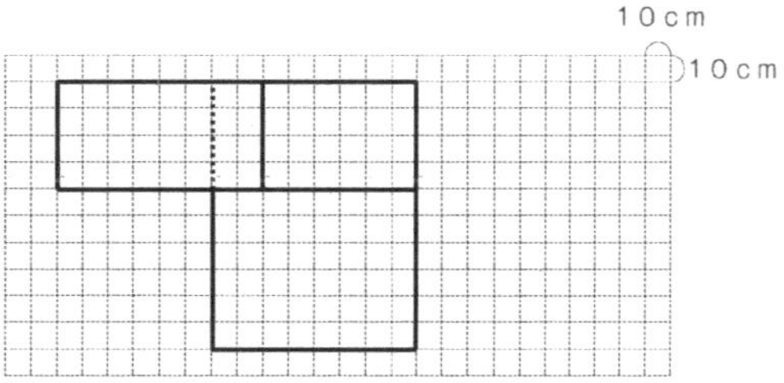

はるかさんのたたみ方を選んだ場合

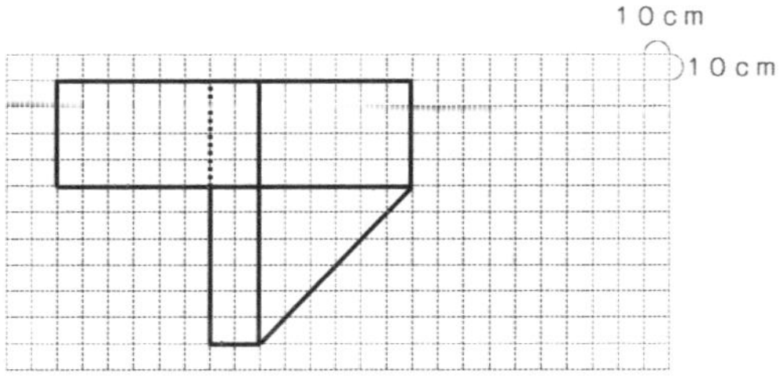

おうきさんのたたみ方を選んだ場合

〔問題2〕見取り図…

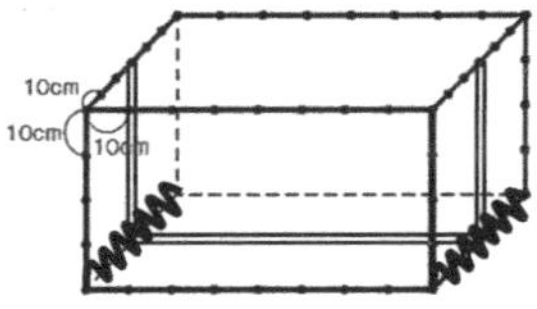

上から見た図…

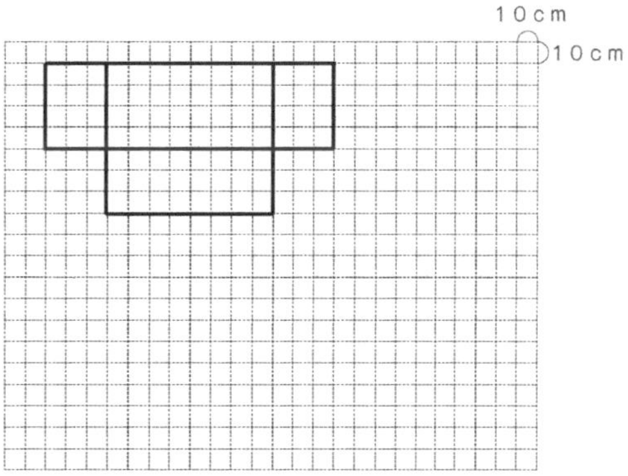

3　〔問題1〕選んだ野菜…ホウレンソウ　選んだ理由…期間が５月１日から６月 30 日までなので，しゅうかくまでの日数が 60 日以内のものを表１から選んだ。また，発芽温度と生育温度が，５月１日から６月 30 日における図２の月別平均気温と図３の月別最高気温と月別最低気温のはん囲に入っているものを選んだ。

〔問題2〕調べたいこと…より多くのしゅうかく量を得るために，どのように種をまけばよいか。　調べ方…同じ面積になるように花だんの中を２つに区切る。一つは，ｐ種をまく間かくをせまく，上下左右を 10 ㎝くらいにして，より多くの種をまく。もう一つは，種をまく間かくを広くとり，上下左右を 50 ㎝くらいにして，十分に間かくをとって，種をまく。種のまく間かく以外の条件はできるだけ同じにして，水を十分にあげ，成長記録をつける。成長記録には，野菜の草たけ，葉の数，花の数，しゅうかくの数や花がさき始めた日にちやしゅうかくできるようになった日にちなどを記録する。しゅうかくしたら重さをはかり，どちらのまき方が良いのかを比べる。また，その原因について観察記録を使って考える。

《解　説》

[1]　〔問題１〕　３×７－２×３＋15＝７×３－２×３＋15＝（７－２）×３＋15 と変形すれば，左から順に計算することで答えが求められることに気づけるとよい。

〔問題２〕　電卓に表示された数は，小数第３位を四捨五入して小数第２位まで表した数であることから，(3.00 と表示される数の範囲)－1.029＝(あに入る数の範囲)，(1.04 と表示される数の範囲)－0.804＝(いに入る数の範囲)となることがわかる。あといに入る数の範囲から，うに入る数がわかる。

[2]　〔問題１〕　くるみさんのたたみ方について，たたんでいると中は，図Ⅰのように，左右の面を中へ入れるように折りこみ，正面の面を手前に折り，おくの面といっしょに手前に倒す。このように太線部分を谷折りで折りたたむことで，切らずにたたむことができる。㋐＝㋑＝60÷２＝30(㎝)，㋒＝40－30＝10(㎝)となるから，解答例のようになる。

図Ⅰ

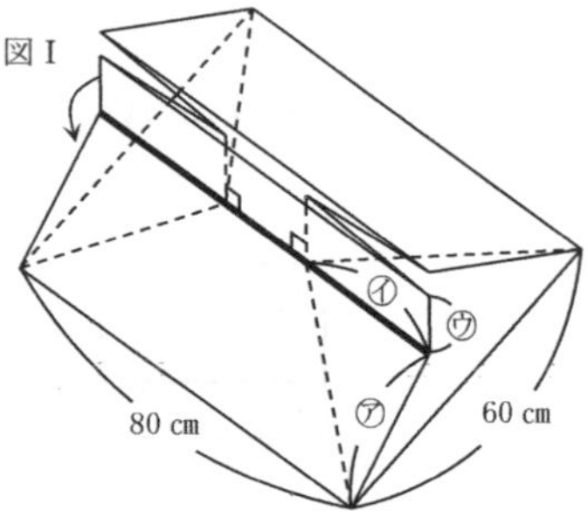

はるかさんのたたみ方について，図Ⅱの同じ記号どうしで組み立てたときに重なる。

図Ⅱ

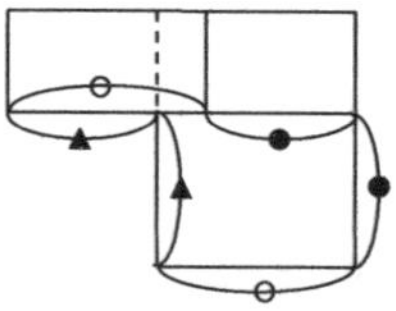

おうきさんのたたみ方は，図Ⅱから●の記号の辺どうしがかさなるように折りたたんだ状態になる。

〔問題２〕　解答例以外にも，右図のように，辺２か所の切り方，たたみ方は他にもいくつかある。

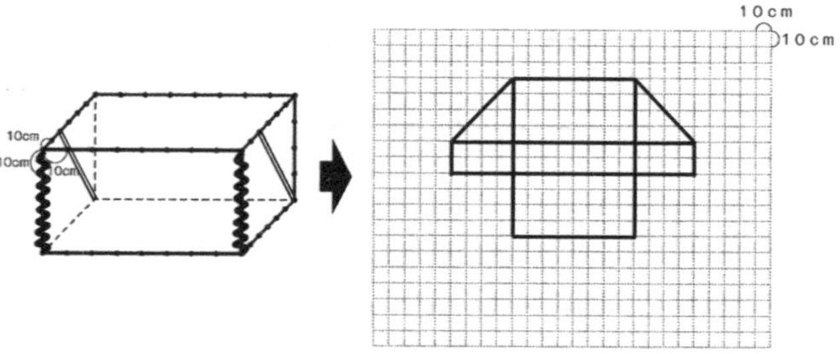

[3]　〔問題１〕　収かく日数が60日以内のものは，キュウリ，ホウレンソウ，シュンギク，インゲン，コマツナである。これらの発芽温度と生育温度に着目し，図２と図３をもとに，より適するものを選べばよい。ホウレンソウの他に，インゲンやコマツナを選んでもよい。キュウリは５月初めの気温が発芽温度に適している可能性が低い。また，シュンギクは５月以降の気温が生育温度に適している可能性が低い。

〔問題２〕　１つだけ条件を変えた育て方を２通り以上すると，その条件が与《あた》える影響《えいきょう》について(影響があるのかどうか，また，影響があった場合，影響を与える条件が何であるかを)考えることができる。

《解答例》

1 〔問題１〕自分を守ってくれる人たちのいる、そこにいれば安心できる自分の所属する場所を出て、自由ではあるが、自分のことをだれも知らない、何でも自分で判断しなければならないようなところに行くことだと考えている。

〔問題２〕問題を解くには、まず問題を発見し理解しなければならない。しかし、こんとんとした情報の中から、自分にとって意味のある問題を発見したり、理解したりすることのほうが問題を解くより大事になることも多いから。

〔問題３〕（例文）

いろいろな学校の子ども達が集まるサマーキャンプに参加することは、自分のことを誰も知らない場所に身を置くという状きょうだと考える。

その参加者でカレーを作るとしたら、全員が料理に参加し、カレーを完成させることが目標になると思う。そこで問題になるのは、参加者がおたがいを知らないため、それぞれが何をすれば良いか、どう仕事を分担すれば良いのかが分らないことだ。

そこで、私は、まず料理の手順を紙に書き出してみて、それぞれの作業ごとに出来そうなことや、得意なことを参加者に聞き、作業を割り当てたいと思う。包丁で野菜や肉を切ることは、小さい子や料理をしたことのない人には出来ないだろう。そういう人には、玉ねぎの皮をむく、皿を並べるなどの簡単な作業をしてもらう。キャンプに慣れている人には、火をおこすといった、少し危険な作業をしてもらう。知らない者同士だからこそ、事前に計画をたて、コミュニケーションをよくとることが大切になると思う。

《解　説》

1 **〔問題１〕**　著作権に関する弊社《へいしゃ》の都合により本文を非掲載《ひけいさい》としておりますので、解説を省略させていただきます。ご不便をおかけし申し訳ございませんが、ご了承《りょうしょう》ください。

〔問題２〕　傍線《ぼうせん》部の前後に着目する。「問題を解くには、まず問題を発見し、理解しなければならない。混沌《こんとん》とした情報のなかから、自分にとって意味のある目標、それを達成するための手段《しゅだん》、目標の達成を妨《さまた》げるいろいろな制約条件を見つけ出すことが、まず大切になる。むしろ～意味のある問題を発見したり理解したりすることのほうが問題を解くより大事になることも多い」とある。何が問題なのかがわかるということは、そのことがらをある程度理解しているということなのである。資料Ｂの１～３行目でも「問題が理解できれば解決できたと同じことだ～解決すべき問題がどこにあるのか、知識や経験のない人はすぐにはわからない」と述べている。

〔問題３〕　資料Ｂの最後から６段落目に「卒業試験に合格すれば新しい人生が待っているという学生の場合、達成すべき目標は卒業試験に合格すること、制約になっているのは試験の難《むずか》しさであり、問題の意味とは人生が開けるということである」とある。この例（書き方）を参考にして、「自分のことを誰《だれ》も知らない場所に身を置く」という状きょう、そこで生じる「問題」、その「解決策」を具体的に考えよう。

《解答例》

1　〔問題１〕①25　②10　③15　④10　〔問題２〕必要なパネルの台数…４　説明…横向きの画用紙は，パネル１面に最大で８枚はることができるので，１面に８枚ずつはると，４面で 32 枚はることができる。残りの６枚は，１面ではれるので，合わせて５面使う。縦向きの画用紙は，パネル１面に最大で９枚はることができるので，１面に９枚ずつはると，２面で 18 枚はることができる。残りの３枚は，１面ではれるので，合わせて３面使う。したがって，すべての画用紙をはるのに８面使うから，パネルは４台必要である。

〔問題３〕アに入る数…４　イに入る数…２　ウに入る数…３　エに入る数…２　オに入る数…４〔別解〕２

2　〔問題１〕選んだ図…図２　あなたの考え…2001 年度に国の制度が改められたことで，新しくバスの営業を開始しやすくなり，2000 年度ごろまでにみられた減少が止まり，2001 年度から 2015 年度にかけて実際に走行したきょりは，大きく減少することなく増加している。　〔問題２〕設計の工夫…出入口の高さ／固定ベルトの設置

期待されている役割…ベビーカーを利用する人にとって，出入口の高さが低くつくられていることと，車内に固定ベルトが設置されていることにより，乗りおりのときや乗車中に，ベビーカーを安全に利用できる。

〔問題３〕課題…バス以外の自動車で混み合う道路がうまれる可能性がある。　あなたの考え…時こく表に対するバスの運行状きょうが向上していることをせん伝して，バス以外の自動車を使う人にバスを利用してもらい，混み合う道路が少なくなるように働きかける。

3　〔問題１〕選んだプロペラ…Ａ　示す値のちがい…13.3　〔問題２〕⑴モーター…ウ　プロペラ…Ｈ

⑵選んだ予想…①　予想が正しくなる場合…ありません　理由…Ｅ，Ｆ，Ｇ，Ｈのどのプロペラのときでも，アとイのモーターの結果を比べると，アのモーターの方が軽いのに，かかった時間が長くなっているから。

〔問題３〕⑴×　⑵車が前に動く条件は，(あ)が 50° から 80° までのときで，さらに，(あ)と(い)の和が 100° か 110° のときである。

《解　説》

1　**〔問題１〕**　パネルの横の長さは 1.4ｍ＝140 ㎝，画用紙の横の長さが 40 ㎝だから，140÷40＝３余り 20 より，横にはれる枚数は最大で３枚である。また，パネルの縦の長さは２ｍ＝200 ㎝，画用紙の縦の長さが 50 ㎝だから，200÷50＝４より，長さ③と④が０㎝のとき，縦に４枚はれるが，長さ③と④はそれぞれ５㎝以上だから，縦にはれる枚数は最大で３枚である。したがって，６＝２×３より，画用紙のはり方は右図Ⅰ，Ⅱの２通り考えられる。

図Ⅰ

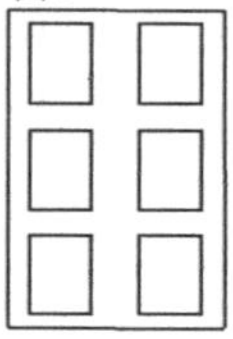

図Ⅱ

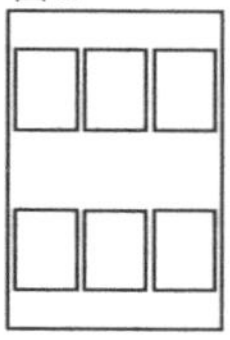

図Ⅰの場合について考える。横にならぶ画用紙の横の長さの和は，40×２＝80(㎝)だから，長さ①と②の和は，140－80＝60(㎝)である。例えば，長さ②を 10 ㎝とすると，長さ①は(60－10)÷２＝25(㎝)となる。縦にならぶ画用紙の縦の長さの和は，50×３＝150(㎝)だから，長さ③と④の和は，200－150＝50(㎝)である。例えば，長さ④を 10 ㎝とすると，長さ③は(50－10×２)÷２＝15(㎝)となる。また，他の長さ①と②，長さ③と④の組み合わせは右表のようになる。

同様に図Ⅱの場合も求めると，右表のような組み合わせが見つかる。

図Ⅰの場合

長さ①	長さ②
5	50
10	40
15	30
20	20
25	10

長さ③	長さ④
5	20
10	15
15	10
20	5

(単位：㎝)

図Ⅱの場合

長さ①	長さ②
5	5

長さ③	長さ④
5	90
10	80
15	70
20	60
25	50
30	40
35	30
40	20
45	10

(単位：㎝)

ただし，作品の見やすさを考えると，長さ①よりも長さ②の方がかなり長い，または，長さ③よりも長さ④の方がかなり長いはり方は，しない方がよいであろう。

〔**問題２**〕　横向きの画用紙は，140÷50＝２余り 40 より，横に２枚はって，長さ①と②の和が 40 cmとなればよい。このとき長さ②は１か所だから，長さ①＝10 cm，長さ②＝20 cmなどが考えられる。したがって，横には最大で２枚はれる。また，横向きの画用紙は，200÷40＝５より，縦に４枚はって，長さ③と④の和が 40 cmとなればよい。このとき長さ③は３か所だから，長さ③＝10 cm，長さ④＝５cmとできる。したがって，縦には最大で４枚はれる。よって，パネルの１面に横向きの画用紙は，最大で４×２＝８(枚)はれる。38÷８＝４余り６より，横向きの画用紙を全部はるのに，４＋１＝５(面)必要となる。

縦向きの画用紙は，〔問題１〕の解説より，パネルの１面に最大で３×３＝９(枚)はれるとわかる。21÷９＝２余り３より，縦向きの画用紙を全部はるのに，２＋１＝３(面)必要となる。

パネル１台に２面ずつあるから，求める必要なパネルの台数は，(５＋３)÷２＝４(台)である。

〔**問題３**〕　〔ルール〕の(3)について，サイコロで出た目の数に 20 を足して，その数を４で割ったときの余りの数を求めるが，20 は４の倍数だから，サイコロの目に 20 を足して４で割っても，サイコロの目の数を４で割っても余りの数は同じになる。

先生のサイコロの目は，１，２，５，１だから，進んだ竹ひごの数は，５÷４＝１余り１より，１，２，１，１である。したがって，**あ→え→う→い→う**となり，**い**でゲームが終わる。よって，先生の得点は，１＋２＋１＝ア４(点)となる。

サイコロを４回ふってゲームが終わるのは，４回目に**か**に着くか，４回目に一度通った玉にもどる目が出たときである。このことから，１回目に**い**，**う**，**え**，**お**のいずれかに進んだあとは，**い**，**う**，**え**，**お**のならびを時計周りか反時計回りに２つ進んだあとに，**か**に進むかまたは一度通った玉にもどる目が出たとわかる。したがって，１回目に進む玉で場合を分けて調べていき，３回目に進んだときの得点を求め，それが７点ならば，そこから一度通った玉にもどる目が出ることで条件に合う進み方になり，７点ではなくても，そこから**か**に進むことで７点になれば，条件に合う進み方になる。

例えば，１回目に**い**に進んだ場合，３回目までは**あ→い→う→え**の３＋１＋２＝６(点)か**あ→い→お→え**の３＋０＋３＝６(点)となるが，ここから**か**に進んでも６＋０＝６(点)にしかならない。このため，この場合は条件に合わないとわかる。

このように１つ１つ調べていってもよいが，得点が７点であることから，１回進むごとに２点か３点ずつ増えたのではないかと，あたりをつけることもできる。このように考えると，１回目は**い**か**お**に進んだと推測できる。**い**はすでに条件に合わないことがわかったので，**お**に進んだ場合を調べると，**あ→お→え→う**で得点が２＋３＋２＝７(点)になるとわかる。このあと，**あ**か**え**にもどる目が出ればよいので，サイコロの目はイ２，ウ３，エ２，オ４(オは２でもよい)となればよい。

なお，サイコロの目の数が６のときも，４で割った余りの数は２だから，２は６でもよい。

2　〔**問題１**〕　解答例の「新しくバスの営業を開始しやすくなり」は「新たな路線を開設しやすくなり」でも良い。図２より，実際に走行したきょりは，2001 年度が約 292500 万km，2015 年度が約 314000 万kmだから，20000 万km以上増加していることがわかる。そのことを，表１の 2001 年度の「バスの営業を新たに開始したり，新たな路線を開設したりしやすくするなど，国の制度が改められた」と関連付ける。また，図１を選んだ場合は，解答例の「実際に走行したきょり」を「合計台数」に変えれば良い。

〔問題２〕　解答例のほか，設計の工夫に「手すりの素材」「ゆかの素材」を選び，共通する役割に「足腰の弱った高齢者にとって，手すりやゆかがすべりにくい素材となっていることにより，乗りおりのときや車内を移動するときに，スムーズに歩くことができる。」としたり，設計の工夫に「車いすスペースの設置」「降車ボタンの位置」を選び，共通する役割に「車いすを利用する人にとって，車内に車いすスペースが設置されていることと，降車ボタンが低くつくられていることにより，乗車中やおりるときに，車いすでも利用しやすくなる。」としたりすることもできる。

〔問題３〕　課題について，先生が「乗合バスが接近してきたときには，(一般の自動車が)『バス優先』と書かれた車線から出て，道をゆずらなければいけない」と言っていることから，バス以外の自動車による交通渋滞が発生する恐れがあると導ける。解決について，図６で，運用１か月後の平均運行時間が運用前よりも２分近く短縮されたこと，図７で，運用１か月後の所要時間短縮の成功率が運用前よりも30%近く高くなったことを読み取り，このような運行状況の向上を宣伝することで，交通手段としてバスを選ぶ人を増やし，渋滞を回避するといった方法を導く。

3　〔問題１〕　A．123.5－(54.1＋48.6＋7.5)＝13.3(ｇ)　B．123.2－(54.1＋48.6＋2.7)＝17.8(ｇ)
C．120.9－(54.1＋48.6＋3.3)＝14.9(ｇ)　D．111.8－(54.1＋48.6＋4.2)＝4.9(ｇ)

〔問題２〕⑴　表５で，５ｍ地点から10ｍ地点まで(同じきょりを)走りぬけるのにかかった時間が短いときほど車の模型が速く走ったと考えればよい。　⑵　①…モーターはアが最も軽いが，プロペラがＥとＦのときにはイ，プロペラがＧのときにはイとウ，プロペラがＨのときにはウが最も速く走ったので，予想が正しくなる場合はない。②…プロペラの中心から羽根のはしまでの長さは長い順にＨ，Ｇ，Ｆ，Ｅで，これはモーターがウのときの速く走った順と同じだから，予想が正しくなる場合がある。

〔問題３〕⑴　(あ)が60°で，(あ)と(い)の和が70°になるのは，(い)が70－60＝10(°)のときである。したがって，表６で，(あ)が60°，(い)が10°のときの結果に着目すると，×が当てはまる。　⑵　⑴のように考えて表７に記号を当てはめると，右表のようになる。車が前に動くのは記号が○のときだけだから，○になるときの条件をまとめればよい。

		(あ)と(い)の和					
		60°	70°	80°	90°	100°	110°
(あ)	20°	×	×	×	×		
	30°	×	×	×	×	×	
	40°	×	×	×	△	△	△
	50°	×	×	×	△	○	○
	60°		×	×	△	○	○
	70°			×	△	○	○
	80°				△	○	○

白鷗高等学校附属中学校　2020 令和2 年度　適性検査Ⅲ

《解答例》

1 〔問題1〕　1つめ…1，3，9，1，10，3　2つめ…2，3，3，2，10，3　3つめ…7，2，9，2，10，1

〔問題2〕[い]にあてはまる数…13，17，22，23，25　考え方…11 から 30 の数字から，1から 10 を2倍した数と，1から 10 を3倍した数を除くと，11，13，17，19，22，23，25，26，28，29 の 10 個の数字が残る。これらのうちから 11 と 19 を除く5個を選んだ。　〔問題3〕[う]にあてはまる数…9，11，13　考え方…20 の約数は1以外に，2，4，5，10，20。これらの倍数だと重なってしまうため，1から 20 のうち，2，4，5，10，20 の倍数を除いた数となる。

2 〔問題1〕　温度計の中の赤い液体が通る管の大きさがそれぞれの温度計でちがうから。

〔問題2〕[あ]にあてはまる数…1　[い]にあてはまる数…1.33

求めた式…4×10＝40　40÷30＝1.3333…　1.3333…の小数点第三位を四捨五入して 1.33 とする。

〔問題3〕くるみさんが行った実験結果で，熱湯が入った容器に入れたとき，かわいたガラスびんより，色水を入れたガラスびんの方が大きくふくらんだのは，色水の水がじょう発したためである。図4のはやとさんが作った温度計でも同じように，色水の水がじょう発したと考える。つまり，同じ 10℃の変化でも水がよりじょう発する高い温度の方が水面の変化が大きくなったからと考えられる。

《解　説》

1 **〔問題1〕**　以下のように考えるとよい。

10 点の3倍の場所に玉が1個入った場合を考えると，残り2個の点数の和が 42－10×3＝12(点)となればよい。

2個とも1倍の場所に入った場合について考えると，外側に書いてある数は1～10 までの整数なので，くるみさんの結果である4点×1，8点×1の場所以外で和が 12 点となるのは，2×1＋10×1＝12，3×1＋9×1＝12，5×1＋7×1＝12 が考えられる。よって，2点×1＋10 点×1＋10 点×3，3点×1＋9点×1＋10 点×3，5点×1＋7点×1＋10 点×3の3通りが考えられる。なお，組み合わせは他にもたくさんある。

〔問題2〕　玉を1個投げることでとれる点数は，1点から 10 点か，1点から 10 点をそれぞれ2倍した点数か，1点から 10 点をそれぞれ3倍した点数だけである。よって，解答例のような考え方ができる。

〔問題3〕　時計回りに1か所先の場所に数をあてはめることを，数を1ずつ進める，2か所先の場所に数をあてはめることを，数を2ずつ進める，…とする。進めた数の和が 20 の倍数になったとき，再び1をあてはめた場所に数が進む。例えば，数を6ずつ進めるとき，6と 20 の最小公倍数は 60 となるので，数を 60÷6＝10(回)進めたとき，再び1をあてはめた場所に進み重なる。このとき，外側に書く数は1～10 まであてはめることができる。したがって，再び1をあてはめた場所に進むまでに，数を 20 回進めることができれば，1から 20 までの数を重ねることなくあてはめることができる。

数を△ずつ進めた場合を考えると，△と 20 の最小公倍数が(△×20)となれば，数を(△×20)÷△＝20(回)進めたときに再び1をあてはめた場所に進むから，条件に合う。△と 20 が1以外で同じ約数をもつ場合，△と 20 の最小公倍数が(△×20)になることはないので，△と 20 が1以外で同じ約数をもたない場合を考えればよい。

よって，解答例のような考え方ができる。

2 **〔問題1〕**　管が太い(断面積が大きい)方が，赤い液体の体積が変化したときの目盛りの変化が小さい。

〔問題２〕　０℃から30℃までが４㎝であり，４㎝は４×10＝40(㎜)である。この40㎜を30等分すれば，１℃あたりの間かくを何㎜にすればよいか求められる。したがって，40÷30＝1.333…→1.33㎜である。

〔問題３〕　ものはあたためられると体積が大きくなる(膨《ぼう》張《ちょう》する)。くるみさんが考えた実験では，熱湯が入った容器に入れる前のかわいたガラスびんと色水を入れたガラスびんの中の空気の体積はほとんど同じだから，ふくらみ方に大きな差が生じたのは空気の膨張によるものではないと考えられる。二つのガラスびんの条件のちがいは，色水の有無だけであり，色水を入れた方が大きくふくらんだのだから，ふくらみ方に大きな差が生じたのは色水によるものだと考えられる。水がじょう発して水じょう気になると体積は約1700倍になるから，じょう発する水が多くなる高温のときほど，水面の変化が大きくなるということである。

《解答例》

1 〔問題１〕筆者は、ほんやくした文章が、美しく流れるような日本語で、読者にほんやくした文章だと忘れてもらえたら一番だと考えていて、そのようなほんやくをするためには日本語の力をつけることが大切だと考えているから。

〔問題２〕ネットで検さくして簡単に手に入れることのできる細切れの断片的な情報をたくさん持つことではなく、さまざまな情報について自分で考え、それらを結びつけることにより、知識というレベルにまで深めること。

〔問題３〕(例文)

家族旅行の際、ネット上で知った飲食店に行った。実際にその店で食べてみると、楽しみにしていたメニューの食材が、ネットに書かれていたものと異なっていた。この経験から、ネットの信頼性の欠落には気を付けなければいけないことを学んだ。情報を得たのは個人のブログで、それがＳＮＳ上にも広がっていた。なぜ信頼性に欠ける情報が広がってしまうのか。それは、発信者の確認が足りないためだと思う。

情報の信頼性を高めるためには、この場合、発信者がお店の人と直接話をし、発信して良いか、内容が正しいか等の確認をとることが必要だったと考える。それは、資料Ａにある「もとの資料や情報にあたる」ということだ。そうすることで、資料Ｂで述べている「どこの誰が責任をもって発しているのかが見えないがゆえに、いい加減な情報で溢れかえってしまう」という事態を改善できると思う。だれもが簡単に情報を発信できる時代である。情報を発信する際には、発信する前に、本当に正しいかどうかを、各自が責任を持って確認するべきだ。

《解　説》

1 **〔問題１〕** 翻訳《ほんやく》のうまい下手《へた》は日本語力にかかっている、つまり、うまい翻訳をするためには、すぐれた日本語力が必要だということ。続く部分で「だから、翻訳をやりたいなあと思っている人は～日本語の力をつけることを(決してわすれないでほしい)」と述べている。この内容から、解答のまとめは「日本語の力をつけることが大切だと考えているから。」とするのがよい。では、すぐれた日本語力を必要とするうまい翻訳とはどのようなものか。それは、「わたしのこだわり」として、「うつくしく流れるような日本語でありたい～読者に翻訳した文章だとわすれてもらえたら、それがいちばん」と述べている。この部分を用いて、そのような翻訳をするために、日本語の力をつけることが大切だ、という筆者の考えをまとめよう。

〔問題２〕 まず、傍線部《ぼうせんぶ》の直後から、「本当に『知る』」ということは、「(情報が)知識というレベルにまで深まって」いくことだと読み取れる。その「知識」はどのように得られるかというと、直前の段落で「考えることによって、さまざまな情報が有機的に結合し、知識になる」と述べている。これらの内容を、「本当に『知る』」とはどういうことかの説明としてまとめる。「百字以内」なので、さらに内容を補足することができる。「本当に『知る』」ことと対照的な「知る」を取り上げて、そうではなく、とつなげることで、「本当に『知る』」がよりわかりやすくなる。よって、「ネットで検索《けんさく》すれば、簡単《かんたん》に知ることはできます。しかし、そこで得られるのは単なる情報～細切れの断片的な情報をいくらたくさん持っていても～知識とは呼《よ》べません」という内容を用いてまとめよう。

〔問題３〕 傍線部をふくむ一文が「ネット～信頼性《しんらいせい》の欠落という影《かげ》の部分が、これからいろいろな問題を伴《ともな》ってクローズアップされていく」という内容であるから、ネットの情報が信頼できないものだったという具体例をあげるとよい。そして、なぜそのような不正確な情報になってしまったのかを考察しよう。その上で、「信頼性を高めるためにはどうしたらよいか」を述べる。傍線部のある資料Ｂでは、「どこの誰《だれ》が責任をもって発しているのかが見えないがゆえに、いい加減な情報で溢《あふ》れかえってしまう」「誰が発信しているのかは、とても重要なこと～どこの誰がいっているのかがわからなければ、信じるに値《あたい》しない情報」と、信頼性に欠ける情報について述べられている。資料Aでは、「リサーチをするときにもっとも気をつけるべきことは、もとの資料や情報（＝第一次資料）にあたるということだ」「インターネット～『第一次資料』がわかりにくくなっているから注意しなければならない」と、調べる際の心がけを述べている。これらを用いて、情報を発信する際の責任について考えをまとめよう。

白鷗高等学校附属中学校　2019 平成31 年度　適性検査Ⅱ

《解答例》

1 〔問題１〕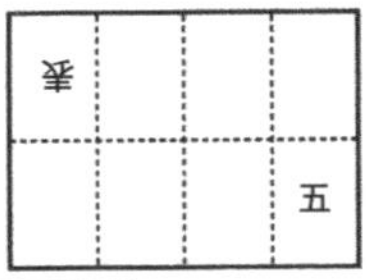

〔別解〕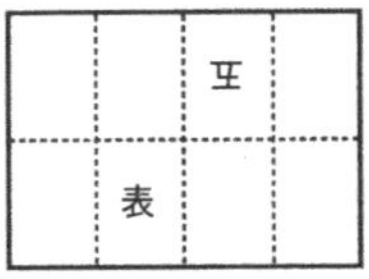

〔問題２〕約束２で表現したときの漢字と数字の合計の個数…44　漢字と数字の合計の個数が少ない約束…１
理由…このも様では、文字と数字でも様を表現するとき、列よりも行で表現したほうが、同じ色がより多く連続するため。

〔問題３〕「★」の位置に置くおもちゃの向き…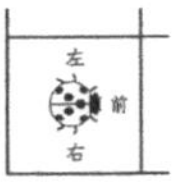

カードの並べ方…①②⑤④①②⑤①③①

〔別解〕「★」の位置に置くおもちゃの向き…

カードの並べ方…①③①②⑤①④②⑤①

2 〔問題１〕(あ)日本人の出国者数も、外国人の入国者数も大きな変化がない　(い)２　(う)日本人の出国者数は大きな変化がないが、外国人の入国者数は増加した　(え)３

〔問題２〕選んだ地域…松本市　あなたの考え…多言語対応が不十分で外国人旅行者がこまっているので、多言語表記などのかん境整備をしているから。

〔問題３〕役割１…外国人旅行者にとって、日本語が分からなくても、どこに何があるかが分かるようなほ助となっている。　役割２…その場で案内用図記号を見て地図と照らし合わせることで、自分がどこにいるかが分かるようなほ助となっている。

3 〔問題１〕比べたい紙…プリント用の紙　基準にするもの…紙の面積　和紙は水を何倍吸うか…2.3

〔問題２〕選んだ紙…新聞紙　せんいの向き…Ｂ　理由…実験２の結果ではどちらの方向にも曲がっていないのでせんいの向きは判断できないが、実験３の結果より短ざくＢの方のたれ下がり方が小さいから、せんいの向きはＢ方向だと考えられる。

〔問題３〕⑴Ａ　⑵４回めのおもりの数が３回めより少ないので、なるべく紙がはがれにくくなるのりを作るために加える水の重さが、３回めの 70ｇと４回めの 100ｇの間にあると予想できるから。

《解　説》

1 **〔問題１〕**　図２のしおりの作り方より，しおりにする前の紙の真ん中の横の点線がしおりの上になるとすると，文字の向きは右図ｉのようになるとわかる。

右図ⅱの矢印で示したページを表紙とすると，１ページ目から，ＡＥＦＧＨＤＣＢとなるとわかるから，５ページ目はＨのページである。また，Ｆのページを表紙とすると，５ページ目はＣのページとなる。他に表紙にできるページはＨとＣのページがあり，それぞれ解答例の図を上下逆にしたものと同じになる。

図ｉ
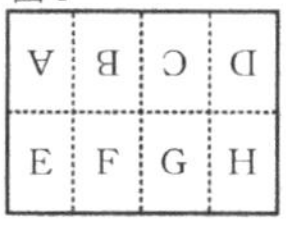

図ⅱ
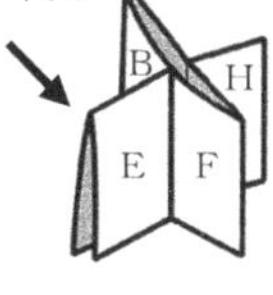

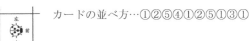

〔問題２〕　図９で表現された模様を図10に書きこむと，右図ⅲのようになる。したがって，約束２で表現すると，右図ⅳのようになるから，漢字と数字の合計の個数は，

５＋９＋７＋５＋５＋５＋５＋３＝44(個)である。

図９より，約束１で表現すると，漢字と数字の合計の個数は，

２＋３＋３＋４＋４＋４＋３＋２＝25(個)だから，約束１を使ったほうが表現する漢字と数字の合計の個数は少なくなる。

図ⅲ

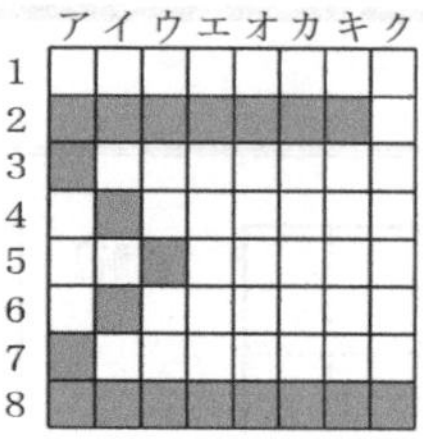

図ⅳ

白	白	白	白	白	白	白	白
1	1	1	1	1	1	1	7
2	1	1	1	1	1	1	1
3	1	2	5	5	5	5	
2	1	1	1	1	1	1	
	1	2					
	1	1					
	1						
	1						

〔問題３〕　「え」を通り「お」まで行くときの最短の行き方は，それぞれ右表のようになる。

このときのカードの並べ方を考えると表のようになり，それぞれ10枚で行けるとわかる。

最初のおもちゃの向き	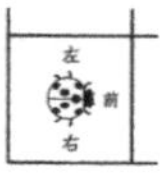	
最短の行き方	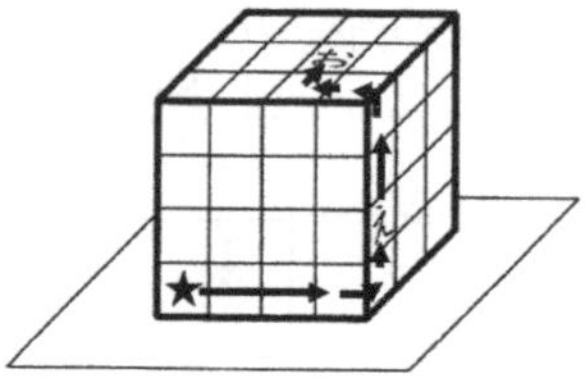	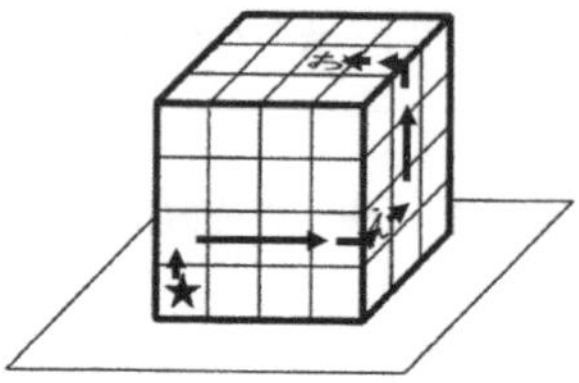
カードの並べ方	①②⑤④①②⑤①③①	①③①②⑤①④②⑤①

なお，①②が連続して並んでいるところは，②①の順番でもよい。

2　〔問題１〕(あ)　2006年から2012年までの間，日本人の出国者数は1600～1800万人前後，外国人の入国者数は700～900万人前後と大きな変化がない。　(い)　2012年は，日本人の出国者数が約1800万人，外国人の入国者数が約900万人なので，日本人の出国者数は外国人の入国者数の1800÷900＝２(倍)となる。　(う)(え)　2012年から2017年までの間，日本人の出国者数は1600～1800万人前後と大きな変化がない。一方で，外国人の入国者数は2012年が約900万人，2017年が約2700万人なので，2017年は2012年の2700÷900＝３(倍)増加している。

〔問題２〕　表３より，訪日外国人旅行者の受け入れ環境として不十分である点を読み取り，表２より，それぞれの地域ではその課題解決に向けてどんな取り組みをしているかを読み取る。解答例のほか，「高山市」を選んで，「コミュニケーションがとれなくて外国人旅行者がこまっているので，通訳案内士を養成しているから。」や，「白浜町」を選んで，「情報通信かん境が不十分で外国人旅行者がこまっているので，観光情報サイトをじゅう実させているから。」なども良い。

〔問題３〕　図７のマーク(ピクトグラム)が，日本を訪れる外国人に向けて，言葉が書かれていなくても絵で意味することがわかるようになっていることに着目しよう。ピクトグラムは，日本語のわからない人でもひと目見て何を表現しているのかわかるため，年齢や国の違いを越えた情報手段として活用されている。解答例のほか，「外国人旅行者にとって，日本語が分からなくても，撮影禁止や立入禁止などのルールが分かるようなほ助となっている。」なども良い。

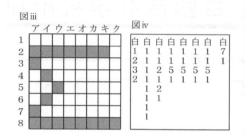

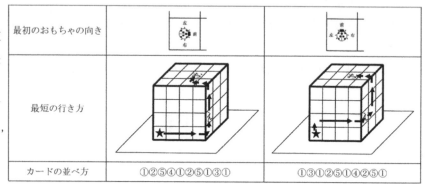

3 〔問題１〕　解答例のように，プリント用の紙で，紙の面積を基準にしたときは，面積１㎠あたりで吸う水の重さを比べればよい。和紙では $0.8\div40=\frac{0.8}{40}$（g），プリント用の紙では $0.7\div80=\frac{0.7}{80}$（g）だから，和紙はプリント用の紙より水を $\frac{0.8}{40}\div\frac{0.7}{80}=2.28\cdots\rightarrow2.3$ 倍吸うと考えられる。また，プリント用の紙で，紙の重さを基準にしたときには，重さ１gあたりで吸う水の重さを比べればよい。和紙では $0.8\div0.2=4$（g），プリント用の紙では $0.7\div0.5=1.4$（g）だから，和紙はプリント用の紙より水を $4\div1.4=2.85\cdots\rightarrow2.9$ 倍吸うと考えられる。同様に考えると，新聞紙では，面積を基準にしたときには1.9倍，重さを基準にしたときには1.5倍となり，工作用紙では，面積を基準にしたときには0.5倍，重さを基準にしたときには3.2倍となる。

〔問題２〕　紙には，せんいの向きに沿って長く切られた短冊の方が垂れ下がりにくくなる性質があるから，図５で，短冊Ｂの方が垂れ下がりにくいことがわかる新聞紙のせんいの向きはＢ方向である。同様に考えれば，プリント用の紙のせんいの向きはＡ方向である。また，水にぬらしたときに曲がらない方向がせんいの向きだから，図３より，せんいの向きは，プリント用の紙はＡ方向，工作用紙はＢ方向である。どの紙について答えるときも，実験２の結果と実験３の結果のそれぞれについてふれなければいけないことに注意しよう。

〔問題３〕　表２では，加える水の重さが重いほどおもりの数が多くなっているので，４回めに加える水の重さを100gにしたとき，おもりの数が53個より多くなるのか少なくなるのかを調べ，多くなるようであれば５回めに加える水の重さを100gより重くし，少なくなるようであれば５回目に加える水の重さを70gと100gの間にして実験を行えばよい。したがって，⑴はＡかＤのどちらかを選び，Ｄを選んだときには，⑵の理由を「４回めのおもりの数が３回目より多いので，なるべく紙がはがれにくくなるのりを作るために加える水の重さが４回めの100gより重いと予想できるから。」などとすればよい。

《解答例》

1 〔問題１〕式…30.4÷15　答え…2.03

〔問題２〕天びんの左右の皿がつり合った場合，天びんの左右の皿に入れなかったおはじきが重いおはじきである。また，天びんがつり合わなかった場合，下に動いた皿に入れたおはじきが重いおはじきである

〔問題３〕４，３，１　〔別解〕２，５，２

〔問題４〕(1)１

(2)おうきさんが最初の自分の順番で１個取ると，そのあとの３人のおはじきの取り方は，以下の４つの場合が考えられる。

①はじめさんが２個とって，くるみさんが２個とった場合，おうきさんが１個とれば，はじめさんが負けになる。

②はじめさんが２個とって，くるみさんが１個とった場合，おうきさんが２個とったら，はじめさんが負けになる。

③はじめさんが１個とって，くるみさんが２個とった場合，おうきさんが２個とったら，はじめさんが負けになる。

④はじめさんが１個とって，くるみさんが１個とった場合，おうきさんが２個とったら，はじめさんが１個とって，くるみさんが負けになる。

①～④以外に，取り方の場合はなく，①～④のいずれの場合にしてもおうきさんは負けることはない。

2 〔問題１〕

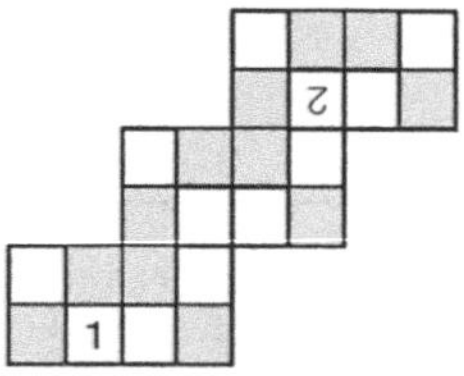

〔問題２〕(正三角形の辺の本数)は３であり(正三角形の数)は８である。つまり計算で求めると３×８＝24 本の辺があることになる。しかし，この【図９】の立体Aの辺は正三角形の各辺がそれぞれ重なっている。ゆえに求める辺の総数は(３×８)÷２＝12 本である。

〔問題３〕

ア	イ	ウ	エ	オ	カ	キ	ク	ケ	コ
2	3	9	8	7	4	1	5	6	10

考え方…(ルート②)の方が通る点が多いので，(ルート②) しか通らない コ・ウ・エ・オ は最大の数の 10・９・８・７の４つが入ればよい。また，(ルート①) しか通らない キ は最小の数の１が入ればよい。
(ルート①)と(ルート②)が共通している点と，(ルート①)と(ルート②)のどちらも通らない点は打ち消しあうか，関係ないので，どんな数でもよい。

《解　説》

1 **〔問題１〕**　求める重さは，30.4÷15＝2.026…より，2.03 g

〔問題３〕　はじめさんの場合，１回めも２回めもつり合って，重いおはじきを見つけることができたので，１回めと２回めに天びんの皿に入れたおはじきは全部同じ重さとわかり，１回めと２回めに天びんの皿に入れな

かった1個が重いおはじきであったとわかる。したがって，1回めと2回めに天びんの皿に入れたおはじきの個数の合計は，15－1＝14(個)である。くるみさんの場合，2回めで下に動いた皿に入れたおはじきの中に重いおはじきがあり，3回めにつり合って重いおはじきを見つけたので，3回めに天びんの皿に入れなかった1個が重いおはじきであったとわかる。このことから，天びんの左右の皿には同じ個数を入れるため，3回目に天びんの皿に入れたおはじきの個数の合計は偶数《ぐうすう》個で入れなかったおはじきは1個だから，2回めの天びんの左右の皿には3個以上の奇数《きすう》個ずつ入れたとわかる。
よって，1回めの天びんの皿に入れられるおはじきの個数の合計は，14－3×2＝8(個)以下だから，1回めの天びんの左右の皿に8÷2＝4(個)ずつ入れるとすると，2回めの天びんの左右の皿には3個ずつ入れればよい。
これで2回めがつり合わない場合(くるみさんの場合)は，下に動いた皿に入れた3個の中に重いおはじきがあるとわかるから，天びんの左右の皿に1個ずつ入れればよい。このとき，天びんはつり合ったのだから，天びんの皿に入れなかった1個が重いおはじきである。
同様に考えると，［1回め，2回め，3回め］のおはじきの個数の組み合わせは，［2，5，2］が見つかる。
〔問題4〕(1) 最初の順番で3人が2個ずつとると，合計6個取ることになり，おうきさんの2回めの順番のときに赤おはじき1個だけが残ることになるので，おうきさんは負けるとわかる。
したがって，最初の順番で2個取ると，「絶対に負けない」とは言えず，最初の順番で1個取ればよいとわかる。
なお，最初の順番で1個取ると，「絶対に負けない」理由については，(2)の解答・解説を参照のこと。
(2) おうきさんが最後の順番でおはじきを取った後，残っているおはじきの個数を1個または2個にすることができれば，おうきさんは「絶対に負けない」。最初の順番で残りのおはじきの個数を1個または2個にすることはできないから，2回めの順番で残りのおはじきの個数を1個または2個にできないか考える。
最初におうきさんが1個取ると，「おうきさん→はじめさん→くるみさん」が取るおはじきの個数の合計は，
1＋1＋1＝3(個)以上，1＋2＋2＝5(個)以下だから，2回めのおうきさんの順番の前に残っているおはじきは，7－5＝2(個)以上，7－3＝4(個)以下である。残りが2個のとき，おうきさんは1個取ればよく，残りが3個のとき，おうきさんは1個または2個取ればよく，残りが4個のとき，おうきさんは2個取ればよい。

2 **〔問題1〕(1)** 立方体の頂点には同じ色が集まっているから，右図Iの☆印の部分は色の付いた部分とわかる。また，色の付いた部分は各面でななめになっているから，展開図は解答例のようになる。

図I
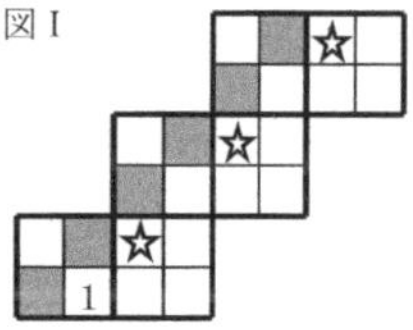

(2) 立方体の展開図は好きな1辺で切り取り，90度回転させてから他の辺にくっつけてもよいから，右図IIのように変形できる。よって，「2」が解答例の位置にあるとわかる。

図II
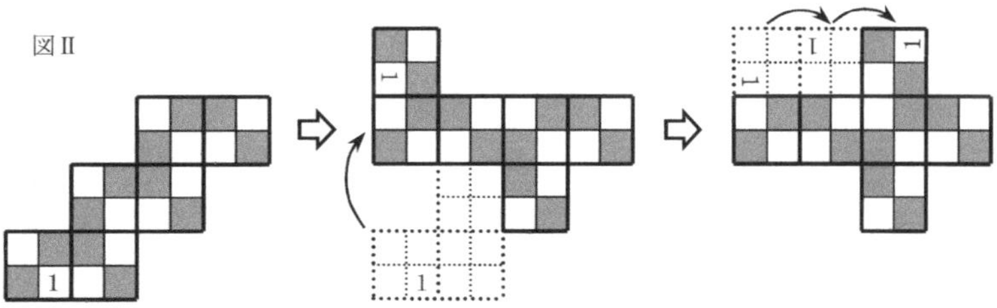

白鷗高等学校附属中学校　2018 平成30年度　適性検査Ⅰ

《解答例》

1 〔問題１〕生物はきわめて狭い地域に一回きり生きるかけがえのないもので、多様な環境を作り出すのに対し、科学はいつでもどこでも繰り返し起こる普遍的なことを扱うため、特殊なものを無価値にするということ。

〔問題２〕「個人」中心の考え方で、自分を周囲から独立した存在として立てて、関係を切っていき、周りは全部異物であるとする考え方。これに対し、筆者は、環境と私たちは一心同体、同じものなのだと考えている。

〔問題３〕

(例文)

私たちが生きている社会の中で、「思考停止」してしまっているものの例として、環境破かいによる絶滅危ぐ種の増加がある。人間の暮らしが第一で、経済的に豊かになることを優先したために、地球温暖化や水質お染、土地開発などの問題解決が後回しになった。その結果、日本国内の絶滅危ぐ種は三千種以上に上っている。

生物は、くり返しのきかない歴史の中で、その土地だけに住み、それぞれが他のものとは違った存在だ。この多様性を大切にしていくためには、まず、生物や環境は複雑に結びついてこの世界を構成していて、私たちもまたその中の一部であることを理解しなければならない。私たち人間は環境と一心同体なのだ。そして、生物多様性が失われるということは、地球全体が大きな影響を受けるということだ。このことを理解していれば、経済優先の考え方も変わるはずだ。とはいえ、自然と共生できていた大昔の暮らしにもどすことはできない。私たちは今後、生物多様性を大切にしながら生きていく、新しい暮らし方を考え、目指していかなければならない。

《解　説》

1 **〔問題１〕**　資料Aの後半の３段落に着目する。「生物とは、一回きり・その地域《ちいき》限定であり、二重にかけがえのないとても大切なもの」だということを２つの段落で説明したあと、最後の段落で、「科学」との違《ちが》いを述べている。生物は「繰《く》り返しのきかない歴史の中に住んでおり、その土地だけに住み、他のものとは違った存在《そんざい》」、つまり「普《ふ》遍的《へんてき》ではない特殊《とくしゅ》な」ものであり、だからこそ「生物多様性が出て」くるものだということ。それに対して「科学」は「いつでもどこでも繰り返し起こる普遍的なことを取り扱《あつか》い」、「普遍的ではない特殊なこと」は「無価値《むかち》なものとして」取り扱う。この対照的な性質を説明する。

〔問題２〕　まず、「マイナス」の考え方を本文の言葉を用いて説明する。直前に「つまるところ」(＝結局。要するに)とあるので、その前で具体的に説明しているとわかる。それは「『自分は自分』『人間は人間』『環境《かんきょう》は外にあるもの』」と思っていること、つまり「『個人』中心の考え方～『自分』を周囲から独立した存在として立てて、関係を切っていく。周りは全部異物《いぶつ》」だとする考え方。次に、そのような考え方をする人が増えている現状に対して、筆者がどう考えているかを説明する。「『個人』中心の考え方」を「マイナス」(＝よくないこと)だと言っているのだから、反対の考え方である。それは、―― 線の直後で「自然と共生できる文化、『個人』なんてなくてもいい社会」を失っていくことを「おかしな方向」だと言っていることからもわかる。―― 線の６行前で「環境と私《わたし》たちは一心同体、同じものなのだ」と述べているのを用いてまとめるとよい。

〔問題３〕　「経済効率《けいざいこうりつ》」を考えるのは当然だ、「経済が成り立たない」と困るという考え方は、これまでの社会でもっともなこととされてきた。だから、最優先のことである「経済」が理由ならば、他のことは後回しにしても仕方がないと、それ以上考えるのをやめてしまいがちだ。しかし、そこで「思考停止してはいけない」と筆者は述べている。問題意識を持って、解決方法をさぐらなくてはいけないということ。一つのことだけを基準にするのではなく、多様性を大切にするためにはどうしたらよいか。ヒントは資料A、資料Bに書かれている。「生物とは、一回きり・その地域限定であり、二重にかけがえのないとても大切なもの」である。だから、「経済」だけではなく、「普遍的ではない特殊なこと」を一つずつ大事にしなければならない。「環境は外にあるもの」という認識を改め、「田んぼは私たち自身だ」というような考え方をする。つまり、自分は自然と切りはなせない存在であり、自然の一部であることを自覚する、自然と共生する生き方を考える。対立的な関係にあるものがおり合うためには、何が必要か。生物多様性と科学的な考え方を両立させる知恵、自然と人間が共生するための工夫などを考えて、「どうしたらよいか」を具体的に提示しよう。

《解答例》

1　〔問題１〕

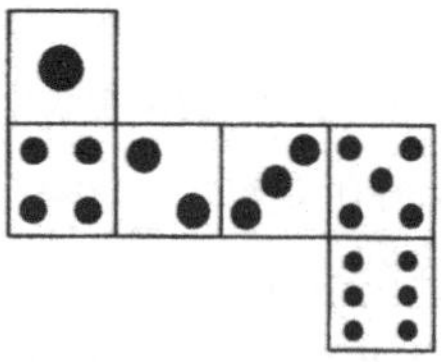

〔問題２〕式…4 ÷ 2 ⊕ 1 ⊗ 5 ＝ 7

説明…⊕の前の部分と後ろの部分に着目して、和が７になる二つの数の組み合わせを考えると、２と５がある。異なる四つの数を使って、４÷２＝２、１×５＝５となるから。

〔問題３〕手前に見える二つの面の目の数の組み合わせ…２，４　合計…60

太郎さんが気づいたおもしろいこと…１の目の面を上にしたままで、さいころの置き方をいろいろ変えても、見かけ上８個のさいころの見えている面の目の数の合計は60になること。

2　〔問題１〕見る場所から東京スカイツリーまでのきょりが、見る場所から東京タワーまでのきょりの約２倍であるとき。

〔問題２〕選んだ表…表１

説明…東海道新幹線がつないでいる都市は、東京23区、横浜市、名古屋市、京都市、大阪市といった人口が多いところである。

〔問題３〕図３…

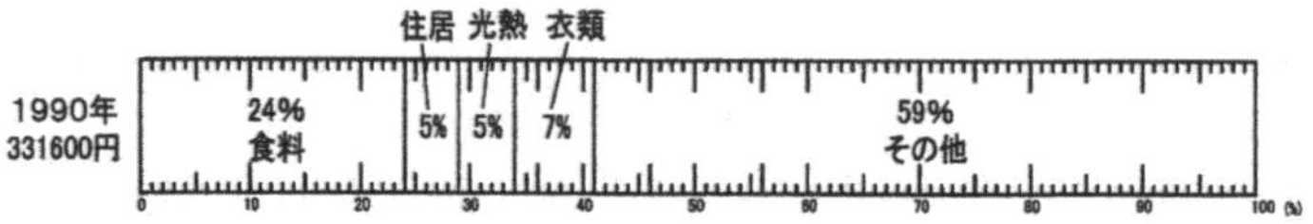

説明…図３からは、1965年から1990年までの25年間で消費支出の中で食料がしめる割合が減ったことがわかる。図４からは、この25年間で、家庭電化製品や乗用車のふきゅうが進んだことがわかる。これらの資料から、家庭電化製品や乗用車を買うなど、くらしの変化の中で食料以外のものにも多くのお金を使うようになったと読みとれる。

3　〔問題１〕選んだ観察…花子

選んだ花粉…スギ

１㎠あたりの花粉の数…250

説明…見えているはん囲の面積は４㎟で、そこにスギの花粉が10個ある。

１㎠＝100㎟で、100㎟は４㎟の25倍である。よって１㎠あたりの花粉の数は、10個の25倍で250個となる。

〔問題２〕⑴(あ)上空の砂の量が多い　(い)上空の砂が高いところにある

⑵選んだ図の番号…①　グラフの記号…ア　〔別解〕選んだ図の番号…②　グラフの記号…エ

〔問題３〕選んだ図…図５

説明…図５によると、春に比べて夏は平均月降水量が多い。

そのため、要因①のかわいた砂の量が少なくなり、日本で黄砂が観測された日数が、春に比べて夏になると少なくなっていると考えられる。

選んだ図…図７

説明…図７によると、春に比べて夏は地表でふく強い風の観測回数が少ない。

そのため、要因②の巻き上げられる砂の量が少なくなり、日本で黄砂が観測された日数が、春に比べて夏になると少なくなっていると考えられる。

《解　説》

1 **〔問題１〕**　６の面と向かい合う面の目の数は１だから，１は右図の位置とわかる。残りの㋐〜㋓の面には，２と５，３と４がそれぞれとなりあわないように目をかけばよい。図１から２と３の目の向きがわかるので，図２と上下の方向が同じになるように２と３の目をかくことに注意する。それさえ正しければ「㋐，㋑，㋒，㋓」の目は，「４，２，３，５」，「５，４，２，３」，「３，５，４，２」，「２，３，５，４」のいずれであってもよい。

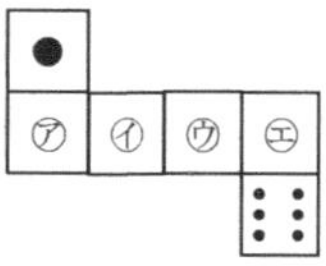

〔問題２〕　解答例のように和が７になる２つの数の組み合わせが２と５のとき，他に，$6 \div 3 + 1 \times 5 = 7$ などが考えられる。また $3 + 4 = 7$ より，$6 \div 2 + 1 \times 4 = 7$ などが考えられる。

〔問題３〕　図６の上にある花子さんの発言に，「２組の向かい合う面については，それぞれ向かい合う面を同時に見ることができる」とあるが，これがヒントになっている。図６で言うと，「２組の向かい合う面」とは「２と５」の組と「３と４」の組である。「２と５」の組が４組，「３と４」の組が４組見えている。どちらの組も目の数の和は７だから，これら２組が見える面(全部で16面ある)の目の数の合計は，$7 \times (4 + 4) = 56$ となる。これに１の面４つ分を足すと，目の数の合計が $56 + 4 = 60$ になるとわかる。花子さんが言う「２組の向かい合う面」がどのような組であっても，これら２組が見える16面の目の数の合計は必ず56になるので，面の目の数の合計は必ず60になる。「手前に見える二つの面の目の数の組み合わせ」は「２と４」，「４と５」，「３と５」のいずれでもよい。

2 **〔問題１〕**　東京タワーと東京スカイツリーが同じ高さに見えるときについて，右のように作図できる。ＡＢ：ＣＤはおよそ１：２だから，三角形ＯＣＤは三角形ＯＡＢを約２倍に拡大した三角形なので，ＯＢ：ＯＤはおよそ１：２である。よって，解答例のようになる。

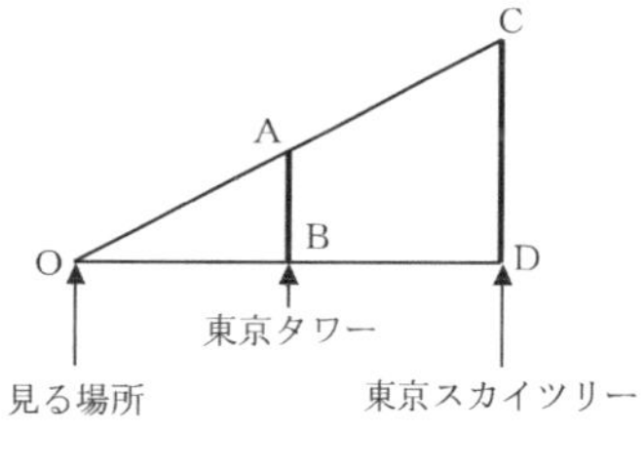

〔問題２〕　図２で東海道新幹線がつないでいるのは，東京都，神奈川県，静岡県，愛知県，岐阜県，滋賀県，京都府，大阪府である(右図参照)。表１から，人口数上位５位までの東京 23 区，大阪市，名古屋市(愛知県)，横浜市(神奈川県)，京都市などの都市の人口が 100 万人を超えていることを読み取り，これらの人口の多い都市すべてに東海道新幹線が通っていることに結び付けて考えよう。なお，説明文の中に具体的な都市名を２つ以上使うことを忘れないように注意しよう。解答例のほか「図２と表２」を選んだ場合には，「東海道新幹線は，京浜工業地帯，中京工業地帯，阪神工業地帯の三大工業地帯を結んでいる。」などもよい。

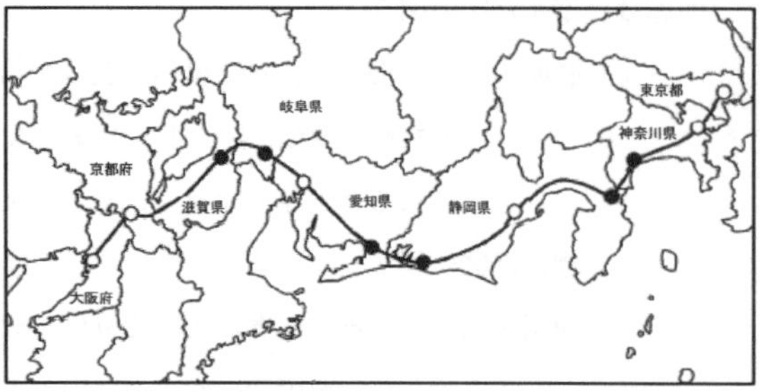

〔問題３〕①　食料は 80000÷331600＝0.241…より，小数第３位を四捨五入して，0.24 となる。住居は 16500÷331600＝0.049…より，小数第３位を四捨五入して，0.05 となる。光熱は 16800÷331600＝0.050…より，小数第３位を四捨五入して，0.05 となる。衣類は 23900÷331600＝0.072…より，小数第３位を四捨五入して，0.07 となる。その他は 194400÷331600＝0.586…より，小数第３位を四捨五入して，0.59 となる。

②　食料は 0.24＝24%となる。住居は 0.05＝５%となる。光熱は 0.05＝５%となる。衣類は 0.07＝７%となる。その他は 0.59＝59%となる。

③　花子さんが作成した 1965 年のグラフを参考にするとグラフを完成させやすい。なお，本来帯グラフは割合の高いものから表すが，図３の例があるのでその順どおりに書こう。

３　〔問題１〕　太郎さんが観察した花粉の様子では，見えているはん囲がせまく，数えられる花粉の数が少なすぎるので，花粉の数を求めるのには適していない。花子さんの観察でヒノキの花粉を選んだ場合の説明は「見えているはん囲の面積は４㎟で，そこにヒノキの花粉が８個ある。１㎠＝100 ㎟で，100 ㎟は４㎟の 25 倍である。よって１㎠あたりの花粉の数は，８個の 25 倍で 200 個となる。」とすればよい。

〔問題２〕⑴　(あ)Ａ１とＢ１のちがいは上空の砂の量のちがいであり，上空の砂の量が多いＡ１のほうがはね返ってきた光の量が多いことがわかる。(い)Ａ１とＣ１のちがいは上空の砂の高さのちがいであり，上空の砂が高いところにあるＡ１のほうが光がはね返ってくるまでの時間が長いことがわかる。　⑵　①Ａ１に対して砂の数が$\frac{2}{3}$倍で，砂の高さが$\frac{3}{4}$倍になっているので，Ａ２に対してはね返ってきた光の量が$\frac{2}{3}$倍で，光がはね返ってくるまでの時間が$\frac{3}{4}$倍になっているアが正答となる。②Ａ１に対して砂の数が$\frac{4}{3}$倍で，砂の高さが$\frac{1}{4}$倍になっているので，Ａ２に対してはね返ってきた光の量が$\frac{4}{3}$倍で，光がはね返ってくるまでの時間が$\frac{1}{4}$倍になっているエが正答となる。

〔問題３〕要因③と関連付けた説明は，図８を選び，「図８によると，春に比べて夏は上空の西から東へ向かう風の平均の速さがおそい。そのため，要因③の運ばれる砂の量が少なくなり，日本で黄砂が観測された日数が，春に比べて夏になると少なくなっていると考えられる。」とすればよい。

白鷗高等学校附属中学校　2018 平成30年度　適性検査Ⅲ

《解答例》

1 〔問題１〕［国／金額］［アメリカ／270.3 アメリカドル］，［スイス／265.5 フラン］，［ブラジル／882.4 レアル］，［南アフリカ／3703.7 ランド］ のうち２つ

〔問題２〕84

理由…30000円を両がえするとき、１カナダドルが84円の場合は30000÷84を計算して約357カナダドルになる。１カナダドルが87円の場合は30000÷87を計算して約345カナダドルになる。だから、１カナダドル84円で両がえする方がより多くのカナダドルを受け取れるから。

〔問題３〕式…８＋４×４＝24　　答…24

〔問題４〕

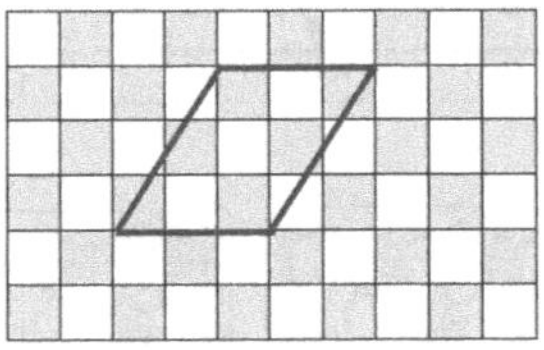

式…８，６，９

〔問題５〕すべての面の面積の合計…144

説明…図形Ａの面積は、辺上の頂点の数が 16、内部の頂点の数が９であるから、16÷２＋９－１＝16(㎠)。長方形の面積は、辺上の頂点の数が22、内部の頂点の数が18であるから、22÷２＋18－１＝28(㎠)。立体Ｐは、図形Ａを２枚、長方形を４枚使うから、２×16＋４×28＝144(㎠)となる。

2 〔問題１〕はるき…６点　くみ…８点

〔問題２〕あ…赤

い…表１の得点から、わたしが赤を出したら３点または４点になり、白を出したら２点またけ１点になるので、はるきさんがどちらの色のカードを出しても、赤を出す方が点数が高いから。

〔問題３〕表㋐…

		相手	
		赤	白
自分	赤	3	7
	白	8	6

表㋑…

		相手	
		赤	白
自分	赤	5	3
	白	4	6

説明…条件Ａから、二人とも赤の点数が３点になるときと赤と白の赤の点数が３点になるときの２つある。二人とも赤の点数を３点にすると、条件Ｃから二人とも白の点数が６点になり、㋐の表になる。赤と白のときの赤の点数を３点にすると、条件Ｃから二人とも赤または白の点数のどちらかが６点になるが、条件Ｂから二人とも白の点数が６点になり、㋑の表が分かる。だから、２種類の表になる。

《解　説》

1 **〔問題１〕** 30000円をイギリスの通貨に両替すると，30000÷148＝202.70…より，約202.7ポンドとなる。他国の通貨に両替する場合も同じように計算し，４カ国のうち２カ国を選んで答えればよい。

〔問題２〕 30000円をカナダの通貨に両替するとする。１カナダドルが84円の場合，30000÷84＝357.14…より，約357カナダドルになる。１カナダドルが87円の場合，30000÷87＝344.82…より，約345カナダドルになる。くみさんは多くのカナダドルを欲しいのだから，１カナダドルが84円の場合に両替するとよい。

〔問題３〕 図形Ａには色付きの正方形が８個ある。図形Ｂの内部にある色付きの三角形を右図の斜線《しゃせん》部分に移動させると，図形Ｂにおける色付きの正方形は４個とわかる。小物入れには図形Ｂと同じ形の面が４面あるから，小物入れの色付きの正方形の枚数を求める式は，８＋４×４であり，色付きの正方形は全部で24枚である。

〔問題４〕 問題文に「『はるきさんの法則』は，図２の図形Ａや図形Ｂのように４つの正方形が集まる点を頂点とする多角形で成り立つことが知られています」とあるので，「はるきさんの法則」を意識しないで面積が９㎠の図形をかき，「はるきさんの法則」が成り立つか確認すればよい。図形は，平行四辺形か台形が書きやすいであろう。平行四辺形であれば，９＝３×３より，底辺の長さと高さがともに３㎝の平行四辺形にする。台形であれば，９×２＝18より，(上底＋下底)と高さの積が18となる台形にする。例えば，右図のような図形が考えられる。図形をかいてから，辺上の頂点の数と内部の頂点の数を数えて，式の空いているところをうめればよい。

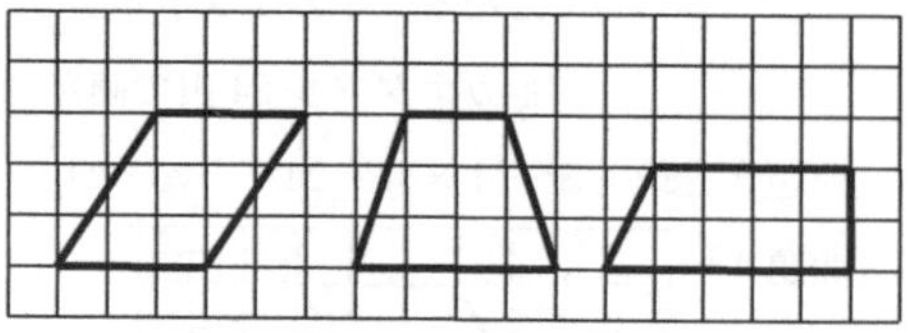

〔問題５〕 右図Ⅰは図形Ａ，図Ⅱは立体Ｐの長方形の面を表し，辺上の頂点には色付きの丸を，内部の頂点には白い丸をかいたものである。図Ⅰより，図形Ａの辺上の頂点の数は，５×２＋３×２＝16(個)，内部の頂点の数は３×３＝９(個)だから，面積は，16÷２＋９－１＝16(㎠)である。図Ⅱより，長方形の辺上の頂点の数は，５×２＋６×２＝22(個)，内部の頂点の数は３×６＝18(個)だから，面積は22÷２＋18－１＝11＋17＝28(㎠)である。立体Ｐに図形Ａは２面，長方形は４面あるから，求める面積は，16×２＋28×４＝144(㎠)

図Ⅰ

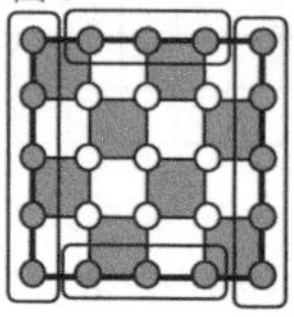

図Ⅱ

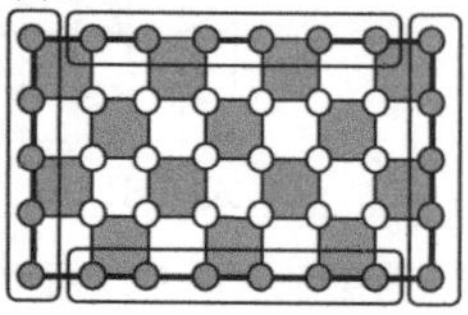

2 〔問題１〕 １回目，２回目，３回目の順で得点の合計を求めると，はるきさんの得点は，１＋２＋３＝６(点)，くみさんの得点は，１＋４＋３＝８(点)である。

〔問題３〕(はるきさん，くみさん)の順にカードの出し方を表す。例えば，はるきさんが赤，くみさんが白を出すことを(赤，白)と表す。

条件Ａより，はるきさんが３点をもらったのは，１，５回目の(赤，赤)か，２回目の(赤，白)のときである。

はるきさんが３点をもらったのが，(赤，赤)のときの得点ルールを表㋐とする。条件Ｃより，２人のカードの組み合わせが同じになった，２回のゲームの得点が６点であるとわかる。５回のうちで，２人のカードの組み合わせが２回同じになったのは，(赤，赤)の１，５回目と，(白，白)の３，４回目である。(赤，赤)の得点を３点としたから，(白，白)の得点が６点と決まる。よって，２回目のゲームの結果より，はるきさんが「自分」の欄《らん》をみたときの得点は25－３×２－６×２＝７(点)，くみさんのゲームの結果より，くみさんが「自分」の欄をみたときの得点は26－３×２－６×２＝８(点)となる。このとき，２回目のゲームで白を出したくみさんが１番高い点数をもらっているので，条件Ｂの内容とも合う。

はるきさんが３点をもらったのが(赤，白)のときの得点ルールを表㋑とする。条件Ｃより，２人のカードの組み合わせが同じになった，２回のゲームの得点が６点だから，１，５回目の(赤，赤)のときか，３，４回目の(白，白)のときの得点が６点となる。はるきさんの合計得点より，(赤，赤)を６点とすると，(白，白)は(25－３－６×２)÷２＝５(点)となり，条件Ｂに合わない。したがって，(白，白)が６点，(赤，赤)５点と決まる。よって，２回目のカードの出し方とくみさんの合計得点より，くみさんが「自分」の欄をみたときの得点は，26－６×２－５×２＝４(点)となる。

■ ご使用にあたってのお願い・ご注意

（1）問題文等の非掲載

著作権上の都合により，問題文や図表などの一部を掲載できない場合があります。

誠に申し訳ございませんが，ご了承くださいますようお願いいたします。

（2）過去問における時事性

過去問題集は，学習指導要領の改訂や社会状況の変化，新たな発見などにより，現在とは異なる表記や解説になっている場合があります。過去問の特性上，出題当時のままで出版していますので，あらかじめご了承ください。

（3）配点

学校等から配点が公表されている場合は，記載しています。公表されていない場合は，記載していません。

独自の予想配点は，出題者の意図と異なる場合があり，お客様が学習するうえで誤った判断をしてしまう恐れがあるため記載していません。

（4）無断複製等の禁止

購入された個人のお客様が，ご家庭でご自身またはご家族の学習のためにコピーをすることは可能ですが，それ以外の目的でコピー，スキャン，転載（ブログ，ＳＮＳなどでの公開を含みます）などをすることは法律により禁止されています。学校や学習塾などで，児童生徒のためにコピーをして使用することも法律により禁止されています。

ご不明な点や，違法な疑いのある行為を確認された場合は，弊社までご連絡ください。

（5）けがに注意

この問題集は針を外して使用します。針を外すときは，けがをしないように注意してください。また，表紙カバーや問題用紙の端で手指を傷つけないように十分注意してください。

（6）正誤

制作には万全を期しておりますが，万が一誤りなどがございましたら，弊社までご連絡ください。

なお，誤りが判明した場合は，弊社ウェブサイトの「ご購入者様のページ」に掲載しておりますので，そちらもご確認ください。

■ お問い合わせ

解答例，解説，印刷，製本など，問題集発行におけるすべての責任は弊社にあります。

ご不明な点がございましたら，弊社ウェブサイトの「お問い合わせ」フォームよりご連絡ください。迅速に対応いたしますが，営業日の都合で回答に数日を要する場合があります。

ご入力いただいたメールアドレス宛に自動返信メールをお送りしています。自動返信メールが届かない場合は，「よくある質問」の「メールの問い合わせに対し返信がありません。」の項目をご確認ください。

また弊社営業日（平日）は，午前９時から午後５時まで，電話でのお問い合わせも受け付けています。

2025春

株式会社教英出版

〒422-8054　静岡県静岡市駿河区南安倍３丁目 12-28

TEL　054-288-2131　　FAX　054-288-2133

URL　https://kyoei-syuppan.net/

MAIL siteform@kyoei-syuppan.net

教英出版

神奈川県

①[県立] 相模原中等教育学校
　　　　平塚中等教育学校
②[市立]南高等学校附属中学校
③[市立]横浜サイエンスフロンティア高等学校附属中学校
④[市立]川崎高等学校附属中学校
✿⑤聖光学院中学校
✿⑥浅野中学校
⑦洗足学園中学校
⑧法政大学第二中学校
⑨逗子開成中学校(1次)
⑩逗子開成中学校(2·3次)
⑪神奈川大学附属中学校(第1回)
⑫神奈川大学附属中学校(第2·3回)
⑬栄光学園中学校
⑭フェリス女学院中学校

新潟県

①[県立] 村上中等教育学校
　　　　柏崎翔洋中等教育学校
　　　　燕中等教育学校
　　　　津南中等教育学校
　　　　直江津中等教育学校
　　　　佐渡中等教育学校
②[市立]高志中等教育学校
③新潟第一中学校
④新潟明訓中学校

石川県

①[県立]金沢錦丘中学校
②星稜中学校

福井県

①[県立]高志中学校

山梨県

①山梨英和中学校
②山梨学院中学校
③駿台甲府中学校

長野県

①[県立] 屋代高等学校附属中学校
　　　　諏訪清陵高等学校附属中学校
②[市立]長野中学校

岐阜県

①岐阜東中学校
②鶯谷中学校
③岐阜聖徳学園大学附属中学校

静岡県

①[国立]静岡大学教育学部附属中学校
　　　　(静岡·島田·浜松)
② [県立]清水南高等学校中等部
　 [県立]浜松西高等学校中等部
　 [市立]沼津高等学校中等部
③不二聖心女子学院中学校
④日本大学三島中学校
⑤加藤学園暁秀中学校
⑥星陵中学校
⑦東海大学付属静岡翔洋高等学校中等部
⑧静岡サレジオ中学校
⑨静岡英和女学院中学校
⑩静岡雙葉中学校
⑪静岡聖光学院中学校
⑫静岡学園中学校
⑬静岡大成中学校
⑭城南静岡中学校
⑮静岡北中学校
⑯ 常葉大学附属常葉中学校
　 常葉大学附属橘中学校
　 常葉大学附属菊川中学校
⑰藤枝明誠中学校
⑱浜松開誠館中学校
⑲静岡県西遠女子学園中学校
⑳浜松日体中学校
㉑浜松学芸中学校

愛知県

①[国立]愛知教育大学附属名古屋中学校
②愛知淑徳中学校
③ 名古屋経済大学市邨中学校
　 名古屋経済大学高蔵中学校
④金城学院中学校
⑤椙山女学園中学校
⑥東海中学校
⑦南山中学校男子部
⑧南山中学校女子部
⑨聖霊中学校
⑩滝中学校
⑪名古屋中学校
⑫大成中学校
⑬愛知中学校
⑭星城中学校
⑮名古屋葵大学中学校
　(名古屋女子大学中学校)
⑯愛知工業大学名電中学校
⑰海陽中等教育学校(特別給費生)
⑱海陽中等教育学校(I·II)
⑲中部大学春日丘中学校
新刊⑳名古屋国際中学校

三重県

①[国立]三重大学教育学部附属中学校
②暁中学校
③海星中学校
④四日市メリノール学院中学校
⑤高田中学校
⑥セントヨゼフ女子学園中学校
⑦三重中学校
⑧皇學館中学校
⑨鈴鹿中等教育学校
⑩津田学園中学校

滋賀県

①[国立]滋賀大学教育学部附属中学校
②[県立] 河瀬中学校
　　　　守山中学校
　　　　水口東中学校

京都府

①[国立]京都教育大学附属桃山中学校
②[府立]洛北高等学校附属中学校
③[府立]園部高等学校附属中学校
④[府立]福知山高等学校附属中学校
⑤[府立]南陽高等学校附属中学校
⑥[市立]西京高等学校附属中学校
⑦同志社中学校
⑧洛星中学校
⑨洛南高等学校附属中学校
⑩立命館中学校
⑪同志社国際中学校
⑫同志社女子中学校(前期日程)
⑬同志社女子中学校(後期日程)

大阪府

①[国立]大阪教育大学附属天王寺中学校
②[国立]大阪教育大学附属平野中学校
③[国立]大阪教育大学附属池田中学校

④[府立]富田林中学校
⑤[府立]咲くやこの花中学校
⑥[府立]水都国際中学校
⑦清風中学校
⑧高槻中学校（A日程）
⑨高槻中学校（B日程）
⑩明星中学校
⑪大阪女学院中学校
⑫大谷中学校
⑬四天王寺中学校
⑭帝塚山学院中学校
⑮大阪国際中学校
⑯大阪桐蔭中学校
⑰開明中学校
⑱関西大学第一中学校
⑲近畿大学附属中学校
⑳金蘭千里中学校
㉑金光八尾中学校
㉒清風南海中学校
㉓帝塚山学院泉ヶ丘中学校
㉔同志社香里中学校
㉕初芝立命館中学校
㉖関西大学中等部
㉗大阪星光学院中学校

兵庫県

①[国立]神戸大学附属中等教育学校
②[県立]兵庫県立大学附属中学校
③雲雀丘学園中学校
④関西学院中学部
⑤神戸女学院中学部
⑥甲陽学院中学校
⑦甲南中学校
⑧甲南女子中学校
⑨灘中学校
⑩親和中学校
⑪神戸海星女子学院中学校
⑫滝川中学校
⑬啓明学院中学校
⑭三田学園中学校
⑮淳心学院中学校
⑯仁川学院中学校
⑰六甲学院中学校
⑱須磨学園中学校(第1回入試)
⑲須磨学園中学校(第2回入試)
⑳須磨学園中学校(第3回入試)
㉑白陵中学校
㉒夙川中学校

奈良県

①[国立]奈良女子大学附属中等教育学校
②[国立]奈良教育大学附属中学校
③[県立] 国際中学校
　　　　青翔中学校
④[市立]一条高等学校附属中学校
⑤帝塚山中学校
⑥東大寺学園中学校
⑦奈良学園中学校
⑧西大和学園中学校

和歌山県

①[県立] 古佐田丘中学校
　　　　向陽中学校
　　　　桐蔭中学校
　　　　日高高等学校附属中学校
　　　　田辺中学校
②智辯学園和歌山中学校
③近畿大学附属和歌山中学校
④開智中学校

岡山県

①[県立]岡山操山中学校
②[県立]倉敷天城中学校
③[県立]岡山大安寺中等教育学校
④[県立]津山中学校
⑤岡山中学校
⑥清心中学校
⑦岡山白陵中学校
⑧金光学園中学校
⑨就実中学校
⑩岡山理科大学附属中学校
⑪山陽学園中学校

広島県

①[国立]広島大学附属中学校
②[国立]広島大学附属福山中学校
③[県立]広島中学校
④[県立]三次中学校
⑤[県立]広島叡智学園中学校
⑥[市立]広島中等教育学校
⑦[市立]福山中学校
⑧広島学院中学校
⑨広島女学院中学校
⑩修道中学校
⑪崇徳中学校
⑫比治山女子中学校
⑬福山暁の星女子中学校
⑭安田女子中学校
⑮広島なぎさ中学校
⑯広島城北中学校
⑰近畿大学附属広島中学校福山校
⑱盈進中学校
⑲如水館中学校
⑳ノートルダム清心中学校
㉑銀河学院中学校
㉒近畿大学附属広島中学校東広島校
㉓AICJ中学校
㉔広島国際学院中学校
㉕広島修道大学ひろしま協創中学校

山口県

①[県立] 下関中等教育学校
　　　　高森みどり中学校
②野田学園中学校

徳島県

①[県立] 富岡東中学校
　　　　川島中学校
　　　　城ノ内中等教育学校
②徳島文理中学校

香川県

①大手前丸亀中学校
②香川誠陵中学校

愛媛県

①[県立] 今治東中等教育学校
　　　　松山西中等教育学校
②愛光中学校
③済美平成中等教育学校
④新田青雲中等教育学校

高知県

①[県立] 安芸中学校
　　　　高知国際中学校
　　　　中村中学校

福岡県

①[国立]福岡教育大学附属中学校（福岡·小倉·久留米）
②[県立]
- 育徳館中学校
- 門司学園中学校
- 宗像中学校
- 嘉穂高等学校附属中学校
- 輝翔館中等教育学校

③西南学院中学校
④上智福岡中学校
⑤福岡女学院中学校
⑥福岡雙葉中学校
⑦照曜館中学校
⑧筑紫女学園中学校
⑨敬愛中学校
⑩久留米大学附設中学校
⑪飯塚日新館中学校
⑫明治学園中学校
⑬小倉日新館中学校
⑭久留米信愛中学校
⑮中村学園女子中学校
⑯福岡大学附属大濠中学校
⑰筑陽学園中学校
⑱九州国際大学付属中学校
⑲博多女子中学校
⑳東福岡自彊館中学校
㉑八女学院中学校

佐賀県

①[県立]
- 香楠中学校
- 致遠館中学校
- 唐津東中学校
- 武雄青陵中学校

②弘学館中学校
③東明館中学校
④佐賀清和中学校
⑤成穎中学校
⑥早稲田佐賀中学校

長崎県

①[県立]
- 長崎東中学校
- 佐世保北中学校
- 諫早高等学校附属中学校

②青雲中学校
③長崎南山中学校
④長崎日本大学中学校
⑤海星中学校

熊本県

①[県立]
- 玉名高等学校附属中学校
- 宇土中学校
- 八代中学校

②真和中学校
③九州学院中学校
④ルーテル学院中学校
⑤熊本信愛女学院中学校
⑥熊本マリスト学園中学校
⑦熊本学園大学付属中学校

大分県

①[県立]大分豊府中学校
②岩田中学校

宮崎県

①[県立]五ヶ瀬中等教育学校
②[県立]
- 宮崎西高等学校附属中学校
- 都城泉ヶ丘高等学校附属中学校

③宮崎日本大学中学校
④日向学院中学校
⑤宮崎第一中学校

鹿児島県

①[県立]楠隼中学校
②[市立]鹿児島玉龍中学校
③鹿児島修学館中学校
④ラ・サール中学校
⑤志學館中等部

沖縄県

①[県立]
- 与勝緑が丘中学校
- 開邦中学校
- 球陽中学校
- 名護高等学校附属桜中学校

もっと過去問シリーズ

北海道

北嶺中学校
7年分（算数・理科・社会）

静岡県

静岡大学教育学部附属中学校
（静岡·島田·浜松）
10年分（算数）

愛知県

愛知淑徳中学校
7年分（算数・理科・社会）
東海中学校
7年分（算数・理科・社会）
南山中学校男子部
7年分（算数・理科・社会）
南山中学校女子部
7年分（算数・理科・社会）
滝中学校
7年分（算数・理科・社会）
名古屋中学校
7年分（算数・理科・社会）

岡山県

岡山白陵中学校
7年分（算数・理科）

広島県

広島大学附属中学校
7年分（算数・理科・社会）
広島大学附属福山中学校
7年分（算数・理科・社会）
広島学院中学校
7年分（算数・理科・社会）
広島女学院中学校
7年分（算数・理科・社会）
修道中学校
7年分（算数・理科・社会）
ノートルダム清心中学校
7年分（算数・理科・社会）

愛媛県

愛光中学校
7年分（算数・理科・社会）

福岡県

福岡教育大学附属中学校
（福岡·小倉·久留米）
7年分（算数・理科・社会）
西南学院中学校
7年分（算数・理科・社会）
久留米大学附設中学校
7年分（算数・理科・社会）
福岡大学附属大濠中学校
7年分（算数・理科・社会）

佐賀県

早稲田佐賀中学校
7年分（算数・理科・社会）

長崎県

青雲中学校
7年分（算数・理科・社会）

鹿児島県

ラ·サール中学校
7年分（算数・理科・社会）

※もっと過去問シリーズは
国語の収録はありません。

教英出版
〒422-8054
静岡県静岡市駿河区南安倍3丁目12−28
TEL 054-288-2131
FAX 054-288-2133
詳しくは教英出版で検索
教英出版 検索
URL https://kyoei-syuppan.net/

⑥

適性検査Ⅰ

注意

1 問題は **1** のみで、**5ページ**にわたって印刷してあります。

2 検査時間は**四十五分**で、終わりは**午前九時四十五分**です。

3 声を出して読んではいけません。

4 答えは全て解答用紙に明確に記入し、**解答用紙だけを提出しなさい**。

5 答えを直すときは、きれいに消してから、新しい答えを書きなさい。

6 **受検番号**を解答用紙の決められたらんに記入しなさい。

東京都立白鷗高等学校附属中学校

2024(R6) 白鷗高附属中
教英出版

問題は次のページからです。

1 次の 文章1 と 文章2 を読んで、あとの問題に答えなさい。
（*印の付いている言葉には、本文のあとに〔注〕があります。）

文章1

桜の咲《さ》く時期になると、必ず思い出す*歌がいくつかある。ソメイヨシノの並木《なみき》の花がいっせいに満開になって、咲いてるなあ、と首を空に向けながら思い出すのは、次の歌である。

桜ばないのち一ぱいに*咲くからに生命《いのち》をかけて*わが眺《なが》めたり
*岡本《おかもと》かの子《こ》

そして桜満開の夜となれば、この歌。

*清水《きよみず》へ*祇園《ぎおん》をよぎる桜月夜《さくらづきよ》*こよひ《（こよい）》逢ふ《（あう）》人みなうつくしき
*与謝野晶子《よさのあきこ》

桜の咲くころの祇園を訪《たず》ねたことはないのだが、脳内《のうない》には*花灯《はなあか》りの下を、浮《う》かれたような、*ほろ酔《よ》いのような表情を浮《う》かべて道を歩く人々《ひとびと》の、うつくしい顔がくっきりと浮かぶ。夜桜見物を一度だけしたことがあるが、結構寒くて、じっと座《すわ》ってるとガタガタ震《ふる》えてくるし鼻水は出るし、思うほどロマンチックではない。けれども人をうつくしいと思う気持ちは、この歌を胸《むね》に抱《いだ》いていたため失わずにすんだ。

先ほどのかの子の歌が桜の花と自分を同一化させて自分を主人公として短歌の額縁《がくぶち》の真中におさめたのに対し、この晶子の歌は、あくまでも自分はレンズとしての存在《そんざい》で、きれいな夜桜のある風景をまるごと*愛《め》でている。きれいな花が咲いたらそれだけを見るのではなく、そこにある気配までも感知する晶子の懐《ふところ》の深さに感じいる。

「こよひ逢ふ人みなうつくしき」は、桜の咲いている時期以外でも、いろいろな場所にあてはめることができる。気後《きおく》れしがちなパーティーなどでも「こよひ逢ふ人みなうつくしき」の言葉を唱えながら現地に向かえば、自《おの》ずと前向きになり、好意的に人と会える気持ちになれて勇気がわくのである。

自分の気に入った詩の言葉を心の中でつぶやく行為《こうい》は、願いをかなえるために呪文《じゅもん》を唱えることにとても似ている。短歌を知る、覚えていくということは、自分の気持ちを保つための言葉を確保していくことでもあるのだと思う。

てのひらをくぼめて待てば青空の見えぬ傷《きず》より花こぼれ来る
*大西民子《おおにしたみこ》

この短歌を胸に抱いてつくづく思うのは、さびしいのは自分だけではない、ということ。桜のはなびらがはらはらと散っていく様子を見ると、なんともいえず切ない気持ちになる。この歌ではそれが「青空の見えぬ傷」よりこぼれてきたものだというのである。あのきれいな青い空にも傷がある。自分の中の見えない場所にあるもののように。そんなことを考えている孤独《こどく》な一人の女性を思うと、桜も青空もそれを受け止めようとしている人も、それを遠くで思う人（読者）も、すべてが無限の切なさに覆《おお》われているように感じられてくる。こんなにおおらかに「傷」を言葉にできるとは。ほんとうにさびしいときに、この歌を唱えつづけると、いつの間にかうれしい気持ちに変わっていくような気がする。

（東《ひがし》　直子《なおこ》「生きていくための呪文《じゅもん》」による）

〔注〕

歌――――短歌。

咲《さ》くからに――――咲いているから。

わが眺《なが》めたり――――私《わたし》は（その桜の花を）ながめるのだ。

岡本《おかもと》かの子《こ》――――大正、昭和時代の小説家、歌人。

清水《きよみず》――――京都《きょうと》の清水寺《きよみずでら》。

祇園《ぎおん》――――京都の祇園神社《ぎおんじんじゃ》。

こよひ《（こよい）》――――今夜。

与謝《よさ》野《の》晶子《あきこ》――――明治、大正時代の歌人。

花灯《はなあか》り――――桜の花が満開で、その辺りのやみがほのかに明るく感じられること。

ほろ酔《よ》いのような表情を浮《う》かべて――うっとりした顔つきで。

愛《め》でている――――味わい楽しんでいる。

大西民子《おおにしたみこ》――――昭和時代の歌人。

文章2

> 次の文章は、江戸《えど》時代に俳諧《はいかい》と呼《よ》ばれていた俳句について、当時活やくしていた松尾芭蕉《まつおばしょう》が述べた言葉を説明したものです。

謂応《いいおお》せて何か有《ある》。

江戸の*其角《きかく》が、「下臥《したぶし》につかみ分《わけ》ばやいとざくら」という*巴風《はふう》（其角の門人）の句を知らせてきたが、「どうおもうかね」と芭蕉がたずねられた。*去来《きょらい》は、「枝垂桜《しだれざくら》（糸桜）のようすをうまく言い表しているではありませんか」と応じました。一句は、みごとに咲《さ》いた糸桜の下に臥《ふ》せって、花の枝をつかんでたぐってみたい、といった意味です。そこで言った芭蕉の返答がこれです。物のすがたを表現し尽《つ》くしたからといって（「㋐いいおおせて」）、それがどうしたのだという批判《ひはん》です。ことばの裏側《うらがわ》に、「余韻《よいん》」とか「想像力」といった考えを置いてはどうでしょう。俳句にかぎらず、詩という文芸は、表面的な理解だけでわかった気になってはつまりません。

舌頭《ぜっとう》に千転《せんてん》せよ。

これは去来の苦い経験に発することばのようです。「*有明《ありあけ》の花に乗《の》り込《こ》む」とはじめの五・七をよんで、最後をどうするか悩《なや》んだことがありました。馬をよみ込みたかったものの、「*月毛馬《つきげうま》」「葦毛馬《あしげうま》」と置いたり、あいだに「の」を入れたりしてみても、どうもうまくいかない。ところが友人許六《きょりく》（前に登場した、芭蕉の画の師になった弟子《でし》）の、「*卯《う》の花《はな》に月毛の馬のよ明《あけ》かな」を目にして、なるほどとうなった、この手があったのか、と。許六は中の七文字に馬を置いて、すらりとよんだところ、去来はこだわって五・七を動かそうとせず、どうしてもうまくいかなかったのです。常々《つねづね》芭蕉が、「口のなかで千回でも唱えてみよ」とおっしゃっていたのはこのことだったのだ。ほんのわずかの工夫《くふう》でうまくいく。そこに気づくまで、「千転せよ」というわけです。去来の句は結局完成しなかったのでしょう。

不易《ふえき》流行《りゅうこう》。

たいへん有名なことばですが、はたして芭蕉がそのまま口にしたかどうか、よくわかりません。でも、一門のあいだではいろいろと議論《ぎろん》があったと、去来は言っています。「不易」とは永久に変わらないこと、「流行」とはつねに変化すること、「不易流行」というのは、まったく正反対のことを一語にまとめたことになります。*諸説紛々《しょせつふんぷん》だといいつつ、去来は、「不易流行の教えは、俳諧不変の本質と、状況《じょうきょう》ごとの変化という二面性を有するものだ」というのです。一貫性《いっかんせい》と流動性の同居、これが俳諧というものだということでしょうか。

『三冊子《さんぞうし》』でも、「不易流行」に言及《げんきゅう》しています。そこでは、「*師の風雅《ふうが》に、万代不易《ばんだいふえき》あり、一時の変化あり。この二つに究《きわま》り、その本一《もといつ》なり」と、根本は同一だと説いています。そこで、つぎに土芳《どほう》の『三冊子』をみてみましょう。

土芳は、*伊賀上野《いがうえの》*藩士《はんし》、一六五七年生まれ、一七三〇年没《ぼつ》。姓《せい》は服部《はっとり》氏。若《わか》いころから芭蕉を慕《した》い、伊賀の俳諧を盛《も》り上《あ》げた人物です。『三冊子』は、芭蕉晩年《ばんねん》の教えを書きとどめた書で、出版はずっと遅《おく》れるものの、多くのひとに筆写されて早くから広まりました。「白双紙《しろぞうし》」「赤双紙《あかぞうし》」「わすれ水」の三部をまとめて、『三冊子』として知られています。

高く心を悟《さと》りて、俗《ぞく》に帰るべし。

俳句をよむ精神は目標を高くもって、同時に日々《ひび》の生活にいつも目を向けるように心がけなさい、という教えです。むかしのひとの作品や精神をしっかり学ぶとともに、生活する人びとの気持ちになってこそ、すばらしい俳句が生まれるのだというのです。困難《こんなん》な事柄《ことがら》にひるまず勉強するうちに、いつか高尚《こうしょう》なこころを得ることができる。かといって、学問をひけらかしては嫌《いや》みなだけ。何気《なにげ》ない、ふつうに送る日常生活のなかから、俳句のおもしろさを発見することがだいじなのです。芭蕉俳諧の*真髄《しんずい》は、この境地にこそあります。

（藤田真一《ふじたしんいち》「俳句《はいく》のきた道　芭蕉《ばしょう》・蕪村《ぶそん》・一茶《いっさ》」

岩波ジュニア新書（一部改変）による）

〈注〉

其角《きかく》――――芭蕉《ばしょう》の弟子《でし》。

巴風《はふう》――――其角の弟子。

去来《きょらい》――――芭蕉の弟子。

「有明《ありあけ》の花に乗《の》り込《こ》む」――夜明けに花の下で乗り込む。

「月毛馬《つきげうま》」「葦毛馬《あしげうま》」――どちらも白みがかった毛色の馬。

「卯《う》の花《はな》に月毛の馬のよ明《あけ》かな」
――白く咲《さ》き乱《みだ》れる卯の花の中、月毛の馬に乗って旅立つ、さわやかな初夏の明け方だなあ。

諸説紛々《しょせつふんぷん》――いろいろな意見やうわさが入り乱れているさま。

「師の風雅《ふうが》に、……この二つに究《きわま》り、その本一《もといつ》なり」
――芭蕉先生の風流についての教えには、ずっと変わらないことと常に変化することの二つがある。この二つをつきつめると、その根本は一つである。

伊賀上野《いがうえの》――いまの三重県伊賀市《みえけんいがし》。

藩士《はんし》――大名に仕える武士。

真髄《しんずい》――ものごとの本質。

〈問題1〉　短歌や俳句《はいく》をくり返し唱えたり、思いうかべたりすることには、どのような効果があると述べられているでしょうか。**文章1**・**文章2**で挙げられている例を一つずつ探《さが》し、解答らんに合うように書きなさい。

〈問題2〉　㋐「余韻《よいん》」とか「想像力」といった考えとありますが、**文章1**の筆者は、短歌を読んでどのような情景を想像しているでしょうか。連続する二文を探《さが》しなさい。ただし、一文めの最初の四字と、二文めの終わりの四字をそれぞれ書くこと。

〈問題3〉　あなたは、これからの学校生活で仲間と過ごしていく上で、言葉をどのように使っていきたいですか。今のあなたの考えを四百字以上四百四十字以内で書きなさい。ただし、次の条件と下の〈**きまり**〉にしたがうこと。

条件　①　**文章1**・**文章2**の筆者の、短歌・俳句《はいく》に対する考え方のいずれかにふれること。

②　適切に段落《だんらく》分けをして書くこと。

〈**きまり**〉
○題名は書きません。
○最初の行から書き始めます。
○各段落《だんらく》の最初の字は一字下げて書きます。
○行をかえるのは、段落をかえるときだけとします。
○、や。や」などもそれぞれ字数に数えます。これらの記号が行の先頭に来るときには、前の行の最後の字と同じますに書きます（ますの下に書いてもかまいません）。
○。と」が続く場合は、同じますに書いてもかまいません。この場合、。」で一字と数えます。
○段落をかえたときの残りのますは、字数として数えます。
○最後の段落の残りのますは、字数として数えません。

適性検査Ⅱ

注　　意

1　問題は **1** から **3** までで、１２ページにわたって印刷してあります。

2　検査時間は**４５分**で、終わりは**午前１１時００分**です。

3　声を出して読んではいけません。

4　計算が必要なときは、この問題用紙の余白を利用しなさい。

5　答えは全て解答用紙に明確に記入し、**解答用紙だけを提出しなさい。**

6　答えを直すときは、きれいに消してから、新しい答えを書きなさい。

7　**受検番号**を解答用紙の決められたらんに記入しなさい。

東京都立白鷗高等学校附属中学校

問題は次のページからです。

1　運動会の得点係の**花子**さんと**太郎**《たろう》さんは、係活動の時間に得点板の準備をしています。

花　子：今年は新しい得点板を作ろうよ。
太　郎：私《わたし》もそう思っていたので用意してきたよ。ボード（**図１**）に棒状《ぼうじょう》のマグネット（**図２**）をつけて、数字を表すんだ。
花　子：ボードが３枚《まい》あれば、３けたまでの得点を表すことができるんだね。赤組と白組があるから、６枚のボードが必要だね。

図１　ボード

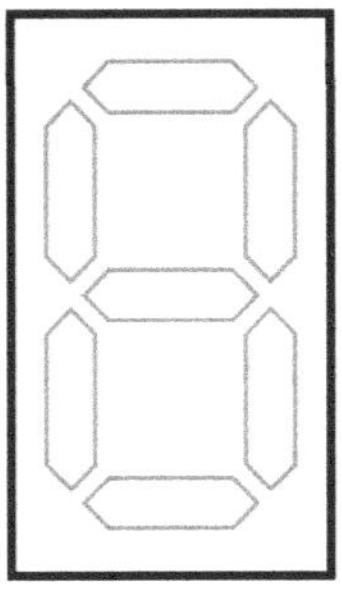

図２　棒状《ぼうじょう》のマグネット

太　郎：６枚のとう明でないボードは用意してあるから、ボードにつける棒状のマグネットを作ろうよ。
花　子：どのような作業が必要かな。
太　郎：マグネットシートに棒状のマグネットの型を「かく」作業と、かいたものを型どおりに「切る」作業の、２種類の作業が必要だよ。
花　子：先に「かく」作業から始めないといけないね。マグネットシート１枚から、棒状のマグネットは何個作れるのかな。
太　郎：１枚のマグネットシートからは、６個の棒状のマグネットが作れるんだよ。だから、マグネットシートを７枚用意したよ。
花　子：作業には、それぞれどのくらいの時間がかかるのかな。
太　郎：以前に試《ため》してみたことがあるけれど、私はマグネットシート１枚当たり「かく」作業に１０分、「切る」作業に５分かかったよ。
花　子：私は「かく」作業と「切る」作業に、それぞれどのくらいの時間がかかるかな。
太　郎：試してみようよ。どのくらいの時間がかかるのか、計ってあげるよ。

花子さんは１枚のマグネットシートから、６個の棒状のマグネットを作りました。

太　郎：**花子**さんは、「かく」作業も「切る」作業も、マグネットシート１枚当たりそれぞれ７分かかったよ。これで、二人の作業にかかる時間が分かったね。

花　子：二人で力を合わせて、棒状のマグネットを作ろうよ。作業をするときに注意することはあるかな。

太　郎：作業中のシートが混ざらないようにしたいね。

花　子：では、「かく」作業をするときも、「切る」作業をするときも、マグネットシート１枚分の作業を終わらせてから、次の作業をするようにしよう。

太　郎：それがいいね。でも、どちらかの人が「かく」作業を終えた１枚分のマグネットシートを、もう一方の人が「切る」作業をすることはいいことにしよう。

花　子：マグネットシートが残っている間は、休まずにやろう。

太　郎：マグネットシートは、あと６枚残っているよ。

花　子：６枚のマグネットシートを全て切り終えると、私の試した分と合わせて棒状のマグネットが４２個になるね。

太　郎：それだけあれば、十分だよね。次の係活動の時間に、６枚のマグネットシートを全て切り終えよう。

花　子：それまでに、作業の順番を考えておこうか。

太　郎：分担《ぶんたん》の仕方を工夫《くふう》して、できるだけ早く作業を終わらせたいよね。

花　子：係活動の時間が４５分間なので、時間内に終わるようにしたいね。

〔問題１〕　二人で６枚のマグネットシートを切り終えるのが４５分未満になるような作業の分担《ぶんたん》の仕方を考え、答え方の例のように、「かく」、「切る」、「→」を使って、解答らんに**太郎**《たろう》さんと**花子**さんの作業の順番をそれぞれ書きなさい。また、６枚のマグネットシートを切り終えるのにかかる時間を答えなさい。

　ただし、最初の作業は同時に始め、二人が行う「かく」または「切る」作業は連続して行うものとし、間は空けないものとします。二人が同時に作業を終えなくてもよく、それぞれが作業にかかる時間は常に一定であるものとします。

行った作業	答え方の例
１枚のマグネットシートに「かく」作業をした後に、型がかかれているマグネットシートを「切る」作業をする場合。	かく　→　切る
１枚のマグネットシートに「かく」作業をした後に、他の１枚のマグネットシートを「かく」作業をする場合。	かく　→　かく

太郎さんと**花子**さんは、次の係活動の時間で棒状のマグネットを作りました。そして、運動会の前日に、得点係の打ち合わせをしています。

太　郎：このマグネットで、０から９の数字を表すことができるよ。（**図３**）

図３　マグネットをつけて表す数字

花　子：マグネットは、つけたり取ったりすることができるから便利だね。１枚のボードを１８０度回して、別の数字を表すこともできそうだね。

太　郎：そうだよ。６のボードを１８０度回すと９になるんだ。ただし、マグネットをつけるボードはとう明ではないから、ボードを裏返《うらがえ》すと数字は見えなくなるよ。

花　子：そうなんだ。

太　郎：２枚のボードを入れかえて、違《ちが》う数字を表すこともできるよ。例えば、１２３の１と３のボードを入れかえて、３２１にすることだよ。（**図４**）

花　子：工夫をすると、短い時間で変えられそうだね。

太　郎：操作《そうさ》にかかる時間を計ってみようか。全部で操作は４種類あるから、操作に番号をつけるよ。

図４　ボードを入れかえる前と後

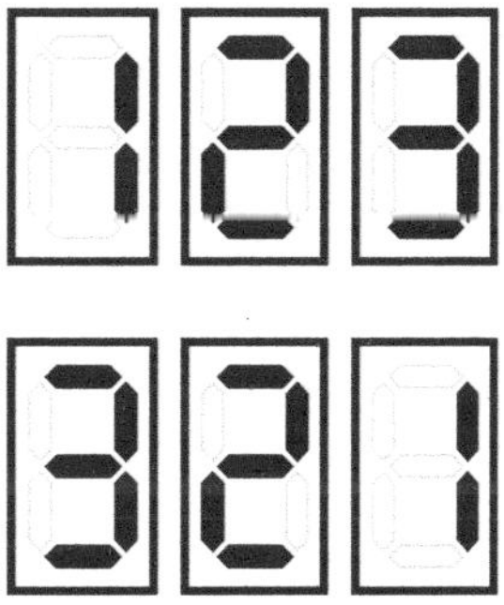

得点板の操作を一人で行ったときにかかる時間

操作１：１個のマグネットをつける	２秒
操作２：１個のマグネットを取る	２秒
操作３：１枚のボードを１８０度回す	３秒
操作４：２枚のボードを入れかえる	３秒

花　子：得点は、３けたまで必要だよね。短い時間で変えられるような、工夫の仕方を考えよう。

太　郎：では、私一人で得点板の数字を４５６から９８７にしてみるよ。何秒で、できるかな。

〔問題２〕 得点板の数字を４５６から９８７にする場合、最短で何秒かかるのか答えなさい。
また、答え方の例を参考にして、解答らんに元の数字と変えた数字をそれぞれ一つずつ書き、文章で説明しなさい。ただし、解答らんの全ての段《だん》を使用しなくても構いません。

操作《そうさ》 （かかる時間）	答え方の例
００１を００８にする場合 （１０秒）	〔　１　〕→〔　８　〕　１にマグネットを５個つける。
００８を００９にする場合 （２秒）	〔　８　〕→〔　９　〕　８からマグネットを１個取る。
００４を００５にする場合 （６秒）	〔　４　〕→〔　５　〕　４にマグネットを２個つけて１個取る。
０１６を０１９にする場合 （３秒）	〔　６　〕→〔　９　〕　６のボードを１８０度回す。
１２３を３２１にする場合 （３秒）	〔　１　〕→〔　３　〕　一の位と百の位のボードを入れかえる。 〔　３　〕→〔　１　〕 ※どちらの書き方でもよい。

2　**花子**さんと**太郎**《たろう》さんは、休み時間に**先生**と交通手段《しゅだん》の選び方について話をしています。

花　子：家族と祖父母の家に行く計画を立てているときに、いくつか交通手段があることに気がつきました。

太　郎：主な交通手段といえば、鉄道やバス、航空機などがありますね。私《わたし》たちは、目的地までのきょりに応じて交通手段を選んでいると思います。

花　子：交通手段を選ぶ判断材料は、目的地までのきょりだけなのでしょうか。ほかにも、交通手段には、さまざまな選び方があるかもしれません。

先　生：よいところに気がつきましたね。実は、**太郎**さんが言ってくれた目的地までのきょりに加えて、乗りかえのしやすさなども、交通手段を選ぶときに参考にされています。

太　郎：人々《ひとびと》は、さまざまな要素から判断して交通手段を選んでいるのですね。

花　子：実際に移動するときに、人々がどのような交通手段を選んでいるのか気になります。同じ地域《ちいき》へ行くときに、異《こと》なる交通手段が選ばれている例はあるのでしょうか。

先　生：それでは例として、都道府県庁《とどうふけんちょう》のあるＡ、Ｂ、Ｃ、Ｄという地域について取り上げてみましょう。**図１**を見てください。これは、ＡからＢ、Ｃ、Ｄへの公共交通機関の利用割合《わりあい》を示したものです。

図１　ＡからＢ、Ｃ、Ｄへの公共交通機関の利用割合《わりあい》

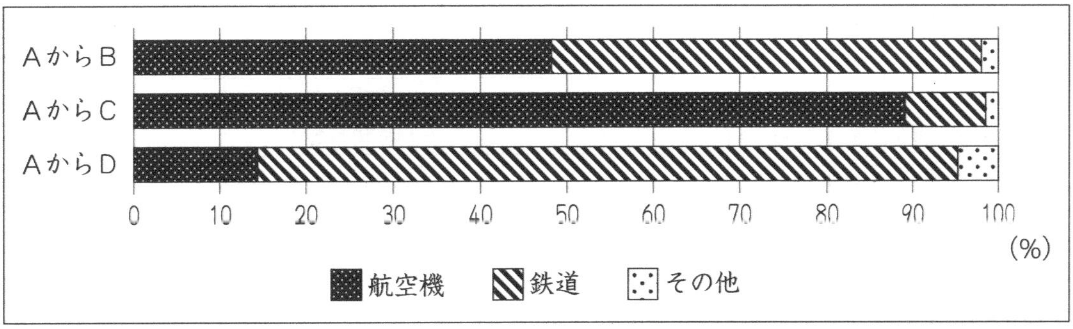

（第６回（２０１５年度）全国幹線旅客純流動調査《ぜんこくかんせんりょかくじゅんりゅうどうちょうさ》より作成）

太　郎：**図１**を見ると、ＡからＢ、ＡからＣ、ＡからＤのいずれも、公共交通機関の利用割合は、ほとんどが航空機と鉄道で占《し》められていますね。目的地によって、航空機と鉄道の利用割合が異なることは分かりますが、なぜこれほどはっきりとしたちがいが出るのでしょうか。

先　生：それには、交通手段ごとの所要時間が関係するかもしれませんね。航空機は、出発前に荷物の検査など、さまざまな手続きが必要なため、待ち時間が必要です。鉄道は、主に新幹線を使うと考えられます。新幹線は、荷物の検査など、さまざまな手続きが必要ないため、出発前の待ち時間がほとんど必要ありません。

花　子：そうなのですね。ほかにも、移動のために支はらう料金も交通手段を選ぶ際の判断材料になると思います。

太　郎：図1のAからB、C、Dへの移動について、具体的に調べてみたいですね。

花　子：それでは、出発地と到着地《とうちゃくち》をそれぞれの都道府県庁に設定して、Aにある都道府県庁からB、C、Dにある都道府県庁まで、主に航空機と鉄道をそれぞれ使って移動した場合の所要時間と料金を調べてみましょう。

先　生：空港や鉄道の駅は、都道府県庁から最も近い空港や鉄道の駅を調べるとよいですよ。

花子さんと**太郎**さんは、インターネットを用いて、Aにある都道府県庁からB、C、Dにある都道府県庁まで、主に航空機と鉄道をそれぞれ使って移動した場合の所要時間と料金を調べ、**表1**にまとめました。

表1　Aにある都道府県庁《とどうふけんちょう》からB、C、Dにある都道府県庁まで、主に航空機と鉄道をそれぞれ使って移動した場合の所要時間と料金

	主な交通手段《こうつうしゅだん》	*所要時間	料金
Aにある都道府県庁から Bにある都道府県庁	航空機	2時間58分 （1時間15分）	28600円
	鉄道	4時間26分 （3時間12分）	18740円
Aにある都道府県庁から Cにある都道府県庁	航空機	3時間7分 （1時間35分）	24070円
	鉄道	6時間1分 （4時間28分）	22900円
Aにある都道府県庁から Dにある都道府県庁	航空機	3時間1分 （1時間5分）	24460円
	鉄道	3時間44分 （2時間21分）	15700円

*待ち時間をふくめたそれぞれの都道府県庁《とどうふけんちょう》間の移動にかかる所要時間。かっこ内は、「主な交通手段《こうつうしゅだん》」を利用している時間。

（第6回（2015年度）全国幹線旅客純流動調査《ぜんこくかんせんりょかくじゅんりゅうどうちょうさ》などより作成）

花　子：私たちは、交通手段の所要時間や料金といった判断材料を用いて、利用する交通手段を選んでいるのですね。

〔問題1〕　**花子**さんは「私たちは、交通手段の所要時間や料金といった判断材料を用いて、利用する交通手段を選んでいるのですね。」と言っています。**図1**中のAからC、またはAからDのどちらかを選び、その選んだ公共交通機関の利用割合とAからBの公共交通機関の利用割合を比べ、選んだ公共交通機関の利用割合がなぜ**図1**のようになると考えられるかを**表1**と会話文を参考にして答えなさい。なお、解答用紙の決められた場所にどちらを選んだか分かるように○で囲みなさい。

太　郎：目的地までの所要時間や料金などから交通手段を選んでいることが分かりました。

花　子：そうですね。しかし、地域によっては、自由に交通手段を選ぶことが難《むずか》しい場合もあるのではないでしょうか。

先　生：どうしてそのように考えたのですか。

花　子：私の祖父母が暮《く》らしているE町では、路線バスの運行本数が減少しているという話を聞きました。

太　郎：なぜ生活に必要な路線バスの運行本数が減少してしまうのでしょうか。E町に関係がありそうな資料について調べてみましょう。

太郎さんと**花子**さんは、**先生**といっしょにインターネットを用いて、E町の路線バスの運行本数や人口推移《すいい》について調べ、**表2**、**図2**にまとめました。

表2　E町における路線バスの平日一日あたりの運行本数の推移《すいい》

年度	2011	2012	2013	2014	2015	2016	2017	2018	2019	2020	2021
運行本数	48	48	48	48	48	48	34	34	32	32	32

（令和２年地域公共交通網形成計画《ちいきこうきょうこうつうもうけいせいけいかく》などより作成）

図2　E町の人口推移《すいい》

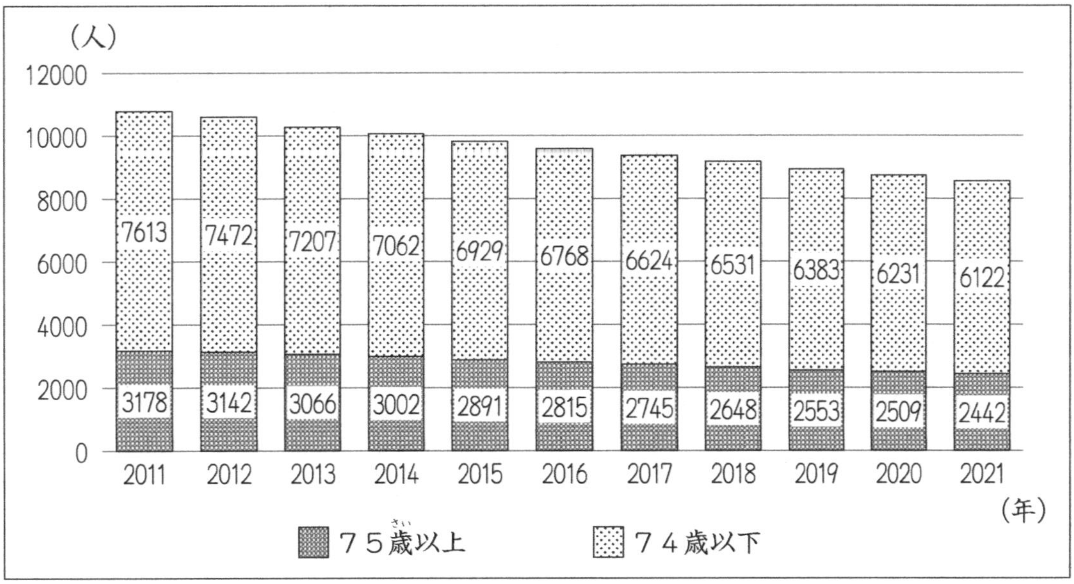

（住民基本台帳より作成）

花　子：**表２**、**図２**を読み取ると、E町の路線バスの運行本数や人口に変化があることが分かりますね。調べる中で、E町は「ふれあいタクシー」の取り組みを行っていることが分かりました。この取り組みについて、さらにくわしく調べてみましょう。

花子さんと**太郎**さんは、インターネットを用いて、E町の「ふれあいタクシー」の取り組みについて調べ、**図3**、**表3**にまとめました。

図3　E町の「ふれあいタクシー」の取り組みについてまとめた情報

補助《ほじょ》対象者・利用者	① ７５歳《さい》以上の人 ② ７５歳未満で運転免許証《うんてんめんきょしょう》を自主的に返納《へんのう》した人 ③ 妊婦《にんぷ》などの特別に町長が認《みと》めた人　　　　など
「ふれあいタクシー」の説明	自宅《じたく》から町内の目的地まで運んでくれる交通手段《しゅだん》であり、E町では２０１７年から導入された。利用するためには、利用者証の申請《しんせい》が必要である。２０２３年現在、町民一人あたり１か月に２０回以内の利用が可能で、一定額をこえたタクシー運賃《うんちん》を町が負担《ふたん》する。

（令和２年地域公共交通網形成計画《ちいきこうきょうこうつうもうけいせいけいかく》などより作成）

表3　E町の「ふれあいタクシー」利用者証新規交付数・*累計《るいけい》交付数の推移《すいい》

年度	２０１７	２０１８	２０１９	２０２０	２０２１
利用者証新規交付数	８７２	８６３	２１０	２８５	９５
利用者証累計交付数	８７２	１７３５	１９４５	２２３０	２３２５

*累計《るいけい》：一つ一つ積み重ねた数の合計。

（令和２年地域公共交通網形成計画《ちいきこうきょうこうつうもうけいせいけいかく》などより作成）

先　生：興味深いですね。調べてみて、ほかに分かったことはありますか。

太　郎：はい。２０２１年においては、「ふれあいタクシー」の利用者証を持っている人のうち、９０％近くが７５歳《さい》以上の人で、全体の利用者も、９０％近くが７５歳以上です。利用者の主な目的は、病院や買い物に行くことです。また、利用者の９０％近くが「ふれあいタクシー」に満足しているという調査結果が公表されています。

花　子：「ふれあいタクシー」は、E町にとって重要な交通手段の一つになったのですね。

太　郎：そうですね。E町の「ふれあいタクシー」導入の効果について考えてみたいですね。

〔問題２〕　**太郎**さんは「E町の「ふれあいタクシー」導入の効果について考えてみたいですね。」と言っています。E町で「ふれあいタクシー」の取り組みが必要になった理由と、「ふれあいタクシー」導入の効果について、**表2**、**図2**、**図3**、**表3**、会話文から考えられることを説明しなさい。

3 **花子**さんと**太郎《たろう》**さんがまさつについて話をしています。

花　子：生活のなかで、すべりにくくする工夫《くふう》がされているものがあるね。

太　郎：**図１**のように、ペットボトルのキャップの表面に縦《たて》にみぞがついているものがあるよ。手でキャップを回すときにすべりにくくするためなのかな。

花　子：プラスチックの板を使って調べてみよう。

図１　ペットボトル

二人は、次のような**実験１**を行いました。

実験１

手順１　１辺が７ｃｍの正方形の平らなプラスチックの板を何枚《まい》か用意し、**図２**のようにそれぞれ糸をつける。

図２　手順１の板

手順２　机《つくえ》の上にフェルトの布を固定し、その上に正方形のプラスチックの板を置く。

手順３　プラスチックの板の上に７５０ｇの金属をのせる。

手順４　同じ重さのおもりをいくつか用意する。**図３**のように、糸の引く方向を変えるために机に表面がなめらかな金属の丸い棒《ぼう》を固定し、プラスチックの板につけた糸を棒の上に通して、糸のはしにおもりをぶら下げる。おもりの数を増やしていき、初めてプラスチックの板が動いたときのおもりの数を記録する。

図３　手順４の様子

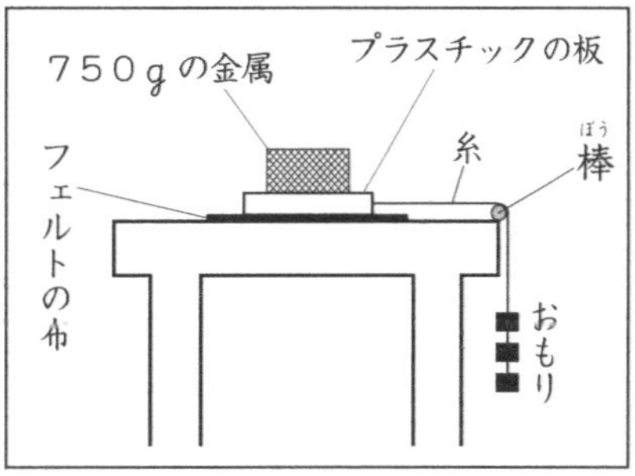

手順５　手順３の金属を１０００ｇの金属にかえて、手順４を行う。

手順６　**図４**のように、手順１で用意したプラスチックの板に、みぞをつける。みぞは、糸に対して垂直《すいちょく》な方向に０．５ｃｍごとにつけることとする。

図４　手順６の板

手順７　手順６で作ったプラスチックの板を、みぞをつけた面を下にして手順２～手順５を行い、記録する。

手順８　**図５**のように、手順１で用意したプラスチックの板に、みぞをつける。みぞは、糸に対して平行な方向に０．５ｃｍごとにつけることとする。

図５　手順８の板

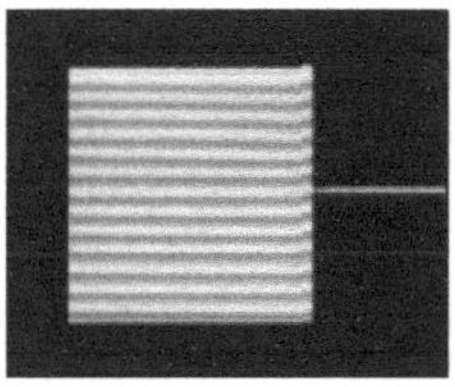

手順９　手順８で作ったプラスチックの板を、みぞをつけた面を下にして手順２～手順５を行い、記録する。

実験１の結果は、**表１**のようになりました。

表１　実験１の結果

	手順１の板	手順６の板	手順８の板
７５０ｇの金属をのせて調べたときのおもりの数（個）	１４	１９	１３
１０００ｇの金属をのせて調べたときのおもりの数（個）	１８	２５	１７

太　郎：手でペットボトルのキャップを回すときの様子を調べるために、机の上にフェルトの布を固定して実験したのだね。

花　子：ペットボトルのキャップを回すとき、手はキャップをつかみながら回しているよ。

〔問題１〕　手でつかむ力が大きいときでも小さいときでも、**図１**のように、表面のみぞの方向が回す方向に対して垂直《すいちょく》であるペットボトルのキャップは、すべりにくくなると考えられます。そう考えられる理由を、**実験１**の結果を使って説明しなさい。

2024(R6) 白鷗高附属中
K 教英出版

太　郎：そりで同じ角度のしゃ面をすべり下りるとき、どのようなそりだと速くすべり下りることができるのかな。

花　子：しゃ面に接する面積が広いそりの方が速くすべり下りると思うよ。

太　郎：そうなのかな。重いそりの方が速くすべり下りると思うよ。

花　子：しゃ面に接する素材によっても速さがちがうと思うよ。

太　郎：ここにプラスチックの板と金属の板と工作用紙の板があるから、まず面積を同じにして調べてみよう。

二人は、次のような**実験２**を行いました。

実験２

手順１　**図６**のような長さが約１００ｃｍで上側が平らなアルミニウムでできたしゃ面を用意し、水平な机《つくえ》の上でしゃ面の最も高いところが机から約４０ｃｍの高さとなるように置く。

図６　しゃ面

手順２　**図７**のような１辺が１０ｃｍの正方形のア～ウを用意し、重さをはかる。そして、それぞれしゃ面の最も高いところに置いてから静かに手をはなし、しゃ面の最も低いところまですべり下りる時間をはかる。ただし、工作用紙の板は、ますがかかれている面を上にする。

図７　ア～ウ

ア　プラスチックの板	イ　金属の板	ウ　工作用紙の板

実験２の結果は、**表２**のようになりました。

表２　**実験２**の結果

	ア　プラスチックの板	イ　金属の板	ウ　工作用紙の板
面積（cm^2）	１００	１００	１００
重さ（ｇ）	５．２	２６．７	３．７
すべり下りる時間（秒）	１．４	０．９	１．８

太　郎：速くすべり下りるには、重ければ重いほどよいね。

花　子：本当にそうなのかな。プラスチックの板と金属の板と工作用紙の板をそれぞれ１枚《まい》ずつ積み重ねて調べてみよう。

二人は、次のような**実験３**を行いました。

実験３

手順１　**実験２**の手順１と同じしゃ面を用意する。

手順２　**実験２**の手順２で用いたプラスチックの板と金属の板と工作用紙の板を、それぞれ６枚ずつ用意する。それらの中からちがう種類の板、合計３枚を**図８**のように積み重ねて、板の間を接着ざいで接着したものを作り、１号と名前をつける。さらに、３種類の板を１枚ずつ順番をかえて積み重ねて、１号を作ったときに使用した接着ざいと同じ重さの接着ざいで接着したものを五つ作り、それぞれ２号～６号と名前をつける。ただし、積み重ねるとき、工作用紙の板は、ますがかかれている面が上になるようにする。

図８　板を積み重ねた様子

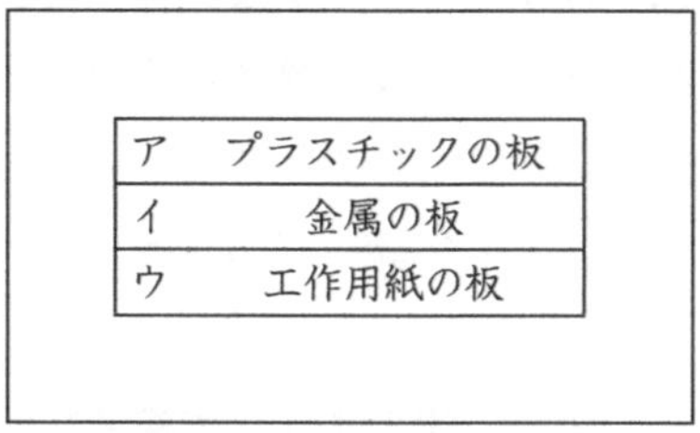

手順３　１号～６号を、積み重ねた順番のまま、それぞれしゃ面の最も高いところに置いてから静かに手をはなし、しゃ面の最も低いところまですべり下りる時間をはかる。

実験３の結果は、**表３**のようになりました。ただし、アはプラスチックの板、イは金属の板、ウは工作用紙の板を表します。また、A、B、Cには、すべり下りる時間（秒）の値《あたい》が入ります。

表３　**実験３**の結果

	１号	２号	３号	４号	５号	６号
積み重ねたときの一番上の板	ア	ア	イ	イ	ウ	ウ
積み重ねたときのまん中の板	イ	ウ	ア	ウ	ア	イ
積み重ねたときの一番下の板	ウ	イ	ウ	ア	イ	ア
すべり下りる時間（秒）	１．８	A	１．８	B	C	１．４

〔問題２〕　**実験３**において、１号～６号の中で、すべり下りる時間が同じになると考えられる組み合わせがいくつかあります。１号と３号の組み合わせ以外に、すべり下りる時間が同じになると考えられる組み合わせを一つ書きなさい。また、すべり下りる時間が同じになると考えた理由を、**実験２**では同じでなかった条件のうち**実験３**では同じにした条件は何であるかを示して、説明しなさい。

適性検査Ⅲ

注　　意

1　問題は 1 から 2 までで、１０ページにわたって印刷してあります。

2　検査時間は４５分で、終わりは**午後０時１５分**です。

3　声を出して読んではいけません。

4　計算が必要なときは、この問題用紙の余白を利用しなさい。

5　答えは全て解答用紙に明確に記入し、**解答用紙だけを提出しなさい。**

6　答えを直すときは、きれいに消してから、新しい答えを書きなさい。

7　**受検番号**を解答用紙の決められたらんに記入しなさい。

東京都立白鷗高等学校附属中学校

問題は次のページからです。

1　Ｈ中学校は、中学１・２年生は第一校舎、中学３年生は第二校舎で生活しています。昨年度までは、１学級４０人で４学級１６０人が入学していました。今年度からは、１学級４０人で５学級２００人が入学し、第一校舎では、１年生２００人と２年生１６０人が生活しています。

２年生の各学級の代表４人が、１年生との交流について話し合っています。

はつき：昨年度は、1・2年生が交流するイベントをいくつか行ったけれど、今年度はどうしようか。

クリス：１・２年生がいっしょにそうじをすることで交流できないかな。

おうか：それはいいね。１年生はそうじの仕方を２年生から学べるし、２年生は1年生に教えることで、リーダーとして活やくできるね。

はつき：そうじをする場所は、各学級の教室と、音楽室や階段《かいだん》などの特別区域《とくべつくいき》があるよね。

クリス：そうだね。各学級の教室は、その学級の人たちがそうじをした方がいいと思うよ。特別区域だけ、１・２年生合同のグループを作ってそうじをするのはどうだろう。

おうか：それはいい考えだね。ところで、特別区域はいくつあるのかな。

う　た：特別区域は全部で２０か所だよ。

はつき：１年生は5学級あるから、各学級が４か所ずつ担当《たんとう》すれば、２０か所を担当できるね。

クリス：２年生は４学級あるから、各学級が５か所ずつ担当すれば、２０か所を担当できるね。

おうか：例えば、１年生も２年生も一つの特別区域に５人ずつ行くことにして、合計１０人でそうじをすることにしたらどうかな。

う　た：そうすると、１年生は1学級の４０人のうち、４か所に５人ずつ、合計２０人が特別区域のそうじに行くことになるから、残りの２０人が、自分の学級の教室をそうじすることになるね。

はつき：2年生は1学級の４０人のうち、５か所に５人ずつ、合計２５人が特別区域のそうじに行くことになるから、残りの１５人が、自分の学級の教室をそうじすることになるね。

クリス：今までの考えをまとめてみたよ。

> ○今までの考えのまとめ
> ・１年生では、自分の学級の教室のそうじをする人数が２０人
> ・２年生では、自分の学級の教室のそうじをする人数が１５人
> ・一つの特別区域《とくべつくいき》のそうじをする人数が、１・２年生合わせて１０人

おうか：これだと、場所によってそうじをする人数の差が大きくて、バランスが悪いね。

う　た：２０か所ある特別区域をそうじするために、１年生では各学級から４か所ずつ、２年生では各学級から５か所ずつの特別区域のそうじをしに行くということは変えずに、各学級から一つの特別区域に行く人数を調整して、全ての場所のそうじをする人数を同じにできたらいいね。

はつき： そうだね。分け方の条件を、まとめてみたよ。

> **条件１**　１年生では、どの学級も、４か所の特別《とくべつ》区域《くいき》のそうじをし、２年生では、どの学級も、５か所の特別区域のそうじをする。
>
> **条件２**　どの特別区域でも、そうじをする１年生の人数は同じにする。また、どの特別区域でも、そうじをする２年生の人数は同じにする。ただし、１年生と２年生の人数は、ちがってもよい。
>
> **条件３**　特別区域のそうじをしに行かない人は、自分の学級の教室のそうじをする。

クリス： この条件で考えてみよう。

別の日の放課後、再び代表４人で集まりました。

おうか： いろいろ考えてみたけれど、どうやら全ての場所でそうじをする人数を同じにするのは、無理そうだね。

う　た： 同じにはならなくても、できるだけ差が小さくなるようにしたいね。

はつき： そうしたら、差が５人以下になるようにするのはどうだろう。

クリス： それがいいね。

おうか： 前に考えた三つの**条件１～条件３**に、次の考え方を**条件４**として加えるのはどうかな。

> **条件４**　１年生の教室、２年生の教室、特別《とくべつ》区域《くいき》、どの場所のそうじをする人数の差も５人以下にする。

はつき： なるほど、**条件１～条件４**の全てに合うように、それぞれの場所をそうじする人数を決めることにしよう。

〔問題１〕　**条件１～条件４**を全て満たすように、以下の①～④にあてはまる数字を答えなさい。

> １年生は、一つの学級につき、４か所の特別《とくべつ》区域《くいき》を（　①　）人ずつでそうじをする。２年生は、一つの学級につき、５か所の特別区域を（　②　）人ずつでそうじをする。このとき、１年生では、各学級の教室のそうじをする人数は（　③　）人で、２年生では、各学級の教室のそうじをする人数は（　④　）人になる。

はつき： ところで、昨年度の１０月には１・２年生が交流するイベントとして、お昼にお弁当をいっしょに食べるというものがあったね。いろいろな部屋に、いろいろな形のシートがしかれていて、その上で食べたね。

クリス： その時の記録があるよ。部屋１、部屋２は、はばとおくゆきが６ｍの正方形の部屋だけれど、しかれていたシートの形がちがったみたいだね。

おうか： 部屋１には、部屋の中にぴったり入る円の形のシートＡがしかれていたよ。シートＡの形と大きさは**図１**のようだったよ。部屋２には、長方形のシートＢがしかれていたよ。シートＢは**図２**のように、部屋と同じはばで、おくゆきは部屋よりも２ｍ短かったよ。

図１　部屋１にしかれていたシートＡ

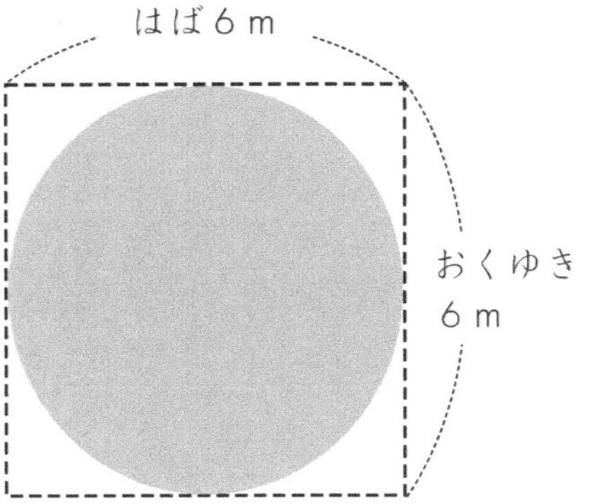

図２　部屋２にしかれていたシートＢ

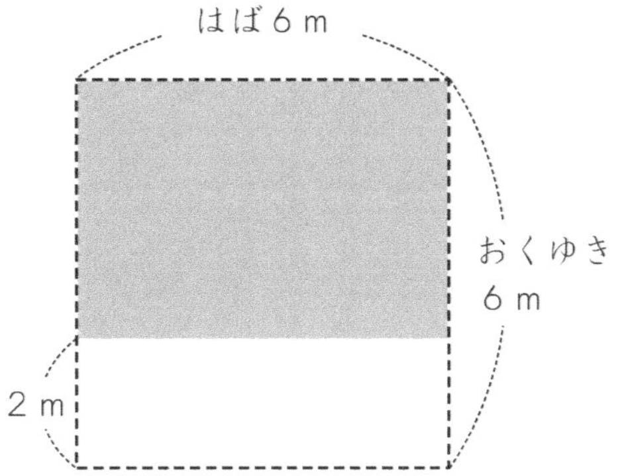

※**図１**、**図２**の---------は部屋のかべを表す。
※**図１**、**図２**の　　　　は、シートを表す。

う　た： シートＡには生徒２４人、シートＢには生徒２１人が座《すわ》っていたと記録されているよ。

はつき： シートＡとシートＢでは、どちらが混んでいたのかな。

〔問題２〕　シートＡとシートＢでは、どちらが混んでいたといえますか。より混んでいたシートをＡまたはＢで答えなさい。また、その理由を式と文章で説明しなさい。

はつき：昨年度の１０月に行ったような交流イベントを、今年度も行いたいと思っているのだけれど、どうかな。

クリス：希望者を休日に集めて行ったイベントだよね。昨年度は、部活動の大会などで参加できない人が多く、参加者は１・２年生合わせて３２０人中２１６人だったね。

おうか：今年度は、昨年度よりも多くの人を集めたいね。部活動の大会と重ならないようにするなど工夫《くふう》しよう。

う　た：今年度は１・２年生の合計の人数は３６０人に増えているから、参加者の人数は、昨年度の２１６人をこえるのではなくて、２４３人をこえることを目標にした方がいいね。

はつき：どうして、２１６人をこえるのではなくて、２４３人なの。

〔問題３〕 **うた**さんは、２４３人という数字をどのようにして求めたのでしょうか。
求め方を式と文章で書きなさい。

解答用紙

適性検査Ⅰ

1

〔問題1〕 20点

文章1

という効果。

文章2

という効果。

〔問題2〕 20点

〜

〔問題3〕 60点

20

100

※

※

※

※

※

※100点満点

受検番号

得点
※

※のらんには、記入しないこと。

解答用紙　適性検査Ⅱ

※100点満点

受検番号	得点
	※

※のらんには、記入しないこと

1

〔問題１〕 20点

〔**太郎**《たろう》さんの作業〕

〔**花子**さんの作業〕

〔６枚《まい》のマグネットシートを切り終えるのにかかる時間〕　（　　　　）分

※

〔問題２〕 20点

〔得点板の数字を４５６から９８７にするのにかかる最短の時間〕（　　　　）秒

〔　　　　〕→〔　　　　〕

〔　　　　〕→〔　　　　〕

〔　　　　〕→〔　　　　〕

〔　　　　〕→〔　　　　〕

〔　　　　〕→〔　　　　〕

※

解答用紙　適性検査Ⅲ

※100点満点

受検番号

得点
※

※のらんには、記入しないこと

1

〔問題１〕20点

①		②		③		④	

※

〔問題２〕20点

混んでいたシート	
(理由)	

※

〔問題３〕15点

※

2

〔問題１〕 15点

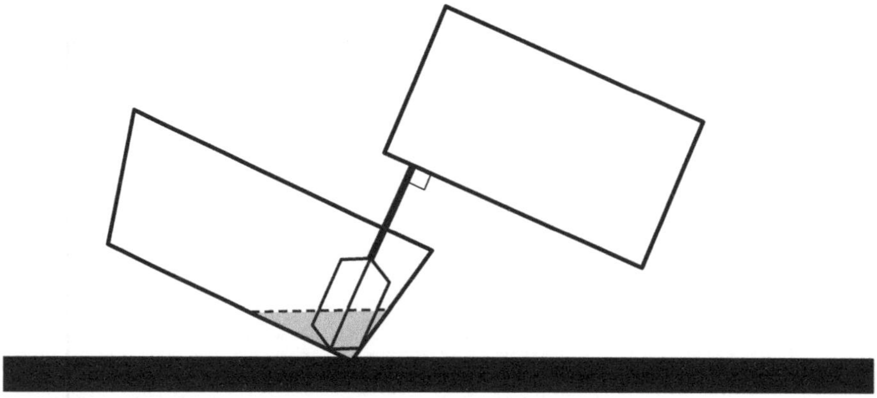

※

〔問題２〕 30点

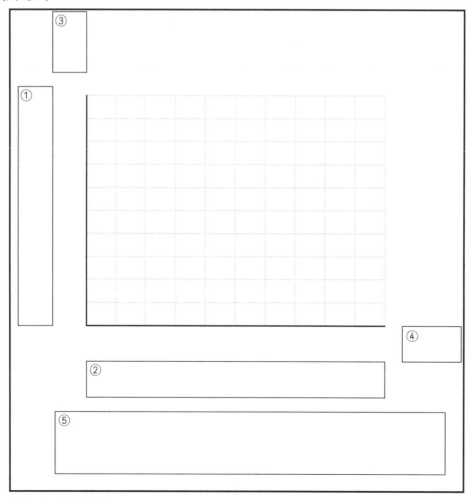

③

①

②

④

⑤

※

2

〔問題１〕15点

（選んだ一つを○で囲みなさい。） ＡからＣ　　　　　ＡからＤ

※

〔問題２〕15点

〔「ふれあいタクシー」の取り組みが必要になった理由〕
〔「ふれあいタクシー」導入の効果〕

※

3

〔問題１〕 12点

※

〔問題２〕 18点

〔組み合わせ〕

〔理由〕

※

（6　白鷗）

440　400　300　200

※

【解

2 **はつき**さん、**クリス**さん、**おうか**さんの３人は、ケーキの作り方について本を読んで調べています。

はつき：私《わたし》が読んでいる本にメレンゲって書いてあるんだけれど、メレンゲってなんだろう。
クリス：私の本に説明があるよ。メレンゲは、卵《たまご》の白身である卵白《らんぱく》をあわ立てたもののことだよ。作り方は、卵白５０ｇに砂糖《さとう》２０ｇを加えて電動あわ立て器であわ立てるみたいだよ。完成したメレンゲの写真（**図１**）ものっていたよ。

図１　完成したメレンゲの写真

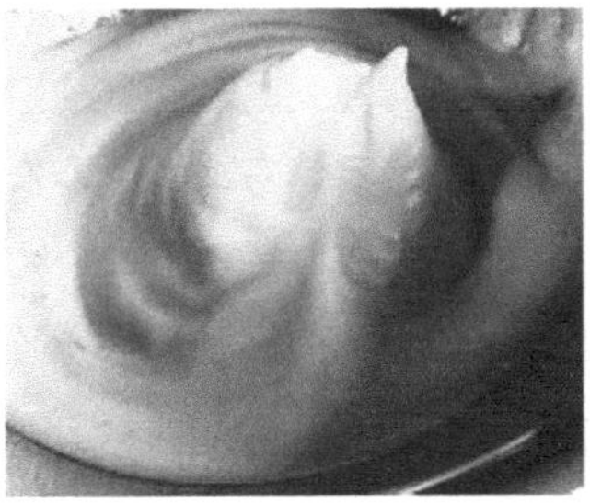

おうか：メレンゲをみんなで作ってみようよ。
はつき：私の家に電動あわ立て器があるから、私の家で作ってみよう。

３人は、**はつき**さんの家に集まり、**はつき**さんの保護者にみてもらいながら、作ってみることにしました。

はつき：これが家にある電動あわ立て器（**図２**）だけれど、この電動あわ立て器は１分間当たりの回転数を７５０回転、８５０回転、９５０回転に調節できるね。どれがいいのかな。

図２　電動あわ立て器

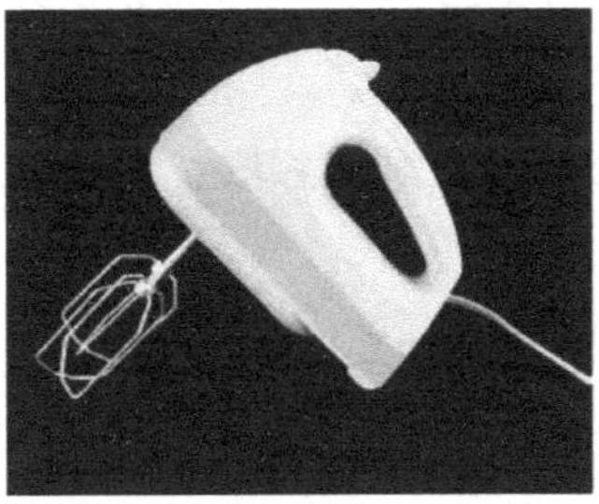

クリス：まず、１分間当たりの回転数を７５０回転でためしてみようか。

３人は、５０ｇの卵白をボウルに入れた後、砂糖２０ｇを加え、電動あわ立て器であわ立ててみました。

はつき： 白くなるまであわ立ててみたけれど、どうかな。
クリス： 白くはなっているけれど、写真（**図１**）のようなメレンゲにはならないね。もう少し長くあわ立てないといけないのかもしれないよ。

はつきさんは、さらに電動あわ立て器であわ立ててみました。

はつき： これでどうかな。
おうか： だいぶ固まってきたね。スプーンで持ち上げてみたけれど、逆さにしても落ちないよ。
クリス： このくらいあわ立っていれば、完成しているといえるよね。
はつき： あわ立てた時間によって、メレンゲの様子は大きく変わるんだね。
おうか： 今回は時間を計っていなかったから、時間を計りながら、もう一度作ってみよう。

はつきさんは、写真（**図１**）と同じようなメレンゲをもう一度作りました。

はつき： １９０秒かかったよ。
クリス： 私もやってみたいな。

クリスさんは、写真（**図１**）と同じようなメレンゲを作りました。

クリス： １２０秒でできたよ。**はつき**さんとだいぶ結果がちがうね。
おうか： ２人が作る様子を見ていて気が付いたのだけれど、２人とも砂糖を加えた卵白をボウルの１か所に集めるため、ボウルをかたむけてあわ立てていたよね。そのときに、ボウルに対して電動あわ立て器を入れる角度が２人ともちがっていたよ。
はつき： そうなんだ、気が付かなかった。
おうか： もしかして、ボウルに対して電動あわ立て器を入れる角度を変えたら、結果が変わるんじゃないかな。
クリス： そうかもしれないね。①電動あわ立て器の角度か砂糖を加えた卵白の入ったボウルの角度、どちらかの角度を変えることによって、ボウルに対して電動あわ立て器を入れる角度が変わると、結果にちがいが出るのかどうか実験して調べてみよう。
おうか： 実験では、②一定にすべき角度と実験で変える角度がどこかを決めておかないとね。
はつき： どこの角度にするか実験で使用した器具の模式図《もしきず》（**図３**）を使って考えてみようよ。

図3　実験で使用した器具の模式図《もしきず》

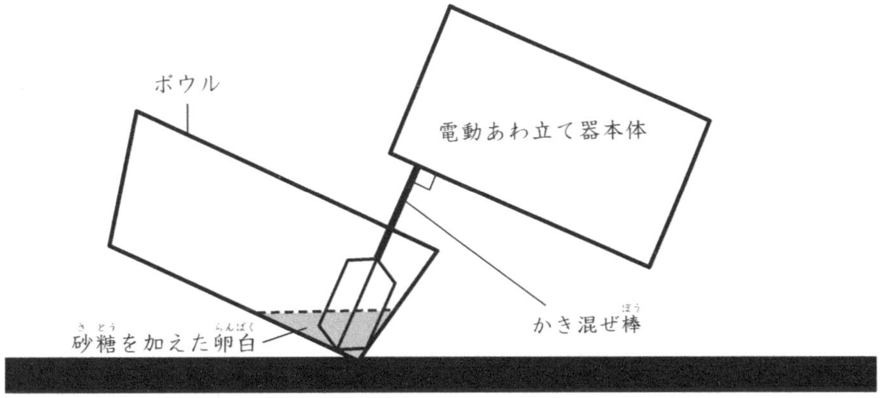

〔問題１〕　下線部①を確かめるための実験計画を立てたい。解答用紙の模式図《もしきず》に、下線部②の一定にすべき角度を○で一つ示し、実験で変える角度を●で一つ示しなさい。**図3**のように、実験器具を横から見て角度を測定できる部分を用いて、実験を考えること。解答は、次の〔解答の記入方法〕および角度の記入例（**図4**）に従《したが》って解答すること。

〔解答の記入方法〕

・測定する角度を記入する際に、器具の延長線上《えんちょうせんじょう》に補助線《ほじょせん》をかいてもよい。補助線は定規を使ってかくこと。

・電動あわ立て器本体とかき混ぜ棒《ぼう》との角度は直角であり、変えることはできない。

・砂糖《さとう》を加えた卵白《らんぱく》の中（　色）には記入できない。

・電動あわ立て器の角度と砂糖を加えた卵白の入ったボウルの角度の二つの角度が同時に変わらないようにすること。

図4　角度の記入例

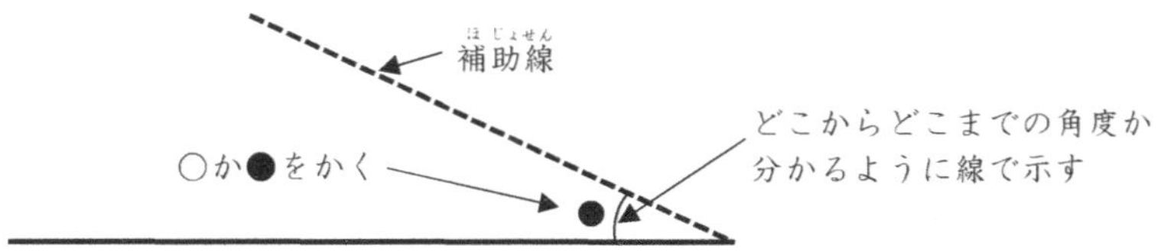

クリス：同じ材料を使っても条件を変えるだけで、こんなに結果が変わるなんておもしろいね。他の条件も調べてみたいな。

おうか：私は、電動あわ立て器の１分間当たりの回転数のちがいによって、メレンゲが完成するまでにあわ立てた時間がどうなるか調べたいな。

はつき：おもしろそうだね。私は、卵白５０ｇに対して加える砂糖の量のちがいによって、メレンゲが完成するまでにあわ立てた時間がどうなるか調べたいな。

３人は、電動あわ立て器の１分間当たりの回転数のちがいによってメレンゲが完成するまでにあわ立てた時間の変化と、卵白５０ｇに対して加える砂糖の量のちがいによってメレンゲが完成するまでにあわ立てた時間の変化を調べることにしました。

クリス： １分間当たりの回転数のちがいによってメレンゲが完成するまでにあわ立てた時間がどうなるかを調べるために、１分間当たりの回転数を７５０回転、８５０回転、９５０回転の３種類にしてためしてみよう。

表１　砂糖《さとう》２０ｇと卵白《らんぱく》５０ｇを用いて、１分間当たりの回転数とメレンゲが完成するまでにあわ立てた時間の関係を調べた結果

１分間当たりの回転数（回転）	７５０	８５０	９５０
メレンゲが完成するまでにあわ立てた時間（秒）	１２０	６０	４０

はつき： 次は卵白５０ｇに対する砂糖の量について調べてみよう。

クリス： 卵白５０ｇに対して砂糖２０ｇを加えた場合について調べたから、卵白５０ｇは変えずに、砂糖だけ５ｇずつ増やして、砂糖２５ｇと砂糖３０ｇを加えてためしてみようか。

おうか： まず、卵白５０ｇに対して砂糖２５ｇを加えて、１分間当たりの回転数を７５０回転、８５０回転、９５０回転でためしてみよう。

表２　砂糖《さとう》２５ｇと卵白《らんぱく》５０ｇを用いて、１分間当たりの回転数とメレンゲが完成するまでにあわ立てた時間の関係を調べた結果

１分間当たりの回転数（回転）	７５０	８５０	９５０
メレンゲが完成するまでにあわ立てた時間（秒）	１５０	９０	６０

はつき： 次に、卵白５０ｇに対して砂糖３０ｇを加えて、１分間当たりの回転数を７５０回転、８５０回転、９５０回転でためしてみよう。

おうか： でも、あと２回実験する分しか卵白がないよ。

クリス： あと２回しか実験ができないなら、１分間当たりの回転数が７５０回転と８５０回転の実験だけやってみようか。

おうか： １分間当たりの回転数が９５０回転での実験はしなくても結果は分かるのかな。

クリス： 今までの結果から、卵白５０ｇに対して砂糖３０ｇを加えて、１分間当たりの回転数が９５０回転で実験したときの結果が予測できるんじゃないかな。

おうか： そうだね。他の量で実験したときの結果と同じようになると考えて、結果を予測してみよう。

３人は、卵白５０ｇに対して砂糖３０ｇを加えて、１分間当たりの回転数を７５０回転と８５０回転でためしてみました。

表３　砂糖《さとう》３０ｇと卵白《らんぱく》５０ｇを用いて、１分間当たりの回転数とメレンゲが完成するまでにあわ立てた時間の関係を調べた結果

１分間当たりの回転数（回転）	７５０	８５０
メレンゲが完成するまでにあわ立てた時間（秒）	１７０	１１０

クリス：１分間当たりの回転数が９５０回転での結果を予測するために、今までの結果をグラフにまとめてみたらどうかな。

はつき：１分間当たりの回転数と卵白５０ｇに対して加える砂糖の量はどちらもメレンゲが完成するまでにあわ立てた時間に関わっているよね。条件を変えた二つ以上の実験結果をいっしょに表すことはできるのかな。

おうか：こんなグラフを見つけたよ（**図５**）。これを参考にしたら、条件を変えた二つ以上の実験結果をいっしょに表すことができそうだね。

図５　おうかさんが見つけたグラフ

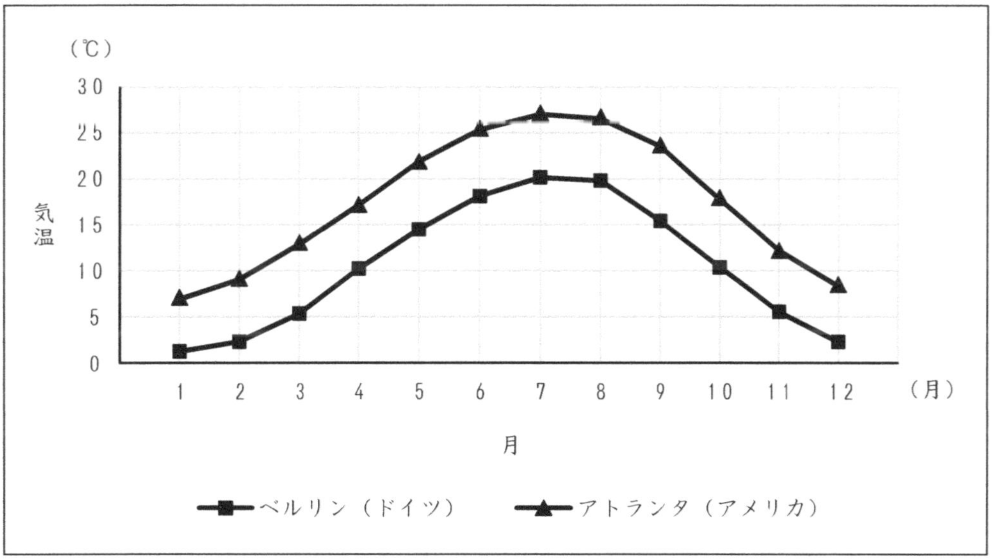

（気象庁《きしょうちょう》「世界の天候データツール」より作成）

〔問題２〕 **表１～表３**の結果から、メレンゲが完成するまでにあわ立てた時間、１分間当たりの回転数、卵白《らんぱく》５０ｇに対して加えた砂糖《さとう》の量の三つの関係を示すグラフを作成しなさい。グラフは、**図５**を参考にし、次の「グラフのかき方」に従《したが》って作成すること。作成したグラフから今回の実験で測定できなかった値《あたい》を予測してグラフに点をかき加え、かき加えた点の周りを○で囲みなさい。

「グラフのかき方」

１　**図５**の「気温」や「月」のように解答用紙の①、②のわくに、縦《たて》じく、横じくが何を表しているかを書く。

２　**図５**の「℃」や「月」のように解答用紙の③、④のわくに、縦じく、横じくの単位を書く。

３　変化の様子が分かりやすくなるように工夫《くふう》しながら、縦じく、横じくの目盛《めも》りが表す数値《すうち》を書く。

４　点を打ち、それぞれの点を直線で結んだ折れ線グラフをかく。一つのグラフに折れ線グラフが二つ以上あるときは、●や◆など、異《こと》なる形の点を使って区別できるようにする。

５　一つのグラフに折れ線グラフが二つ以上あるときは、**図５**の「ベルリン（ドイツ）」や「アトランタ（アメリカ）」のように解答用紙の⑤のわくに、■や▲などの点が何を表しているかを書く。

⑤

適性検査Ⅰ

注意

1 問題は［1］のみで、**5ページ**にわたって印刷してあります。

2 検査時間は**四十五分**で、終わりは**午前九時四十五分**です。

3 声を出して読んではいけません。

4 答えは全て解答用紙に明確に記入し、**解答用紙だけを提出しなさい。**

5 答えを直すときは、きれいに消してから、新しい答えを書きなさい。

6 **受検番号**を解答用紙の決められたらんに記入しなさい。

東京都立白鷗高等学校附属中学校

教英出版

1　次の 資料Ａ 、資料Ｂ を読んで、あとの問題に答えなさい。
（○で囲んだ数字が付いている言葉には、それぞれ資料のあとに〔注〕があります。）

資料Ａ

頭の中に網《あみ》を張るためには、その根本に問題意識が必要だと思います。

　いくら多くの情報に触《ふ》れたとしても、あとあと頭に残っていくかどうかは、やはり自分の中に問題意識や問いを持っているかどうかにかかっているのです。ただし、それは①大上段《だいじょうだん》に構えた問題意識である必要はなく、自分の関心事であったり、興味を持っていることであっても、かまいません。

　もちろん、最初のうちは、きちんとした網になっているかどうかもわからず、関心事がぼんやりとした塊《かたまり》となっている程度かもしれません。しかし、やがて、「どうしたらいいんだろう」とか、「こうしたらおもしろいかもしれない」という好奇心《こうきしん》や問題意識が芽生えてくると、それに関連する情報が少しずつ頭に引っかかりはじめるのです。

　問題意識というのは、いわば、情報を引っかけるためのトゲトゲのようなものです。こちらから情報収集《しゅうしゅう》に行かなくても、トゲトゲを出したまま、とりあえずぼーっと待っていればいいのです。その状態で、意識的、無意識的に入ってくる情報を頭の中に流していくわけです。

　つまり、あまり意識をせずに大量の情報に接して、印象に残っている情報のかたまりを集めればよいのです。

　その場合、情報は直接的なものではなく、むしろその問題意識に直接関係ないもののほうがよいこともあります。どんな情報でも接して、頭の中に流してみて、何かピンと来《き》たら、それを頭の中にキープしておくイメージです。

　引っかかったものが、あとになってあまりその問題意識の解決に関係がないようだとわかって、忘《わす》れてしまってもまったくかまいません。あまりそこにこだわらず、無理して頭に引っかけようとせずに情報を流していけばよいのです。

　大切なのは、おもしろいアイデアが見つかればいいな、くっつくものがあればうれしいなという感覚です。②四六時中《しろくじちゅう》考えなくてもいいのです。

　こうして情報をたくさん頭の中に流していると、自然に少しずつ、印象に残ったり覚えていることが増えてきて、情報が頭にくっついてきます。そのたびに、網の上に海苔《のり》が面を広げていくわけです。

　ここが重要なことですが、③イノベーションや④革新的《かくしんてき》なアイデアというものは、こうした状況《じょうきょう》のもと、まったく本来の問題意識と関係ないように見えるものがくっついて生まれることが多いのです。二つの物質が混じり合うことで⑤化学反応を起こし、別の物質が生まれるイメージです。

　その場合、二つのものがそのままくっついて便利な製品やサービスになる場合もあれば、まったく関係ないように見える二つのものから革新的なアイデアが生まれる場合もあります。

後者は、⑥スティーブ・ジョブズがパーソナルコンピューターの入力装置《そうち》として⑦マウスを初めて採用した⑧エピソードが良い例でしょう。もともとマウスという装置は、現在の姿《すがた》とはまったく別のものでしたし、ジョブズ自身もああした形で使うものを探《さが》していたわけでもなかったようです。ただ、⑨キーボードではないインターフェイス（入力装置）が必要だとは思っていて、おそらくその問題意識はずっと持ち続けていたはずです。

とはいえ、インターフェイスそのものを探そうとしても、なかなかぴったりくるものが見つからなかったのでしょう。ところが、あるとき偶然《ぐうぜん》のきっかけでそのマウスの技術を知り、「これは自分が思っていた形で使えるかもしれない」とひらめいた。そこで、二つのものが化学反応を起こして、今のマウスができたということだと思います。

こうした革新的な発見や発明は、結果から見ると、大事なものを探していて、そこからようやく宝《たから》が見つかったようなイメージなのですが、実は確固とした目的を持って宝探しをしているケースはそう多くありません。

自分なりのトゲトゲを頭の中につくっておいて、あとは情報を流すに任せておけばいいのです。

引っかかったけど、結局だめだったというものが、いくらあってもかまいません。トゲトゲをつくって情報を流し続けていれば、だんだんと要領がつかめてくるはずです。

網を張って情報を流すという発想をするならば、必ずしも最初から問題意識が明確で具体的である必要はありません。むしろ、あまり決めすぎてしまうと網が狭《せま》くなってしまうので、引っかかるはずだったおもしろい話が引っかからなかったり、行き止まりになったりしがちです。

例えば、フランス料理のシェフが、新しい料理について何かアイデアを考えているとしましょう。そのときに、具体的にどんな料理をつくりたいのか、どういう素材を使いたいのかを細かく考えなくてもいいということです。

ぼんやりと「みんなが喜ぶ料理を開発したい」「これまでにない新しい料理をつくりたい」というくらいのほうが、幅広《はばひろ》い情報が頭に引っかかりやすくなるのです。

最近の西洋料理の世界では、理科の実験のように料理するのが流行です。おそらく、最初から理科の実験のように料理をしたいと決めていたのではないと思います。

何か⑩斬新《ざんしん》な料理はないかと考えていたら、たまたま理科の実験を見て、「こんなふうに料理をしてみるとおもしろいかも」と思いついたのかもしれません。本当にそうだったかどうかは別にして、そうした点に新しさが生まれやすいのです。

最初から「新しい素材を使えないか」といった具体的すぎる網を張っていると、かえって小さなアイデアしか出てこないのではと思います。

（柳川範之《やながわのりゆき》「東大教授が教える知的に考える練習」による）

〔注〕

① 大上段《だいじょうだん》……考え方の視点《してん》などを高いところに置くこと。

② 四六時中《しろくじちゅう》……いつも。昼も夜も。

③ イノベーション…生産技術が画期的に新しくなること。

④ 革新的《かくしんてき》………改めて新しくしようとする様子。

⑤ 化学反応………物質が反応し、もとと異《こと》なる種類の物質を生成する変化。

⑥ スティーブ・ジョブズ…アメリカの会社経営者。

⑦ マウス………画面上の矢印を動かして、コンピューターに指示をあたえるための装置《そうち》。

⑧ エピソード………ある人や物事についての、ちょっとした話。

⑨ キーボード………ボタン（＝キー）を押《お》すことで、コンピューターに命令を伝えたり、データを入力したりする装置。

⑩ 斬新《ざんしん》………とびぬけて新しい様子。

資料B

「問題」は、学問の世界にだけ存在《そんざい》するわけではありません。何気ない日常生活のなかにも「考えるべき問題」は無数に存在しています。

たとえば、木からリンゴが落ちるのはごく当たり前の光景ですね。ほとんどの人はそのことに疑問《ぎもん》を抱《いだ》くことはありません。ましてや、そこに重大な問題が隠《かく》れているなんて、普通《ふつう》は思わないでしょう。しかしみなさんもご存知《ぞんじ》の通り、⑪ニュートンはこのありふれた現象をヒントにして「すべてのものはお互《たが》いに引き合っている」という仮説を立て、⑫万有引力《ばんゆういんりょく》の法則を発見したと言われています。

実はこの話の真偽《しんぎ》は定《さだ》かではないのですが、身の回りのありふれた現象に大発見の種が隠《かく》されていることの⑬逸話《いつわ》としては興味深いものです。

私《わたし》たちが暮《く》らすこの世界には、まだ多くの謎《なぞ》、誰《だれ》も取り組んでいない問題が無数にあります。そのなかには、もっともらしい答えが何通りもあったり、逆に本当に答えがあるかどうかすら分からないものも数多くあります。木から落ちるリンゴの例のように、当たり前すぎて何が問題なのか普通の人にはさっぱり分からないことも珍《めずら》しくありません。人生には、こうしたカタチにすらなっていない問題未満のものが満ちあふれています。

私たちが日々《ひび》暮らしているのは、こうした問題未満の物事に囲まれた世界です。ぼんやりしているつもりでも、考える器官である「脳《のう》」は休むことを知りません。私たちはいつも無意識のうちに、何かを考えているのです。

それはこのあと食べるランチのメニューのような些細《ささい》なことかもしれませんし、今朝何気なく読んだ新聞記事への疑問・違和感《いわかん》かもしれません。あるいは昨日の仕事中に起きたトラブルについてということもあるでしょう。これらのなかに、重大な問題の⑭萌芽《ほうが》が隠《かく》れている可能性があります。

しかし、こうした思考のほとんどは断片《だんぺん》のまま途切《とぎ》れてしまいます。そして糸の切れた凧《たこ》のように、忘却《ぼうきゃく》の彼方《かなた》に次々《つぎつぎ》と消えていってしまうのです。でも、すべてが消えてしまうわけではありません。誰でも、こうした思考をふと自覚する瞬間《しゅんかん》があるはずです。

「今、私は××について考えていたんだな」

あなたにもきっとこんな体験があるはずです。こんなふうに意識された思考は、断片ではなくなり、「まとまった」形を取り始めます。「まとまった」とはいっても、最初は「気になる」「おもしろそう」「どうしてだろう」といった感覚的なものに過ぎないでしょう。でも、これをそのまま放置してはいけません。なぜなら、そこに「問題の種」が潜《ひそ》んでいるからです。

こうした小さなひらめきのなかにこそ、あなたが解決したいこと、取り組みたいことが含《ふく》まれています。この凧を空に飛ばさないように、糸を手元にたぐり寄せてみましょう。

コツは「自分はいつも何かを考えている」と自覚することです。そして、無意識下から問題の種をひろい上げ、明確な意識を持って考えてみるクセをつけるのです。

そのために、ポケットに入るくらい小さなメモ帳を持ち歩き、思いついたことをメモしておくことが役に立ちます。⑮スマートフォンについている⑯ノート機能を使うこともできます。

アイデアの種はすぐに解決できることだったり、⑰他愛もない連想に過ぎないことが多いかもしれません。しかし、この作業を意識的に繰《く》り返すことで自分との対話を促進《そくしん》し、「考える」という行為《こうい》を身近にすることができます。メモ帳が自分のアイデアを引き出し、育ててくれる役《やく》割《わり》を果たしてくれるのです。同時に、漠然《ばくぜん》とした日々の疑問の種をクリアな思考へと変換《へんかん》することができるようになるのです。

（上田正仁《うえだまさひと》「東大物理学者が教える『考える力』の鍛《きた》え方
想定外の時代を生き抜《ぬ》くためのヒント」ＰＨＰ研究所）

〔注〕

⑪ ニュートン…………十七～十八世紀に活躍《かつやく》したイギリスの学者。

⑫ 万有引力《ばんゆういんりょく》の法則…地球上において物体が地球に引き寄せられるだけではなく、この宇宙《うちゅう》においては、どこでもすべての物体は、互《たが》いに引き寄せる作用をおよぼしあっているとする考え方。

⑬ 逸話《いつわ》………………ある人に関する、世の中にあまり知られていない話。

⑭ 萌芽《ほうが》………………芽が出ること。物事のはじまり。

⑮ スマートフォン……パソコンに近い性質をもった携帯《けいたい》電話。

⑯ ノート機能…………スマートフォンに内蔵《ないぞう》されている、考えついたことなどをメモする機能。

⑰ 他愛もない…………深い考えがない。

〈問題1〉

資料A に、頭の中に網《あみ》を張るためには、その根本に問題意識が必要だと思います。とありますが、筆者がこのように述べる理由を、本文の内容に基《もと》づいて、百字以内で分かりやすく説明しなさい。

ただし、一ますめから書き始め、記号（、や。や「」など）も字数に数えなさい。

〈問題2〉

資料B に、私たちが日々《ひび》暮らしているのは、こうした問題未満の物事に囲まれた世界です。とありますが、それはどのようなことですか。本文の内容に基《もと》づいて、百字以内で分かりやすく説明しなさい。

ただし、一ますめから書き始め、記号（、や。や「」など）も字数に数えなさい。

〈問題3〉

資料A と 資料B の筆者の主張に基《もと》づいて、あなたの考えを四百字以上四百五十字以内で具体的に述べなさい。

その際、段落《だんらく》分けを行い、第一段落で「私《わたし》たちは日常生活の中で何を意識していく必要があるのか」についてまとめ、第二段落以降《いこう》で「あなたはこれからどのような学校生活を送りたいか」についてまとめなさい。

ただし、段落分けを行う際の書き出しや改行などの空らん、記号（、や。や「」など）も字数に数えなさい。

適性検査Ⅱ

注　意

1　問題は **1** から **3** までで、**１２ページ**にわたって印刷してあります。

2　検査時間は**４５分**で、終わりは**午前１１時１０分**です。

3　声を出して読んではいけません。

4　計算が必要なときは、この問題用紙の余白を利用しなさい。

5　答えは全て解答用紙に明確に記入し、**解答用紙だけを提出しなさい。**

6　答えを直すときは、きれいに消してから、新しい答えを書きなさい。

7　**受検番号**を解答用紙の決められたらんに記入しなさい。

東京都立白鷗高等学校附属中学校

問題は次のページからです。

1　放課後、**太郎**《たろう》さんと**花子**さんは、教室で話をしています。

太　郎：今日の総合的な学習の時間に、**花子**さんの班《はん》は何をしていたのかな。
花　子：私《わたし》はプログラミングを学んで、タブレットの画面上でロボットを動かしてブロックを運ぶゲームを作ったよ。
太　郎：おもしろそうだね。やってみたいな。

花子さんは画面に映《うつ》し出された図（**図１**）を、**太郎**さんに見せました。

花　子：この画面で道順を設定すると、ロボットは黒い点から黒い点まで、線の上だけを動くことができるんだ。黒い点のところにブロックを置いておくと、ロボットがその黒い点を通ったときにブロックを運んでくれるんだ。運んだブロックをおろす場所も設定できるよ。設定できることをまとめてみるね。

図１　映《うつ》し出された図

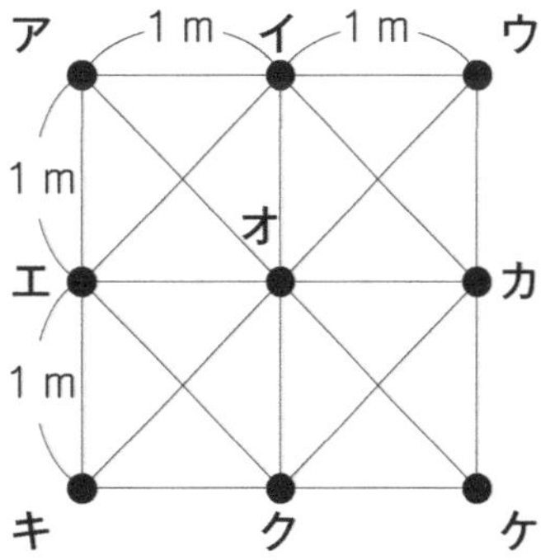

〔設定できること〕
ロボットがスタートする位置
ブロックを置いていない黒い点から、スタートする。
ブロックを置く位置
ブロックは黒い点の上に、１個置くことができる。ロボットは、ブロックが置いてある黒い点を通ると、そこに置いてあるブロックを運びながら、設定した次の黒い点に進む。
倉庫（ロボットがブロックをおろす場所）の位置
ロボットが倉庫に行くと、そのとき運んでいるブロックを全て倉庫におろす。

太　郎：９個の黒い点のある位置は、それぞれ**ア**から**ケ**というんだね。
花　子：そうだよ。**ア**から**オ**に行く場合は**ア→オ**や、**ア→エ→オ**や、**ア→イ→ウ→オ**のように設定できるんだよ。
太　郎：四角形**アエオイ**、四角形**イオカウ**、四角形**エキクオ**、四角形**オクケカ**は正方形なのかな。
花　子：全て正方形だよ。**ア**から**イ**までや、**ア**から**エ**までは１ｍの長さに設定してあるよ。
太　郎：では、ブロックを置く位置と倉庫の位置を設定してみよう。
花　子：**図２**のように**イ**と**カ**と**キ**にブロックをそれぞれ１個ずつ置いて、**ケ**に倉庫の位置を設定してみたよ。それらの黒い点の上に、ブロックを置く位置と倉庫の位置が表示されるんだ。
太　郎：この３個のブロックを倉庫に運ぶために、どのようにロボットを動かせばよいかを考えよう。
花　子：ロボットの速さは分速１２ｍなのだけど、ブロックを運んでいるときはおそくなるよ。
太　郎：どのくらいおそくなるのかな。

花　子：運んでいるブロックの数によって、何も運んでいないときよりも、１m進むのにかかる時間が増えるんだ。でも、運んでいるブロックの数が変わらない限り、ロボットは一定の速さで動くよ。**表1**にまとめてみるね。

太　郎：ブロックを３個運んでいるときは、かなりおそくなるね。

花　子：とちゅうで倉庫に寄ると、そのとき運んでいるブロックを全て倉庫におろすことができるよ。

太　郎：最も短い時間で全てのブロックを運ぼう。スタートする位置も考えないとね。

花　子：まず、計算をして、全てのブロックを倉庫まで運ぶ時間を求めてみよう。

太　郎：１辺の長さが１mの正方形の対角線の長さは１.４mとして計算しよう。

花　子：私が考えたスタートする位置からロボットが動いて全てのブロックを倉庫に運ぶまでの時間を求めると、４８.８秒になったよ。

太　郎：私の計算でも４８.８秒だったよ。けれども、スタートする位置も道順も**花子**さんの考えたものとは、別のものだったよ。

図2　**花子**さんが設定した図

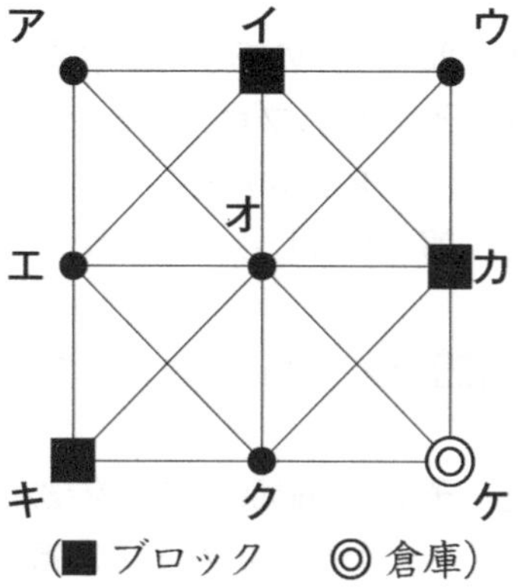

表1　何も運んでいないときよりも、１m進むのにかかる時間の増え方

運んでいるブロックの数	増える時間
１個	２秒増える
２個	５秒増える
３個	８秒増える

〔問題１〕　**図2**のように**太郎**さんと**花子**さんは**イ**と**カ**と**キ**にブロックを置く位置を、**ケ**に倉庫の位置を設定しました。４８.８秒で全てのブロックを倉庫まで運ぶとき、スタートする位置と道順はどのようになっていますか。いくつか考えられるもののうちの一つを、**ア**～**ケ**の文字と**→**を使って答えなさい。また、４８.８秒になることを式と文章で説明しなさい。ただし、ロボットは３個のブロックを倉庫に運び終えるまで止まることはありません。また、ブロックを集める時間や倉庫におろす時間、ロボットが向きを変える時間は考えないものとします。

花　子：**太郎**さんの班はプログラミングを学んで、何をしていたのかな。

太　郎：私はスイッチをおして、電球の明かりをつけたり消したりするプログラムを作ったよ。画面の中に電球とスイッチが映し出されて（**図3**）、１個のスイッチで１個以上の電球の明かりをつけることや消すことができるんだ。

花　子：おもしろそうだね。

太　郎：そうなんだよ。それでクイズを作っていたけれど、まだ完成していないんだ。手伝ってくれるかな。

花　子：いいよ、見せてくれるかな。

図3　映し出された図

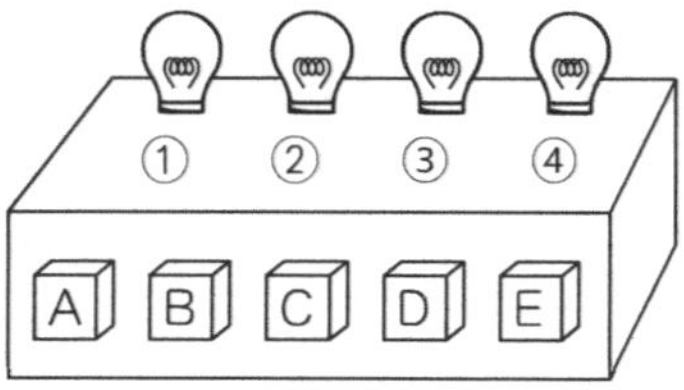

〔**太郎**さんが作っているクイズ〕

①～④の４個の電球と、Ａ～Ｅの５個のスイッチがあります。**全ての電球の明かりが消えている状態で、**Ａのスイッチをおすと、②と③の電球の明かりがつきました。次のヒントを読んで、全ての電球の明かりが消えている状態で、Ｂ～Ｅのスイッチはそれぞれどの電球の明かりをつけるかを答えなさい。

ヒント（あ）：全ての電球の明かりが消えている状態で、ＡとＢとＣのスイッチをおしたあと、明かりがついていたのは①と③の電球であった。

ヒント（い）：全ての電球の明かりが消えている状態で、ＢとＣとＤのスイッチをおしたあと、明かりがついていたのは①と②と④の電球であった。

ヒント（う）：全ての電球の明かりが消えている状態で、ＡとＤとＥのスイッチをおしたあと、明かりがついていたのは①と④の電球であった。

花　子：Ａのスイッチは、②と③の電球の明かりをつけるスイッチなんだね。

太　郎：Ａのスイッチは、②と③の電球の明かりを消すこともあるよ。②と③の電球の明かりがついている状態で、Ａのスイッチをおすと、②と③の電球の明かりは消えるんだ。

花　子：①と④の電球の明かりがついている状態で、Ａのスイッチをおしても、①と④の電球の明かりはついたままなのかな。

太　郎：そうだよ。Ａのスイッチをおしても、①と④の電球の明かりは何も変化しないんだ。

花　子：Ａ以外にも、②の電球の明かりをつけたり消したりするスイッチがあるのかな。

太　郎：あるよ。だから、Ａのスイッチをおして②の電球の明かりがついたのに、ほかのスイッチをおすと②の電球の明かりを消してしまうこともあるんだ。

花　子：ヒントでは３個のスイッチをおしているけれど、おす順番によって結果は変わるのかな。

太　郎：どの順番でスイッチをおしても、結果は同じだよ。だから、順番は考えなくていいよ。

花　子：ここまで分かれば、クイズの答えが出そうだよ。

太　郎：ちょっと待って。このままではクイズの答えが全ては出せないと思うんだ。ヒントがあと１個必要ではないかな。

花　子：これまで分かったことを、表を使って考えてみるね。スイッチをおしたときに、電球の明かりがつく場合や消える場合には○、何も変化しない場合には×と書くよ。（**表２**）

表２　花子さんが書きこんだ表

	①の電球	②の電球	③の電球	④の電球
Ａのスイッチ	×	○	○	×
Ｂのスイッチ				
Ｃのスイッチ				
Ｄのスイッチ				
Ｅのスイッチ				

太　郎：Ａのスイッチのらんは全て書きこめたね。それでは、**ヒント（あ）**から考えてみようか。

花　子：**ヒント（あ）**を見ると、①の電球の明かりがついたね。でも①の電球のらんを見ると、Ａのスイッチは×だから、ＢとＣのスイッチのどちらか一方が○でもう一方が×になるね。

太　郎：つまり、AとBとCのスイッチの①の電球のらんは、次の**表3**のようになるね。

表3　①の電球について**太郎**《たろう》さんが示した表

	①の電球
Aのスイッチ	×
Bのスイッチ	○
Cのスイッチ	×

または

	①の電球
Aのスイッチ	×
Bのスイッチ	×
Cのスイッチ	○

花　子：次は、③の電球を考えてみよう。**ヒント（あ）**では、③の電球の明かりもついたね。

太　郎：③の電球のらんを見ると、Aのスイッチは○だから、BとCのスイッチは、次の**表4**のようになるね。

表4　③の電球について**太郎**さんが示した表

	③の電球
Aのスイッチ	○
Bのスイッチ	○
Cのスイッチ	○

または

	③の電球
Aのスイッチ	○
Bのスイッチ	×
Cのスイッチ	×

花　子：次は、**ヒント（い）**を見ると、①の電球の明かりがついたね。

太　郎：**ヒント（あ）**で、①の電球はBとCのスイッチのどちらか一方が○でもう一方が×になると分かったね。だから、Dのスイッチの①の電球のらんには×と書けるんだ。

花　子：さらに、**ヒント（う）**を見ると、①の電球の明かりがついたね。AとDのスイッチの①の電球のらんは×なので、Eのスイッチの①の電球のらんには○が書けるよ。（**表5**）

表5　**太郎**さんと**花子**さんがさらに書きこんだ表

	①の電球	②の電球	③の電球	④の電球
Aのスイッチ	×	○	○	×
Bのスイッチ				
Cのスイッチ				
Dのスイッチ	×			
Eのスイッチ	○			

太　郎：ほかの電球についても考えていくと、DとEのスイッチの②から④の電球のらんの○と×が全て書きこめるね。

花　子：でも、BとCのスイッチについては、○と×の組み合わせが何通りかできてしまうよ。

太　郎：やはり、ヒントがあと１個必要なんだ。**ヒント（え）**を次のようにしたら、○と×が一通りに決まって、表の全てのらんに○と×が書きこめたよ。

> **ヒント（え）**：全ての電球の明かりが消えている状態で、□と□と□のスイッチをおしたあと、明かりがついていたのは①と②の電球であった。

〔問題２〕　**表5**の全てのらんに○か×を書きこむための**ヒント（え）**として、どのようなものが考えられますか。解答用紙の**ヒント（え）**の□に、A～Eの中から異《こと》なる3個のアルファベットを書きなさい。また、**ヒント（あ）**～**ヒント（う）**と、あなたが考えた**ヒント（え）**をもとにして、解答用紙の**表5**の空いているらんに○か×を書きなさい。

2　**花子**さんと**太郎《たろう》**さんは、社会科の時間に産業について、**先生**と話をしています。

花　子：これまでの社会科の授業で、工業には、自動車工業、機械工業、食料品工業など、多様な種類があることを学びました。

太　郎：私《わたし》たちの生活は、さまざまな種類の工業と結び付いていましたね。

先　生：私たちの生活に結び付いているのは、工業だけではありませんよ。多くの産業と結び付いています。

花　子：工業のほかにどのような産業があるのでしょうか。

太　郎：たしかに気になりますね。おもしろそうなので、調べてみましょう。

花子さんと**太郎**さんは、産業について調べた後、**先生**と話をしています。

花　子：工業のほかにも、農業や小売業など、たくさんの産業があることが分かりました。同じ産業でも、農業と小売業では特徴《とくちょう》が異《こと》なりますが、何か分け方があるのでしょうか。

先　生：産業は大きく分けると、第１次産業、第２次産業、第３次産業の３種類に分類することができます。

太　郎：それらは、どのように分類されているのですか。

先　生：第１次産業は、自然に直接働きかけて食料などを得る産業で、農業、林業、漁業のことをいいます。第２次産業は、第１次産業で得られた原材料を使用して、生活に役立つように商品を製造したり、加工したりする産業で、工業などのことをいいます。第３次産業は、第１次産業や第２次産業に分類されない産業のことで、主に仕入れた商品を販売《はんばい》する小売業などの商業や、物を直接生産するのではなく、人の役に立つサービス業などのことをいいます。

花　子：大きく区分すると、三つの産業に分類されるのですね。では、日本の産業全体でどれくらいの人が働いているのでしょうか。

太　郎：働いている人のことを就業者《しゅうぎょうしゃ》といいます。日本の産業全体の就業者数を調べてみましょう。

花子さんと**太郎**さんは、日本の産業全体の就業者数について調べました。

花　子：産業全体の就業者数を３０年ごとに調べてみると、１９６０年は約４３７０万人、１９９０年は約６１３７万人、２０２０年は約５５８９万人でした。

太　郎：就業者数は１９６０年、１９９０年、２０２０年と変化しているのですね。それぞれの産業別では、どれくらいの人が働いているのでしょうか。

花　子：私は、第１次産業、第２次産業、第３次産業、それぞれの産業で働いている人の年齢《ねんれい》がどのように構成されているのかを知りたいです。

太　郎：では、今、三つに分類した産業別の就業者数を年齢層《ねんれいそう》ごとに調べ、一つの図にまとめてみましょう。

花子さんと**太郎**さんは、１９６０年、１９９０年、２０２０年における年齢層ごとの産業別の就業者数を調べ、年ごとにグラフ（**図１**）を作成しました。

図1　１９６０年、１９９０年、２０２０年における年齢層《ねんれいそう》ごとの産業別の就業者数《しゅうぎょうしゃすう》

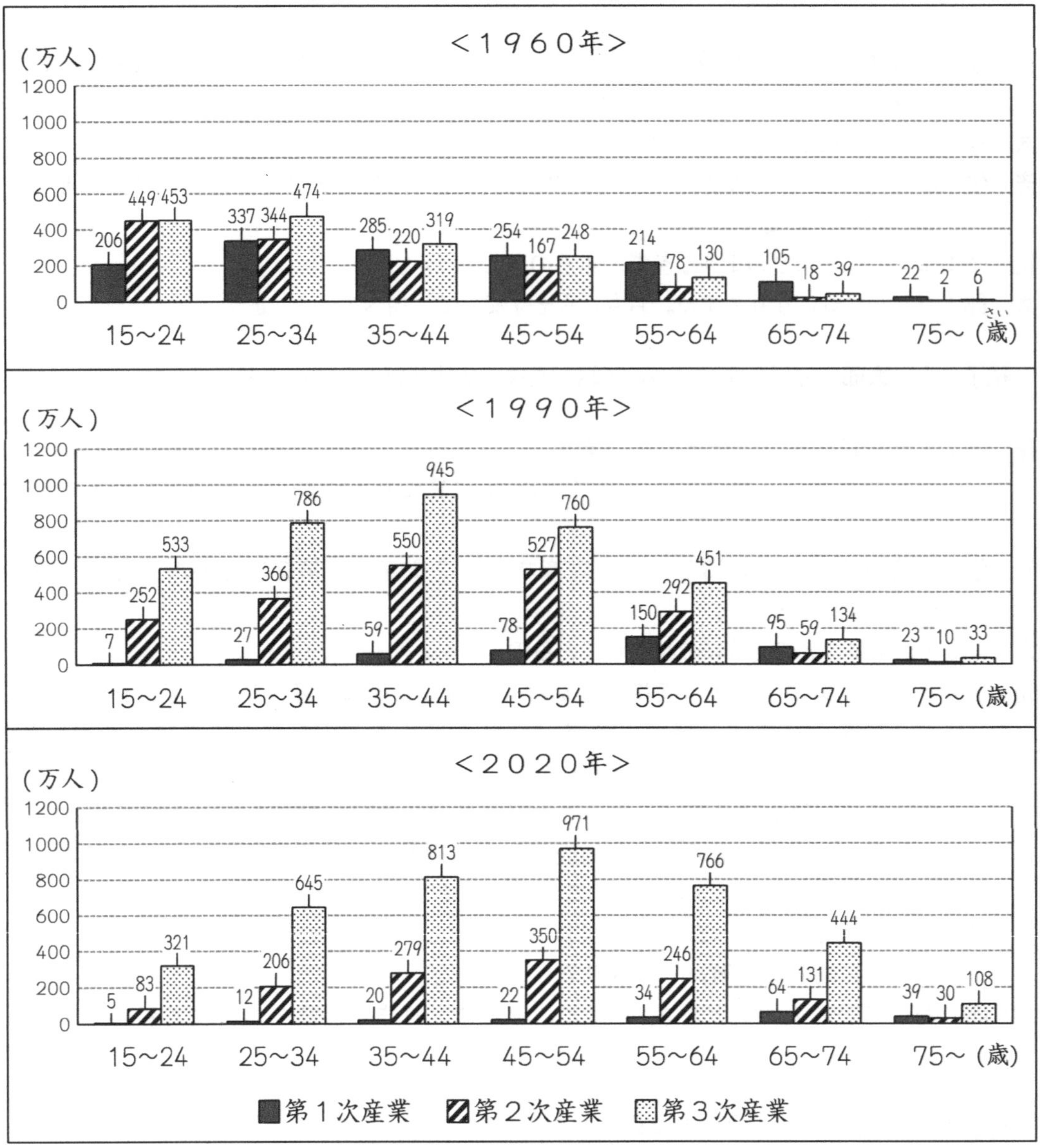

（国勢調査《こくせいちょうさ》より作成）

花　子：**図1**から、１９６０年、１９９０年、２０２０年で産業別の就業者数と就業者数の最も多い年齢層が変化していることが分かりますね。

太　郎：では、１９６０年、１９９０年、２０２０年を比べて、産業別の就業者数と就業者数の最も多い年齢層の変化の様子を読み取りましょう。

〔問題１〕　**太郎**さんは「１９６０年、１９９０年、２０２０年を比べて、産業別の就業者数と就業者数の最も多い年齢層の変化の様子を読み取りましょう。」と言っています。第２次産業、第３次産業のいずれか一つを選び、１９６０年、１９９０年、２０２０年における、産業別の就業者数と就業者数の最も多い年齢層がそれぞれどのように変化しているか、**図1**を参考にして説明しなさい。

太　郎：グラフを読み取ると、約６０年間の産業別の就業者数と年齢層ごとの就業者数の変化の様子がよく分かりましたね。

花　子：そうですね。ところで、第１次産業に就業している人が、自然に直接働きかけて食料などを得ること以外にも、取り組んでいる場合がありますよね。

太　郎：どういうことですか。

花　子：夏休みにりんご農園へ行ったとき、アップルパイの製造工場があったので見学しました。りんごの生産者がアップルパイを作ることに関わるだけでなく、完成したアップルパイを農園内のお店で販売していました。

先　生：たしかに、りんごを生産する第１次産業、そのりんごを原材料としたアップルパイの製造をする第２次産業、アップルパイの販売をする第３次産業と、同じ場所でそれぞれの産業の取り組みが全て見られますね。二人は、「６次産業化」という言葉を聞いたことはありますか。

太　郎：初めて聞きました。「６次産業化」とは何ですか。

先　生：「６次産業化」とは、第１次産業の生産者が、第２次産業である生産物の加工と、第３次産業である流通、販売、サービスに関わることによって、生産物の価値《かち》をさらに高めることを目指す取り組みです。「６次産業化」という言葉の「６」の数字は、第１次産業の「１」と第２次産業の「２」、そして第３次産業の「３」の全てを足し合わせたことが始まりです。

花　子：そうなのですね。生産物の価値を高めるのは、売り上げを増加させることが目的ですか。

先　生：第１次産業の生産者の売り上げを増加させ、収入《しゅうにゅう》を向上させることが目的です。

太　郎：つまり、「６次産業化」によって、売り上げが増加し、第１次産業の生産者の収入向上につながっているのですね。

先　生：農林水産省《のうりんすいさんしょう》のアンケート調査では、「６次産業化」を始める前と後を比べて、「６次産業化」に取り組んだ農家の約７割《わり》が、年間の売り上げが増えたと答えています。

花　子：どのような取り組みを行って、売り上げは増加したのでしょうか。私は夏休みにりんご農園へ行ったので、農業における「６次産業化」の取り組みをもっとくわしく調べてみたいです。

太　郎：では、「６次産業化」によって売り上げが増加した農家の事例について、調べてみましょう。

太郎さんと**花子**さんは農業における「６次産業化」の取り組み事例について調べて、**先生**に報告しました。

花　子：ゆず農家の取り組み事例がありました。

先　生：「６次産業化」の取り組みとして、ゆずの生産以外に、どのようなことをしているのですか。

太　郎：ゆずを加工して、ゆずポン酢《ず》などを生産し、販売しています。

先　生：売り上げを増加させるために、具体的にどのような取り組みを行っていましたか。

花　子：インターネットを用いて販売先を広げました。その結果、遠くに住んでいる人が、商品を購入《こうにゅう》することができるようになっています。また、地域《ちいき》の使われなくなっていた農地を活用することで、ゆずの生産を増加させています。使われなくなっていた農地を活用した結果、土地が荒《あ》れるのを防ぐことができ、地域の防災にも役立っています。

太　郎：農家の人たちだけでなく、消費者や地域の人たちなどの農家以外の人たちにとっても利点があるということが分かりました。他の農家の取り組みも調べてみたいです。

花　子：では、他の農家ではどのような取り組みをしているのか、調べてみましょう。

図2　花子さんが調べた「*養鶏《ようけい》農家」の取り組み事例

<table>
<tr><td>(生産部門)
卵《たまご》</td><td>(加工部門)
プリン、オムライスなど</td><td>(販売《はんばい》部門)
カフェとレストランでの提供《ていきょう》やインターネットを用いた通信販売</td></tr>
<tr><td colspan="3">＜具体的な取り組み＞
①カフェ事業を始めた結果、来客数が増加した。
②宿泊施設《しゅくはくしせつ》で宿泊者に対して、卵や地元の食材を活用した料理を提供している。
③飼育体験・お菓子《かし》作り体験・カフェ店員体験などを実施《じっし》している。</td></tr>
</table>

＊養鶏《ようけい》：卵《たまご》や肉をとるためにニワトリを飼うこと。

（農林水産省《のうりんすいさんしょう》ホームページなどより作成）

図3　太郎《たろう》さんが調べた「しいたけ農家」の取り組み事例

<table>
<tr><td>(生産部門)
しいたけ</td><td>(加工部門)
しいたけスープなど</td><td>(販売《はんばい》部門)
レストランでの提供《ていきょう》やインターネットを用いた通信販売</td></tr>
<tr><td colspan="3">＜具体的な取り組み＞
④色や形が不揃《ふぞろ》いで出荷《しゅっか》できず、捨《す》てていたしいたけを加工し、新たな商品やレストランのメニューなどを開発し、提供している。
⑤しいたけの加工工場見学などの新しい観光ルートを提案した結果、旅行客が増えた。
⑥地元の会社と協力して加工商品を開発し、販売している。</td></tr>
</table>

（農林水産省《のうりんすいさんしょう》ホームページなどより作成）

太　郎：さまざまな「６次産業化」の取り組みが、行われていることが分かりました。

花　子：「６次産業化」には、さまざまな利点があるのですね。

太　郎：そうですね。「６次産業化」は、これからの第１次産業を発展《はってん》させていく上で、参考になるかもしれませんね。

〔問題２〕　**花子**さんは「「６次産業化」には、さまざまな利点があるのですね。」と言っています。**図２**の①～③、**図３**の④～⑥の＜具体的な取り組み＞の中から一つずつ取り組みを選び、それらに共通する利点を答えなさい。なお、農家の人たちの立場と農家以外の人たちの立場から考え、それぞれ説明すること。

3　**花子**さんと**太郎**《たろう》さんが水滴《すいてき》について話をしています。

花　子：雨が降《ふ》った後、いろいろな種類の植物の葉に水滴がついていたよ。
太　郎：植物の種類によって、葉の上についていた水滴の形がちがったよ。なぜなのかな。
花　子：葉の形や面積と関係があるのかな。調べてみよう。

二人は、次のような**実験１**を行いました。

実験１

手順１　次の**ア**～**オ**の５種類の葉を、それぞれ１枚《まい》ずつ用意し、葉の形の写真をとる。

ア　アジサイ　**イ**　キンモクセイ　**ウ**　イチョウ　**エ**　ツバキ　**オ**　ブルーベリー

手順２　１枚の葉の面積を、**図１**のように方眼用紙を用いて求める。

手順３　それぞれの葉の表側に、約５ｃｍの高さからスポイトで水を４滴《てき》分たらす。そして、葉についた水滴を横から写真にとる。

図１　方眼用紙と葉

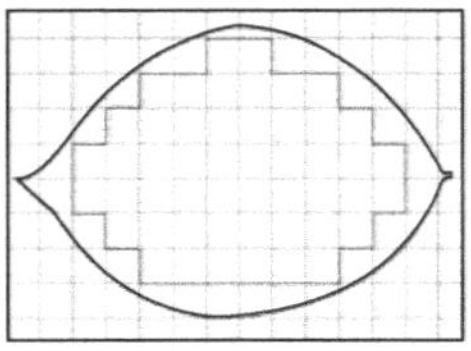

実験１の記録は、**表１**のようになりました。

表１　**実験１**の記録

	ア	**イ**	**ウ**	**エ**	**オ**
葉の形			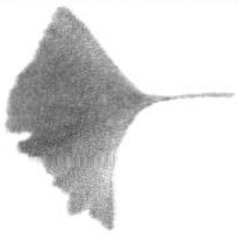		
葉の面積（ｃｍ^2）	１１１	２２	３６	１８	１７
水滴《すいてき》の写真	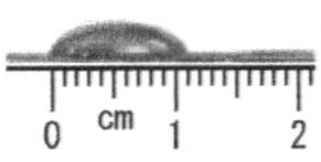	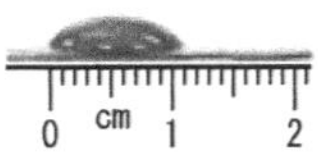	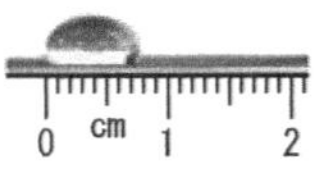	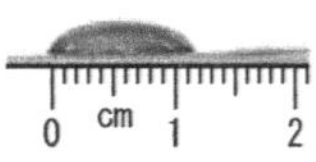	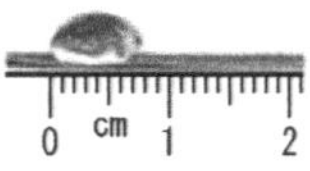

太　郎：ア～**オ**の中に、葉を少しかたむけると、水滴が転がりやすい葉と水滴が転がりにくい葉があったよ。
花　子：葉の上で水滴が転がりやすいと、葉から水が落ちやすいのかな。
太　郎：それを調べるために、葉の表側を水につけてから引き上げ、どれだけの量の水が葉についたままなのか調べてみよう。
花　子：葉についたままの水の量が分かりやすいように、葉は１０枚使うことにしましょう。

二人は、次のような**実験２**を行いました。

実験２

手順１　**実験１**の**ア**～**オ**の葉を、新しく１０枚ずつ用意し、１０枚の葉の重さをはかる。

手順２　**図２**のように、手順１で用意した葉の表側を１枚ずつ、容器に入った水につけてから引き上げ、水につけた後の１０枚の葉の重さをはかる。

手順３　手順１と手順２ではかった重さから、１０枚の葉についたままの水の量を求める。

図２　葉と水

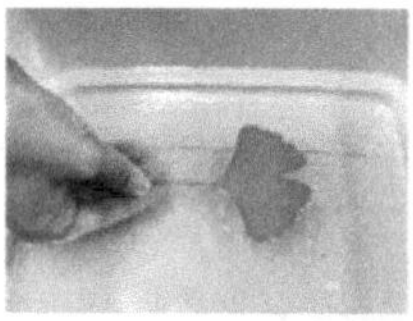

１０枚の葉についたままの水の量は、**表２**のようになりました。

表２　１０枚《まい》の葉についたままの水の量

	ア	イ	ウ	エ	オ
１０枚の葉についたままの水の量（g）	１１．６	２．１	０．６	１．８	０．４

太　郎：**表２**の１０枚の葉についたままの水の量を、少ないものから並《なら》べると、**オ**、**ウ**、**エ**、**イ**、**ア**の順になるね。だから、この順番で水滴が転がりやすいのかな。

花　子：**表１**の葉の面積についても考える必要があると思うよ。**表２**の１０枚の葉についたままの水の量を**表１**の葉の面積で割《わ》った値《あたい》は、**ア**と**イ**と**エ**では約０．１になり、**ウ**と**オ**では約０．０２になったよ。

太　郎：**表１**の水滴の写真から分かることもあるかもしれないね。

〔問題１〕（１）　**表１**と**表２**と会話文をもとに、水滴《すいてき》が転がりやすい葉１枚《まい》と水滴が転がりにくい葉１枚を選びます。もし**ア**の葉を選んだとすると、もう１枚はどの葉を選ぶとよいですか。**イ**、**ウ**、**エ**、**オ**の中から一つ記号で答えなさい。

（２）　**花子**さんは、「**表２**の１０枚の葉についたままの水の量を**表１**の葉の面積で割《わ》った値《あたい》は、**ア**と**イ**と**エ**では約０．１になり、**ウ**と**オ**では約０．０２になったよ。」と言いました。この発言と**表１**の水滴の写真をふまえて、水滴が転がりやすい葉か転がりにくい葉か、そのちがいをあなたはどのように判断したか説明しなさい。

太　郎：葉についた水滴《すいてき》について調べたけれど、汗《あせ》が水滴のようになることもあるね。

花　子：汗をかいた後、しばらくたつと、汗の水分はどこへいくのかな。

太　郎：服に吸収《きゅうしゅう》されると思うよ。ここにある木綿《もめん》でできたTシャツとポリエステルでできたTシャツを使って、それぞれの布について調べてみよう。

二人は、次のような**実験３**を行いました。

実験３

手順１　木綿でできたTシャツとポリエステルでできたTシャツから、同じ面積にした木綿の布３０枚《まい》とポリエステルの布３０枚を用意し、重さをはかる。水の中に入れ、引き上げてからそれぞれ重さをはかり、増えた重さを求める。

手順２　新たに手順１の布を用意し、スタンプ台の上に布を押《お》しあてて黒色のインクをつける。次に、インクをつけた布を紙の上に押しあてて、その紙を観察する。

手順３　新たに手順１の木綿の布３０枚とポリエステルの布３０枚を用意し、それぞれ平らに積み重ねて横から写真をとる。次に、それぞれに２kgのおもりをのせて、横から写真をとる。

実験３は、**表３**と**図３**、**図４**のようになりました。

表３　手順１の結果

	木綿《もめん》の布	ポリエステルの布
増えた重さ（g）	１４．１	２４．９

図３　手順２で観察した紙

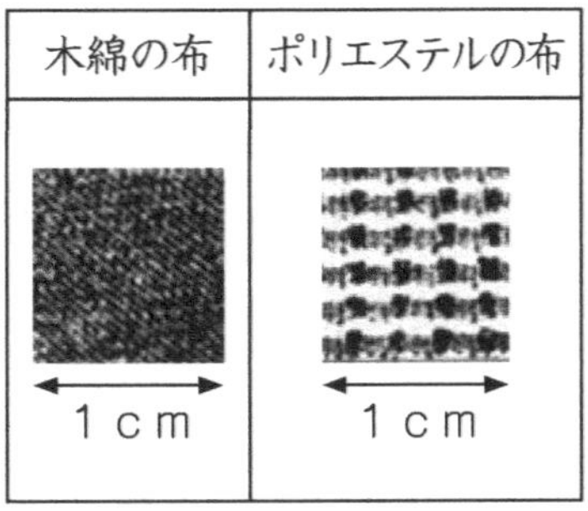

図４　手順３で布を積み重ねて横からとった写真

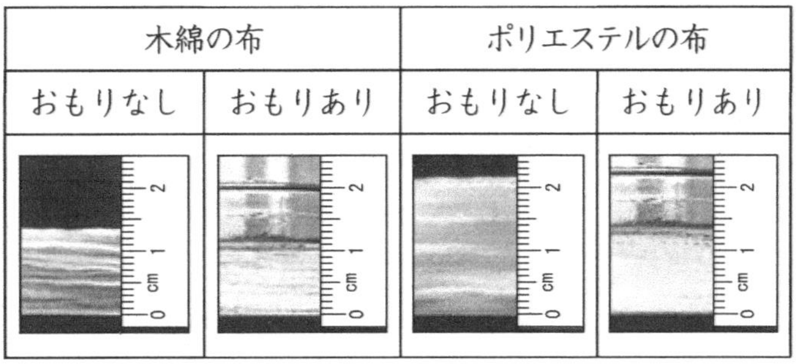

花　子：汗の水分は服に吸収されるだけではなく、蒸発《じょうはつ》もすると思うよ。

太　郎：水を通さないプラスチックの箱を使って、調べてみよう。

二人は、次のような**実験４**を行いました。

実験４

手順１　同じ布でできたシャツを３枚用意し、それぞれ水１５０ｇを吸収させ、プラスチックの箱の上にかぶせる。そして、箱とシャツの合計の重さをそれぞれはかる。

手順２　手順１のシャツとは別に、木綿でできたＴシャツとポリエステルでできたＴシャツを用意し、それぞれ重さをはかる。そして、**図５**のように、次の**カ**と**キ**と**ク**の状態をつくる。

図５　カとキとクの状態

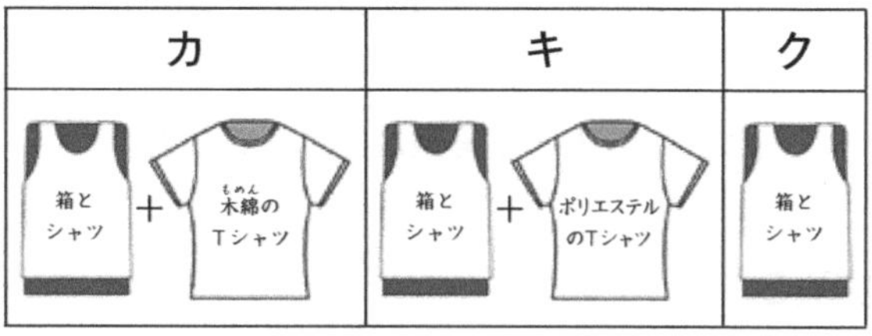

カ　箱とシャツの上に、木綿のＴシャツをかぶせた状態

キ　箱とシャツの上に、ポリエステルのＴシャツをかぶせた状態

ク　箱とシャツの上に何もかぶせない状態

手順３　手順２の**カ**と**キ**については、６０分後にそれぞれのＴシャツだけを取って、箱とシャツの合計の重さとＴシャツの重さをそれぞれはかる。手順２の**ク**については、６０分後に箱とシャツの合計の重さをはかる。

実験４の結果は、**表４**のようになりました。

表４　箱とシャツの合計の重さとＴシャツの重さ

	カ		キ		ク
	箱とシャツ	Ｔシャツ	箱とシャツ	Ｔシャツ	箱とシャツ
はじめの重さ　（ｇ）	1648.3	177.4	1648.3	131.5	1648.3
６０分後の重さ（ｇ）	1611	189.8	1602.4	150.3	1625.2

花　子：表４から、６０分たつと、箱とシャツの合計の重さは、**カ**では３７．３ｇ、**キ**では４５．９ｇ、**ク**では２３．１ｇ、それぞれ変化しているね。

太　郎：Ｔシャツの重さは、**カ**では１２．４ｇ、**キ**では１８．８ｇ、それぞれ変化しているよ。

〔問題２〕（１）**実験３**で用いたポリエステルの布の方が**実験３**で用いた木綿《もめん》の布に比べて水をより多く吸収《きゅうしゅう》するのはなぜですか。**図３**から考えられることと**図４**から考えられることをふまえて、説明しなさい。

（２）**実験４**の手順２の**カ**と**キ**と**ク**の中で、はじめから６０分後までの間に、箱とシャツの合計の重さが最も変化しているのは、**表４**から**キ**であると分かります。蒸発《じょうはつ》した水の量の求め方を説明し、**キ**が最も変化する理由を答えなさい。

適 性 検 査 Ⅲ

注　　意

1　問題は **1** から **2** までで、１２ページにわたって印刷してあります。

2　検査時間は**４５分**で、終わりは**午後０時３５分**です。

3　声を出して読んではいけません。

4　計算が必要なときは、この問題用紙の余白を利用しなさい。

5　答えは全て解答用紙に明確に記入し、**解答用紙だけを提出しなさい。**

6　答えを直すときは、きれいに消してから、新しい答えを書きなさい。

7　**受検番号**を解答用紙の決められたらんに記入しなさい。

東京都立白鷗高等学校附属中学校

問題は次のページからです。

1　**クリス**さん、**おうか**さん、**はつき**さんの３人がお楽しみ会のかざりつけについて、相談しています。

クリス：この間、図工の時間に見せてもらった、北ヨーロッパのかざり「ヒンメリ」はとてもきれいだったね。私《わたし》たちで、あれに似たかざりを作れないかな（**図１**）。

図１　北ヨーロッパのかざり「ヒンメリ」

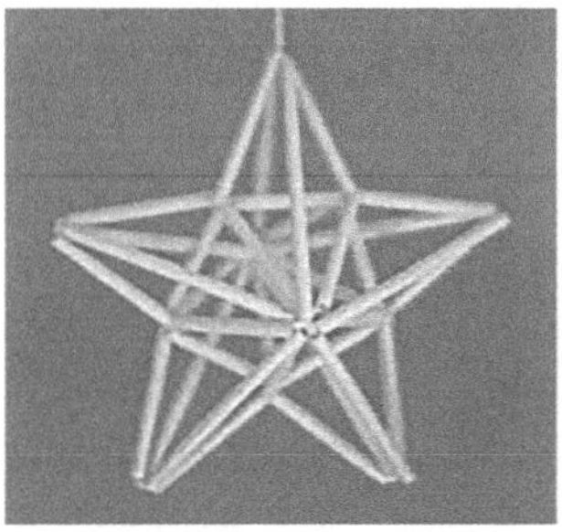

おうか：ストローとひもがあれば作れるよね。前回のお楽しみ会の残りがあったはずだよ。それを使って、「ヒンメリ」に似た立体のかざりを作ってみようよ。

はつき：私、以前、ストローとひもを使って、６個の四角の形で囲まれたさいころのような形をしたかざりを作ったよ（**図２**）。
同じ長さに切ったストロー１２本の内側に、１本のひもを通して、この１２本のストローをつないで作るんだ。ひもは、ストローの内側だけに通すんだよ。ストローに通す１本のひもは、立体ができたら結んで止めるから、最後は一つの頂点《ちょうてん》にひものはしとはしが来るように通さなくてはいけないよ。

図２　６個の四角の形で囲まれたさいころのような形をしたかざり

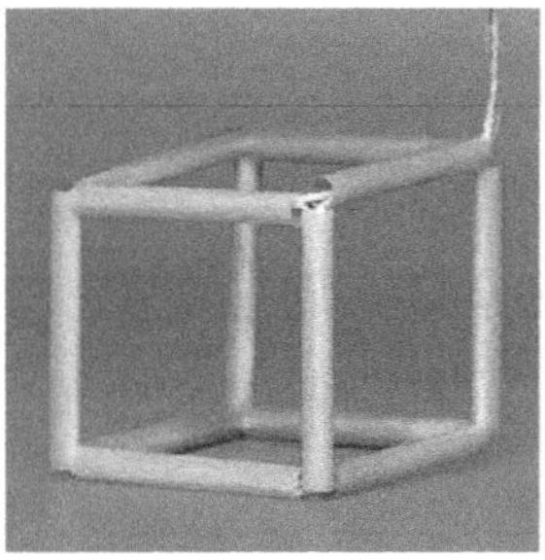

おうか：さいころというと立方体だけど、頂点というのはストローとストローのつなぎ目のところだよね。

はつき： そうだね。でも、ストローをひもでつないで作るから、頂点に集まるストローは完全にはくっつかないよね。立方体の面の部分も、空どうになっているよ。

おうか： 分かったよ。立方体の６個の面は空どうで、１辺が１本のストローでできている立体だね。

はつき： そうだよ。でも、これを作ったときは、この立体をぶら下げようと思って、ひもの結び目を持って持ち上げたら、立体がくずれてしまったよ（**図３**）。

図３　持ち上げたときに、**図２**の立体がくずれたところ

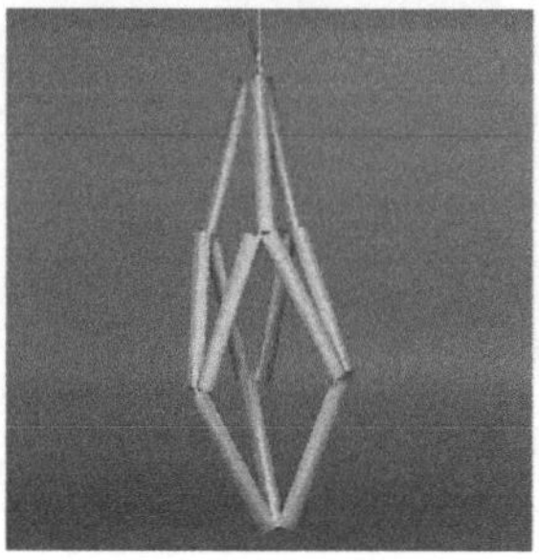

おうか： 四角の形の面でできた立体ではなく、三角の形の面でできた立体にすれば、くずれないかもしれないよ。かざりつけに使うにはくずれないことが大切だから、三角の形の面でできた立体を作ってみようよ。まず、ストローを同じ長さに切らないといけないね。何本必要かな。

クリス： 三角の形の面でできた立体といっても、たくさんありそうだよね。

おうか： 同じ長さに切るストローの数が、一番少なくて済《す》むのは、三角の形の面の数がいくつのときかな。

クリス： 三角の形の面の数が少ない方がいいけれども、面が２個でも３個でも立体はできないね。三角の形の面が４個なら、立体ができるよ。

おうか： ３本のストローで三角の形が１個作れて、面が４個だから、３かける４で１２本用意する必要があるね。

はつき： ちょっと待って。１２本は必要ないと思うよ。だって、１本のストローはとなり合う二つの三角の形の共通した辺になっているから、６本用意すれば大丈夫《だいじょうぶ》だよ。

クリス： そうだね。６本で作ってみるね。

数分後

クリス： 作れたよ。

はつき： でも、ひもが１回しか通っていないストローがあると、立体が安定せずに、ぐらぐらするね。

おうか： 全てのストローに２回ずつひもを通せば少し安定すると思うよ。
クリス： そうだね。６本のストロー全部に２回ずつひもを通して立体を作れば、今より安定しそうだね。やってみるよ。

数分後

クリス： できたよ。ひものはしとはしを結んでぶら下げてみようよ。ぐらぐらしないで、しっかりしているし、立体がくずれないね（**図4**）。

図4　三角の形の面が４個でできている立体をぶら下げたところ

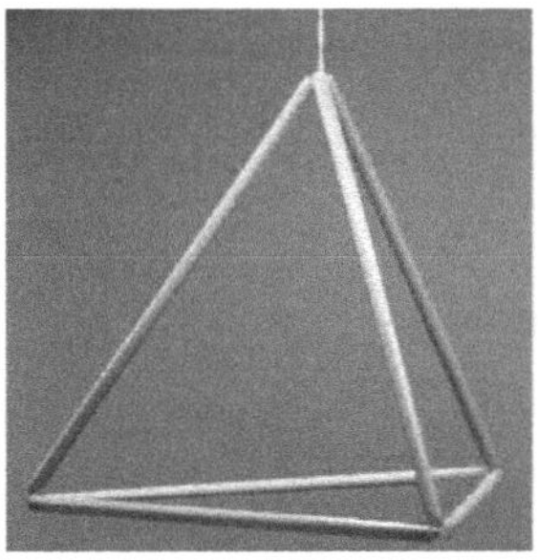

はつき： なかなかいいね。でも、ちがう形のかざりもほしいね。
おうか： そうだね。もっとたくさんの三角の形の面でできた立体を作ってみようよ。

数分後

クリス： 三角の形の面が６個でできている立体を作ってみたよ（**図5**）。

図5　三角の形の面が６個でできている立体

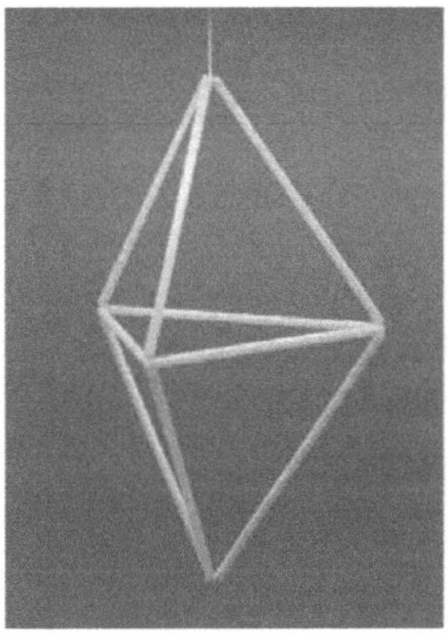

おうか： 立体の内側にも三角の形ができているよ。

クリス： あ、本当だ。でも、私たちはかざりつけのことを考えているから、完成した立体の外側にある三角の形の面のことだけを考えることにしようよ。

おうか： そうだね、そうしよう。

はつき： 次は三角の形の面が８個でできている立体を作ってみようよ。ストローは何本必要かな。

おうか： １２本かな。今残っているのは１８ｃｍのストローが４本と、１５０ｃｍのひもが１本だけだよ。ひもはなるべくむだにしないように、使わずに余るひもの長さは１０ｃｍ未満にしよう。立体の１辺を作るストローの長さは３ｃｍ以上にして、１本のストローには必ず２回ずつひもを通して、ぐらぐらしないしっかりとした立体を作ろう。

クリス： ちょっと待って。立体をぶら下げるために、全てのストローに２回ずつひもを通した後、最後に一つの頂点でひものはしとはしとを結ばないといけないから、ひもの両はしをそれぞれ４ｃｍずつストローから出すようにしよう。

はつき： そうしよう。ストローの長さを ［　ア　］ ｃｍにすると、使うひもの長さは、両はしの４ｃｍずつも加えて全部で ［　イ　］ ｃｍになって、使わないひもの長さは１０ｃｍ未満だね。

〔問題１〕 ［　ア　］ と ［　イ　］ に入る数字を答えなさい。ただし、ストローは０．１ｃｍ単位で切ることができ、１辺となるストローは全て同じ長さにする。また、ストローとストローのつなぎ目のひものたるみの長さは考えないものとする。

おうか： 三角の形の面が８個でできている立体をぶら下げてみよう（**図６**）。

はつき： 三角の形の面が４個でできている立体も、もう一度ぶら下げてみようよ（**図７**）。

図６　三角の形の面が８個でできている立体

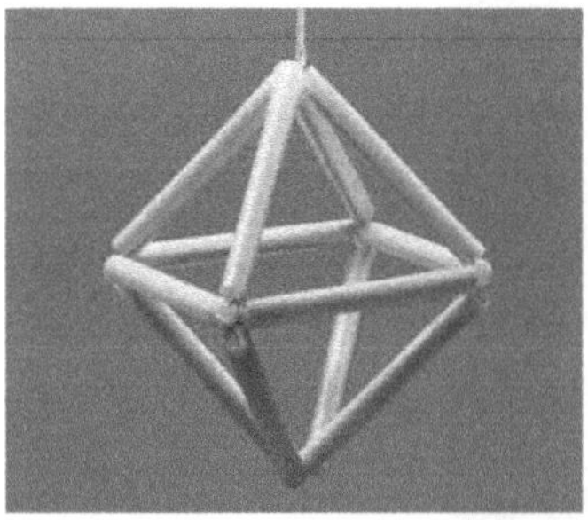

図７　三角の形の面が４個でできている立体

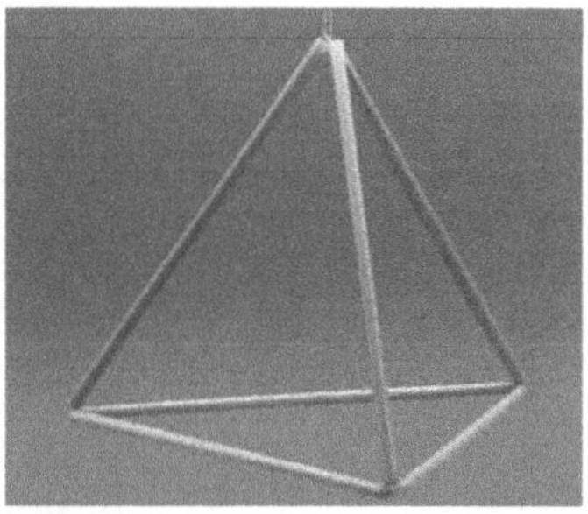

クリス：三角の形の面が４個でできている立体は、この位置から見ると、ストローが重なって、まるで３本のストローだけでできているように見えるよ（**図8**）。

図8　ストローが重なって、まるで３本のストローだけでできているように見えたところ

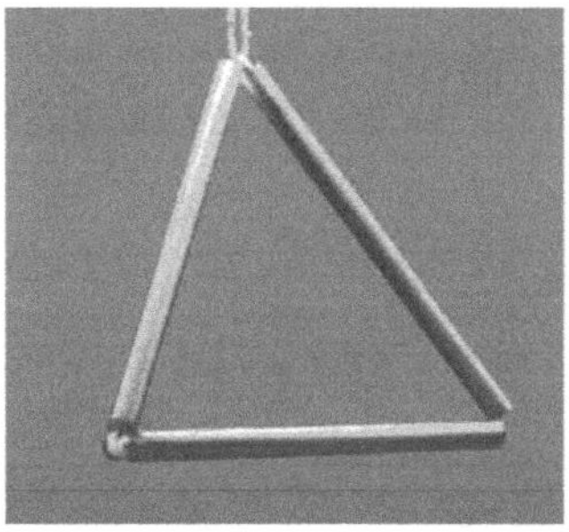

はつき：本当だ、おもしろいね。他にはどんな見え方があるのかな。

クリス：見る位置を変えると、三角の形の面が４個でできている立体は、まるで４本のストローだけでできているように見えたり、三角の形の面が８個でできている立体は、まるで８本のストローだけでできているように見えたりするね。

〔問題２〕　ストローが重なって、まるで３本のストローだけでできているように見えたところ（**図8**）は、ストローを直線でかき、ストローのつなぎ目を○でかくと右の<例>のようになる。この<例>のかき方にならって、下線部の、まるで４本のストローだけでできているように見えたところを、直線と○を使ってかきなさい。

<例>

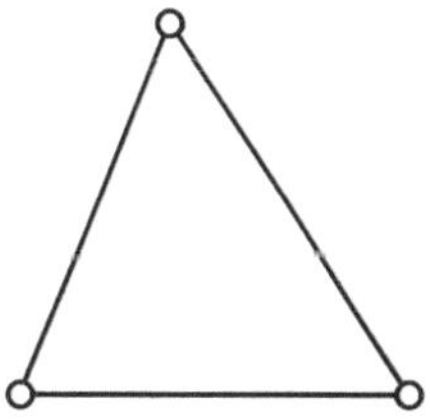

おうか：きれいなかざりにするために、立体の外側の全ての面に、それぞれ色のついたセロファンをはったらどうかな。赤色と緑色と黄色のセロファンなら余っているよ。

はつき：おもしろそうだね。やってみよう。きれいなかざりにするために、となり合う面が同じ色にならないようにはろうよ。

クリス：三角の形の面が４個でできている立体は、セロファンが３色だと、同じ色がとなり合わないようにははれないね。

おうか：三角の形の面が６個でできている立体なら、セロファンが３色でも同じ色がとなり合わないようにはれるよ。三角の形の面が８個でできている立体も同じ色がとなり合わないようにはれそうだね。

はつき：黄色のセロファンは少ししかないから、他の２色よりも黄色のセロファンをはる面の数が少なくなるようにして、どんなはり方をしたらいいか、一人ひとりで考えてみようよ。

クリス： そうだね。それなら、セロファンをはってかざりにするのは、三角の形の面が８個でできている立体にしよう。これから、セロファンをはる立体の展開図《てんかいず》を３枚かくから、それぞれ持ち帰って、セロファンの色と同じ色を展開図にぬって考えてみようよ。立体にしたときに、ぶら下げるためのひもがどこから出ているかが分かるように、ひももかきこんでおくよ（**図９**）。

図９　セロファンをはる立体の展開図《てんかいず》

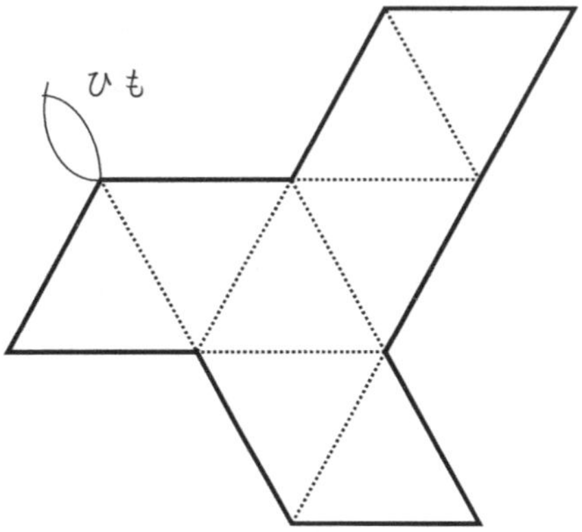

次の日学校で、３人はそれぞれ、色をぬった展開図を持って集まりました。

〔問題３〕　あなたも展開図を使って色のぬり方を考えなさい。その色のぬり方を、解答用紙の展開図の８個の三角形の中に、赤色をぬる面には「あ」、緑色をぬる面には「み」、黄色をぬる面には「き」と記入しなさい。また、そのとき、ぬった色の面の数をそれぞれ答えなさい。

ただし、三角の形のセロファンをはって立体としてかざったときに、次の**条件Ａ～条件Ｃ**の全てを満たすものとする。

条件Ａ　となり合う面はちがう色になっている。
条件Ｂ　赤色、緑色、黄色の３色全てを使う。
条件Ｃ　黄色は他の２色よりもはる面の数が少なくなっている。

1

解答用紙　適性検査Ⅰ

受検番号

※100点満点

得点
※

※のらんには記入しないこと

〔問題1〕20点

※

※

〔問題2〕20点

※

※

〔問題3〕60点

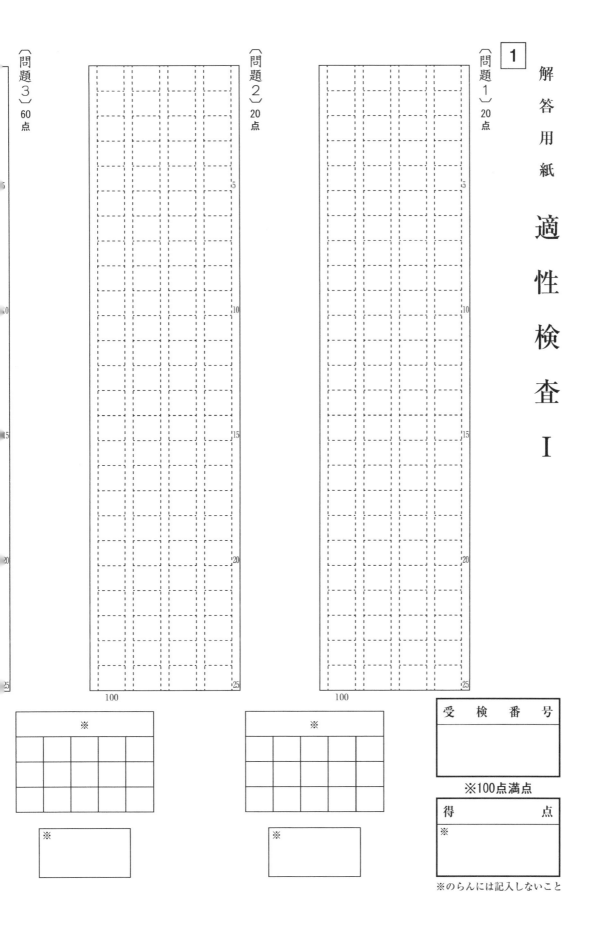

解答用紙　適性検査Ⅱ

※100点満点

受検番号

得点
※

※のらんには、記入しないこと

1

〔問題１〕 20点

〔道順〕

スタート　　　　　　　　　　　　　　　　　　倉庫

(　　　　) →　　　　　　　　　　　　　　　→ ケ

〔式と文章〕

※

〔問題２〕 20点

ヒント（え）：全ての電球の明かりが消えている状態で、

□ と □ と □ のスイッチをおしたあと、

明かりがついていたのは①と②の電球であった。

表５　太郎《たろう》さんと**花子**さんがさらに書きこんだ表

	①の電球	②の電球	③の電球	④の電球
Aのスイッチ	×	○	○	×
Bのスイッチ				
Cのスイッチ				
Dのスイッチ	×			
Eのスイッチ	○			

※

解答用紙　適性検査Ⅲ

※100点満点

受検番号	得点
	※

※のらんには、記入しないこと

1

〔問題１〕15点

ア		イ	

※

〔問題２〕15点

※

〔問題３〕20点

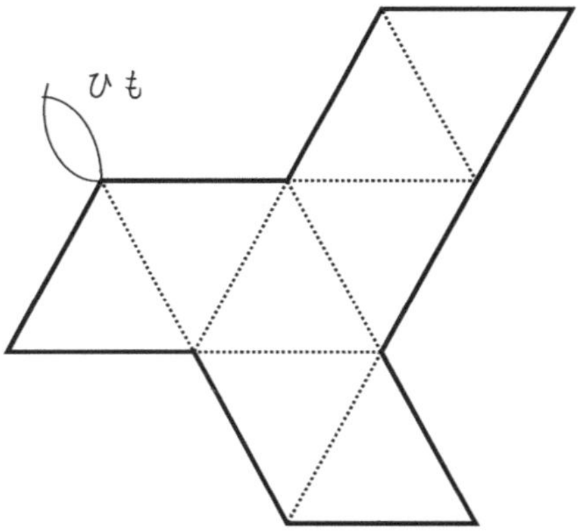

色	赤	緑	黄
ぬった色の面の数			

※

2

〔問題１〕15点

温度（℃）	時間（時間）
理由	

※

〔問題２〕15点

温度（℃）	時間（時間）
理由	

※

〔問題３〕20点

実験計画書

実験は令和４年６月２日（木）に開始し、以下の内容で行います。

実験	牛《ぎゅう》乳《にゅう》（g）	ヨーグルト（g）	温度（℃）	時間（時間）
1（基準）	４５０	５０		
2				
3				
4				
5				
6				
7				
8				

実験は令和４年［　　］月［　　］日（［　　］）に終わる予定です。

※

2

〔問題１〕15点

（選んだ一つを○で囲みなさい。）

第２次産業　　　第３次産業

※

〔問題２〕15点

（**図２**と**図３**から一つずつ選んで○で囲みなさい。）

図２：①　②　③　　　**図３**：④　⑤　⑥

〔農家の人たちの立場〕

〔農家以外の人たちの立場〕

※

3

〔問題１〕14点

（1）
（2）

※

〔問題２〕16点

（1）
（2）

※

（5　白鷗）

450　400　300　200　100

※									

※

2　**はつき**さん、**クリス**さん、**おうか**さんの３人が、**はつき**さんの家で話をしています。

はつき：家でもヨーグルトって作れるんだよ、みんな知ってるかな。私《わたし》、作ってみたんだ。食べてみて。

クリス：おいしいね。でも、お店で売っているヨーグルトとは少し味がちがうような気がするよ。

おうか：どうやって作ったの。

はつき：このヨーグルトメーカーを使って作ったよ（**図１**）。
買ってきたヨーグルトを少し牛乳《ぎゅうにゅう》に入れてよく混ぜ、ヨーグルトメーカーに入れるんだ。あとは温度と時間を設定して、スイッチを入れるだけだよ。

図１　ヨーグルトメーカーの写真

おうか：簡単《かんたん》にできそうだね。私も作ってみたいな。もしよかったら、ヨーグルトメーカーを貸してくれないかな。

はつき：いいよ、私の家にヨーグルトメーカーが２台あるから、貸してあげるよ。大きさは、１Ｌの牛乳パックより少し大きいくらいだから、持って行くこともできると思うよ。
クリスさんも作ってみようよ。

クリス：ありがとう。くわしい作り方を教えてよ。

はつき：最初に牛乳４５０ｇと買ってきたヨーグルト５０ｇを混ぜた後、ヨーグルトメーカーに全て入れるんだ。ヨーグルトメーカーの温度を４２℃、時間を９時間に設定すると、９時間後にできるよ。

クリス：ありがとう。作ってみるね。

数日後、３人は、**はつき**さんの家に集まり、話をしています。

クリス：ヨーグルトを作ってきたよ。食べてみて。

はつき：私が作ったヨーグルトと味がちがう気がする。

クリス：実は教えてもらった温度と時間を忘《わす》れてしまって、６０℃、８時間で作ったんだ。

おうか：ヨーグルトメーカーで設定する温度や時間がちがうと、こんなにちがうヨーグルトができるんだね。

はつき：温度や時間を変えて、いろいろためしてみようよ。

数日後、３人は、**はつき**さんの家に集まり、話をしています。

はつき：２５℃、８時間で作ってみたけれども、作ったものはヨーグルトと呼《よ》べない気がする。ヨーグルトのようなにおいがするけれども、ほとんど固まっていなかったんだ。

クリス：私は、３５℃、８時間で作ってみたら、ヨーグルトができたよ。ここに持ってきているよ。

おうか：このヨーグルトは、今までに作ったヨーグルトと比べて、何かちがっているのかな。

クリス：味もかたさも少しちがうような気がするよ。

おうか：食べるだけで味やかたさを比べるのは難《むずか》しいね。何か調べる方法はないかな。

はつき：おもりを使って、ヨーグルトのかたさを調べる方法はどうかな。

クリス：どうやってはかるの。

はつき：同じ形、同じ体積のおもりを使うんだ。例えば、厚さ２ｃｍの直方体を、木、プラスチック、アルミニウムの３種類の素材で用意するんだ。同じ体積だと、木が一番軽くて、次に軽いのはプラスチック、そして、アルミニウムが一番重いんだ。

クリス：なるほど、分かった。おもりをヨーグルトにのせたときに、そのおもりがしずむかどうかで、かたさをはかる方法だね。

はつき：そのとおりだよ。それぞれのおもりの下から１ｃｍのところに印をつけて、その印までしずむか、しずまないかでかたさを調べる方法にしよう。

おうか：よさそうな方法だね。ためしてみよう。ヨーグルトの味を調べるには、どうしたらいいかな。

クリス：牛乳がヨーグルトに変わるとすっぱくなるよね。すっぱさに注目したらどうかな。

おうか：そうだね。すっぱさをはかることができれば、ヨーグルトの味のちがいを調べられるかもしれない。すっぱさを調べる方法はないかな。

はつき：先生に相談してみよう。

次の日、３人は、学校で話をしています。

はつき： 先生から酸味をはかることができる測定紙について教えてもらったから、買ってみようよ。酸味はすっぱさを表すそうだよ。その測定紙をヨーグルトにつけて、変化した測定紙の色から、酸味を測定することができるんだ。

おうか： そうしたら、おもりと測定紙を使った二つの方法でヨーグルトを調べてみよう。

クリス： これまでためした温度や時間以外に、それぞれが考えた温度や時間でもヨーグルトを作れるか調べてみようよ。

３人はそれぞれ実験をして、実験結果を**表１**にまとめ、**はつき**さんの家で話をしています。

表１　実験結果

温度 （℃）	時間 （時間）	かたさ ○：しずまなかった ×：しずんだ [木]：木 [プ]：プラスチック [ア]：アルミニウム	酸味
２５	８	固まらず液体のままであったため、ヨーグルトはできていないと考えて、かたさは調べなかった	ない
３５	８	[木]○、[プ]○、[ア]×	少し強い
４０	４	[木]○、[プ]×、[ア]×	少し弱い
４０	６	[木]○、[プ]○、[ア]×	少し強い
４０	７	[木]○、[プ]○、[ア]×	少し強い
４０	８	[木]○、[プ]○、[ア]×	少し強い
４２	７	[木]○、[プ]○、[ア]×	少し強い
４２	９	[木]○、[プ]○、[ア]×	少し強い
５０	６	[木]○、[プ]○、[ア]×	弱い
６０	８	[木]○、[プ]○、[ア]×	ない

クリス：温度や時間を変えると、酸味やかたさが変わることが分かるね。

おうか：私は、酸味が少なくてやわらかいヨーグルトが好きだから、温度や時間を変えて、酸味が「少し弱い」以下で、これまでに作ったものよりもさらにやわらかい私好みのヨーグルトを作ってみようかな。

〔問題１〕　下線部のように、**おうか**さんは条件を変えて、**表１**にはない温度と時間で自分好みのヨーグルトを作るつもりである。**表１**を参考に、**おうか**さんはどのような温度と時間で実験するかを考え、その温度と時間を答えなさい。また、そのように考えた理由を**表１**の実験結果を用いて説明しなさい。

はつき：２５℃、８時間で作ったときは固まっていなかったね。これは、ヨーグルトって呼べるのかな。

クリス：ヨーグルトについて調べてみたけれども、日本では、ヨーグルトと呼ぶものの明確な決まりはないみたい。ヨーグルトをいくつか買ってきて、共通している点を調べてみたらどうかな。

おうか：そうだね。私が調べてくるよ。

数日後、３人は、**はつき**さんの家に集まり、話をしています。

おうか：調べてみたよ。家の近所のお店で売っていた５種類のヨーグルトについて調べてみたけれども、食べてみると全て酸味があったよ。測定紙で調べると「少し弱い」以上の酸味だった。かたさは、５種類全てのヨーグルトが、プラスチックをのせてもしずまなかったよ。

はつき：これからの実験では、測定紙で酸味が「少し弱い」以上で、プラスチックがしずまないかたさという二つの条件を満たすものをヨーグルトと呼ぶことにしよう。

クリス：そうすると、**表１**の中には、私たちがヨーグルトと呼ぶことができないものがあるね。

おうか：私好みのヨーグルトも、ここではヨーグルトとは呼べないね。

はつき：私たちがヨーグルトと呼べるものを必ず作ることができる温度と時間のはん囲がありそうだね。でも、**表１**の中の実験だけでは分からないね。そのはん囲を知るためには、さらにいくつかの温度と時間を設定して実験をする必要があるね。

〔問題２〕　波線部のように、これから行う必要がある実験では、温度と時間をどのように設定しますか。そのうちの一つを答えなさい。また、そのように考えた理由を**表１**の実験結果を用いて説明しなさい。

2023(R5) 白鷗高附属中
教英出版

おうか：そういえば、最初から牛乳の量に対して、買ってきたヨーグルトを加える割合《わりあい》を決めていたけれども、この割合を変えたらどうなるのかな。

はつき：割合を変えるとヨーグルトができる時間が変わったりしそうだね。

クリス：今度の学校の探究《たんきゅう》活動期間で、グループで探究テーマを決めて、活動をすることになっているけれども、私たちはこれをテーマにしたらどうかな。

はつき：いいね。私のヨーグルトメーカーを学校に持って行って、みんなで実験してみよう。

おうか：でも、ヨーグルトを作るには時間がかかるけれども、大丈夫《だいじょうぶ》かな。

はつき：探究活動期間なら、先生に言えば放課後にも実験できたよね。土曜日の放課後には学校に残れないし、日曜日には学校に入れないから、学校のスケジュールを確認《かくにん》して、実験計画を立てよう。先生に提出する「実験計画書」も作らないといけないね。

〔問題３〕 牛乳と買ってきたヨーグルトを加える割合を変化させることで、ヨーグルトのできる時間がどのように変化するかを確かめる実験を行いたい。次の「実験計画を立てるときの諸注意《しょちゅうい》」を守り、解答用紙の「実験計画書」を完成させなさい。

実験計画を立てるときの諸注意《しょちゅうい》

1　最初に、基準となる実験を**表１**の中から一つ選ぶこと。この基準をもとに、実験を計画し、ヨーグルトメーカーを使って実験を行うこと。

2　計画する実験は、基準となる実験をふくめ５種類以上、８種類以下で設定すること。

3　基準をふくめた全ての実験は、それぞれ３回ずつ行うこと。

4　実験は全て学校で行い、**表２**の探究《たんきゅう》活動期間の学校のスケジュールを確認《かくにん》して、登校してから下校するまでの時間で実験を行うこと。

5　準備と結果の確認は授業時間以外で行い、それぞれ１回１０分の時間がかかる。結果の確認は、実験が終わった後１５分以内に始められるように計画すること。ただし、給食・昼休み・そうじの時間は、事前に申し出れば準備や結果の確認もできる。

6　ヨーグルトメーカーは２台あり、それぞれ１日１回だけ使用できる。ヨーグルトメーカーで設定できる温度は１℃単位、時間は１時間単位で、とちゅうで実験をやめたり、条件を変えたりすることはできない。

7　１回の実験で使用する牛乳《ぎゅうにゅう》と買ってきたヨーグルトの量は、合計５００ｇにすること。

8　実験は令和４年６月２日（木）に始めるものとし、全ての実験を３回行ったうえで、最短で実験を終わらせることができる日を計画書に記入すること。

表２　探究《たんきゅう》活動期間の学校のスケジュール

<table>
<tr><th></th><th>月</th><th>火</th><th>水</th><th>木</th><th>金</th><th>土</th><th>日</th></tr>
<tr><td>登校</td><td colspan="2">7：50</td><td>7：50</td><td colspan="2">7：50</td><td>7：50</td><td rowspan="5"></td></tr>
<tr><td>午前の授業</td><td colspan="2">8：50
～
12：20</td><td>8：50
～
12：20</td><td colspan="2">8：50
～
12：20</td><td>8：50
～
11：25</td></tr>
<tr><td>給食・昼休み・そうじ</td><td colspan="2">12：20
～
13：10</td><td>12：20
～
13：10</td><td colspan="2">12：20
～
13：10</td><td rowspan="2"></td></tr>
<tr><td>午後の授業</td><td colspan="2">13：10
～
14：50</td><td>13：10
～
13：55</td><td colspan="2">13：10
～
14：50</td></tr>
<tr><td>下校</td><td colspan="2">16：10</td><td>16：10</td><td colspan="2">16：10</td><td>12：10</td></tr>
</table>

実験計画書

実験は令和４年６月２日（木）に開始し、以下の内容で行います。

実験	牛乳《ぎゅうにゅう》（g）	ヨーグルト（g）	温度（℃）	時間（時間）
1（基準）	450	50		
2				
3				
4				
5				
6				
7				
8				

実験は令和４年［　　］月［　　］日（［　　］）に終わる予定です。

④

適性検査Ⅰ

注意

1　問題は 1 のみで、**4ページ**にわたって印刷してあります。
2　検査時間は**四十五分**で、終わりは**午前九時四十五分**です。
3　声を出して読んではいけません。
4　答えは全て解答用紙に明確に記入し、**解答用紙だけを提出しなさい。**
5　答えを直すときは、きれいに消してから、新しい答えを書きなさい。
6　**受検番号**を解答用紙の決められたらんに記入しなさい。

東京都立白鷗高等学校附属中学校

教英出版

1

1～3ページの問題文は
著作権の関係上掲載しておりません。

〈問題1〉 資料A の、僕《ぼく》は、「正直、親切、笑顔《えがお》、今日もていねいに」を、二十年間、ずっと自分の理念にしています。 について、作者がこのように述べる理由を、本文の内容をふまえて、百字以内で説明しなさい。

ただし、一ますめから書き始め、記号（、や。や「」など）も字数に数えなさい。

〈問題2〉 資料B に、こうしたいま、自分の仕事力が世界に通用するように、「測りなおし」をする必要があるのではないかと僕は思います。 とありますが、それはどのようなことですか。本文の内容をふまえて、百字以内で説明しなさい。

ただし、一ますめから書き始め、記号（、や。や「」など）も字数に数えなさい。

〈問題3〉 資料A に、自分の理念をはっきり考えることが必要になると思います。 とあり、資料B に、専門性《せんもんせい》の高い知識や技量（スキル）、コミュニケーション能力がそれぞれに求められます。 とありますが、資料A と 資料B をふまえ、あなたはどういう自分になりたいですか。理由もあわせて書きなさい。そして、そんなあなた自身を相手に理解してもらうために、中学校でどのようなことを経験していきたいですか。

四百五十字以上五百字以内で具体的に書きなさい。

ただし、書き出しや改行などの空らん、記号（、や。や「」など）も字数に数えなさい。また、次の条件にしたがうこと。

条件 次の 一段落《だんらく》にまとめて書くこと

① 第一段落では、あなたはどういう自分になりたいか、理由もあわせてまとめる。

② 第二段落では、自分自身を相手に理解してもらうために、中学校でどのようなことを経験していきたいかについてまとめる。

【資料A】の文章
（松浦弥太郎『ほんとうの味方のつくりかた』）

【資料B】の文章
（松浦弥太郎『松浦弥太郎のハロー、ボンジュール、ニーハオ』）

適性検査Ⅱ

注　意

1　問題は **1** から **3** までで、**１２ページ**にわたって印刷してあります。

2　検査時間は**４５分**で、終わりは**午前１１時１０分**です。

3　声を出して読んではいけません。

4　計算が必要なときは、この問題用紙の余白を利用しなさい。

5　答えは全て解答用紙に明確に記入し、**解答用紙だけを提出しなさい。**

6　答えを直すときは、きれいに消してから、新しい答えを書きなさい。

7　**受検番号**を解答用紙の決められたらんに記入しなさい。

東京都立白鷗高等学校附属中学校

問題は次のページからです。

1　来週はクラス内でお楽しみ会をします。係である**花子**さんと**太郎**《たろう》さんは、お楽しみ会で渡《わた》すプレゼントの準備をしています。

花　子：プレゼントのお花のかざりができたよ。
太　郎：すてきだね。次は何を作ろうか。
花　子：モールで図形を作って、それを台紙にはったカードをいくつか作ろうよ。
太　郎：いいアイデアだね。カードのデザインはどうしようか。
花　子：わくわくするものがいいね。
太　郎：それならロケットはどうかな。デザインを考えてみるよ。

太郎さんは、**図1**のようなカードのデザインを考えました。花子さんと太郎さんは、モールを使って、**図2**のような図形を作り、それらを組み合わせて台紙にはり、**図3**のようなロケットのカードを作ることにしました。

図1　カードのデザイン

図2

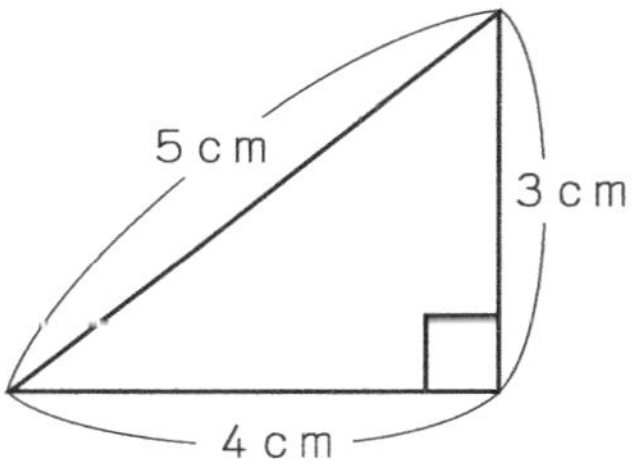

直角三角形

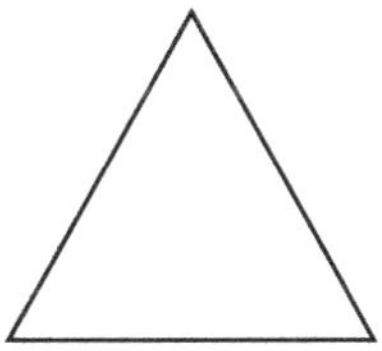

正三角形（1辺3 cm）

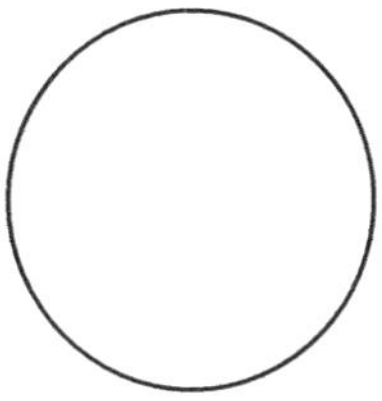

円（直径3 cm）

図3　カードのイメージ

花　子：１ｍの長さのモールが６本あるね。

太　郎：私《わたし》は１本のモールを切って、直角三角形を作るよ。

花　子：できるだけ多く作ってね。

太　郎：直角三角形が８個作れたよ。箱に入れておくね。

花　子：私は別の１本のモールを切って、正三角形をできるだけ多く作ったよ。できた正三角形も同じ箱に入れておくね。

太　郎：次は、円をできるだけ多く作ってみようかな。

花　子：でも１枚《まい》のカードを作るのに、円は１個しか使わないよ。

太　郎：それなら１本のモールから、直角三角形と正三角形と円を作ってみようかな。それぞれ３個ずつ作れそうだね。

花　子：それぞれ３個ずつ作る切り方だとモールの余りがもったいないよ。できるだけ余りの長さが短くなるような切り方にしよう。

太　郎：そうだね。残りのモール４本を切る前に、カードは何枚作れるか考えよう。

〔問題１〕　１ｍのモールが４本と箱の中の図形があります。４本のモールで**図２**の直角三角形と正三角形と円を作り、箱の中の図形と組み合わせて**図３**のカードを作ります。モールの余りをつなげて図形を作ることはできないこととします。できるだけ多く**図３**のカードを作るとき、以下の問いに答えなさい。

ただし、円周率は３．１４とし、モールの太さは考えないこととします。

（１）　４本のモールの余りの長さの合計を求めなさい。

（２）　箱の中の図形のほかに、直角三角形と正三角形と円はそれぞれ何個ずつ必要か求めなさい。そのとき、それぞれのモールからどの図形を何個ずつ切るか、文章で説明しなさい。

花子さんと太郎さんは、お花のかざりや**図3**のロケットのカードをふくめて6種類のプレゼントを作りました。

花　子：プレゼントをどのように選んでもらおうか。
太　郎：6種類あるから、さいころを使って決めてもらったらどうかな。
花　子：それはいいね。でも、さいころは別のゲームでも使うから、ちがう立体を使おうよ。
太　郎：正三角形を6個組み合わせてみたら、こんな立体ができたよ。それぞれの面に数字を書いてみるね。

太郎さんは**図4**のような立体を画用紙で作り、**1**から**6**までの数字をそれぞれの面に1個ずつ書きました。

図4　3方向から見た立体

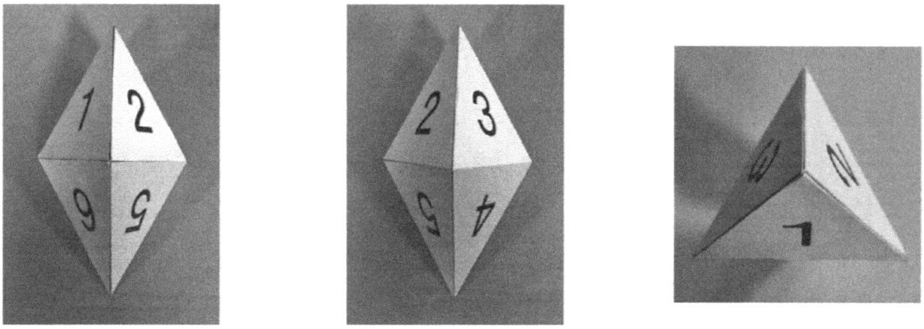

花　子：この立体を机《つくえ》の上で転がしてみよう。
太　郎：机に接する面は一つに決まるね。
花　子：転がし方が分かるように、画用紙に立体の面と同じ大きさの正三角形のマスをたくさん書いて、その上を転がしてみよう。

太郎さんは画用紙に**図5**のような正三角形のマスを書き、**図4**の立体の面が正三角形のマスと接するように置きました。置いた面の正三角形の1辺が動かないように立体を転がしてみると、あることに気づきました。

図5

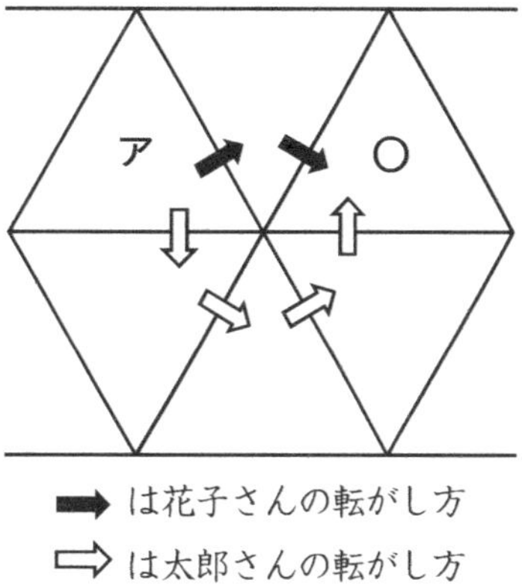

太　郎：立体の**1**の面が、**ア**のマスに数字と文字が同じ向きで接するように置いたよ。転がして**ア**から**○**のマスまで移動させてみよう。
花　子：私は2回転《ころ》がして**○**のマスまで移動させたよ。**○**のマスに接する面が**4**になったよ。
太　郎：私は4回転《ころ》がして移動させてみたけど、**○**のマスに接する面は**4**ではなかったよ。
花　子：転がし方を変えると同じマスへの移動でも、接する面の数字が変わるんだね。

太郎さんは画用紙に**図6**のような正三角形のマスを書きました。花子さんと太郎さんは、**図4**の立体を**イ**のマスから●のマスまでどのように転がすことができるか考えました。

図6

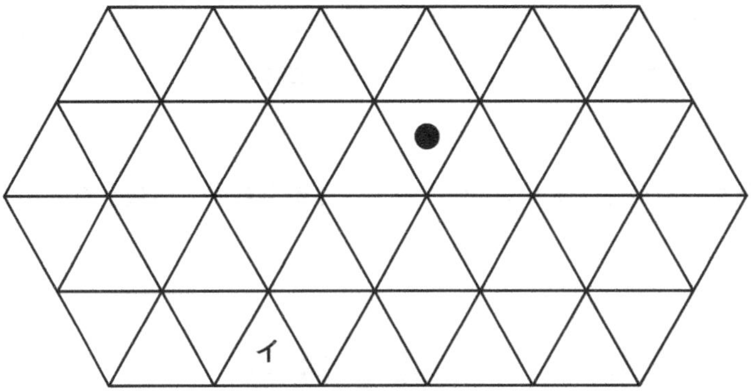

花　子：転がしているとき、一つ前のマスにはもどれないことにしよう。

太　郎：５回転《ころ》がすと、**イ**のマスから●のマスまで移動させることができたよ。

花　子：でも６回転《ころ》がして、**イ**のマスから●のマスまで移動させることはできなかったよ。

太　郎：けれど７回転《ころ》がしたら、**イ**のマスから●のマスまで移動させることができたよ。

花　子：５回の転がし方は１通りだけど、７回の転がし方は何通りかあるね。

太　郎：７回転《ころ》がしたら、●のマスに接する面の数字も何種類かありそうだから、●のマスに接する面の数字に応じて、プレゼントを決められるね。

花　子：でも、**イ**のマスに**１**の面を置いたとき、どのように転がしても●のマスに接しない面があるね。

太　郎：全ての面が●のマスに接するようにするには、くふうが必要だね。

〔問題２〕 **図4**の立体の**１**の面を、**図6**の**イ**のマスに数字と文字が同じ向きで接するように置きます。**図4**の立体を７回転《ころ》がして、**イ**のマスから●のマスまで移動させます。ただし、転がしているとき、一つ前のマスにはもどれないこととします。以下の問いに答えなさい。

（１） 転がし方はいくつかありますが、そのうちの１通りについて、マスに接する面の数字を順に書きなさい。

（２） **図4**の立体を７回転《ころ》がして、**イ**のマスから●のマスまで移動させたときに、●のマスに接する面の数字を全て書きなさい。

2　**花子**さんと**太郎《たろう》**さんは、休み時間に、給食の献立表《こんだてひょう》を見ながら話をしています。

花　子：今日の給食は何だろう。
太　郎：いわしのつみれ汁《じる》だよ。千葉県の郷土料理《きょうどりょうり》だね。郷土料理とは、それぞれの地域《ちいき》で、昔から親しまれてきた料理のことだと書いてあるよ。
花　子：千葉県の海沿《うみぞ》いでは、魚を使った郷土料理が食べられているんだね。日本は周囲を海に囲まれている国だから、他の地域でも、魚を使った郷土料理が食べられてきたのかな。
太　郎：そうかもしれないね。でも、毎日魚がとれたわけではないだろうし、大量にとれた日もあるだろうから、魚を保存《ほぞん》する必要があっただろうね。
花　子：それに、今とちがって冷蔵庫《れいぞうこ》や冷凍庫《れいとうこ》がなかったから、魚を保存するのに大変苦労したのではないかな。
太　郎：次の家庭科の時間に、日本の伝統的な食文化を調べることになっているから、さまざまな地域で、昔から親しまれてきた魚を使った料理と保存方法を調べてみよう。

花子さんと**太郎**さんは、家庭科の時間に、三つの地域の魚を使った料理と保存方法を調べ、**図1**にまとめました。

図1　花子さんと太郎《たろう》さんが調べた魚を使った料理と保存《ほぞん》方法の資料

①北海道小樽《おたる》市　料理名：サケのルイベ

サケのルイベ

サケ

材　　料：サケ
保存方法：内臓《ないぞう》をとり除《のぞ》いたサケを、切り身にして雪にうめた。サケを雪にうめて、こおらせることで、低い温度に保ち、傷《いた》みが進まないようにした。

②神奈川県小田原《おだわら》市　料理名：マアジのひもの

マアジのひもの

マアジ

材　　料：マアジ
保存方法：地元でとれるマアジを開き、空気がかわいた時期に、日光に当てて干《ほ》した。マアジを干すことで水分が少なくなり、傷みが進まないようにした。

③石川県金沢《かなざわ》市　料理名：ブリのかぶらずし

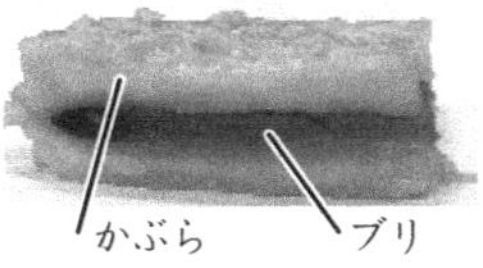

ブリのかぶらずし
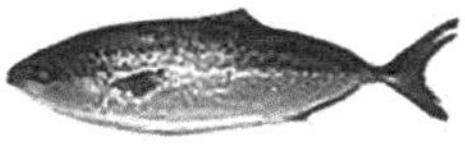
ブリ

材　　料：ブリ、かぶら（かぶ）、*1 甘酒《あまざけ》など
保存方法：かぶら（かぶ）でブリをはさみ、甘酒につけた。空気が冷たく、しめった時期に、甘酒につけることで*2 発酵《はっこう》をうながし、傷みが進まないようにした。

*の付いた言葉の説明
*1 甘酒《あまざけ》：米にこうじをまぜてつくる甘《あま》い飲み物。
*2 発酵《はっこう》：細菌《さいきん》などの働きで物質が変化すること。発酵は、気温0度以下では進みにくくなる。

（農林水産省《のうりんすいさんしょう》ホームページなどより作成）

花　子：どの料理に使われる魚も、冬に保存されているけれど、地域ごとに保存方法がちがうね。
太　郎：保存方法が異《こと》なるのは、地域の気候に関係しているからかな。
花　子：そうだね。では、**図１**の地域の気温と降水量《こうすいりょう》を調べてみよう。

花子さんと**太郎**さんは、**図１**の地域の月ごとの平均気温と降水量を調べました。

花　子：各地域の月ごとの平均気温と降水量をまとめてみると、**図２**のようになったよ。

図２　月ごとの平均気温と降水量《こうすいりょう》

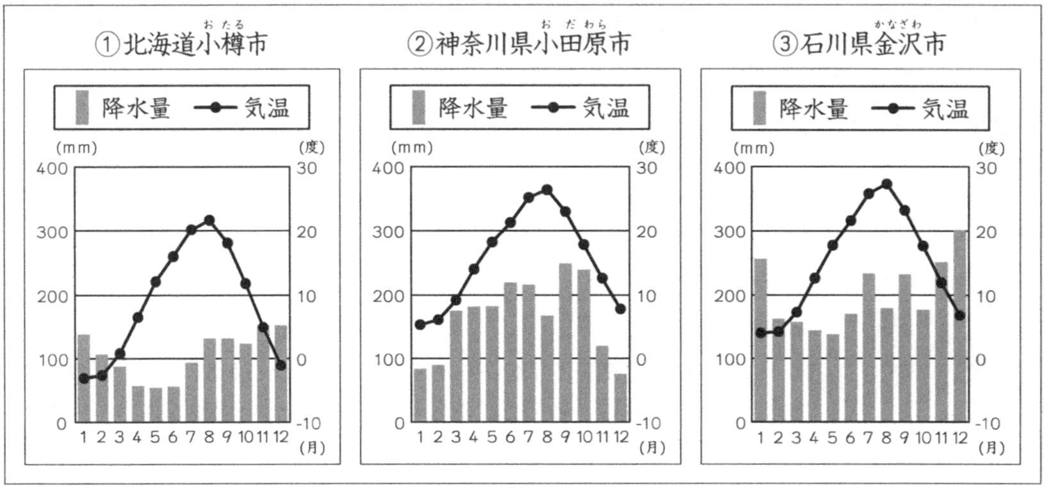

(気象庁《きしょうちょう》ホームページより作成)

太　郎：同じ月でも、地域によって平均気温や降水量がちがうし、同じ地域でも、月によって平均気温や降水量がちがうことが分かるね。
花　子：それぞれの地域で、月ごとの平均気温や降水量に適した保存方法が用いられているのだね。

〔問題１〕　花子さんは「それぞれの地域で、月ごとの平均気温や降水量に適した保存方法が用いられているのだね。」と言っています。**図１**の魚を使った料理は、それぞれどのような保存方法が用いられていますか。それらの保存方法が用いられている理由を、会話文を参考に、**図１**、**図２**と関連させて説明しなさい。

花子さんと**太郎**さんは、調べたことを**先生**に報告しました。

先　生：魚の保存方法と気温、降水量の関係についてよく調べましたね。

花　子：気温と降水量のちがいは、保存方法以外にも、郷土料理に影響《えいきょう》をあたえたのでしょうか。

先　生：では、次の資料を見てください。

図3　先生が示した地域《ちいき》

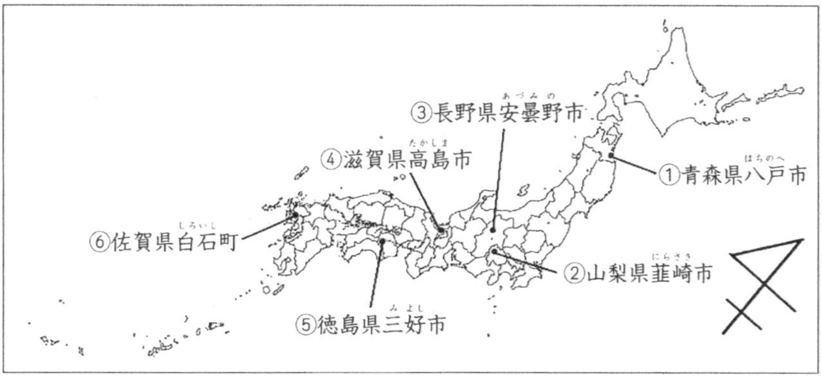

図4　先生が示した地域《ちいき》の郷土料理《きょうどりょうり》

①青森県八戸《はちのへ》市 せんべい汁の画像	せんべい汁《じる》：鶏肉《とりにく》でだしをとったスープに、小麦粉で作ったせんべいと、野菜を入れたなべ料理。	②山梨県韮崎《にらさき》市 ほうとうの画像	ほうとう：小麦粉で作っためんを、かぼちゃなどの野菜といっしょにみそで煮《に》こんだ料理。
③長野県安曇野《あづみの》市 手打ちそばの画像	手打ちそば：そば粉で作っためんを、特産品のわさびなどの薬味が入ったそばつゆにつけて食べる料理。	④滋賀県高島《たかしま》市 しょいめしの画像	しょいめし：野菜と千切りにした油《あぶら》揚《あ》げをしょうゆなどで煮て、そこに米を入れて炊《た》いた料理。
⑤徳島県三好《みよし》市 そば米雑すいの画像	そば米雑《ごめぞう》すい：米の代わりに、そばの実を塩ゆでし、からをむき、かんそうさせて、山菜などと煮こんだ料理。	⑥佐賀県白石《しろいし》町 すこずしの画像	すこずし：炊いた米に酢《す》などで味付けし、その上に野菜のみじん切りなどをのせた料理。

（農林水産省《のうりんすいさんしょう》ホームページなどより作成）

太　郎：先生が示された郷土料理の主な食材に注目すると、それぞれ米、小麦、そばのいずれかが活用されていることが分かりました。保存方法だけではなく、食材のちがいにも、気温と降水量が関係しているということでしょうか。

先　生：地形、標高、水はけ、土の種類など、さまざまな要因がありますが、気温と降水量も大きく関係しています。米、小麦、そばを考えるなら、その地域の年平均気温と年間降水量に着目する必要があります。

花　子：では、今度は月ごとではなく、それぞれの地域の年平均気温と年間降水量を調べてみます。

花子さんと**太郎**さんは**先生**が**図３**で示した地域の年平均気温と年間降水量を調べ、**表１**にまとめました。

表１　花子さんと太郎《たろう》さんが調べた地域《ちいき》の年平均気温と年間降水量《こうすいりょう》

	年平均気温（度）	年間降水量（㎜）
① 青森県八戸《はちのへ》市	10.5	1045
② 山梨県韮崎《にらさき》市	13.8	1213
③ 長野県安曇野《あづみの》市	9.6	1889
④ 滋賀県高島《たかしま》市	14.1	1947
⑤ 徳島県三好《みよし》市	12.3	2437
⑥ 佐賀県白石《しろいし》町	16.1	1823

（気象庁《きしょうちょう》ホームページより作成）

先　生：よく調べましたね。

太　郎：ですが、**表１**では、**図４**の主な食材との関係が分かりにくいです。

花　子：そうですね。年平均気温が高い地域と低い地域、年間降水量が多い地域と少ない地域を、さらに分かりやすく表したいのですが、どうすればよいですか。

先　生：縦軸《たてじく》を年平均気温、横軸《よこじく》を年間降水量とした図を作成してみましょう。**表１**の地域の年平均気温と年間降水量をそれぞれ図に示し、主な食材が同じものを丸で囲んでみると、**図５**のようになります。

太　郎：**図４**と**図５**を見ると、主な食材と年平均気温や年間降水量との関係が見て取れますね。

花　子：そうですね。他の主な食材についても調べてみると面白そうですね。

図５　先生が示した図

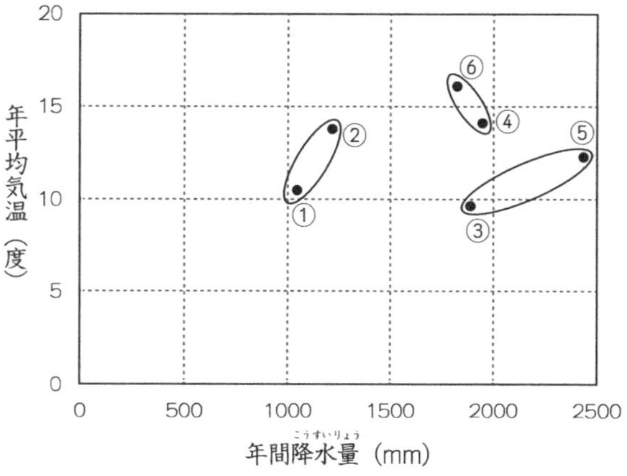

〔問題２〕　太郎さんは「**図４**と**図５**を見ると、主な食材と年平均気温や年間降水量との関係が見て取れますね。」と言っています。**図４**の郷土料理の中で主な食材である米、小麦、そばから二つを選びなさい。選んだ二つの食材がとれる地域の年平均気温、年間降水量を比べながら、それらの地域の年平均気温、年間降水量がそれぞれ選んだ食材とどのように関係しているのか、**図５**と会話文を参考にし、説明しなさい。

3　**花子**さん、**太郎《たろう》**さん、**先生**が石けんと洗剤《せんざい》について話をしています。

花　子：家でカレーライスを食べた後、すぐにお皿を洗《あら》わなかったので、カレーのよごれを落としにくかったよ。食べた後に、お皿を水につけておくとよかったのかな。

太　郎：カレーのよごれを落としやすくするために、お皿を水だけにつけておくより、水に石けんやいろいろな種類の洗剤を入れてつけておく方がよいのかな。調べてみたいな。

先　生：それを調べるには、**図1**のようなスポイトを用いるとよいです。スポイトは液体ごとに別のものを使うようにしましょう。同じ種類の液体であれば、このスポイトから液体をたらすと、1滴《てき》の重さは同じです。

図1　スポイト

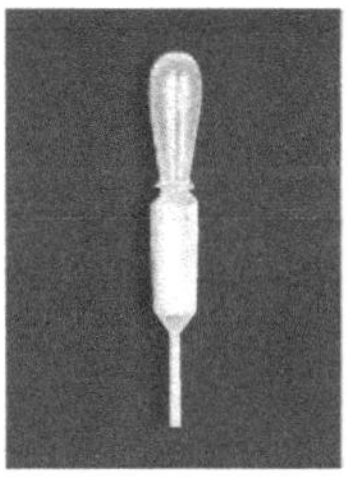

二人は、先生のアドバイスを受けながら、次のような**実験1**を行いました。

実験1

手順1　カレールウをお湯で溶《と》かした液体を、**図2**のようにスライドガラスにスポイトで4滴たらしたものをいくつか用意し、12時間おく。

図2　スライドガラス

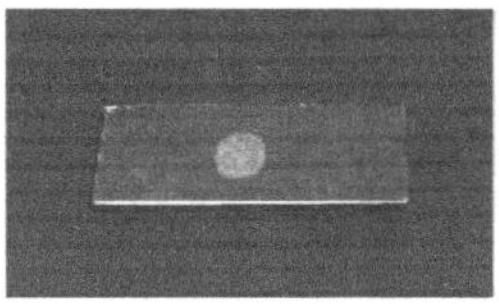

手順2　水100gが入ったビーカーを4個用意する。1個は水だけのビーカーとする。残りの3個には、スポイトを使って次の**ア**～**ウ**をそれぞれ10滴たらし、ビーカーの中身をよくかき混ぜ、液体**ア**、液体**イ**、液体**ウ**とする。

ア　液体石けん　　**イ**　台所用の液体洗剤　　**ウ**　食器洗い機用の液体洗剤

手順3　手順1で用意したスライドガラスを、手順2で用意したそれぞれの液体に、**図3**のように1枚《まい》ずつ入れ、5分間つけておく。

手順4　スライドガラスを取り出し、その表面を観察し、記録する。

手順5　観察したスライドガラスを再び同じ液体に入れ、さらに55分間待った後、手順4のように表面を観察し、記録する。

図3　つけておく様子

実験1の記録は、**表1**のようになりました。

表1　スライドガラスの表面を観察した記録

	水だけ	液体**ア**	液体**イ**	液体**ウ**
5分後	よごれがかなり見える。	よごれがほぼ見えない。	よごれが少し見える。	よごれがほぼ見えない。
60分後	よごれが少し見える。	よごれが見えない。	よごれが見えない。	よごれが見えない。

花　子：よごれが見えなくなれば、カレーのよごれが落ちているといえるのかな。

先　生：カレーのよごれには色がついているものだけでなく、でんぷんもふくまれます。

太　郎： でんぷんのよごれを落とすことができたか調べるために、ヨウ素液が使えるね。

先　生： けんび鏡で観察すると、でんぷんの粒《つぶ》を数えることができます。でんぷんのよごれの程度を、でんぷんの粒の数で考えるとよいです。

二人は、先生のアドバイスを受けながら、次のような**実験２**を行いました。

実験２

手順１　**実験１**の手順１と同様に、カレーがついたスライドガラスを新たにいくつか用意する。その１枚にヨウ素液を１滴たらし、けんび鏡を用いて１５０倍で観察する。**図４**のように接眼レンズを通して見えたでんぷんの粒の数を、液体につける前の粒の数とする。

図４　でんぷんの粒《つぶ》

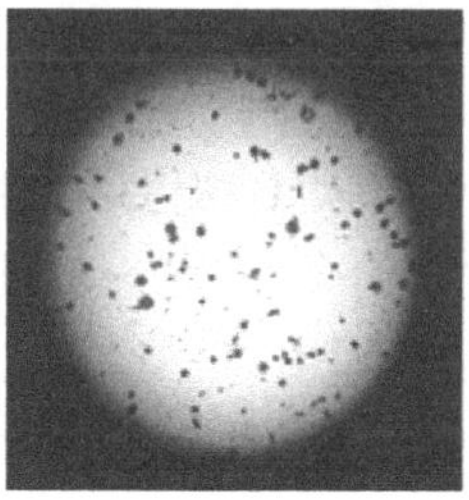

手順２　手順１で用意したスライドガラスについて、**実験１**の手順２～３を行う。そして、手順１のように観察し、それぞれのでんぷんの粒の数を５分後の粒の数として記録する。

手順３　手順２で観察したそれぞれのスライドガラスを再び同じ液体に入れ、さらに５５分間待った後、手順２のようにでんぷんの粒の数を記録する。

実験２の記録は、**表２**のようになりました。

表２　接眼レンズを通して見えたでんぷんの粒《つぶ》の数

	水だけ	液体**ア**	液体**イ**	液体**ウ**
５分後の粒の数（粒）	８０４	６３２	５０４	４７６
６０分後の粒の数（粒）	４８４	８２	６８	１６６

花　子： 手順１で、液体につける前の粒の数は１７７２粒だったよ。

先　生： どのスライドガラスも液体につける前の粒の数は１７７２粒としましょう。

太　郎： ５分後と６０分後を比べると、液体**ウ**より水だけの方が粒の数が減少しているね。

〔問題１〕（１）　よごれとして、色がついているよごれとでんぷんのよごれを考えます。**実験１**と**実験２**において、５分間液体につけておくとき、よごれを落とすために最もよいと考えられるものを液体**ア**～**ウ**から一つ選びなさい。また、その理由を、**実験１**と**実験２**をもとに書きなさい。

（２）　**実験２**において、５分後から６０分後までについて考えます。水だけの場合よりも液体**ウ**の場合の方が、でんぷんのよごれの程度をより変化させたと考えることもできます。なぜそう考えることができるのかを、**実験２**をもとに文章を使って説明しなさい。

花　子：台所にこぼしたサラダ油を綿のふきんでふき取ったのだけれど、ふきんから油を落とすために洗剤《せんざい》の量をどれぐらいにするとよいのかな。

太　郎：洗剤の量を多くすればするほど、油をより多く落とすことができると思うよ。

先　生：**図1**のようなスポイトを用いて、水に入れる洗剤の量を増やしていくことで、落とすことができる油の量を調べることができます。

二人は、次のような**実験3**を行い、サラダ油５ｇに対して洗剤の量を増やしたときに、落とすことができる油の量がどのように変化するのか調べました。

実験3

手順1　２０．６ｇの綿のふきんに、サラダ油５ｇをしみこませたものをいくつか用意する。

手順2　**図5**のような容器に水1kgを入れ、洗剤を**図1**のスポイトで４滴《てき》たらす。そこに、手順1で用意したサラダ油をしみこませたふきんを入れる。容器のふたを閉《し》め、上下に５０回ふる。

図5　容器

手順3　容器からふきんを取り出し、手でしぼる。容器に残った液体を外へ流し、容器に新しい水1kgを入れ、しぼった後のふきんを入れる。容器のふたを閉め、上下に５０回ふる。

手順4　容器からふきんを取り出し、よくしぼる。ふきんを日かげの風通しのよいところで２４時間おき、乾燥《かんそう》させる。乾燥させた後のふきんの重さを電子てんびんではかる。

手順5　手順1～4について、**図1**のスポイトでたらす洗剤の量を変化させて、乾燥させた後のふきんの重さを調べる。

実験3の結果は、**表3**のようになりました。

表3　洗剤《せんざい》の量と乾燥《かんそう》させた後のふきんの重さ

洗剤の量（滴《てき》）	４	８	１２	１６	２０	２４	２８	３２	３６	４０
ふきんの重さ（ｇ）	24.9	24.6	23.5	23.5	23.0	22.8	23.8	23.8	23.8	23.9

花　子：調理の後、フライパンに少しの油が残っていたよ。少しの油を落とすために、最低どのくらい洗剤の量が必要なのか、調べてみたいな。

太　郎：洗剤の量をなるべく減らすことができると、自然環境《かんきょう》を守ることになるね。洗剤に水を加えてうすめていって、調べてみよう。

先　生：洗剤に水を加えてうすめた液体をつくり、そこに油をたらしてかき混ぜた後、液体の上部に油が見えなくなったら、油が落ちたと考えることにします。

二人は、次のような**実験４**を行いました。

実験４

手順１　ビーカーに洗剤１ｇと水１９ｇを加えて２０ｇの液体をつくり、よくかき混ぜる。この液体を液体Ａとする。液体Ａを半分に分けた１０ｇを取り出し、試験管**Ａ**に入れる。液体Ａの残り半分である１０ｇは、ビーカーに入れたままにしておく。

手順２　手順１でビーカーに入れたままにしておいた液体Ａ１０ｇに水１０ｇを加えて２０ｇにし、よくかき混ぜる。これを液体Ｂとする。液体Ｂの半分を試験管**Ｂ**に入れる。

手順３　ビーカーに残った液体Ｂ１０ｇに、さらに水１０ｇを加えて２０ｇとし、よくかき混ぜる。これを液体Ｃとする。液体Ｃの半分を試験管**Ｃ**に入れる。

手順４　同様に手順３をくり返し、試験管**Ｄ**、試験管**Ｅ**、試験管**Ｆ**、試験管**Ｇ**を用意する。

手順５　試験管**Ａ～Ｇ**に**図１**のスポイトでそれぞれサラダ油を１滴入れる。ゴム栓《せん》をして試験管**Ａ～Ｇ**を１０回ふる。試験管をしばらく置いておき、それぞれの試験管の液体の上部にサラダ油が見えるか観察する。

手順６　もし、液体の上部にサラダ油が見えなかったときは、もう一度手順５を行う。もし、液体の上部にサラダ油が見えたときは、そのときまでに試験管にサラダ油を何滴入れたか記録する。

実験４の記録は、**表４**のようになりました。

表４　加えたサラダ油の量

	試験管**Ａ**	試験管**Ｂ**	試験管**Ｃ**	試験管**Ｄ**	試験管**Ｅ**	試験管**Ｆ**	試験管**Ｇ**
サラダ油の量（滴《てき》）	５９	４１	３８	１７	５	１	１

〔問題２〕（１）　太郎さんは、「洗剤の量を多くすればするほど、油をより多く落とすことができると思うよ。」と予想しました。その予想が正しくないことを、**実験３**の結果を用いて説明しなさい。

（２）　フライパンに残っていたサラダ油０．４ｇについて考えます。新たに用意した**実験４**の試験管**Ａ～Ｇ**の液体１０ｇに、サラダ油０．４ｇをそれぞれ加えて１０回ふります。その後、液体の上部にサラダ油が見えなくなるものを、試験管**Ａ～Ｇ**からすべて書きなさい。また、**実験４**から、サラダ油０．４ｇを落とすために、**図１**のスポイトを用いて洗剤は最低何滴《てき》必要ですか。整数で答えなさい。

ただし、**図１**のスポイトを用いると、サラダ油１００滴の重さは２．５ｇ、洗剤１００滴の重さは２ｇであるものとします。

適 性 検 査 Ⅲ

注　　意

1　問題は **1** から **2** までで、１２ページにわたって印刷してあります。

2　検査時間は**４５分**で、終わりは**午後０時３５分**です。

3　声を出して読んではいけません。

4　計算が必要なときは、この問題用紙の余白を利用しなさい。

5　答えは全て解答用紙に明確に記入し、**解答用紙だけを提出しなさい。**

6　答えを直すときは、きれいに消してから、新しい答えを書きなさい。

7　**受検番号**を解答用紙の決められたらんに記入しなさい。

東京都立白鷗高等学校附属中学校

問題は次のページからです。

1　**はじめ**さん、**クリス**さん、**おうき**さんの３人が教室で話をしています。

はじめ：今日の全校集会での校長先生のお話にはおどろいたね。
クリス：私《わたし》たちが今通っているこの校舎が建てかわるって話だよね。
おうき：どんな校舎になるのかな、わくわくするね。校庭は広くなるのかな。
はじめ：校庭が広くなって、観客席があったりすると、運動会などの行事も盛《も》り上がりそうだね。
クリス：運動会といえば、リレーをする時に２００ｍのトラックを走るけど、トラックの形っていろいろあるよね。
おうき：トラックって、陸上競技で走る場所のことだよね。
はじめ：そうだよ。今の学校のトラックは長方形の両側に半円を組み合わせた形だね。分かりやすくちょっと図を書いてみたよ（**図１**）。
クリス：図にすると分かりやすいね。このトラックの外周が走るところだね。

図１

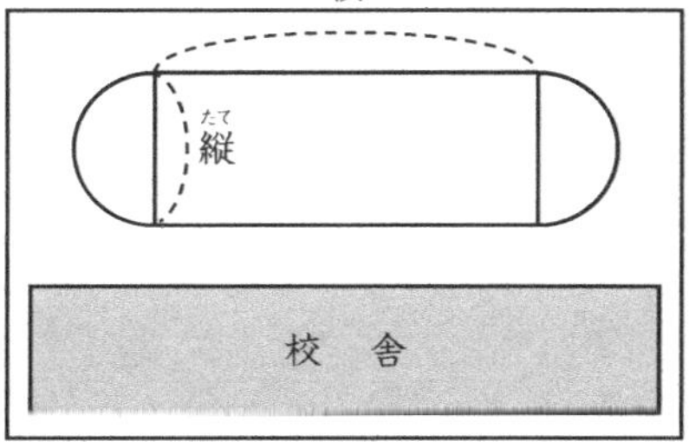

はじめ：今のトラックの形だと、長方形の縦《たて》の長さ、つまり半円の部分の直径が短すぎて曲がるのが大変なんだ。例えば校舎の建て方を変えると、観客席も作れるし、走りやすいトラックも作れると思うな。書いてみるとこんなふうになるよ（**図２**）。

図２

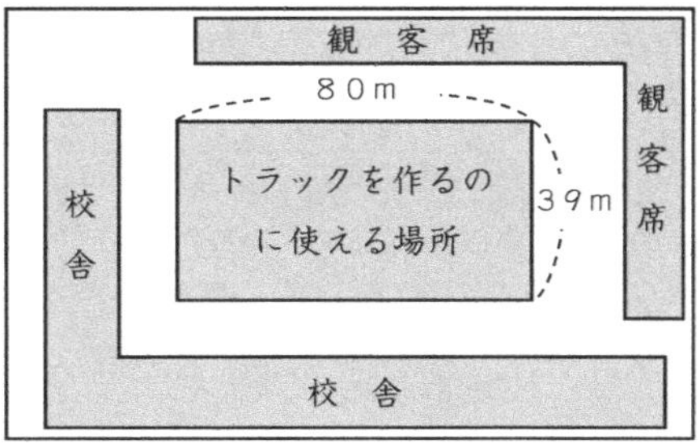

おうき：観客席を作るから、トラックを作るのに使える場所は、横８０ｍ、縦３９ｍの長方形の場所の中だけだね。

クリス： そうだね。この場所に、今の学校にあるトラックのような、長方形の両側に半円を組み合わせた形の１周が２００ｍとなるトラックを作るには、例えば、長方形の縦の長さを［　ア　］ｍ、長方形の横の長さを［　イ　］ｍにすればよいね。

〔問題１〕［　ア　］、［　イ　］に当てはまる数の組み合わせのうち一組を考えて答えなさい。ただし、円周率は３．１４とする。計算で割《わ》りきれない場合は、小数第三位を四捨五入《ししゃごにゅう》して小数第二位までの数値《すうち》で表しなさい。

はじめ： トラックの周りに観客席を作るなら、スタジアムみたいに座席《ざせき》の位置が後ろにいくほど高くなっているといいな。

おうき： 座席の位置がだんだん高くなっていると、後ろの席の人もトラックがよく見えるね。

クリス： 私、観客席の模型《もけい》を作ってみるね。

おうき： 模型を作るには算数の授業で習った立体や展開図《てんかいず》が使えそうだね。

クリスさんは方眼紙を使って、観客席の模型を作ってみました。

クリス： 観客席の模型を作ったよ。観客席の角に当たる部分が難《むずか》しかったな（**図３**）。

図３　観客席の模型《もけい》

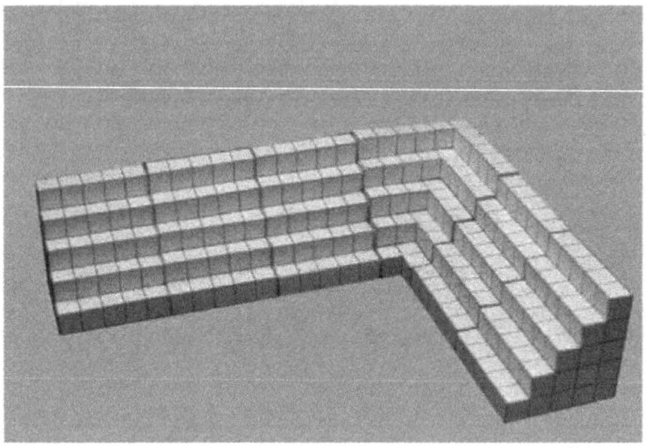

はじめ：すごい。観客席の角に当たる部分はどうやって作ったの（**図4**）。

図4　観客席の角に当たる部分の模型

クリス：観客席の角に当たる部分は、直方体の一部が欠けたものの模型を五つ作って、それらを重ねて作っているよ（**図5**）。

図5　直方体の一部が欠けたものの模型

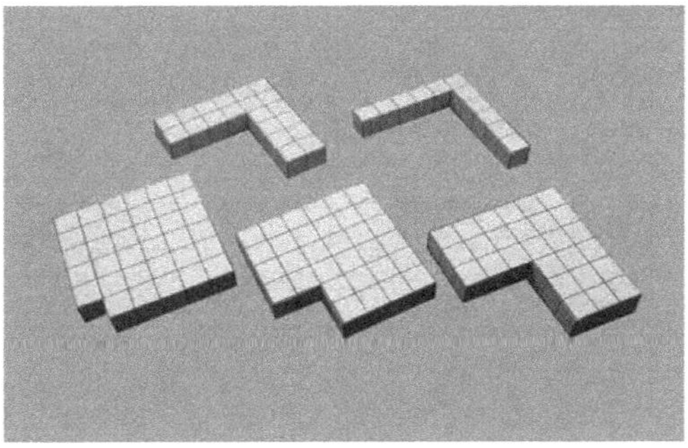

おうき：直方体の一部が欠けたものだけでも、形のちがう５種類の立体を作るのは大変そうだね。

クリス：まず立体を思いうかべて、それぞれの展開図を方眼紙に書いて、組み立てたよ。大変だったけど、複雑な立体の展開図を考えるのはおもしろかったよ。

おうき：直方体の一部が欠けた立体は、展開図を組み立てて作ったんだね。どんな展開図なの。

クリス：観客席の角に当たる部分の一番下の段《だん》の模型とその展開図がこれだよ（**図６**、**図７**）。

図６　角に当たる部分の一番下の段《だん》の模型

図７　角に当たる部分の一番下の段の模型の展開図

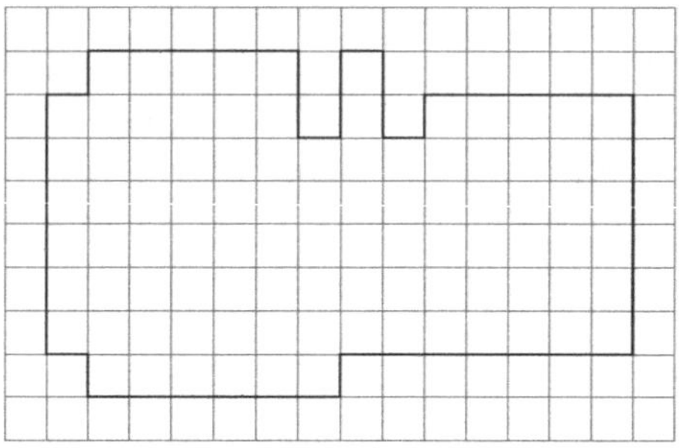

（面ごとの区切りとなる線は入れていない）

〔問題２〕　観客席の角に当たる部分の下から２段目の段の展開図を、**図７**を参考にして解答用紙に書きなさい。ただし面ごとの区切りとなる線を入れなくてよい。

おうき：観客席の角に当たる部分を一つの立体ととらえて展開図を考えることができないかな。

クリス：一つの立体ととらえて展開図を考えることができたら、直方体の一部が欠けたものを五つ作らなくてもいいね。

はじめ：おもしろそう。一つの立体ととらえたときの展開図を考えてみよう。

３人は方眼紙を準備して展開図を書きました。

はじめ：一つの立体ととらえたときの展開図ができたね（**図8**）。

図8

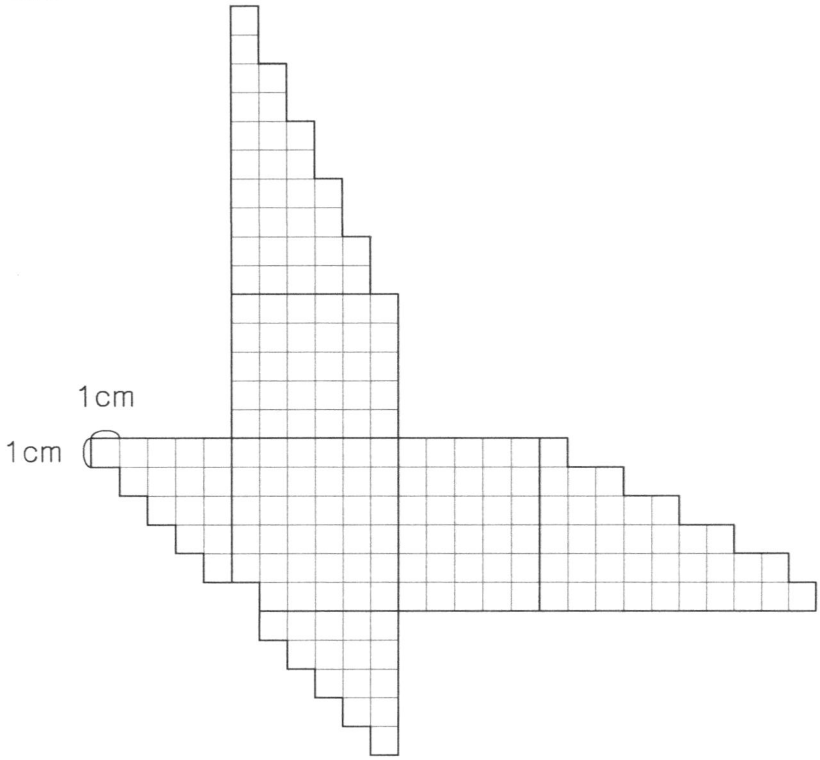

クリス：これなら観客席の角に当たる部分の模型を簡単《かんたん》に作ることができそうだね。

はじめ：でも一つの立体ととらえたときの展開図を１枚《まい》の方眼紙から切り取ると、使わない部分がもったいないね。

おうき：そうなんだ。そして、とても大きな方眼紙が必要になるね。

クリス：一つの立体ととらえたときの展開図をいくつかに切り分けて、組み合わせたらいいんじゃないかな。

はじめ： 一つの立体ととらえたときの展開図を実線の部分で七つに切って、組み合わせたら、使わない部分を減らすことができると思うな。

おうき： 本当だ。みんなで意見を出し合うことで、よりよい方法を考えることができたね。せっかく模型を作ったから、校長先生に見せに行こう。

〔問題３〕 下線部のように、**図８**の展開図を太い実線で切った七つの面全てを、下の図のわく内にすき間なく並《なら》べなさい。その時の七つの面の境目を解答用紙の図の中に実線で書きなさい。面は裏《うら》返してもよい。

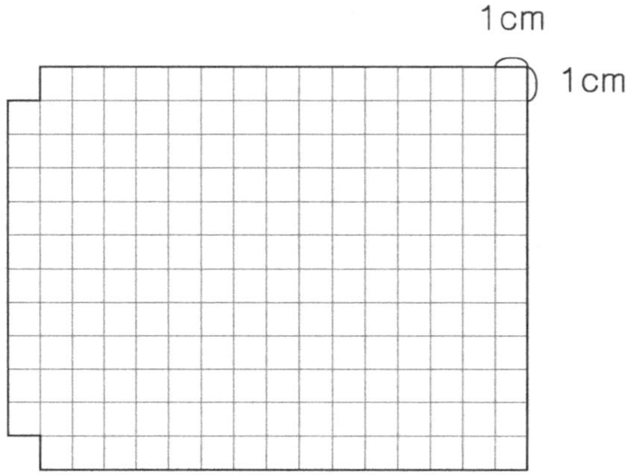

解答用紙　適性検査Ⅰ

1

〔問題1〕 20点

〔問題2〕 20点

※

※

〔問題3〕 60点

※

※

受検番号

※100点満点

得点
※

※のらんには記入しないこと

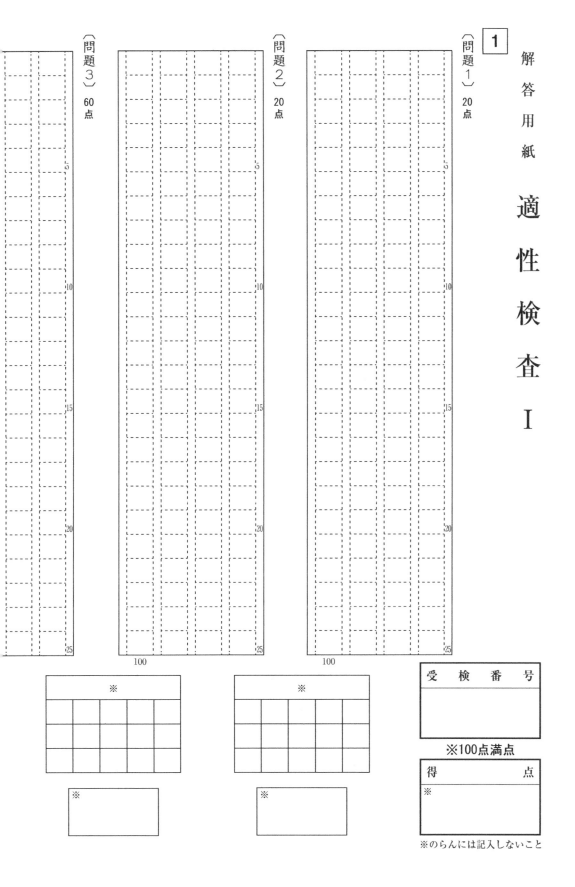

解答用紙　適性検査Ⅱ

※100点満点

受検番号	得点
	※

※のらんには、記入しないこと

1

〔問題１〕 15点

（１）	ｃｍ		
（２）	〔直角三角形〕 個	〔正三角形〕 個	〔円〕 個
	〔説明〕		

※

〔問題２〕 15点

（１）	イ 1 → □ → □ → □ → □ → □ → □ → □ ●
（２）	

※

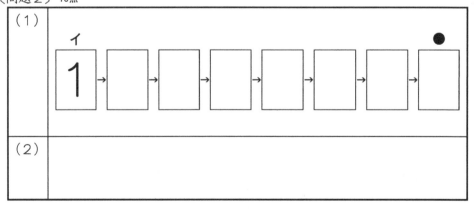

解　答　用　紙　　適　性　検　査　Ⅲ

※100点満点

受　検　番　号	得　　　点
	※

※のらんには、記入しないこと

1

〔問題１〕15点

ア	イ

※

〔問題２〕15点

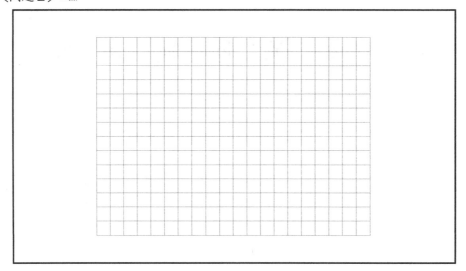

※

〔問題３〕15点

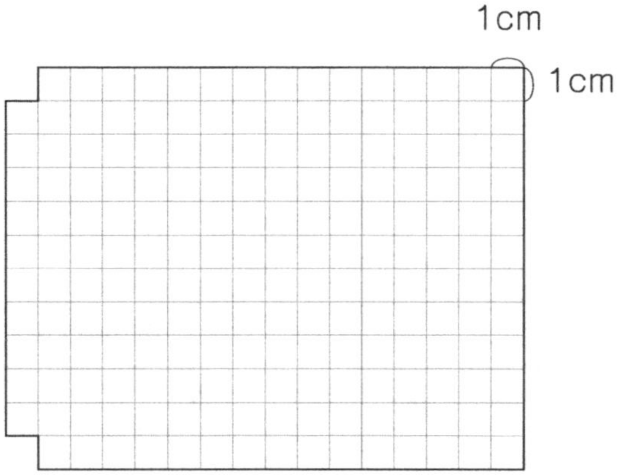

※

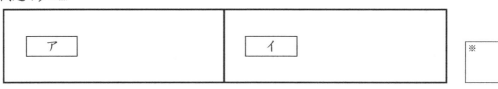

2

〔問題１〕10点

逆さ卵の「逆さ」とは、何が逆になっているのかの説明
「さか」がつく言葉
何が逆であるかの説明

※

〔問題２〕15点

※

〔問題３〕10点

※

〔問題４〕20点

考えた疑《ぎ》問《もん》

疑問を解決する方法

※

2

〔問題１〕20点

〔サケのルイベ〕
〔マアジのひもの〕
〔ブリのかぶらずし〕

※

〔問題２〕20点

（選んだ二つを○で囲みなさい。） 米　・　小麦　・　そば

※

3

〔問題１〕 14点

（１）〔選んだもの〕

〔理由〕

（２）

※

〔問題２〕 16点

（１）

（２）〔サラダ油が見えなくなるもの〕

〔洗剤《せんざい》〕 滴《てき》

※

（4　白鷗）

500　450　400　300　200

※

※

2　**はじめ**さん、**クリス**さん、**おうき**さんの３人が、話をしています。

はじめ：昨日、図書館で本を読んでいたら、逆さ卵《たまご》っていう卵料理がのっていたんだ。みんなは、逆さ卵って何だと思う。

クリス：私《わたし》、聞いたことないよ。

おうき：私は、テレビで見たことあるよ。黄身と白身が逆になっている卵だよね。

はじめ：ちがうよ。この本の写真を見て。黒いお皿にのっている卵が、逆さ卵だよ（**図1**）。

図1

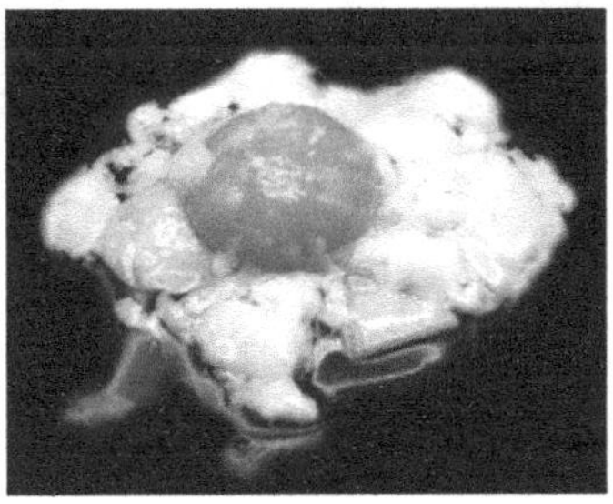

クリス：これって温泉卵《おんせんたまご》だよね。私、温泉卵大好き。白身がとろとろで黄身の表面が固まっていて、おいしいよね。でも、なぜ、逆さ卵と呼《よ》ぶのかな。それと、温泉卵って、半熟卵《はんじゅくたまご》とはちがうのかな。

はじめ：半熟卵と温泉卵はちがうよ。半熟卵は、白身が黄身より固まっていて、黄身が半熟だから半熟卵と呼ぶんだよ。温泉卵は、黄身が白身より固まっている卵のことだね。

クリス：知らなかった。逆さ卵って温泉卵のことなんだね。①半熟卵に対して逆さだから、逆さ卵と呼ぶんだね。おもしろいね。

〔問題１〕「逆さ」は、「逆さま」を省略した言葉で、「逆さま」は順序や位置が逆になっているという意味である。下線部①の逆さ卵の「逆さ」とは、何が逆になっているのか説明しなさい。また、日常生活の言葉の中で、逆を意味する「さか」がつく言葉を一つ挙げ、何が逆であるかを説明しなさい。

はじめ：私は、逆さ卵を作ったことがないけど、私たちにも作れるかな。

おうき：私も作ったことはないけど、半熟卵と同じ方法で、逆さ卵ができないかな。半熟卵って６分くらい加熱して作るって聞いたことがあるから、なべに水と卵を入れて、６分間加熱して作ってみるね。

クリス：私は、なべに水と卵を入れてから加熱して作るのではなく、水をふっとうさせてから卵を入れる方法で作ってみるね。ふっとうしてから入れるから、時間は６分間より短い５分間で試《ため》してみるね。

はじめ：私も作ってみよう。

３人は、家に帰って、大人に見てもらいながら、逆さ卵を作ってみました。

おうき：家で何度か試してみたら、逆さ卵はできなかった。白身は固まっている部分もあったけど、黄身は、ほとんど生のままだったよ（**図2**）。

図2

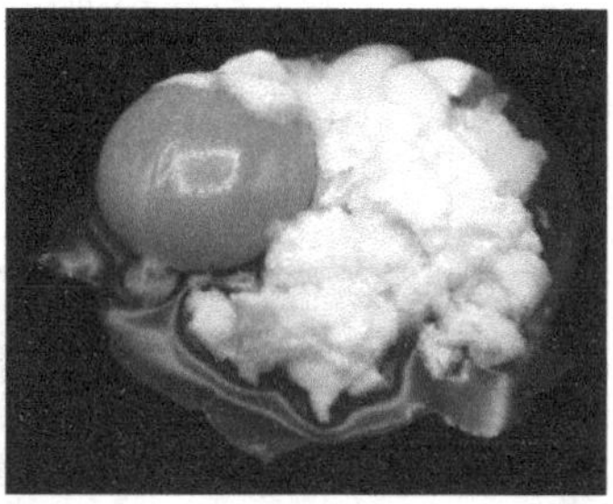

クリス：私も試してみたけど、逆さ卵はできなかったよ。白身は完全に固まって、黄身が固まっていない半熟卵になったよ（**図3**）。

図3

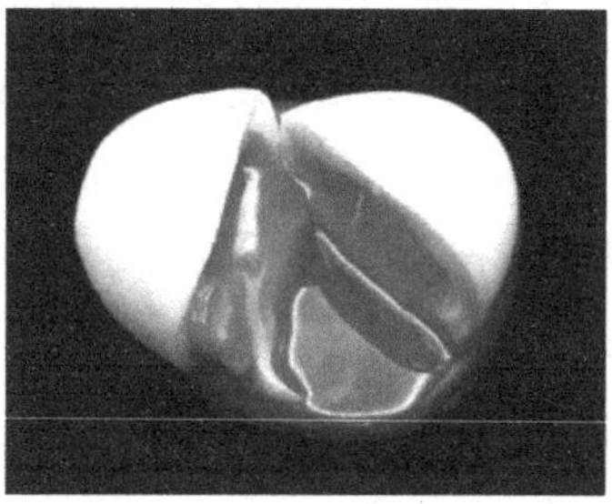

はじめ：私は、卵を入れるタイミングや加熱する時間を変えながら、いろいろと試してみたら、逆さ卵ができたよ（**図4**）。

図4

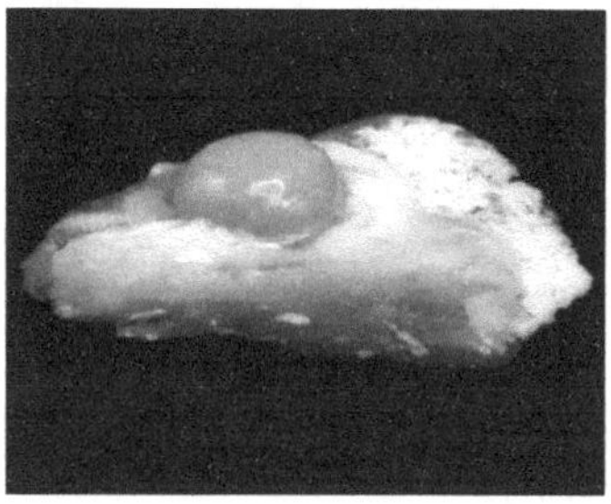

クリス：どうやって、作ったの。方法を教えてよ。

はじめ：まず、なべに水を１０００ｍｌ入れて、最初に水を十分にふっとうさせるんだ。その後、加熱をやめて、７分間放っておいた後、なべに卵を入れて、２５分間そのまま置いておくと、でき上がるよ。

おうき：すごい。私もはじめさんの方法で作ってみるね。

　おうきさんとクリスさんは、再び家に帰って、はじめさんから聞いた方法で大人に見てもらいながら作ってみました。

おうき：はじめさんと同じ方法でやってみたら、はじめさんが作った逆さ卵とはちがう逆さ卵ができたよ。はじめさんの逆さ卵と比べると、白身も黄身も、より固まった逆さ卵になったよ（**図5**）。

図5

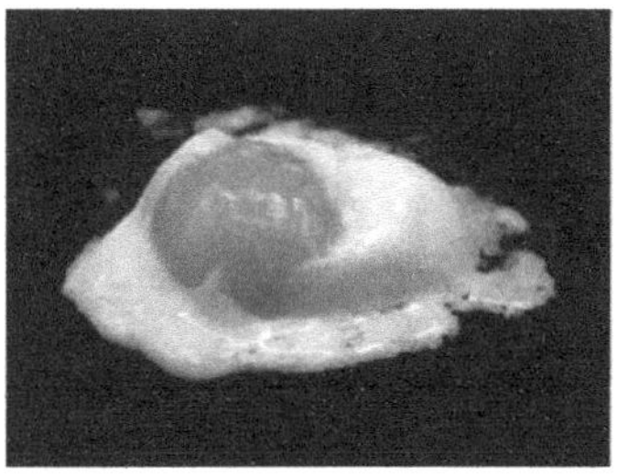

クリス：私も、はじめさんと同じ方法でやってみたら、はじめさんともおうきさんともちがう逆さ卵ができたよ。私の作った逆さ卵は、黄身は少し固まっているけど、ほとんど生で、白身は全く固まっていなかったよ（**図6**）。

図6

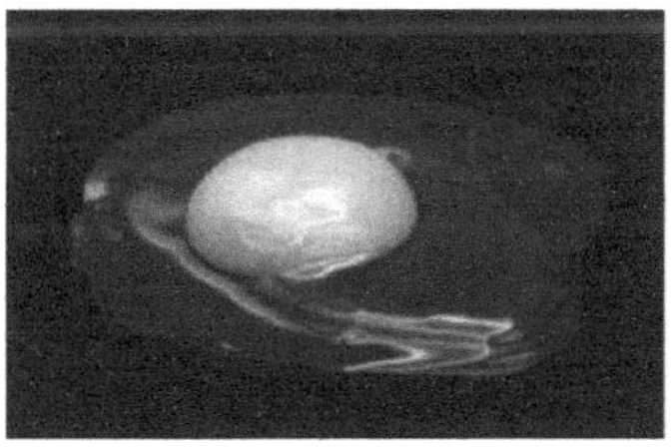

はじめ：おかしいな。２人は、水の量や時間をまちがえてないよね。

おうき：水の量も計量カップではかったし、時間もキッチンタイマーではかったからまちがいないよ。

クリス：私も、はじめさんと同じ水の量で時間もまちがえないようにして作ったよ。ふっとうすることもきちんと確認《かくにん》したよ。

おうき：不思議だな。水の量と時間以外に原因があるのかもしれないね。

はじめ：逆さ卵になる仕組みってなんだろう。こんな実験は、どうかな。

クリス：どんな実験なの。

はじめ：まず、卵を割《わ》って、白身と黄身に分けるんだ。分けた白身と黄身を、それぞれ約１００℃、約７０℃、約５０℃の水の中に２５分間入れたままにして、白身と黄身の様子を観察する方法だよ。この実験結果から、逆さ卵ができる仕組みが分かるんじゃないかな。

３人で、家に帰り大人に見てもらいながら、この実験を行ったところ、次のような実験結果になりました（**表１**）。

表１　実験結果

卵を入れる直前の水温	白身	黄身
１００℃	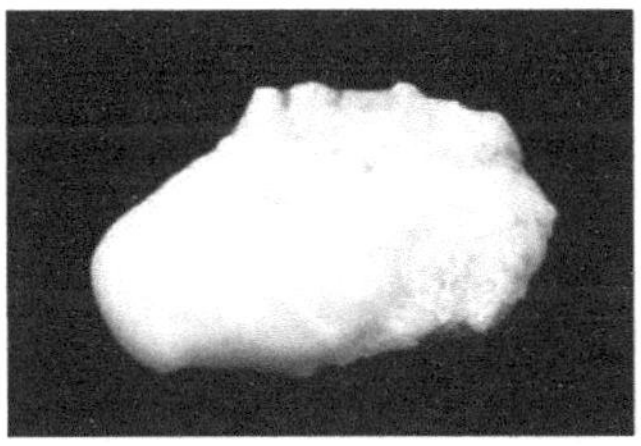 白身は白くなって固まった。	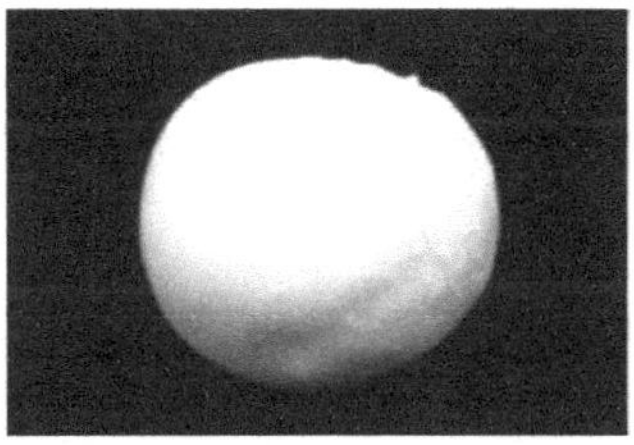 黄身は固まった。
７０℃	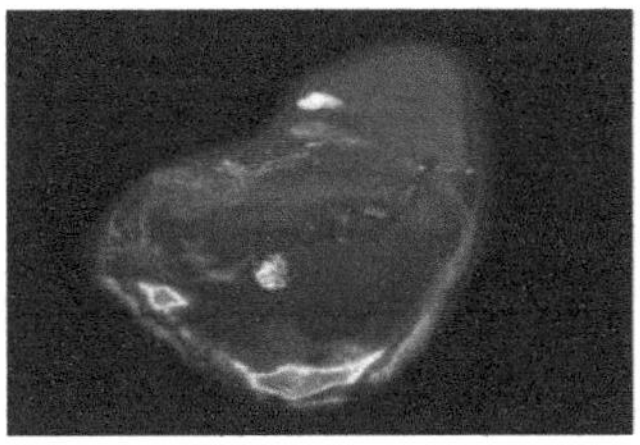 白身は一部白くなったが、水に入れる前とほぼ同じ状態だった。	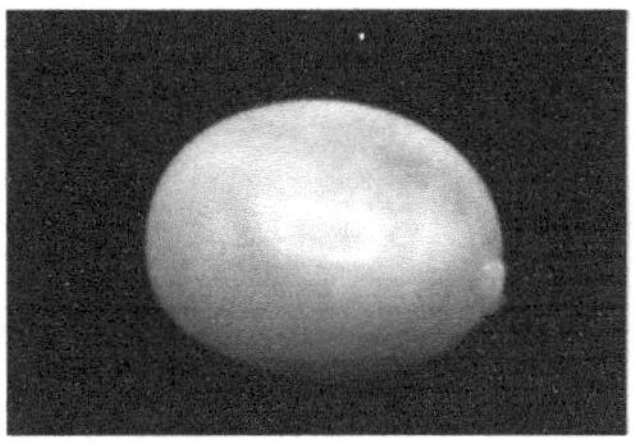 黄身の表面が固まった。
５０℃	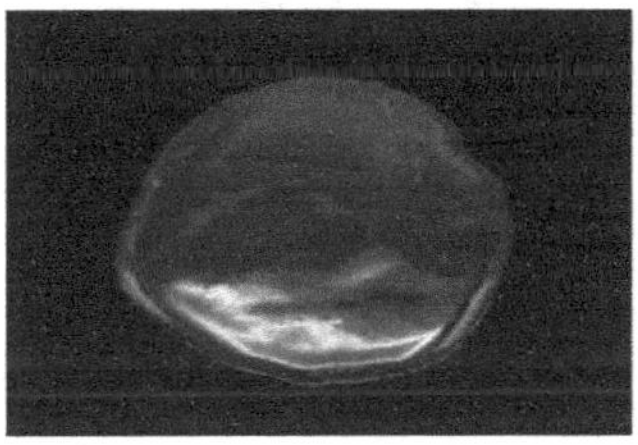 白身は水に入れる前と同じ状態で、固まらなかった。	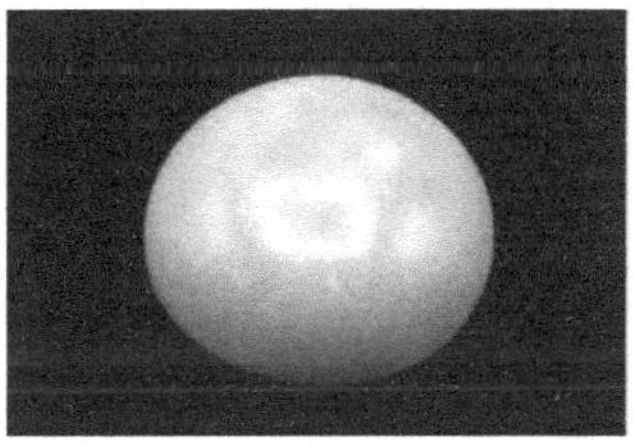 黄身は水に入れる前と同じ状態で、固まらなかった。

おうき： この実験から、水温が白身と黄身の固まり方に関係していることが分かるよね。

クリス： はじめさんが行った方法で、ふっとう後、７分間放置して、卵を入れるときの水温は何度だったのかな。

はじめ： だいたい８０℃だったよ。

おうき： それなら、ふっとうした後に火を止めて、お湯の温度が８０℃になってから卵を入れて２５分間待てば、はじめさんと同じ逆さ卵ができるね。

〔問題２〕　逆さ卵ができる仕組みを説明しなさい。説明するときには、白身や黄身の温度による固まり方のちがいにふれなさい。

次の日

クリス： やっぱりはじめさんと同じ逆さ卵はできなかったよ。

おうき： 私も、ふっとうして火を止めて、８０℃になったことを確かめてから、卵を入れたよ。２５分間待って作ったけど、やっぱりはじめさんと同じ逆さ卵には、ならなかった。準備した水の量、卵を入れるタイミング、温度も確認したのにおかしいな。何がちがうのかな。

はじめ： ２人が私と同じ逆さ卵にならなかった理由が分かった気がする。［　②　］からではないかな。

クリス： なるほど、その理由ならなっとくできるね。

〔問題３〕　文中の［　②　］に入る、はじめさんと同じ水の量、同じ時間で行ったにもかかわらず、はじめさんと同じ結果にならなかった理由として考えられるものを答えなさい。

クリス： 今回私たちは、逆さ卵を不思議だなと感じて、実験を通して、逆さ卵ができる仕組みをみんなで解き明かしたね。自分たちで、疑問《ぎもん》を見つけて、実験しながら解決するっておもしろいね。もしかしたら今回の逆さ卵みたいに、私たちの身近なところでおもしろい疑問があるかもしれないね。

おうき： おもしろそうだね。そうだ、私たちの身近な食べ物として、卵、豆、肉、魚を取り上げて、疑問をみつけて、みんなで実験して解決してみようよ。

はじめ： 魚や肉で実験するって、どうやるのかな。食べ物をそまつにしない実験を考えられるといいね。

クリス： 実験にこだわらず、観察して解決できる方法もあるよね。例えば、お店で売っている魚や肉を実際に見て、そこから何かを考えて解決できることもあるんじゃないかな。

おうき： ③私思いついたよ。

〔問題４〕　文中の下線部③でおうきさんが思いついたように、あなたも身近な食べ物である卵、豆、肉、魚に関する疑問を考えなさい。考えた疑問と、疑問を解決する実験や観察の方法を答えなさい。解決する方法は、本やインターネットで調べたり、人に聞いたりするなどの方法ではなく、実際に自分で実験したり、観察したりする方法を答えなさい。

2022(R4) 白鷗高附属中
K 教英出版

適性検査Ⅰ

注意

1　問題は1のみで、**5ページ**にわたって印刷してあります。
2　検査時間は**四十五分**で、終わりは**午前九時四十五分**です。
3　声を出して読んではいけません。
4　答えは全て解答用紙に明確に記入し、**解答用紙だけを提出しなさい。**
5　答えを直すときは、きれいに消してから、新しい答えを書きなさい。
6　**受検番号**を解答用紙の決められたらんに記入しなさい。

東京都立白鷗高等学校附属中学校

③

1

次の資料A、資料Bを読んで、あとの問題に答えなさい。
（〇で囲んだ数字が付いている言葉には、それぞれ資料のあとに〔注〕があります。）

資料A

※著作権上の都合により省略いたします

教英出版編集部

※著作権上の都合により省略いたします

教英出版編集部

※著作権上の都合により省略いたします

教英出版編集部

資料B

※著作権上の都合により省略いたします

教英出版編集部

（黒沼ユリ子「わたしの少女時代」による）

※著作権上の都合により省略いたします

教英出版編集部

※著作権上の都合により省略いたします

教英出版編集部

※著作権上の都合により省略いたします

教英出版編集部

※著作権上の都合により省略いたします

教英出版編集部

（村上春樹「辺境・近境」による）

〈問題1〉　資料A で、筆者の問いかけに友人たちみんなが「私はよく弾けたと思う」と答えたことを、筆者はどのように思いましたか。はじめに直接友人たちから聞いた時と、休憩時間に先生と話をしたあととの受けとめ方のちがいが分かるように百字以内で説明しなさい。

　ただし、一ますめから書き始め、記号（、や。や「」など）も字数に数えなさい。

〈問題2〉　資料B に、そういうもののほうが、あとになって文章を書くときにはずっと役に立つんです。とありますが、それはなぜですか。百字以内で説明しなさい。

　ただし、一ますめから書き始め、記号（、や。や「」など）も字数に数えなさい。

〈問題3〉　資料A に、人間の自己というものは形成されてゆく。とありますが、資料A の筆者は、自己を形成する上でどのような経験が重要だと考えていますか。また、資料B に、意識の変革とありますが、資料B の筆者は、旅行をすることで起こる「意識の変革」はどのようなことだと考えていますか。それぞれ自分のことばでまとめなさい。それらを踏《ふ》まえて、あなたは中学生になったら、どのような経験をすることで、意識を変革し、自己を形成していきたいですか。具体的に四百字以上四百五十字以内で書きなさい。

　ただし、書き出しや改行などの空らん、記号（、や。や「」など）も字数に数えなさい。また、次の条件にしたがうこと。

条件　次の二段落《だんらく》にまとめて書くこと

①第一段落では、資料A と 資料B の筆者の考えをまとめる。

②第二段落では、あなたの考えをまとめる。

適性検査Ⅱ

注　　意

1　問題は **1** から **3** までで、１２ページにわたって印刷してあります。

2　検査時間は**４５分**で、終わりは**午前１１時１０分**です。

3　声を出して読んではいけません。

4　計算が必要なときは、この問題用紙の余白を利用しなさい。

5　答えは全て解答用紙に明確に記入し、**解答用紙だけを提出しなさい。**

6　答えを直すときは、きれいに消してから、新しい答えを書きなさい。

7　**受検番号**を解答用紙の決められたらんに記入しなさい。

東京都立白鷗高等学校附属中学校

問題は次のページからです。

問題を解くときに、問題用紙や解答用紙、ティッシュペーパーなどを実際に折ったり切ったりしてはいけません。

1　**花子**さん、**太郎**《たろう》さん、**先生**が、２年生のときに習った九九の表を見て話をしています。

花　子：２年生のときに、１の段《だん》から９の段までを何回もくり返して覚えたね。
太　郎：九九の表には、たくさんの数が書かれていて、規則がありそうですね。
先　生：どのような規則がありますか。
花　子：９の段に出てくる数は、一の位と十の位の数の和が必ず９になっています。
太　郎：そうだね。９も十の位の数を０だと考えれば、和が９になっているね。
先　生：ほかには何かありますか。

表1

	1	2	3	4	5	6	7	8	9
1	1	2	3	4	5	6	7	8	9
2	2	4	6	8	10	12	14	16	18
3	3	6	9	12	15	18	21	24	27
4	4	8	12	16	20	24	28	32	36
5	5	10	15	20	25	30	35	40	45
6	6	12	18	24	30	36	42	48	54
7	7	14	21	28	35	42	49	56	63
8	8	16	24	32	40	48	56	64	72
9	9	18	27	36	45	54	63	72	81

太　郎：**表1**のように４個の数を太わくで囲むと、左上の数と右下の数の積と、右上の数と左下の数の積が同じ数になります。
花　子：４×９＝３６、６×６＝３６で、確かに同じ数になっているね。

先　生：では、**表2**のように６個の数を太わくで囲むと、太わくの中の数の和はいくつになるか考えてみましょう。

表2

＼	1	2	3	4	5	6	7	8	9
1	1	2	3	4	5	6	7	8	9
2	2	4	6	8	10	12	14	16	18
3	3	6	9	12	15	18	21	24	27
4	4	8	12	16	20	24	28	32	36
5	5	10	15	20	25	30	35	40	45
6	6	12	18	24	30	36	42	48	54
7	7	14	21	28	35	42	49	56	63
8	8	16	24	32	40	48	56	64	72
9	9	18	27	36	45	54	63	72	81

花　子：６個の数を全て足したら、２７３になりました。

先　生：そのとおりです。では、同じように囲んだとき、６個の数の和が１３５になる場所を見つけることはできますか。

太　郎：６個の数を全て足せば見つかりますが、大変です。何か規則を用いて探《さが》すことはできないかな。

花　子：規則を考えたら、６個の数を全て足さなくても見つけることができました。

〔問題１〕　６個の数の和が１３５になる場所を一つ見つけ、解答らんの太わくの中にその６個の数を書きなさい。

また、花子さんは「規則を考えたら、６個の数を全て足さなくても見つけることができました。」と言っています。６個の数の和が１３５になる場所をどのような規則を用いて見つけたか、**図１**の**A**から**F**までを全て用いて説明しなさい。

図１

A	B	C
D	E	F

先　生：九九の表（**表3**）は、１から９までの２個の数をかけ算した結果を表にしたものです。ここからは、１けたの数を４個かけて、九九の表にある全ての数を表すことを考えてみましょう。次の〔**ルール**〕にしたがって、考えていきます。

表3　九九の表

	1	2	3	4	5	6	7	8	9
1	1	2	3	4	5	6	7	8	9
2	2	4	6	8	10	12	14	16	18
3	3	6	9	12	15	18	21	24	27
4	4	8	12	16	20	24	28	32	36
5	5	10	15	20	25	30	35	40	45
6	6	12	18	24	30	36	42	48	54
7	7	14	21	28	35	42	49	56	63
8	8	16	24	32	40	48	56	64	72
9	9	18	27	36	45	54	63	72	81

〔**ルール**〕

（1）　立方体を４個用意する。

（2）　それぞれの立方体から一つの面を選び、「●」を書く。

（3）　**図2**のように全ての立方体を「●」の面を上にして置き、左から順に**ア**、**イ**、**ウ**、**エ**とする。

（4）　「●」の面と、「●」の面に平行な面を底面とし、そのほかの４面を側面とする。

（5）　「●」の面に平行な面には何も書かない。

（6）　それぞれの立方体の全ての側面に、１けたの数を１個ずつ書く。ただし、数を書くときは、**図3**のように数の上下の向きを正しく書く。

（7）　**ア**から**エ**のそれぞれの立方体から側面を一つずつ選び、そこに書かれた４個の数を全てかけ算する。

図2

ア　**イ**　**ウ**　**エ**

図3

先　生：例えば**図4**のように選んだ面に２、１、２、３と書かれている場合は、２×１×２×３＝１２を表すことができます。側面の選び方を変えればいろいろな数を表すことができます。４個の数のかけ算で九九の表にある数を全て表すには、どのように数を書けばよいですか。

図4　**ア**　**イ**　**ウ**　**エ**

太　郎： ４個の立方体の全ての側面に１個ずつ数を書くので、全部で１６個の数を書くことになりますね。

花　子： １けたの数を書くとき、同じ数を何回も書いてよいのですか。

先　生： はい、よいです。それでは、やってみましょう。

太郎さんと花子さんは、立方体に数を書いてかけ算をしてみました。

太　郎： 先生、側面の選び方をいろいろ変えてかけ算をしてみたら、九九の表にない数も表せてしまいました。それでもよいですか。

先　生： 九九の表にある数を全て表すことができていれば、それ以外の数が表せてもかまいません。

太　郎： それならば、できました。

花　子： 私《わたし》もできました。私は、立方体の側面に１から７までの数だけを書きました。

〔問題２〕 **〔ルール〕** にしたがって、**ア**から**エ**の立方体の側面に１から７までの数だけを書いて、九九の表にある全ての数を表すとき、側面に書く数の組み合わせを１組、解答らんに書きなさい。ただし、使わない数があってもよい。

　また、**ア**から**エ**の立方体を、**図５**の展開図《てんかいず》のように開いたとき、側面に書かれた４個の数はそれぞれどの位置にくるでしょうか。数の上下の向きも考え、解答らんの展開図に４個の数をそれぞれ書き入れなさい。

図５　展開図《てんかいず》

ア

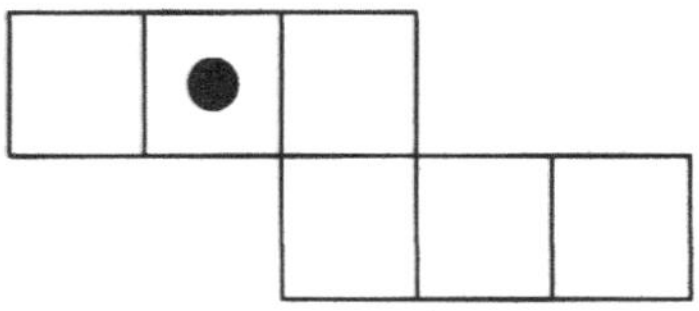

イ

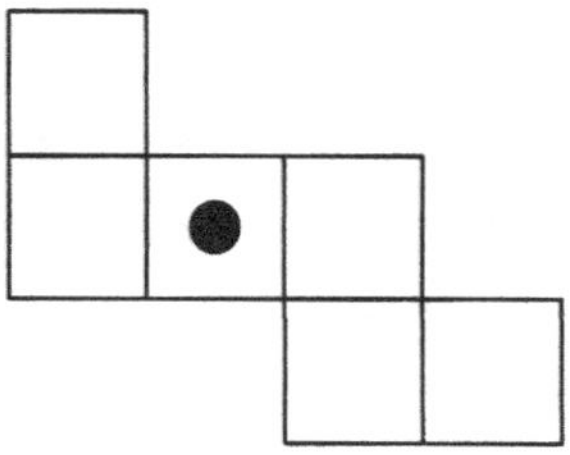

ウ

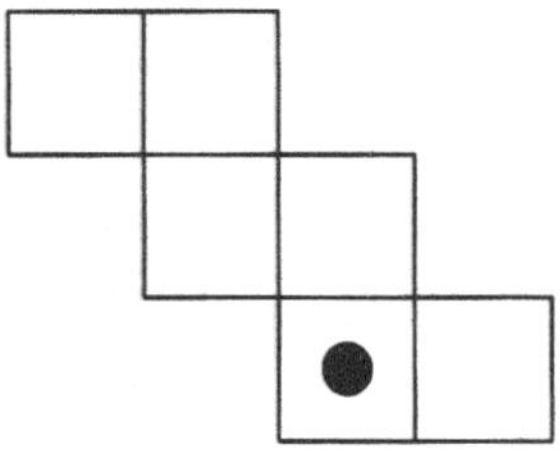

エ

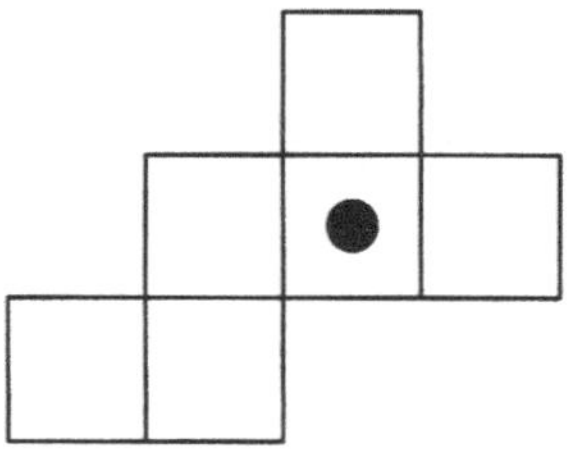

2 **太郎《たろう》**さんと**花子**さんは、木材をテーマにした調べ学習をする中で、**先生**と話をしています。

太　郎：社会科の授業で、森林は、主に天然林と人工林に分かれることを学んだね。
花　子：天然林は自然にできたもので、人工林は人が植林して育てたものだったね。
太　郎：調べてみると、日本の森林面積のうち、天然林が約５５％、人工林が約４０％で、残りは竹林などとなっていることが分かりました。
先　生：人工林が少ないと感じるかもしれませんが、世界の森林面積にしめる人工林の割合《わりあい》は１０％以下ですので、それと比べると、日本の人工林の割合は高いと言えます。
花　子：昔から日本では、生活の中で、木材をいろいろな使い道で利用してきたことと関係があるのですか。
先　生：そうですね。木材は、建築材料をはじめ、日用品や燃料など、重要な資源《しげん》として利用されてきました。日本では、天然林だけでは木材資源を持続的に得ることは難《むずか》しいので、人が森林を育てていくことが必要だったのです。
太　郎：それでは、人工林をどのように育ててきたのでしょうか。
先　生：**図１**は、人工林を育てる森林整備サイクルの例です。

図１　人工林を育てる森林整備サイクルの例

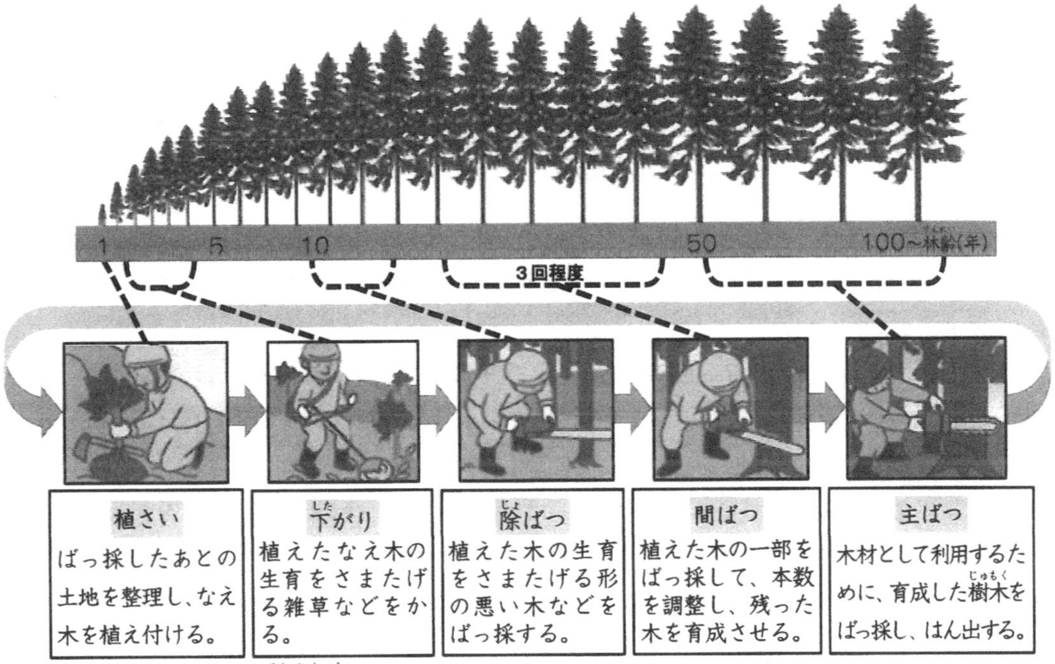

（林野庁《りんやちょう》「森林・林業・木材産業の現状と課題」 より作成）

先　生：これを見ると、なえ木の植え付けをしてから、木材として主ばつをするまでの木の成長過程と、植え付けてからの年数、それにともなう仕事の内容が分かりますね。一般的《いっぱんてき》に、森林の年齢《ねんれい》である林齢《りんれい》が、５０年を経過した人工林は、太さも高さも十分に育っているため、主ばつに適していると言われます。
花　子：今年植えたなえ木は、５０年後に使うことを考えて、植えられているのですね。

先　生： 人工林を育てるには、長い期間がかかることが分かりましたね。次は、これを見てください。

図2　人工林の林齢《りんれい》別面積の構成

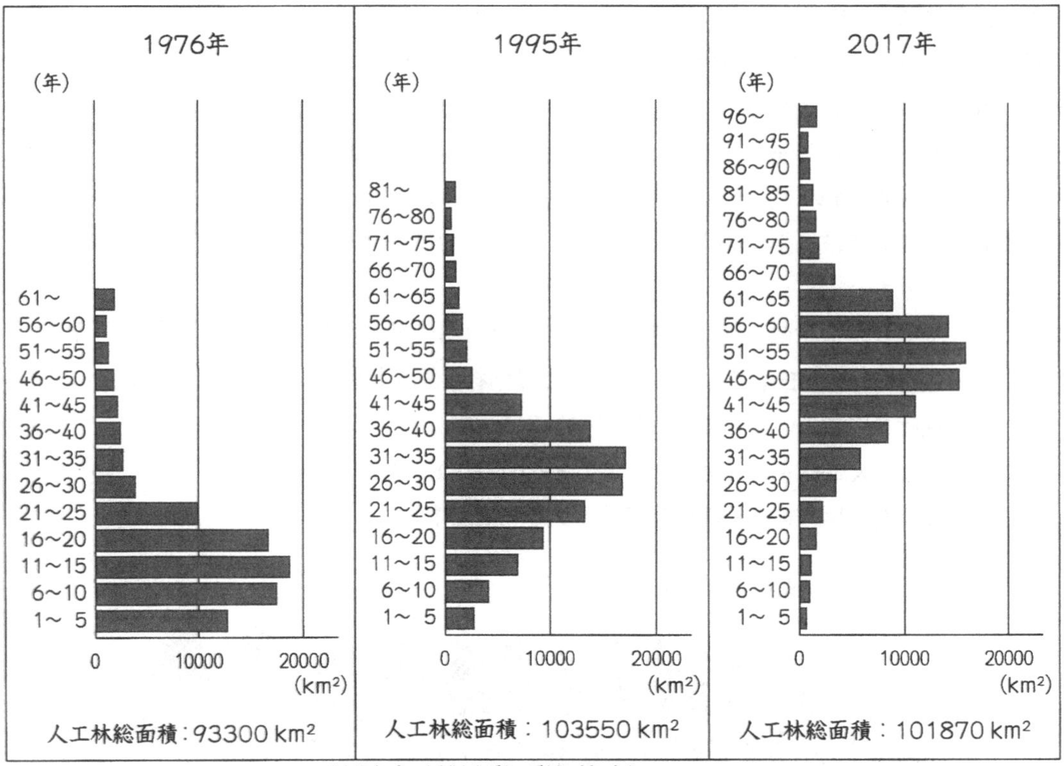

（林野庁《りんやちょう》「森林資源《しんりんしげん》の現況《げんきょう》調査《ちょうさ》」より作成）

先　生： **図2**は、人工林の林齢別面積の移り変わりを示しています。

太　郎： ２０１７年では、林齢別に見ると、４６年から６０年の人工林の面積が大きいことが分かります。

花　子： 人工林の総面積は、１９９５年から２０１７年にかけて少し減っていますね。

先　生： 日本の国土の約３分の２が森林で、森林以外の土地も都市化が進んでいることなどから、これ以上、人工林の面積を増やすことは難しいのです。

太　郎： そうすると、人工林を維持《いじ》するためには、主ばつした後の土地に植林をする必要があるということですね。

先　生： そのとおりです。では、これらの資料から、20年後、40年後といった先を予想してみると、これからも安定して木材を使い続けていく上で、どのような課題があると思いますか。

〔問題１〕　先生は「２０年後、４０年後といった先を予想してみると、これからも安定して木材を使い続けていく上で、どのような課題があると思いますか。」と言っています。持続的に木材を利用する上での課題を、これまでの会話文や**図１**の人工林の林齢と成長に着目し、**図２**から予想される人工林の今後の変化にふれて書きなさい。

花　子：人工林の育成には、森林整備サイクルが欠かせないことが分かりました。**図1**を見ると、林齢が５０年以上の木々を切る主ばつと、それまでに３回程度行われる間ばつがあります。高さや太さが十分な主ばつされた木材と、成長途中《せいちょうとちゅう》で間ばつされた木材とでは、用途《ようと》にちがいはあるのですか。

先　生：主ばつされた木材は、大きな建築材として利用できるため、価格も高く売れます。間ばつされた木材である間ばつ材は、そのような利用は難しいですが、うすい板を重ねて作る合板や、紙を作るための原料、燃料などでの利用価値《りようかち》があります。

太　郎：間ばつ材は、多く利用されているのですか。

先　生：いいえ、そうともいえません。間ばつ材は、ばっ採作業や運ぱんに多くのお金がかかる割《わり》に、高く売れないことから、間ばつ材の利用はあまり進んでいないのが現状です。間ばつは、人工林を整備していく上で、必ず行わなければならないことです。間ばつ材と呼《よ》ばれてはいますが、木材であることに変わりはありません。

花　子：そうですね。間ばつ材も、重要な木材資源として活用することが、資源の限られた日本にとって大切なことだと思います。

先　生：**図3**は、間ばつ材を使った商品の例です。

図3　間ばつ材を使用した商品

かまぼこの板

木製のおもちゃ

太　郎：小さい商品なら、間ばつ材が使えますね。おもちゃは、プラスチック製のものをよく見ますが、間ばつ材を使った木製のものもあるのですね。

花　子：**図3**で取り上げられたもの以外にも、間ばつ材の利用を進めることにつながるものはないか調べてみよう。

太　郎：私《わたし》も間ばつ材に関する資料を見つけました。

図4　間ばつ材に関する活動

紙コップに印刷された間ばつ材マーク

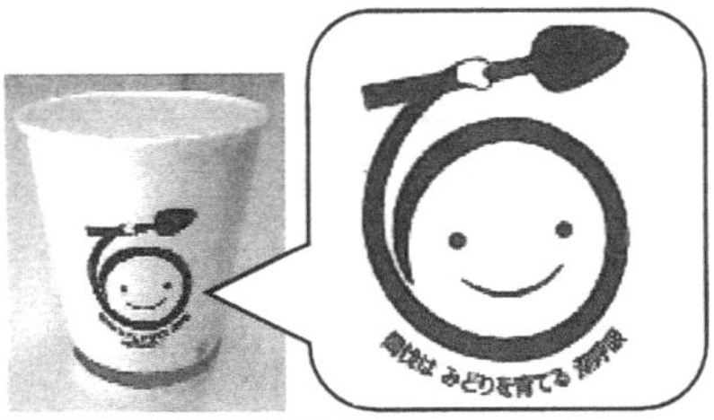

（全国森林組合連合会　間伐材《かんばつざい》マーク事務局《じむきょく》ホームページより）

小学生向け間ばつ体験

（和歌山県観光連盟《わかやまけんかんこうれんめい》ホームページより）

太　郎：**図4**の間ばつ材マークは、間ばつ材を利用していると認《みと》められた製品に表示されるマークです。間ばつや、間ばつ材利用の重要性などを広く知ってもらうためにも利用されるそうです。

花　子：**図4**の間ばつ体験をすることで、実際に林業にたずさわる人から、間ばつの作業や、間ばつ材について聞くこともできるね。私も間ばつ材の利用を進めることに関する資料を見つけました。

図5　林業に関する資料

高性能の林業機械を使った間ばつの様子

（中部森林管理局ホームページより）

間ばつ材の運ぱんの様子

（長野《ながの》森林組合《しんりんくみあい》ホームページより）

花　子：木材をばっ採し運び出す方法は、以前は、小型の機具を使っていましたが、**図5**のような大型で高性能の林業機械へと変わってきています。

先　生：間ばつ材の運ぱんの様子も、**図5**をみると、大型トラックが大量の木材を運んでいることが分かります。国としても、このような木材を運び出す道の整備を推進《すいしん》しているのですよ。

太　郎：機械化が進み、道が整備されることで、効率的な作業につながりますね。

先　生：これらの資料を見比べてみると、間ばつ材についての見方が広がり、それぞれ関連し合っていることが分かりますね。

花　子：間ばつ材の利用を進めるためには、さまざまな立場から取り組むことが大切だと思いました。

〔問題２〕　花子さんは、「間ばつ材の利用を進めるためには、さまざまな立場から取り組むことが大切だと思いました。」と言っています。「**図３**　間ばつ材を使用した商品」、「**図４**　間ばつ材に関する活動」、「**図５**　林業に関する資料」の三つから二つの図を選択《せんたく》した上で、選択した図がそれぞれどのような立場の取り組みで、その二つの取り組みがどのように関連して、間ばつ材利用の促進《そくしん》につながるのかを説明しなさい。

3　**花子**さん、**太郎**《たろう》さん、**先生**が磁石《じしゃく》について話をしています。

花　子：磁石の力でものを浮《う》かせる技術が考えられているようですね。

太　郎：磁石の力でものを浮かせるには、磁石をどのように使うとよいのですか。

先　生：**図1**のような円柱の形をした磁石を使って考えてみましょう。この磁石は、一方の底面が**N**極になっていて、もう一方の底面は**S**極になっています。この磁石をいくつか用いて、ものを浮かせる方法を調べることができます。

図1　円柱の形をした磁石《じしゃく》

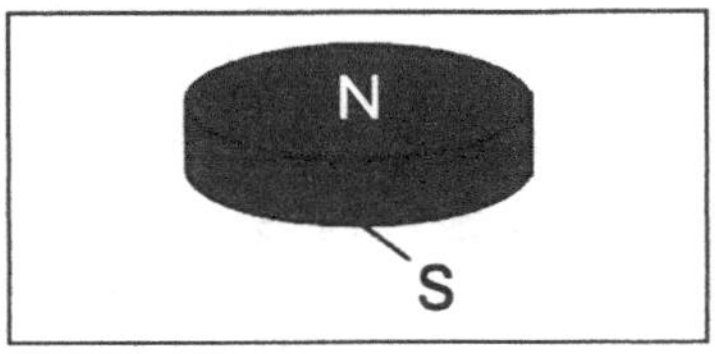

花　子：どのようにしたらものを浮かせることができるか実験してみましょう。

二人は先生のアドバイスを受けながら、次の手順で**実験1**をしました。

実験1

手順1　**図1**のような円柱の形をした同じ大きさと強さの磁石をたくさん用意する。そのうちの1個の磁石の底面に、**図2**のように底面に対して垂直《すいちょく》にえん筆を接着する。

手順2　**図3**のようなえん筆がついたつつを作るために、透明《とうめい》なつつを用意し、その一方の端《はし》に手順1でえん筆を接着した磁石を固定し、もう一方の端に別の磁石を固定する。

手順3　**図4**のように直角に曲げられた鉄板を用意し、一つの面を地面に平行になるように固定し、その鉄板の上に4個の磁石を置く。ただし、磁石の底面が鉄板につくようにする。

手順4　鉄板に置いた4個の磁石の上に、手順2で作ったつつを**図5**のように浮かせるために、えん筆の先を地面に垂直な鉄板の面に当てて、手をはなす。

手順5　鉄板に置いた4個の磁石の表裏《おもてうら》や位置を変えて、つつを浮かせる方法について調べる。ただし、上から見たとき、4個の磁石の中心を結ぶと長方形になるようにする。

図2　磁石とえん筆

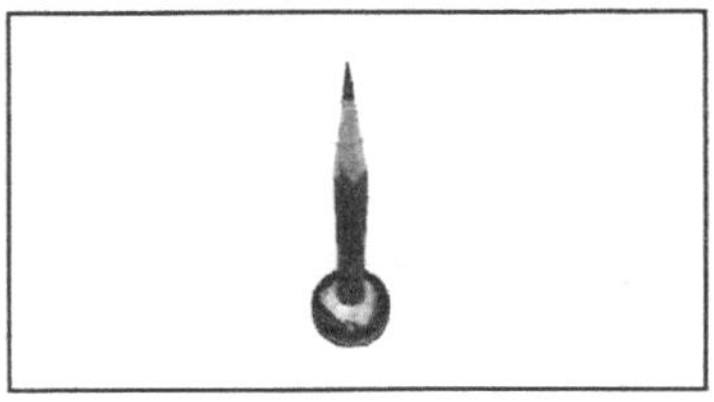

図3　えん筆がついたつつ

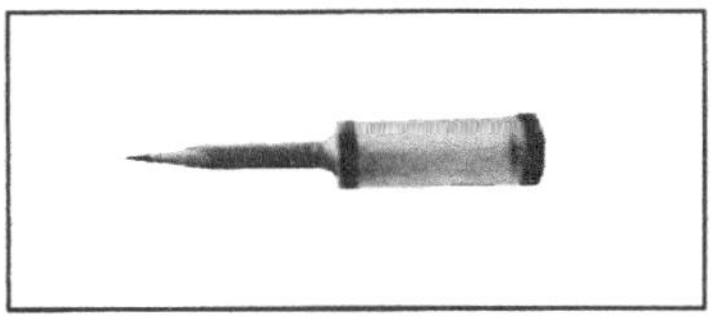

図4　鉄板と磁石4個

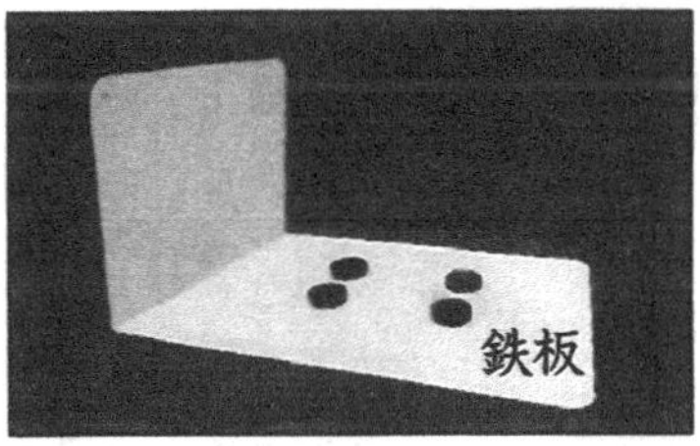

図5　磁石の力で浮《う》かせたつつ

太　郎：つつに使う２個の磁石の**Ｎ**極と**Ｓ**極の向きを変えると、**図６**のように(あ)～(え)の４種類のえん筆がついたつつをつくることができるね。

図６　４種類のつつ

(あ)のつつ	(い)のつつ	(う)のつつ	(え)のつつ
 N S　N S	 S N　S N	 N S　S N	 S N　N S

花　子：(あ)のつつを浮かせてみましょう。
太　郎：鉄板を上から見たとき、**図７**の**ア**や**イ**のようにすると、**図５**のように(あ)のつつを浮かせることができたよ。

図７　上から見た(あ)のつつと、鉄板に置いた４個の磁石の位置と上側の極

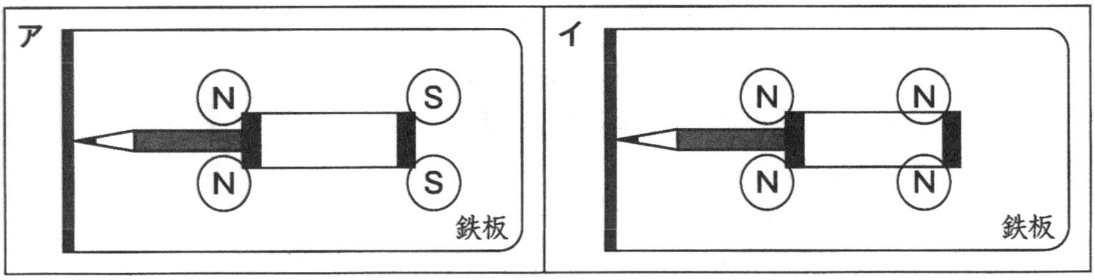

花　子：(あ)のつつを浮かせる方法として、**図７**の**ア**と**イ**の他にも組み合わせがいくつかありそうだね。
太　郎：そうだね。さらに、(い)や(う)、(え)のつつも浮かせてみたいな。

〔問題１〕（１）　**実験１**で**図７**の**ア**と**イ**の他に(あ)のつつを浮かせる組み合わせとして、４個の磁石をどの位置に置き、上側をどの極にするとよいですか。そのうちの一つの組み合わせについて、解答らんにかかれている８個の円から、磁石を置く位置の円を４個選び、選んだ円の中に磁石の上側が**Ｎ**極の場合は**Ｎ**、上側が**Ｓ**極の場合は**Ｓ**を書き入れなさい。

（２）　**実験１**で(え)のつつを浮かせる組み合わせとして、４個の磁石をどの位置に置き、上側をどの極にするとよいですか。そのうちの一つの組み合わせについて、（１）と同じように解答らんに書き入れなさい。また、書き入れた組み合わせによって(え)のつつを浮かせることができる理由を、(あ)のつつとのちがいにふれ、**図７**の**ア**か**イ**をふまえて文章で説明しなさい。

花　子： 黒板に画用紙をつけるとき、**図8**のようなシートを使うことがあるね。

太　郎： そのシートの片面《かためん》は磁石になっていて、黒板につけることができるね。反対の面には接着剤《せっちゃくざい》がぬられていて、画用紙にそのシートを貼《は》ることができるよ。

花　子： 磁石となっている面は、**N**極と**S**極のどちらなのですか。

先　生： 磁石となっている面にまんべんなく鉄粉をふりかけていくと、鉄粉は**図9**のように平行なすじを作って並《なら》びます。これは、**図１０**のように**N**極と**S**極が並んでいるためです。このすじと平行な方向を、**A**方向としましょう。

太　郎： 接着剤がぬられている面にさまざまな重さのものを貼り、磁石となっている面を黒板につけておくためには、どれぐらいの大きさのシートが必要になるのかな。

花　子： シートの大きさを変えて、**実験２**をやってみましょう。

図8　シートと画用紙

図9　鉄粉の様子

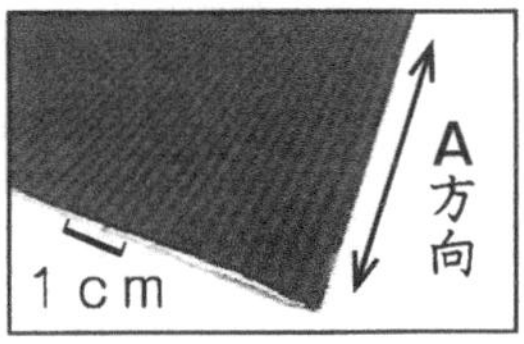

図１０　**N**極と**S**極

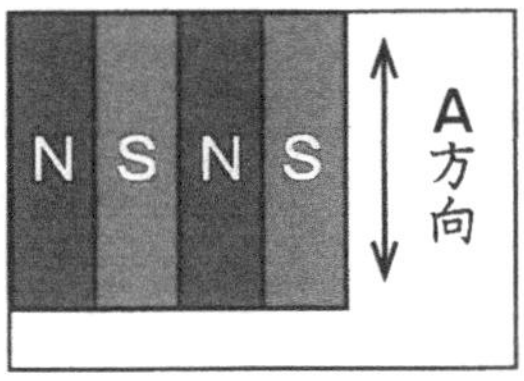

二人は次の手順で**実験２**を行い、その記録は**表１**のようになりました。

実験２

手順１　表面が平らな黒板を用意し、その黒板の面を地面に垂直に固定する。

手順２　シートの一つの辺が**A**方向と同じになるようにして、１辺が１ｃｍ、２ｃｍ、３ｃｍ、４ｃｍ、５ｃｍである正方形に、シートをそれぞれ切り取る。そして、接着剤がぬられている面の中心に、それぞれ１０ｃｍの糸の端《はし》を取り付ける。

手順３　**図１１**のように、１辺が１ｃｍの正方形のシートを、**A**方向が地面に垂直になるように磁石の面を黒板につける。そして糸に１０ｇのおもりを一つずつ増やしてつるしていく。おもりをつるしたシートが動いたら、その時のおもりの個数から一つ少ない個数を記録する。

手順４　シートを**A**方向が地面に平行になるように、磁石の面を黒板につけて、手順３と同じ方法で記録を取る。

手順５　１辺が２ｃｍ、３ｃｍ、４ｃｍ、５ｃｍである正方形のシートについて、手順３と手順４を行う。

図１１　**実験２**の様子

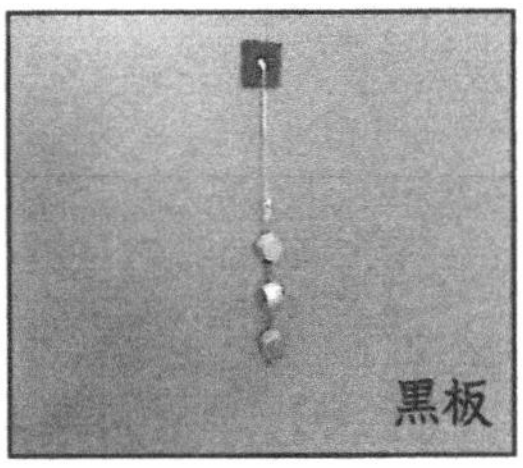

表１　**実験２**の記録

正方形のシートの１辺の長さ（ｃｍ）	１	２	３	４	５
A方向が地面に垂直《すいちょく》なときの記録（個）	０	２	５	１６	２３
A方向が地面に平行なときの記録（個）	０	２	５	１７	２６

太　郎： さらに多くのおもりをつるすためには、どうするとよいのかな。

花　子： おもりをつるすシートとは別に、シートをもう１枚《まい》用意し、磁石の面どうしをつけるとよいと思うよ。

先　生： それを確かめるために、**実験２**で用いたシートとは別に、一つの辺が**A**方向と同じになるようにして、１辺が１ｃｍ、２ｃｍ、３ｃｍ、４ｃｍ、５ｃｍである正方形のシートを用意しましょう。次に、そのシートの接着剤がぬられている面を動かないように黒板に貼って、それに同じ大きさの**実験２**で用いたシートと磁石の面どうしをつけてみましょう。

太　郎： それぞれのシートについて、**A**方向が地面に垂直であるときと、**A**方向が地面に平行であるときを調べてみましょう。

二人は新しくシートを用意しました。そのシートの接着剤がぬられている面を動かないように黒板に貼りました。それに、同じ大きさの**実験２**で用いたシートと磁石の面どうしをつけて、**実験２**の手順３～５のように調べました。その記録は**表２**のようになりました。

表２　磁石の面どうしをつけて調べた記録

正方形のシートの１辺の長さ（ｃｍ）	１	２	３	４	５
A方向が地面に垂直なシートに、 **A**方向が地面に垂直なシートをつけたときの記録（個）	０	３	７	１６	２７
A方向が地面に平行なシートに、 **A**方向が地面に平行なシートをつけたときの記録（個）	１	８	１９	４３	５０
A方向が地面に垂直なシートに、 **A**方向が地面に平行なシートをつけたときの記録（個）	０	０	１	２	３

〔問題２〕（１）　１辺が１ｃｍの正方形のシートについて考えます。**A**方向が地面に平行になるように磁石の面を黒板に直接つけて、**実験２**の手順３について２ｇのおもりを用いて調べるとしたら、記録は何個になると予想しますか。**表１**をもとに、考えられる記録を一つ答えなさい。ただし、糸とシートの重さは考えないこととし、つりさげることができる最大の重さは、１辺が３ｃｍ以下の正方形ではシートの面積に比例するものとします。

（２）　次の①と②の場合の記録について考えます。①と②を比べて、記録が大きいのはどちらであるか、解答らんに①か②のどちらかを書きなさい。また、①と②のそれぞれの場合について**A**方向とシートの面の**N**極や**S**極にふれて、記録の大きさにちがいがでる理由を説明しなさい。

①　**A**方向が地面に垂直なシートに、**A**方向が地面に平行なシートをつける。

②　**A**方向が地面に平行なシートに、**A**方向が地面に平行なシートをつける。

適性検査Ⅲ

注　　意

1　問題は **1** から **3** までで、**9**ページにわたって印刷してあります。

2　検査時間は３０分で、終わりは**午後０時２０分**です。

3　声を出して読んではいけません。

4　計算が必要なときは、この問題用紙の余白を利用しなさい。

5　答えは全て解答用紙に明確に記入し、**解答用紙だけを提出しなさい。**

6　答えを直すときは、きれいに消してから、新しい答えを書きなさい。

7　**受検番号**を解答用紙の決められたらんに記入しなさい。

東京都立白鷗高等学校附属中学校

問題は次のページからです。

1　**はるか**さん、**くるみ**さん、**おうき**さんの３人が話をしています。

はるか：昨日、計算問題の宿題が出たね。

くるみ：私《わたし》は問題を解いてから、答えを確かめるために電卓《でんたく》を使ったよ。問題のとおりに数字や記号のボタンを押《お》したら、電卓に表示された結果が、正しい答えにならなかったんだ（**表1**）。

表1

くるみさんの解いた問題	$3\times7-2\times3+15$
電卓《でんたく》に表示された結果	72
正しい答え	30

おうき：何が起こったのか考えてみよう。

くるみ：私が計算に使った電卓を持ってきたよ（**図1**）。

図1　**くるみ**さんが持ってきた電卓

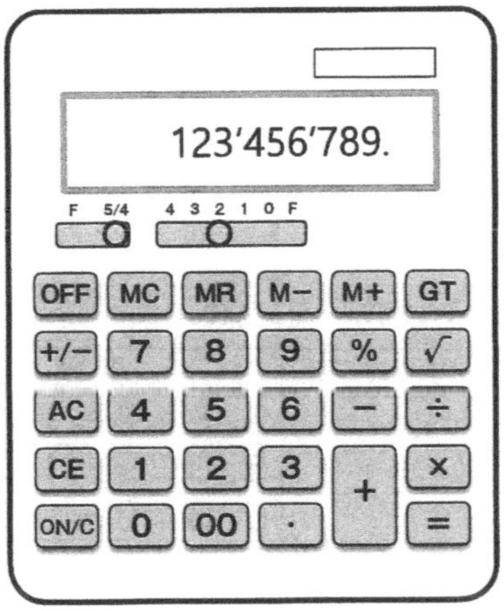

はるか：くるみさんの電卓で 3，×，7，−，2 と押した後、2回目の×を押したときに、もう 19 という数字に変わっているよ。つまり電卓は、ボタンを押した順番に計算をしているんだね。

おうき：本当だ。ボタンを押す記号や順番を工夫《くふう》する必要があるね。この電卓を使って $3\times7-2\times3+15$ の正しい答えである 30 を表示させるために、どの順番でボタンを押せばいいか分かった気がするよ。

〔問題１〕　$3\times7-2\times3+15$ を電卓で計算し、正しい答えである 30 を表示させるには、数字や記号をどのような順番で押せばよいか、答えなさい。また、なぜその順番で押せばよいと考えたか説明しなさい。

　ただし、0から9までの数字と、＋，−，×，÷，＝のみを使うこと。

くるみ：機械は便利だけど、操作《そうさ》によって何が起こっているのかを考えて使うことが大切だね。

おうき：そうだね。仕組みや機能を知って、工夫することで、目的に合わせた使い方ができるね。

はるか：他にもこの電卓に表示された結果が正しい答えにならない問題があったよ（**表2**）。

表2

はるかさんの解いた問題	5.819+1.627
電卓に表示された結果	7.45
正しい答え	7.446

おうき：これは小数第三位で四捨五入《ししゃごにゅう》しているんじゃないかな。左にあるスイッチが、四捨五入を表す**5/4**の位置にあるからだと思うよ（**図2**）。

図2

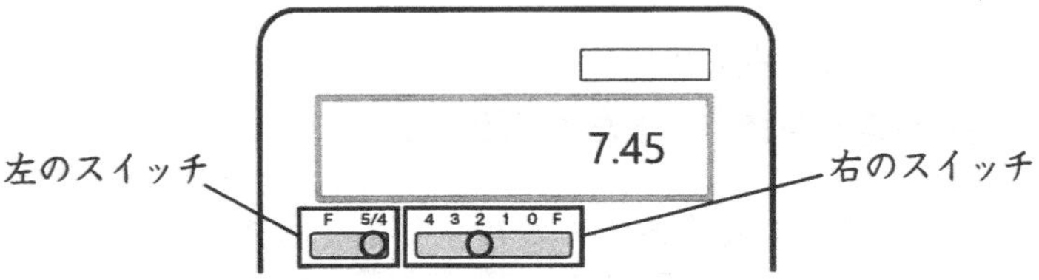

くるみ：右にあるスイッチは小数第何位まで表示できるかを表しているんだね。

はるか：右のスイッチの場所をいろいろと変えて計算をしてみたよ（**表3**）。

表3　右のスイッチの場所を変えて計算した結果

左のスイッチの場所	右のスイッチの場所	問題	表示された結果
5/4	1	5.819+1.627	7.4
5/4	2	5.819+1.627	7.45
5/4	3	5.819+1.627	7.446

おうき：これで、左のスイッチと右のスイッチの使い方が分かったね。

はるか：便利な機能だけど、使い方によっては表示される数字が正しい答えにならないね。

〔問題２〕　左のスイッチを**5/4**、右のスイッチを**2**に合わせて、次のように電卓で計算をしました。

［あ］と　**1.029**　を足したら　**3.00**　と表示された。

［い］と　**0.804**　を足したら　**1.04**　と表示された。

［あ］と［い］を足したら［う］と表示された。

［う］に入れることができる数を二つ答えなさい。また、［う］に入れることができる数が一つではない理由を答えなさい。

2 登校中に、**はるか**さん、**くるみ**さん、**おうき**さんの３人が話をしています。

はるか： リサイクルについて勉強した時に知った資源回収《しげんかいしゅう》の箱が道にでているね（**図１**）。

図１

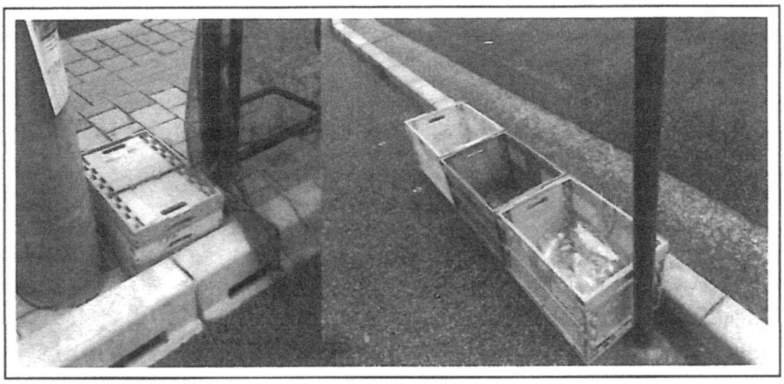

くるみ： 資源回収の箱は、折りたたんであったものが、広げるとすぐに箱になって、びんやかんを入れられるようになっているね。

おうき： 私《わたし》の家にも広げると簡単《かんたん》に箱になる収納《しゅうのう》ボックスがあるよ。同じような箱をつくることができないかな。

放課後、３人は、資源回収の箱の仕組みを調べました。

はるか： 箱の辺にあたる部分を何か所か切り開いてたたんであって、持ち上げるとすぐに箱になるんだね（**図２**）。

図２　資源回収《しげんかいしゅう》の箱の仕組み

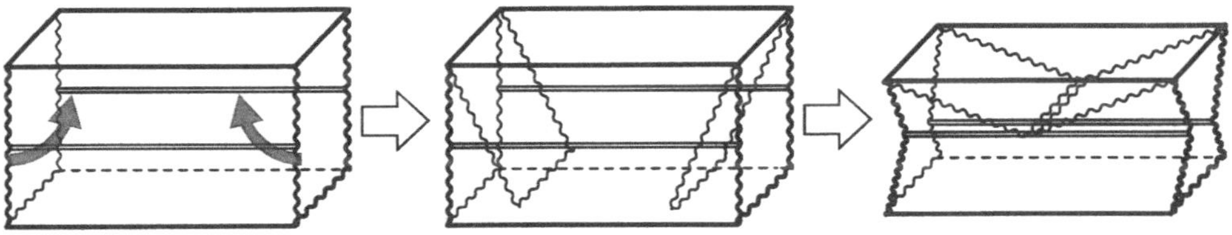

波線　：切れているところ

二重線：折るところ

おうき：おもしろいね。たたんだ後の形を上から見た図に表してみたよ（**図3**）。実線は、たたんだ後に上から見えている、箱の辺にあたる部分や折った部分を表しているよ。点線は、おくにかくれている、箱の辺にあたる部分や折った部分を表しているよ。

図3　折りたたんだ後

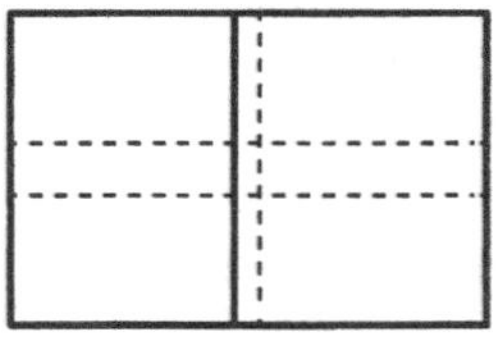

くるみ：広げると簡単に箱になるたたみ方は他にもあるよ。切らなくてもたためるよ（**図4**）。

図4

はるか：資源回収の箱は、箱の辺にあたる部分を**6**か所切っているね。私はもう少し切るところを減らしたいな。底の三つの辺を切ってたたむ方法を考えたよ（**図5**）。

図5

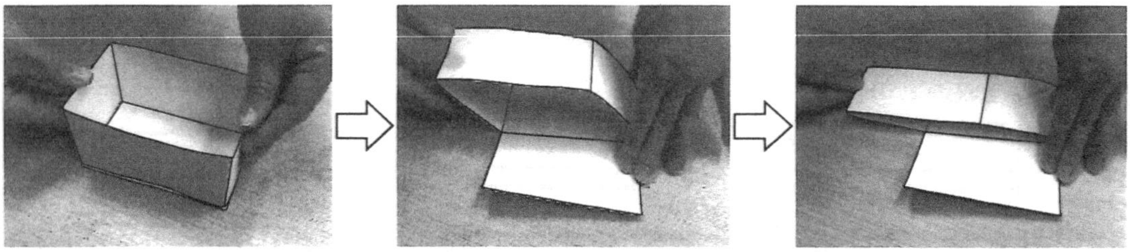

おうき：私は切る辺の数を減らしてみたよ。底の二つの辺を切ってもたためたよ（**図6**）。

図6

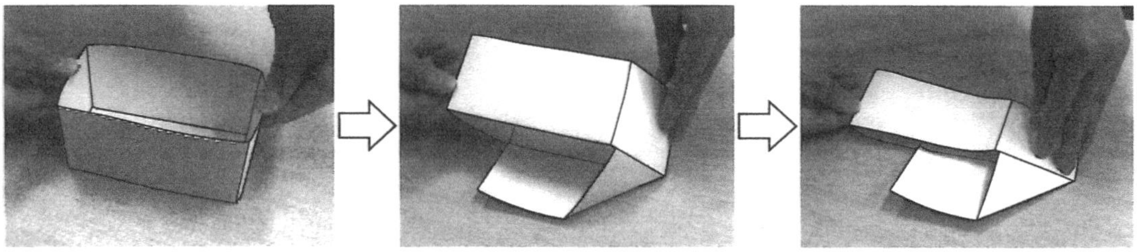

1

解答用紙　適性検査Ⅰ

〔問題1〕

受検番号

※100点満点

得点

※

※のらんには記入しないこと

〔問題2〕

※

※

20点

〔問題3〕

※

※

20点

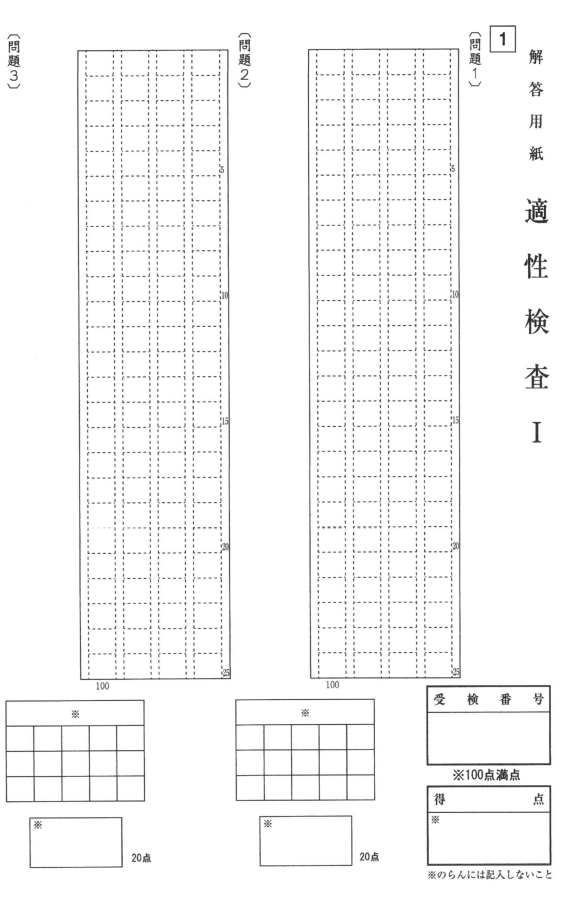

解　答　用　紙　　適　性　検　査　Ⅱ

※100点満点

受　検　番　号

得　　　　点
※

※のらんには、記入しないこと

1

〔問題１〕　16点

〔説明〕

※

〔問題２〕　24点

〔アの側面に書く４個の数〕

〔イの側面に書く４個の数〕

〔ウの側面に書く４個の数〕

〔エの側面に書く４個の数〕

〔アの展開図《てんかいず》〕

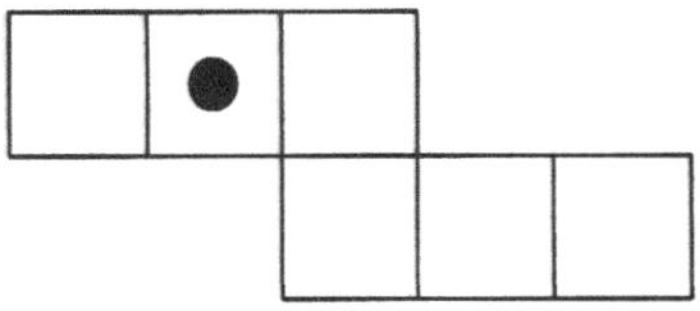

〔イの展開図〕

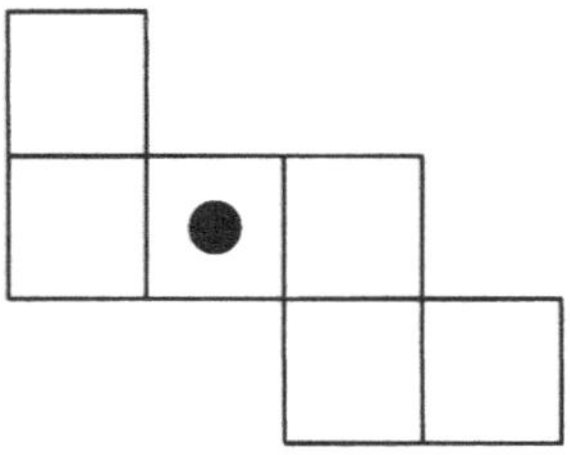

〔ウの展開図〕

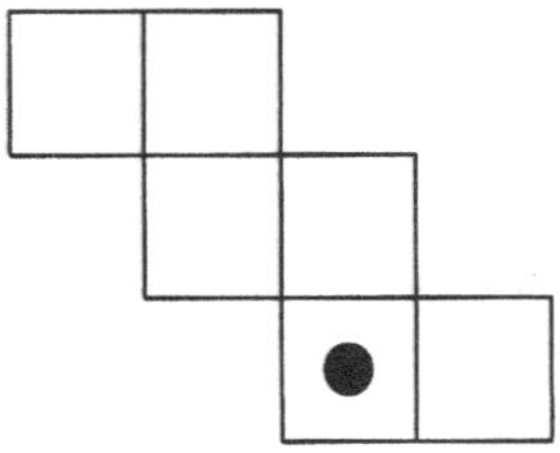

〔エの展開図〕

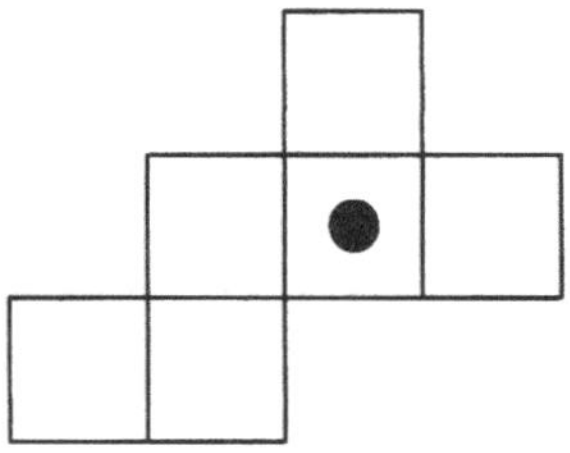

※

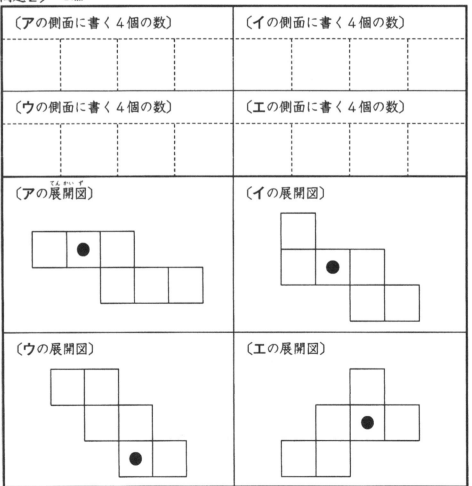

解答用紙　適性検査Ⅲ

※100点満点

受検番号

得点
※

※のらんには、記入しないこと

1

〔問題１〕　15点

数字や記号の順番
考え方

※

〔問題２〕　20点

う　に入れることができる数
または
理由

※

2

〔問題１〕　15点

上から見た図

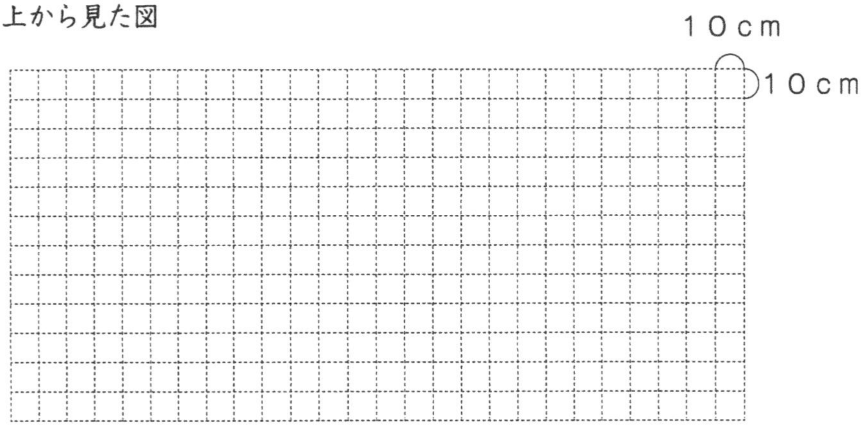

※

〔問題２〕　15点

見取り図

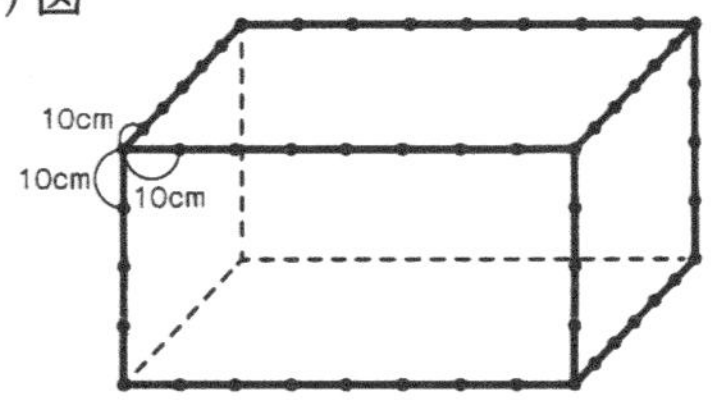

上から見た図

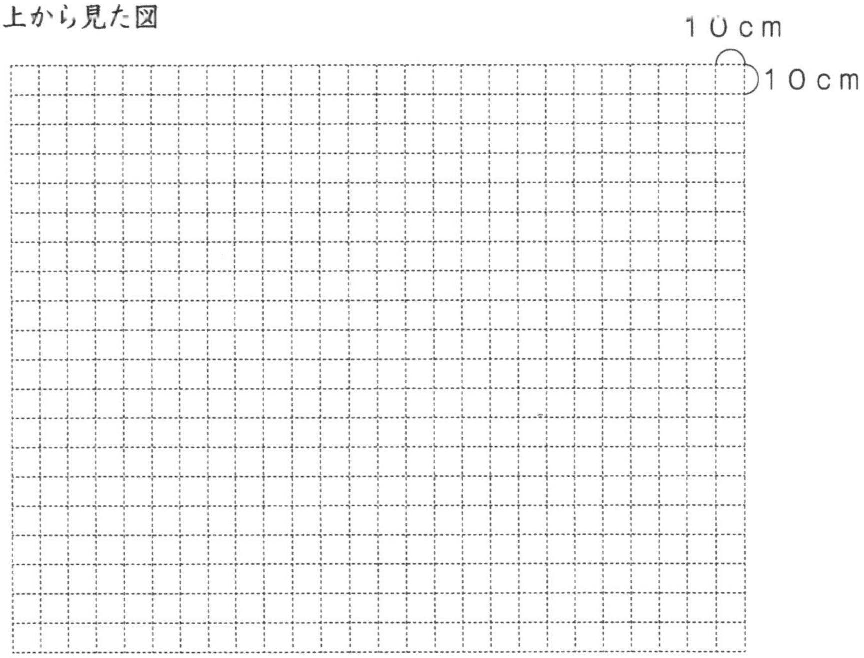

※

3

〔問題１〕　20点

選んだ野菜

選んだ理由

※

〔問題２〕　15点

調べたいこと

調べ方

※

2

〔問題１〕　15点

※

〔問題２〕　15点

（選んだ二つを○で囲みなさい。）

図３　　図４　　図５

※

3

〔問題１〕　14点

（１）

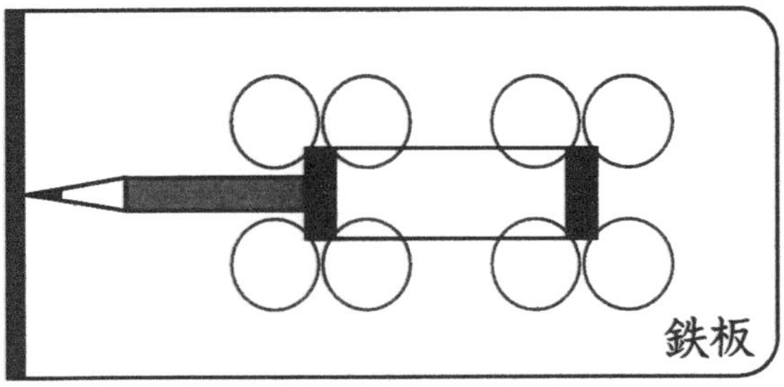

（２）

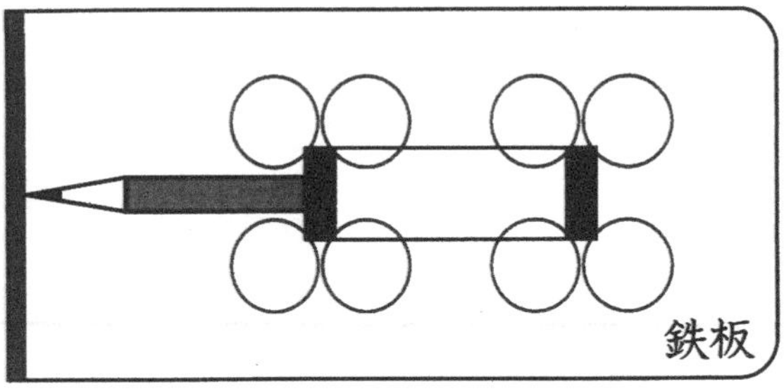

〔理由〕

※

〔問題２〕　16点

（１）　　　　個

（２）〔大きい場合〕

〔理由〕

※

（3　白鷗）

450　400　300　200　100

※									

※

60点

〔問題１〕　３人のたたみ方から一つを選んで、たたんだ後の形を上から見た図を解答用紙の方眼を使ってかきなさい。

ただし、縦《たて》６０ｃｍ、横８０ｃｍ、高さ４０ｃｍの箱を考え、方眼の１ますは縦横《たてよこ》それぞれ１０ｃｍとする。

たたんだ後に上から見えている、箱の辺にあたる部分と折った部分を実線で、おくにかくれている箱の辺にあたる部分と折った部分を点線でかきなさい。

くるみ：おうきさんのたたみ方はおもしろいね。私も、辺にあたる部分を２か所切ってたたむ方法がほかにもないか考えてみるね。

〔問題２〕　**おうき**さんのたたみ方とは別のたたみ方で、箱の辺にあたる部分を２か所切って、箱をたたむときのたたみ方を考え、見取り図に切る辺の部分を波線でなぞり、折り線を二重線で示しなさい。二重線は定規を使ってかくこと。

また、見取り図にかいたたたみ方で、たたんだ後の形を上から見た図を解答用紙の方眼を使ってかきなさい。

ただし、縦６０ｃｍ、横８０ｃｍ、高さ４０ｃｍの箱を考え、方眼の１ますは縦横それぞれ１０ｃｍとする。

たたんだ後に上から見えている箱の辺にあたる部分と折った部分を実線で、おくにかくれている箱の辺にあたる部分と折った部分を点線でかきなさい。

3　**はるか**さん、**くるみ**さん、**おうき**さんの３人が、**かもめ**先生が出した課題について話をしています。

はるか：野菜を収《しゅう》かくするまで育てる課題が出たね。
くるみ：生活科や理科で、植物の観察記録をつくったよ（**図１**）。

図１

植物名　ミニトマト
氏名　はくおう　くるみ
日時　７月２０日　午前１０時　　天気　晴れ　　気温２４度

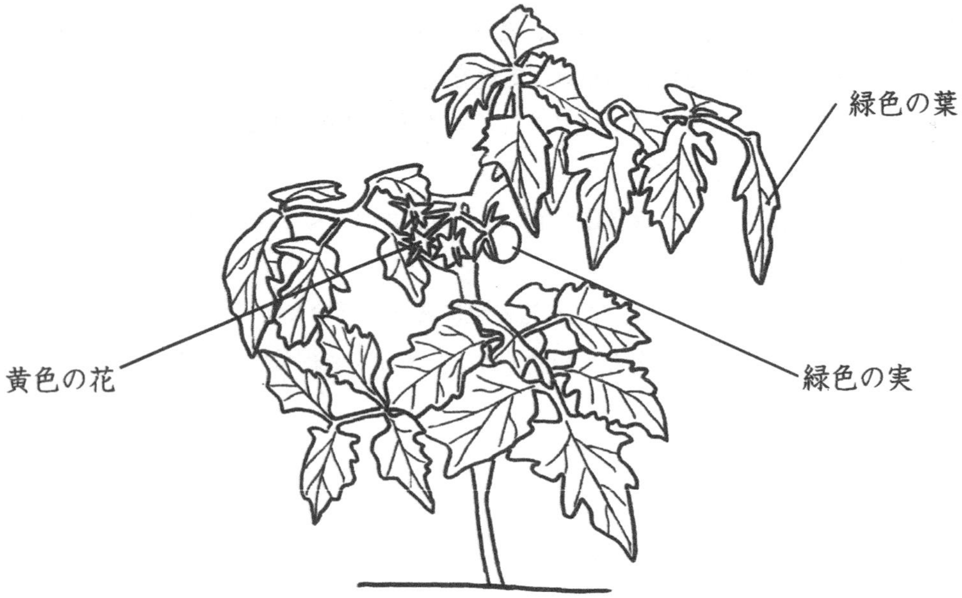

気がついたこと
・緑色の葉が５１枚《まい》
・黄色の花が七つ
・緑色の実が二つ
・地面からくきの先たんまで６２ｃｍ

おうき：かもめ先生は、「観察して、さらにいろいろなことを発見してください。」と言っていたよ。
はるか：どんな野菜を育てようかな。
くるみ：すぐに思いつかないね。お店に行って、どんな種が売られているのか見てみよう。

３人は、休みの日にお店に行きました。

おうき：たくさんの種が売られているよ。
はるか：種が入っているふくろに、「発芽温度」、「収かく日数」などが書いてあるね。
くるみ：「発芽温度」は、芽が出るために適した気温のことだよ。
おうき：「収かく日数」は、種をまいてから収かくができるまでの日数のことだよ。
はるか：本やインターネットで、育てるための条件を調べれば、どの種を使うか決まりそうだね。
くるみ：同じ野菜でもいろいろな種類があるよ。
おうき：いろいろな種類がある野菜はその中の一つに決めて調べることにしよう。

３人は、野菜が育つための日数や温度について調べました（**表１**）。

表１　野菜の収《しゅう》かく日数と発芽温度と生育温度について

野菜名	収かく日数	発芽温度	生育温度
キュウリ	６０日	２５℃～３０℃	１８℃～３５℃
カボチャ	１１０日	２５℃～３０℃	１７℃～２５℃
ナス	１５０日	２０℃～３０℃	１８℃～２８℃
キャベツ	９０日	２０℃～２５℃	１５℃～２５℃
ホウレンソウ	３０～４５日	１５℃～２５℃	１５℃～２５℃
シュンギク	４０～６０日	２５℃以下	１５℃～２０℃
ニンジン	８０～１４０日	１５℃～２０℃	１５℃～２２℃
ブロッコリー	９０日	１５℃～２０℃	２０℃～３０℃
インゲン	６０日	２０℃～３０℃	１０℃～３０℃
コマツナ	３０～６０日	１５℃～２０℃	５℃～３０℃

（農林水産省の資料より作成）

おうき：「生育温度」とは、野菜が生育することができる気温だよ。
はるか：育てる野菜を決めるためには、気温を調べる必要があるね。

３人は、気温について調べました（**図２**、**図３**）。

図2　東京の月別平均気温

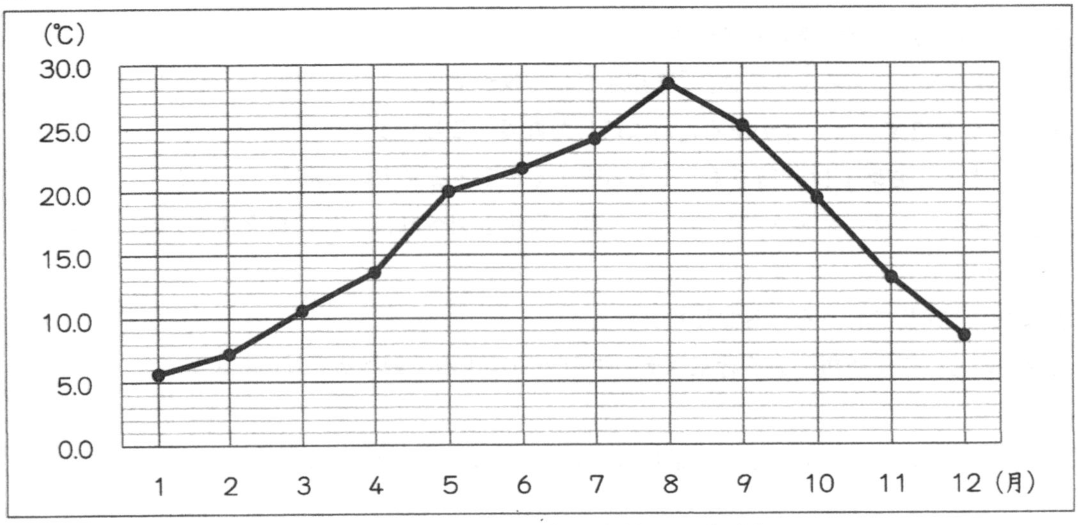

（２０１９年　気象庁の資料より作成）

図3　東京の月別平均最高気温・月別平均最低気温

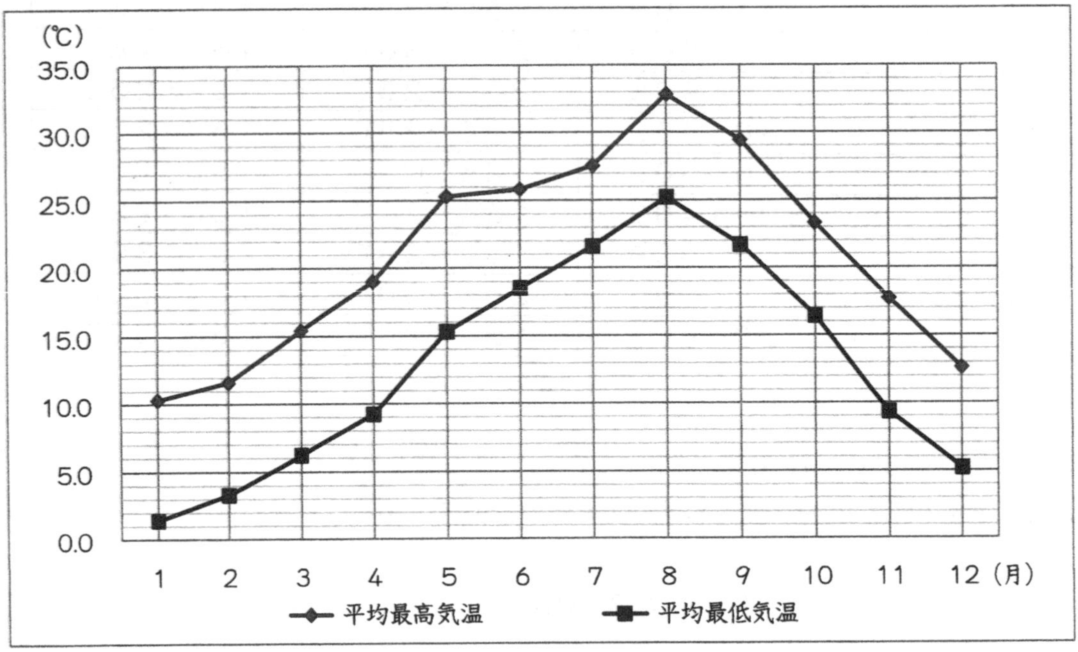

（２０１９年　気象庁の資料より作成）

くるみ：「月別平均最高気温」とは毎日の最高気温を**１**か月分平均したものだよ。

おうき：「月別平均最低気温」とは毎日の最低気温を**１**か月分平均したものだよ。

くるみ：かもめ先生は「①**５**月**１**日から**６**月**３０**日の間で種まきから収かくまで行えるようにしましょう。」と言っていたね。

〔問題1〕　下線部①の条件にあった野菜を**表1**、**図2**、**図3**を用いて選びなさい。また、なぜその野菜を選んだのか、理由を書きなさい。

おうき：かもめ先生は、「いろいろなことを発見してください。」と言っていたよ。
はるか：何かを発見するためには、②<u>調べたいことをはっきりさせて観察する必要があるね</u>。
くるみ：なんだか楽しそう、わくわくするね。

〔問題2〕　下線部②について、**野菜の種をまいてから収かくするまでの間**で、あなたが調べたいことをかきなさい。また、どのように調べていくか調べ方を具体的にかきなさい。

②

適性検査Ⅰ

注意

1　問題は 1 のみで、**4ページ**にわたって印刷してあります。
2　検査時間は**四十五分**で、終わりは**午前九時四十五分**です。
3　声を出して読んではいけません。
4　答えは全て解答用紙に明確に記入し、**解答用紙だけを提出しなさい。**
5　答えを直すときは、きれいに消してから、新しい答えを書きなさい。
6　**受検番号**を解答用紙の決められたらんに記入しなさい。

東京都立白鷗高等学校附属中学校

教英出版

1

次の資料A、資料Bを読んで、あとの問題に答えなさい。
（丸で囲んだ数字が付いている言葉には、それぞれ資料のあとに〔注〕があります。）

資料A

著作権に関係する弊社の都合により
本文は省略いたします。

教英出版編集部

著作権に関係する弊社の都合により
本文は省略いたします。

教英出版編集部

（ヤマザキマリ「国境のない生き方　私《わたし》をつくった本と旅」による）

〔注〕
① 心許《こころもと》なさ……どこかたよりなくて不安なさま。
② 身がすくむ……おそれやきん張、ひ労などでからだがこわばって動かなくなる。
③ コミュニティー……地域《ちいき》社会など仲間意識をもって共同の生活をする集団。
④ しっくりとくる……物事や人の心がほどよく合っている。
⑤ せめぎ合い……対立してたがいに争うこと。
⑥ 帰属する……特定の国や団体の一員としてそれにしたがう。
⑦ シンクロしない……一つにならない。シンクロはシンクロナイズの略。

資料B

問題が理解できれば解決できたと同じことだ、とよくいわれる。突然《とつぜん》の事件が起こると、解決すべき問題がどこにあるのか、知識や経験のない人はすぐにはわからない。知識があっても、それが机上《きじょう》で暗記しただけの知識では、いざというときに役に立たない。知識は⑧経験に裏打《うらう》ちされて初めて使えるものになるし、そうなって初めて知識といえると考えてもよい。

その一方で、経験さえあれば世の中に通用するわけでもない。個別の経験をいくら積んでも、組織の⑨不祥事《ふしょうじ》のように経験とかけ離《はな》れた状況《じょうきょう》が突然現れたときには、しっかりした知識がなければ対応できない。的確に問題を解決するには、危機《きき》が起こってからではなく、ふだんから常に問題の理解を⑩怠《おこた》らないことが大切である。

こう考えると、問題を理解し、解決できるかどうかは、問題に関与《かんよ》する⑪当事者がいかに「自分のこととして」問題をとらえているかにかかっている。⑫突発的《とっぱつてき》な問題への⑬迅速《じんそく》な対応は、当事者が問題の意味を常に問うているかどうかがカギになる。

自分にとっての問題の意味とは、自分の関心や希望と、具体的な目標やその達成を⑭阻《はば》む制約との間の関係のことである。卒業試験に合格すれば新しい人生が待っているという学生の場合、達成すべき目標は卒業試験に合格すること、制約になっているのは試験の難《むずか》しさであり、問題の意味とは人生が開けるということである。

　また、問題を解くには、まず問題を発見し、理解しなければならない。⑮混沌《こんとん》とした情報のなかから、自分にとって意味のある目標、それを達成するための手段《しゅだん》、目標の達成を妨《さまた》げるいろいろな⑯制約条件を見つけ出すことが、まず大切になる。むしろ、問題がわかれば解けたと同じことだといわれるように、意味のある問題を発見したり理解したりすることのほうが問題を解くより大事になることも多い。

　問題の発見や理解、問題の解決、これらはどれも思考のはたらきによるものである。ところが、こうした思考のはたらきは、複雑であるにもかかわらず、誰《だれ》でも身につけていくことができる。問題解決のための思考のはたらきは、生後二カ月ぐらいから始まり、生涯《しょうがい》にわたって発達していく。問題の意味を発見し、理解し、解決していく思考のはたらきは、誰にでも、またどんな現実の場面にも登場する基本的な心の機能の一つである。

　思考とは、いろいろな情報を心の中で結びつけたり、組み合わせたり、並《なら》べ替《か》えたり、比較《ひかく》したり、⑰系列化《けいれつか》したり、変換《へんかん》したり、新しい情報を創《つく》り出したりするはたらきのことである。また、こうしたはたらきを総合して、まわりの状況や心の中が細かく変化しても、それにとらわれず、いろいろな状況のどこが似ているか、何が原因で何が結果なのかを深く探《さぐ》ること、論理的《ろんりてき》にしっかりした判断をすること、新しい情報を創造《そうぞう》することなどを、一貫《いっかん》して扱《あつか》う心のはたらきである。また、こうしたはたらきによって、さまざまな情報の間の関係を創り出し、⑱構造化していくことも、思考の機能の大事な部分である。

　問題解決とは、何が問題かを理解するとともに、その問題を解く方法を見つけることであり、問題を発見することも含《ふく》む。また、意思決定とは、行動がもたらす価値《かち》を予測して適切な行動を見出したり、複数の行動の予測価値を比較して適切な行動を選択《せんたく》することをいう。

　問題解決と意思決定の間にも深い関係がある。たとえば、問題を解くときに一度に解けてしまうことは⑲稀《まれ》で、⑳副次的な目標を立て、その副次目標を達成するための目標をさらに立てたり、試行錯誤《しこうさくご》を繰《く》り返して答《こたえ》を模索《もさく》したり、意思決定を次々《つぎつぎ》と繰り返すことが多い。

（安西祐一郎《あんざいゆういちろう》「心と脳《のう》――認知科学《にんちかがく》入門」岩波新書による）

〈注〉

⑧ 経験に裏打《うらう》ちされて……経験によって、信用できる状態になって。
⑨ 不祥事《ふしょうじ》……よくない事件。
⑩ 怠《おこた》らない……なまけたり、さぼったりせず、するべきことをする。
⑪ 当事者……そのことがらに、直接関係している人。
⑫ 突発的《とっぱつてき》な……とつぜん起こるような。
⑬ 迅速《じんそく》な……とてもすばやい。
⑭ 阻《はば》む……じゃまをする。
⑮ 混沌《こんとん》とした……物事が複雑にいり混じって、区別がはっきりしない。
⑯ 制約条件……活動の自由を制限する条件。
⑰ 系列化《けいれつか》したり……つながりや関係を整理したり。
⑱ 構造化していく……仕組みを作っていく。
⑲ 稀《まれ》……めったにないこと。
⑳ 副次的な……中心となることがらに続くような。

〈問題1〉 **資料A** に、いつの間にか囲いの外に、身ひとつで出ていたというわけです。とありますが、「囲いの外に出る」とはどのようなことだと筆者は考えていますか。百字以内で説明しなさい。

ただし、一ますめから書き始め、記号（、や。や「」など）も字数に数えなさい。

〈問題2〉 **資料B** で、問題がわかれば解けたと同じことだといわれるとありますが、筆者がこのように述べる理由を百字以内で説明しなさい。

ただし、一ますめから書き始め、記号（、や。や「」など）も字数に数えなさい。

〈問題3〉 **資料B** に、問題解決とは、何が問題かを理解するとともに、その問題を解く方法を見つけることとあります。あなたが **資料A** の自分のことを誰《だれ》も知らない場所に身を置くという状きょうになったとき、どのように問題を解決していきますか。**資料A** 、**資料B** の内容をふまえて、具体例をあげながら四百字以上四百五十字以内で説明しなさい。

ただし、書き出しや改行などの空らん、記号（、や。や「」など）も字数に数えなさい。

適性検査Ⅱ

注意

1　問題は **1** から **3** までで、**17ページ**にわたって印刷してあります。

2　検査時間は**45分**で、終わりは**午前11時00分**です。

3　声を出して読んではいけません。

4　計算が必要なときは、この問題用紙の余白を利用しなさい。

5　答えは全て解答用紙に明確に記入し、**解答用紙だけを提出しなさい。**

6　答えを直すときは、きれいに消してから、新しい答えを書きなさい。

7　**受検番号**を解答用紙の決められたらんに記入しなさい。

東京都立白鷗高等学校附属中学校

1　**先生**、**花子**さん、**太郎**《たろう》さんが、校内の６年生と４年生との交流会に向けて話をしています。

先　生：今度、学校で４年生との交流会が開かれます。６年生５９人は、制作した作品を展示《てんじ》して見てもらいます。また、４年生といっしょにゲームをします。

花　子：楽しそうですね。私《わたし》たち６年生は、この交流会に向けて一人１枚《まい》画用紙に動物の絵をかいたので、それを見てもらうのですね。絵を展示する計画を立てましょう。

先　生：みんなが絵をかいたときに使った画用紙の辺の長さは、短い方が４０ｃｍ、長い方が５０ｃｍです。画用紙を横向きに使って絵をかいたものを横向きの画用紙、画用紙を縦向《たてむ》きに使って絵をかいたものを縦向きの画用紙とよぶことにします。

太　郎：**図１**の横向きの画用紙と、**図２**の縦向きの画用紙は、それぞれ何枚《なんまい》ずつあるか数えてみよう。

花　子：横向きの画用紙は３８枚あります。縦向きの画用紙は２１枚です。全部で５９枚ですね。

太　郎：先生、画用紙はどこにはればよいですか。

先　生：学校に、**図３**のような縦《たて》２ｍ、横１．４ｍのパネルがあるので、そこにはります。
絵はパネルの両面にはることができます。

花　子：分かりました。ところで、画用紙をはるときの約束はどうしますか。

先　生：作品が見やすいように、画用紙をはることができるとよいですね。昨年は、次の〔**約束**〕にしたがってはりました。

図１　横向きの画用紙

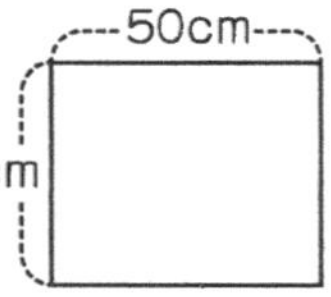

図２　縦向《たてむ》きの画用紙

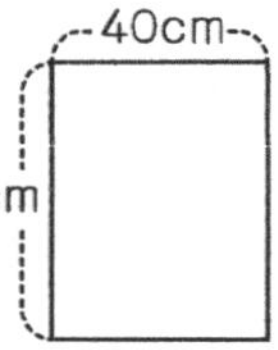

図３　パネル

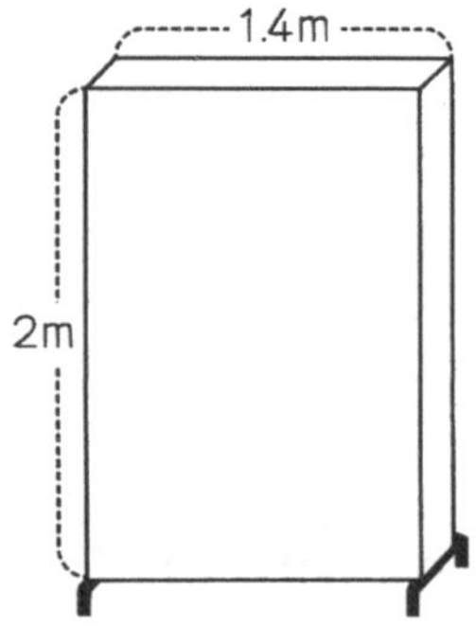

〔約束〕

(1)　**図４**のように、画用紙はパネルの外にはみ出さないように、まっすぐにはる。

(2)　パネルの一つの面について、どの行（横のならび）にも同じ枚数《まいすう》の画用紙をはる。また、どの列（縦《たて》のならび）にも同じ枚数の画用紙をはる。

(3)　１台のパネルに、はる面は２面ある。一つの面には、横向きの画用紙と縦向きの画用紙を混ぜてはらないようにする。

(4)　パネルの左右のはしと画用紙の間の長さを①、左の画用紙と右の画用紙の間の長さを②、パネルの上下のはしと画用紙の間の長さを③、上の画用紙と下の画用紙の間の長さを④とする。

(5)　長さ①どうし、長さ②どうし、長さ③どうし、長さ④どうしはそれぞれ同じ長さとする。

(6)　長さ①～④はどれも５ｃｍ以上で、５の倍数の長さ（ｃｍ）とする。

(7)　長さ①～④は、面によって変えてもよい。

(8)　一つの面にはる画用紙の枚数は、面によって変えてもよい。

図４　画用紙のはり方

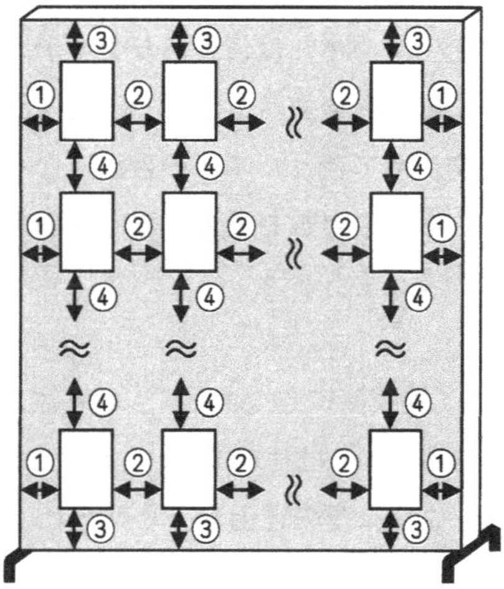

花　子： 今年も、昨年の**〔約束〕**と同じように、パネルにはることにしましょう。

太　郎： そうだね。例えば、**図２**の縦向きの画用紙６枚を、パネルの一つの面にはってみよう。いろいろなはり方がありそうですね。

〔問題１〕**〔約束〕**にしたがって、**図３**のパネルの一つの面に、**図２**で示した縦向《たてむ》きの画用紙６枚《まい》をはるとき、あなたなら、はるときの長さ①～④をそれぞれ何ｃｍにしますか。

花　子： 次に、６年生の作品の、横向きの画用紙３８枚と、縦向きの画用紙２１枚のはり方を考えていきましょう。

太　郎： 横向きの画用紙をパネルにはるときも、**〔約束〕** にしたがってはればよいですね。

花　子： 先生、パネルは何台ありますか。

先　生： 全部で８台あります。しかし、交流会のときと同じ時期に、５年生もパネルを使うので、交流会で使うパネルの台数はなるべく少ないほうがよいですね。

太　郎： パネルの台数を最も少なくするために、パネルの面にどのように画用紙をはればよいか考えましょう。

〔問題２〕 **〔約束〕** にしたがって、６年生の作品５９枚をはるとき、パネルの台数が最も少なくなるときのはり方について考えます。そのときのパネルの台数を答えなさい。

　また、その理由を、それぞれのパネルの面に、どの向きの画用紙を何枚ずつはるか具体的に示し、文章で説明しなさい。なお、長さ①～④については説明しなくてよい。

先　生： 次は４年生といっしょに取り組むゲームを考えていきましょう。何かアイデアはありますか。

花　子： はい。図画工作の授業で、**図５** のような玉に竹ひごをさした立体を作りました。

この立体を使って、何かゲームができるとよいですね。

太　郎： 授業のあと、この立体を使ったゲームを考えていたのですが、しょうかいしてもいいですか。

図５　玉に竹ひごをさした立体

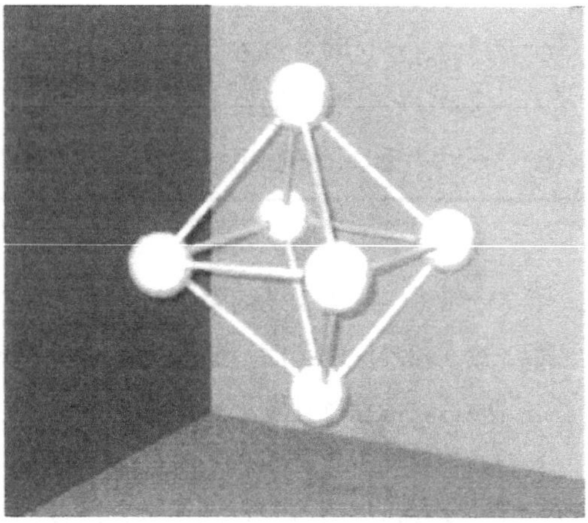

花　子：太郎さんは、どんなゲームを考えたのですか。

太　郎：**図6**のように、６個の玉に、**あ**から**か**まで一つずつ記号を書きます。また、１２本の竹ひごに、０、１、２、３の数を書きます。**あ**からスタートして、サイコロをふって出た目の数によって進んでいくゲームです。

花　子：サイコロには**1**、**2**、**3**、**4**、**5**、**6** の目がありますが、竹ひごに書いた数は０、１、２、３です。どのように進むのですか。

太　郎：それでは、ゲームの**〔ルール〕**を説明します。

図6　記号と数を書いた立体

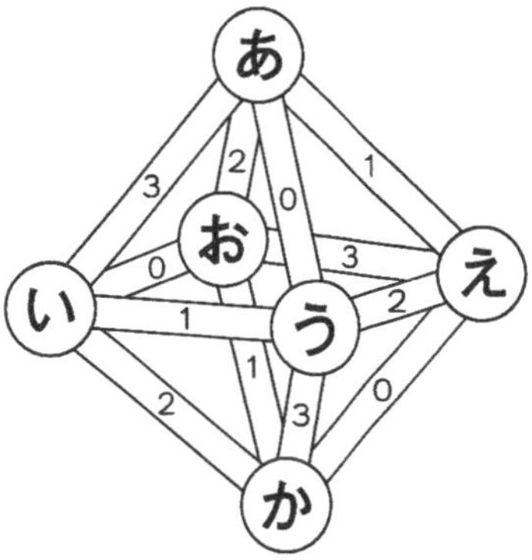

〔ルール〕

(1)　**あ**をスタート地点とする。

(2)　六つある面に、**1**～**6**の目があるサイコロを１回ふる。

(3)　(2)で出た目の数に２０を足し、その数を４で割《わ》ったときの余りの数を求める。

(4)　(3)で求めた余りの数が書かれている竹ひごを通り、次の玉へ進む。また、竹ひごに書かれた数を記録する。

(5)　(2)～(4)をくり返し、**か**に着いたらゲームは終わる。
ただし、一度通った玉にもどるような目が出たときには、先に進まずに、その時点でゲームは終わる。

(6)　ゲームが終わるまでに記録した数の合計が得点となる。

太　郎：例えば、サイコロをふって出た目が**1**、**3** の順のとき、**あ→え→お**と進みます。その次に出た目が**5**のときは、**か**に進み、ゲームは終わります。そのときの得点は５点となります。

花　子：**5**ではなく、**6**の目が出たときはどうなるのですか。

太　郎：そのときは、**あ**にもどることになるので、先に進まずに、**お**でゲームは終わります。得点は４点となります。それでは、３人でやってみましょう。
まず私がやってみます。サイコロをふって出た目は、**1**、**3**、**4**、**5**、**3** の順だったので、サイコロを５回ふって、ゲームは終わりました。得点は８点でした。

先　生：私がサイコロをふって出た目は、**1**、**2**、**5**、**1** の順だったので、サイコロを４回ふって、ゲームは終わりました。得点は［ア］点でした。

花　子：最後に私がやってみます。
サイコロをふって出た目は、［イ、ウ、エ、オ］の順だったので、サイコロを４回ふって、ゲームは終わりました。得点は７点でした。３人のうちでは、太郎さんの得点が一番高くなりますね。

先　生：では、これを交流会のゲームにしましょうか。

花　子：はい。太郎さんがしょうかいしたゲームがよいと思います。

太　郎：ありがとうございます。交流会では、４年生と６年生で協力してできるとよいですね。
４年生が楽しめるように、準備していきましょう。

〔問題３〕〔ルール〕と会話から考えられる［ア］に入る数を答えなさい。また、［イ、ウ、エ、オ］にあてはまるものとして考えられるサイコロの目の数を答えなさい。

2　**花子**さんと**太郎**《たろう》さんは、図書室でバスについて**先生**と話をしています。

花　子：昨日、バスに乗ってとなりの駅に行ったとき、たくさんのバスが行き来していましたよ。
太　郎：たくさんのバスがあるということは、行き先がちがっていたり、バスの種類もいろいろあったりするのでしょうか。バスの種類や台数はどれぐらいあるのでしょう。
花　子：バスのことについて、調べてみましょう。

花子さんと太郎さんは、次の資料（**図1**、**図2**、**表1**）を見つけました。

図1　日本国内の乗合《のりあい》バスの合計台数の移り変わり

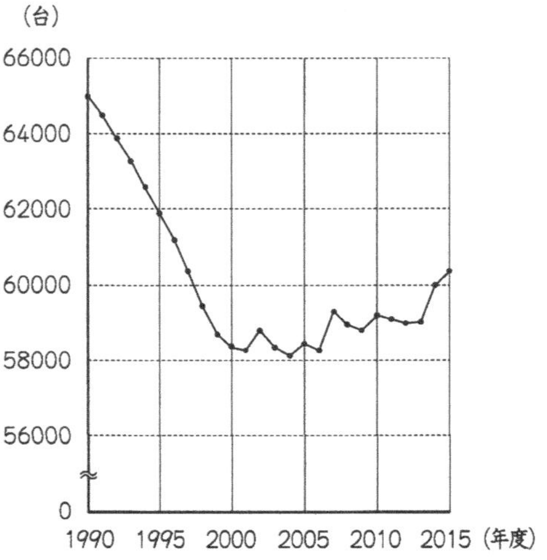

図2　日本国内の乗合バスが１年間に実際に走行したきょりの移り変わり

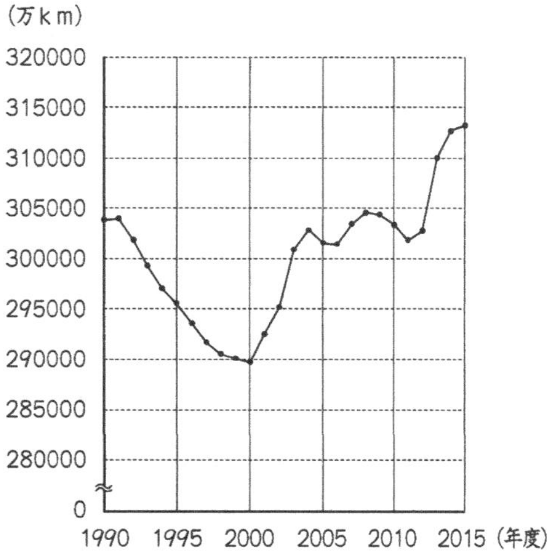

（公益社団法人日本バス協会「２０１８年度版（平成３０年度）日本のバス事業」より作成）

太　郎：資料に書いてある乗合《のりあい》バスとは、どんなバスのことですか。
先　生：バスの種類は大きく分けて、乗合バスと、貸切《かしきり》バスがあります。決められた経路を時刻表《じこくひょう》に従《したが》って走るバスは、乗客の一人一人が料金をはらいます。このようなバスを乗合バスといいます。６年生の校外学習などでは、学校でいらいをしたバスで見学コースをまわってもらいましたね。このようなバスを貸切バスといいます。

表1　乗合《のりあい》バスに関する主な出来事

	主な出来事
1995（平成7）年度	● 東京都武蔵野市《むさしのし》で、地域《ちいき》の人たちの多様な願いにこまやかに応えるため、新しいバスサービス「コミュニティバス」の運行を開始した。
1996（平成8）年度	● 都営バスなどがノンステップバスの導入を開始した。
1997（平成9）年度	● 国がオムニバスタウン事業を開始した。（オムニバスタウン事業とは、全国から14都市を指定し、バス交通を活用して、安全で豊かな暮《く》らしやすいまちづくりを国が支えんする制度のこと。）
2001（平成13）年度	● バスの営業を新たに開始したり、新たな路線を開設したりしやすくするなど、国の制度が改められた。また、利用そく進等のため、割引運賃《わりびきうんちん》の導入などのサービス改善《かいぜん》がはかられた。
2006（平成18）年度	● 貸切《かしきり》バスで運行していた市町村のバスのサービスを、乗合《のりあい》バスでの運行と認《みと》めることや、コミュニティバスでは地域の意見を取り入れて運賃の設定ができるようにすることなど、国の制度が改められた。
2012（平成24）年度	● 都営バスの全車両がノンステップバスとなった。

（「国土交通白書」や「都営バスホームページ」などより作成）

花　子：コミュニティバスは小型のバスで、私《わたし》たちの地域《ちいき》でも走っていますね。

先　生：1995（平成7）年度以降《いこう》、コミュニティバスを導入する地域が増えて、2016（平成28）年度には、全国の約80％の市町村で、コミュニティバスが運行されているという報告もあります。小型のコミュニティバスは、せまい道路を走ることができるという長所があります。

太　郎：ノンステップバスとは、出入口に段差《だんさ》がないバスのことですね。

先　生：図1や図2の資料からどんなことが分かりますか。

花　子：1990年度から2000年度までは、どちらの資料も減少を示していますね。

太　郎：2001年度以降の変化も考えてみましょう。

〔問題1〕　1990年度から2000年度までにかけて減少していた乗合バスの合計台数や1年間に実際に走行したきょりと比べて、2001年度から2015年度にかけてどのような移り変わりの様子がみられるか、**図1**と**図2**のどちらかを選び、その図から分かる移り変わりの様子について、**表1**と関連付けて、あなたの考えを書きなさい。

太　郎：先日、祖父が最近のバスは乗りやすくなったと言っていたのだけれども、最近のバスは何か変化があるのでしょうか。

先　生：２０１２（平成２４）年度に都営バスの全車両がノンステップバスになったように、日本全国でもノンステップバスの車両が増えてきています。

花　子：私が昨日乗ったのもノンステップバスでした。

太　郎：**図3**の資料を見ると、車内に手すりがたくさんあるようですね。

先　生：ノンステップバスが増えてきた理由について、**表2**の資料をもとに考えてみましょう。

図3　乗合バスの様子

バスの正面

降車《こうしゃ》ボタンの位置

バスの出入口

車内の様子

表2　２０１５（平成２７）年度以降《いこう》のノンステップバスの標準的な設計の工夫《くふう》の一部

・出入口の高さ	・車いすスペースの設置
・手すりの素材	・フリースペースの設置
・ゆかの素材	・固定ベルトの設置
・降車《こうしゃ》ボタンの位置	・優先席《ゆうせんせき》の配置

（公益社団法人日本バス協会「２０１８年度版（平成３０年度）日本のバス事業」より作成）

花　子： ノンステップバスは、いろいろな人が利用しやすいように、設計が工夫《くふう》されているようですね。

太　郎： このような工夫にはどのような役割《やくわり》が期待されているのでしょうか。

〔問題２〕　太郎さんが「このような工夫にはどのような役割《やくわり》が期待されているのでしょうか。」と言っています。**表2**から設計の工夫を二つ選び、その二つの工夫に共通する役割として、どのようなことが期待されているか、あなたの考えを書きなさい。

太　郎：バスの車両は、いろいろな人が利用しやすいように、工夫したつくりになっていることが分かりました。バスの車両以外にも、何か工夫があるのでしょうか。

花　子：私は、路面に「バス優先《ゆうせん》」と書かれた道路を見たことがあります。２車線の道路のうち、一方の道路には「バス優先」と書かれていました。

先　生：一般《いっぱん》の自動車も通行できますが、乗合バスが接近してきたときには、「バス優先」と書かれた車線から出て、道をゆずらなければいけないというきまりがあります。バス以外の一般の自動車の運転手の協力が必要ですね。

太　郎：**図４**のような資料がありました。この資料の説明には、「このシステムがある場所では、乗合バスからの信号を受信する通信機が設置されています。この通信機が乗合バスからの信号を感知すると、乗合バスの通過する時刻《じこく》を予測して、バスの進行方向の青信号が点灯している時間を長くしたり、赤信号の点灯している時間を短くしたりするなど、乗合バスが通過しやすくしています。」と書いてあります。この仕組みのことを「公共車両優先システム」というそうです。

図４　公共車両優先《ゆうせん》システム

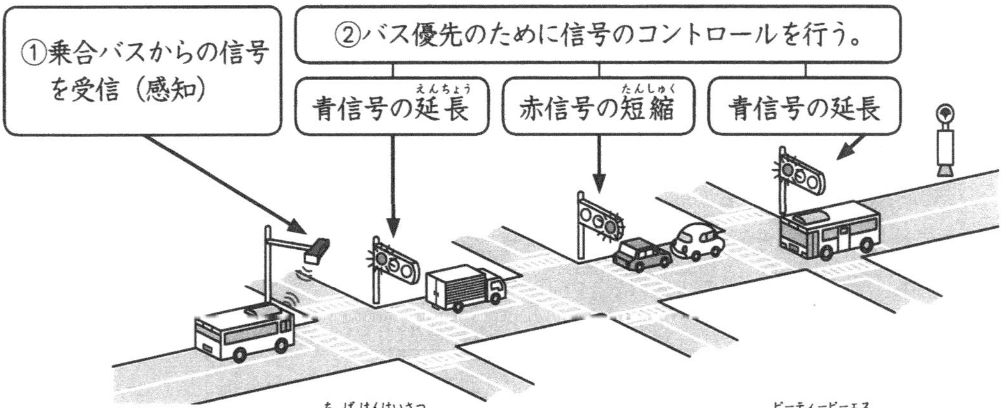

（千葉県警察《ちばけんけいさつ》ホームページ「新交通管理システム・ＰＴＰＳ《ピーティーピーエス》調査報告」より作成）

先　生：「公共車両優先システム」は、乗合バスを常に青信号で通過させるための仕組みではありませんが、バスの信号待ちの時間を短くする効果があります。また、花子さんが見た「バス優先」の車線とあわせて利用されている場所もあるようです。

花　子：この仕組みがある場所では、バスが通過するときと、通過しないときとでは、青信号や赤信号の点灯時間が変わるというのはおもしろいですね。この仕組みがある場所では、実際にどのような変化がみられたのでしょうか。

先　生：ここに、**図５**、**図６**、**図７**の三つの資料があります。

図５　公共車両優先システムが導入された区間

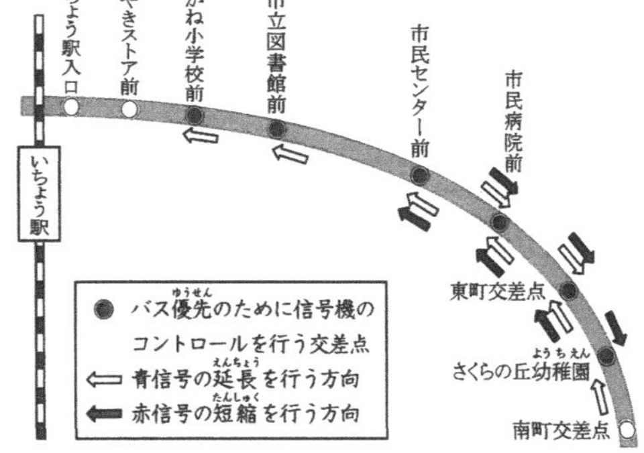

（千葉県警察ホームページ「新交通管理システム・ＰＴＰＳ調査報告」より作成）

図6　調査した区間のバスの平均運行時間

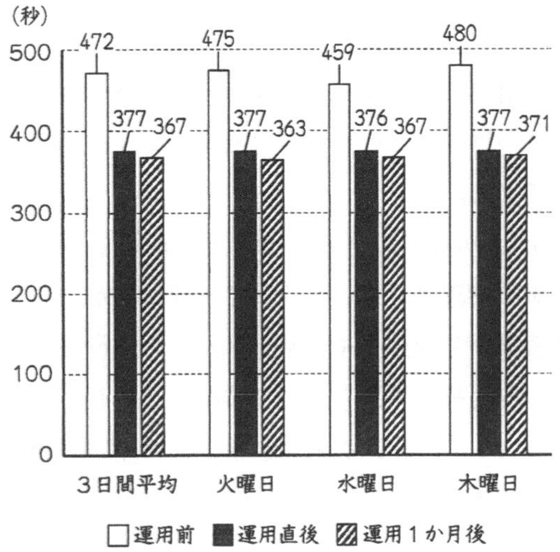

図7　時刻表《じこくひょう》に対するバスの運行状きょう
（７分間の所要時間の経路を８分以内で運行した割合《わりあい》）

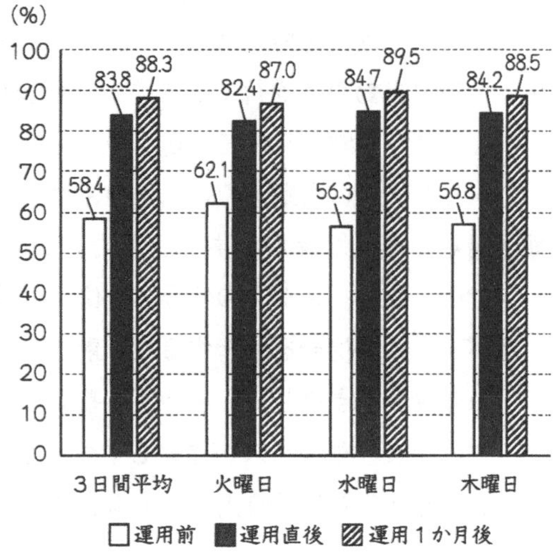

（千葉県警察ホームページ「新交通管理システム・ＰＴＰＳ調査報告」より作成）

太　郎：**図６**で、「公共車両優先システム」の運用前と運用後を比べると、調査した区間をバスで移動するときに、かかる時間が短縮《たんしゅく》されたようですね。

花　子：バスの時刻表に対しても、ほぼ時間どおりに運行しているようです。

太　郎：時間どおりにバスが運行してくれると便利だから、この仕組みをまだ導入していない地域があったら、導入していけばよいですね。

花　子：先生の話や、**図４**～**図７**の資料からは、「バス優先」の車線や「公共車両優先システム」がこのままでよいとはいえないと思います。

〔問題３〕　花子さんは、「先生の話や、**図４**～**図７**の資料からは、「バス優先」の車線や「公共車両優先システム」がこのままでよいとはいえないと思います。」と言っています。あなたは、「バス優先」の車線や「公共車両優先システム」にどのような課題があると考えますか。また、その課題をどのように解決すればよいか、あなたの考えを書きなさい。

3 **花子**さん、**太郎《たろう》**さん、**先生**が車の模型《もけい》について話をしています。

花　子：モーターで走る車の模型を作りたいな。

太　郎：プロペラを使って車の模型を作ることができますか。

先　生：プロペラとモーターとかん電池を組み合わせて、**図１**のように風を起こして走る車の模型を作ることができます。

花　子：どのようなプロペラがよく風を起こしているのかな。

太　郎：それについて調べる実験はありますか。

先　生：電子てんびんを使って、**実験１**で調べることができます。

花　子：**実験１**は、どのようなものですか。

先　生：まず、**図２**のように台に固定したモーターを用意します。それを電子てんびんではかります。

太　郎：はかったら、５４．１ｇになりました。

先　生：次に、**図３**のようにスイッチがついたかん電池ボックスにかん電池を入れます。それを電子てんびんではかります。

花　子：これは、４８．６ｇでした。

先　生：さらに、プロペラを**図２**の台に固定したモーターにつけ、そのモーターに**図３**のボックスに入ったかん電池をつなげます。それらを電子てんびんではかります。その後、電子てんびんにのせたままの状態でスイッチを入れると、プロペラが回り、電子てんびんの示す値《あたい》が変わります。ちがいが大きいほど、風を多く起こしているといえます。

太　郎：**表１**の**Ａ～Ｄ**の４種類のプロペラを使って、**実験１**をやってみましょう。

図１　風を起こして走る車の模型《もけい》

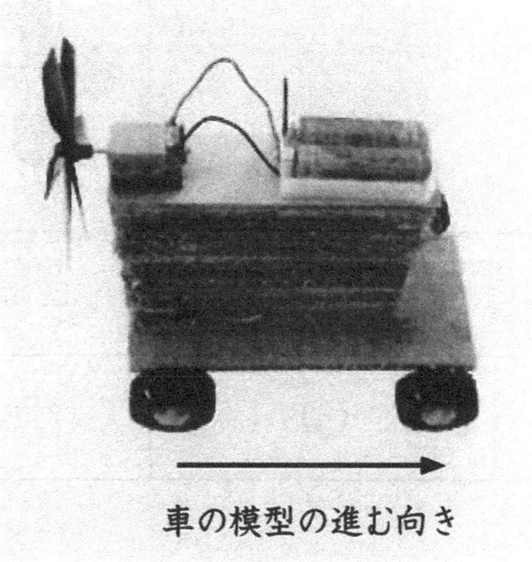

図２　台に固定したモーター

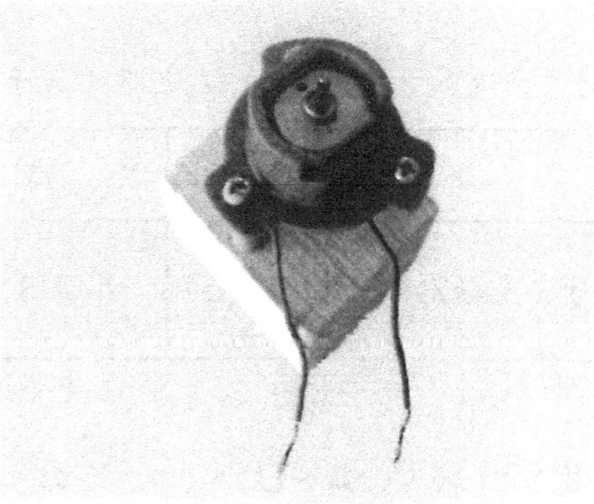

図３　ボックスに入ったかん電池

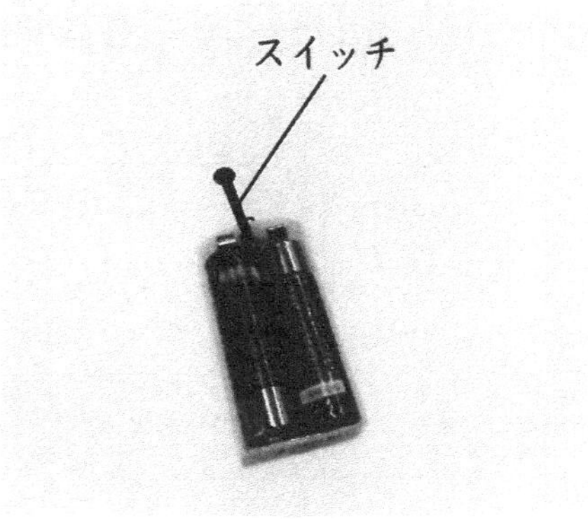

表1　４種類のプロペラ

	A	B	C	D
プロペラ				
中心から羽根のはしまでの長さ（cm）	5.4	4.9	4.2	2.9
重さ（g）	7.5	2.7	3.3	4.2

スイッチを入れてプロペラが回っていたときの電子てんびんの示す値は、**表2**のようになりました。

表2　プロペラが回っていたときの電子てんびんの示す値《あたい》

プロペラ	A	B	C	D
電子てんびんの示す値《あたい》（g）	123.5	123.2	120.9	111.8

〔問題１〕　**表1**の**A**～**D**のプロペラのうちから一つ選び、そのプロペラが止まっていたときに比べて、回っていたときの電子てんびんの示す値《あたい》は何gちがうか求めなさい。

花　子：図１の車の模型から、モーターの種類やプロペラの種類の組み合わせをかえて、**図４**のような車の模型を作ると、速さはどうなるのかな。

太　郎：どのようなプロペラを使っても、①モーターが軽くなればなるほど、速く走ると思うよ。

花　子：どのようなモーターを使っても、②プロペラの中心から羽根のはしまでの長さが長くなればなるほど、速く走ると思うよ。

図４　車の模型

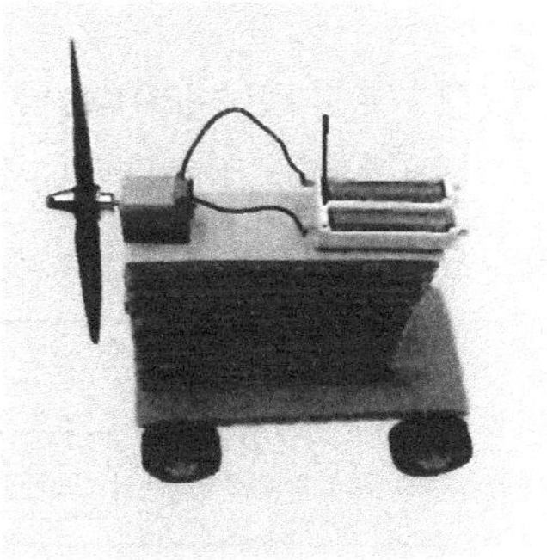

太　郎：どのように調べたらよいですか。

先　生：表３の**ア**～**エ**の４種類のモーターと、**表４**の**E**～**H**の４種類のプロペラを用意して、次のような**実験２**を行います。まず、モーターとプロペラを一つずつ選び、**図４**のような車の模型を作ります。そして、それを体育館で走らせ、走り始めてから、５m地点と１０m地点の間を走りぬけるのにかかる時間をストップウォッチではかります。

表３　４種類のモーター

	ア	**イ**	**ウ**	**エ**
モーター	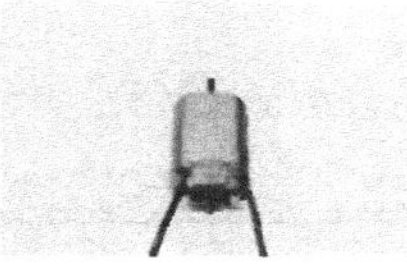	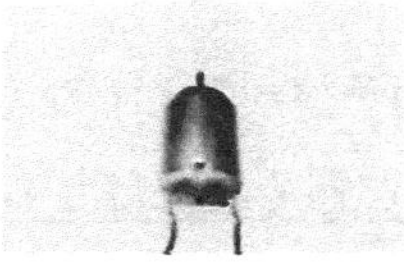		
重さ（g）	１８	２１	３０	４４

表４　４種類のプロペラ

	E	**F**	**G**	**H**
プロペラ		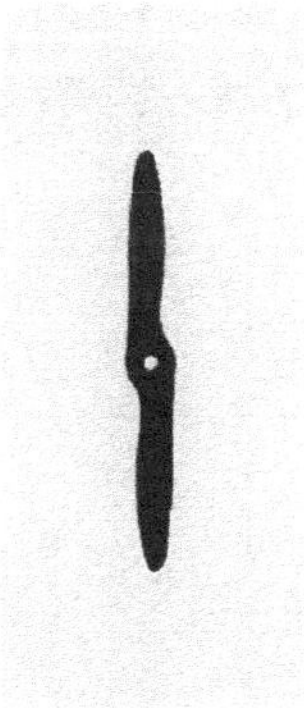	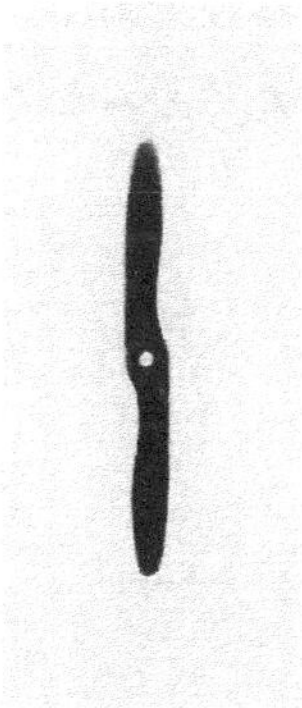	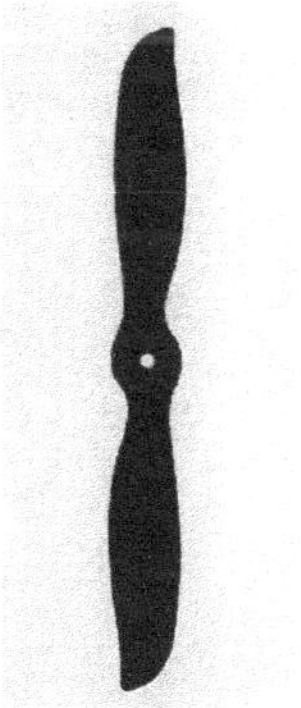
中心から羽根のはしまでの長さ（cm）	４．０	５．３	５．８	９．０

花　子：モーターとプロペラの組み合わせをいろいろかえて、**実験２**をやってみましょう。

実験２で走りぬけるのにかかった時間は、**表５**のようになりました。

表５　５ｍ地点から１０ｍ地点まで走りぬけるのにかかった時間（秒）

		モーター			
		ア	イ	ウ	エ
プロペラ	E	3.8	3.1	3.6	7.5
	F	3.3	2.9	3.2	5.2
	G	3.8	3.1	3.1	3.9
	H	4.8	4.0	2.8	4.8

〔問題２〕（１）　**表５**において、車の模型が最も速かったときのモーターとプロペラの組み合わせを書きなさい。

（２）　**表５**から、①の予想か②の予想が正しくなる場合があるかどうかを考えます。

太郎さんは、「①モーターが軽くなればなるほど、速く走ると思うよ。」と予想しました。①の予想が正しくなるプロペラは**E**～**H**の中にありますか。

花子さんは、「②プロペラの中心から羽根のはしまでの長さが長くなればなるほど、速く走ると思うよ。」と予想しました。②の予想が正しくなるモーターは**ア**～**エ**の中にありますか。

①の予想と②の予想のどちらかを選んで解答らんに書き、その予想が正しくなる場合があるかどうか、解答らんの「あります」か「ありません」のどちらかを丸で囲みなさい。また、そのように判断した理由を説明しなさい。

太　郎：モーターとプロペラを使わずに、ほを立てた車に風を当てると、動くよね。

花　子：風を車のななめ前から当てたときでも、車が前に動くことはないのかな。調べる方法は何かありますか。

先　生：**図5**のようにレールと車輪を使い、長方形の車の土台を動きやすくします。そして、**図6**のように、ほとして使う三角柱を用意します。次に、車の土台の上に**図6**の三角柱を立てて、**図7**のようにドライヤーの冷風を当てると、車の動きを調べることができます。

太　郎：車の動きを調べてみましょう。

二人は先生のアドバイスを受けながら、次のような１～４の手順で**実験３**をしました。

1　工作用紙で**図6**の三角柱を作る。その三角柱の側面が車の土台と垂直《すいちょく》になるように底面を固定し、車を作る。そして、車をレールにのせる。

2　**図8**のように、三角柱の底面の最も長い辺のある方を車の後ろとする。また、真上から見て、車の土台の長い辺に対してドライヤーの風を当てる角度を(あ)とする。さらに、車の土台の短い辺と、三角柱の底面の最も長い辺との間の角度を(い)とする。

3　(あ)が２０°になるようにドライヤーを固定し、(い)を１０°から７０°まで１０°ずつ変え、三角柱に風を当てたときの車の動きを調べる。

4　(あ)を３０°から８０°まで１０°ごとに固定し、(い)を手順３のように変えて車の動きを調べる。

実験３の結果を、車が前に動いたときには○、後ろに動いたときには×、３秒間風を当てても動かなかったときには△という記号を用いてまとめると、**表6**のようになりました。

図5　レールと車輪と車の土台

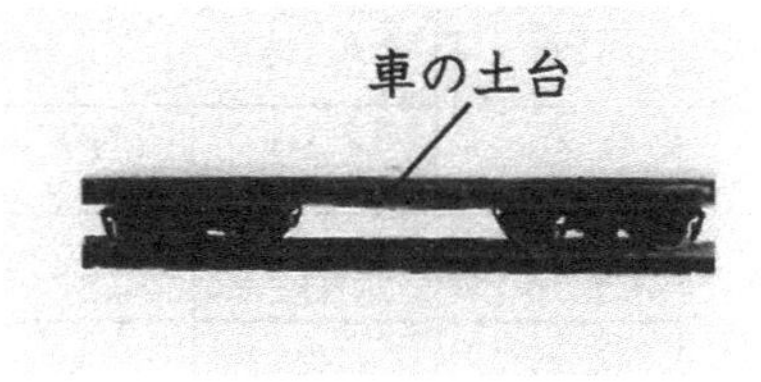

図6　ほとして使う三角柱

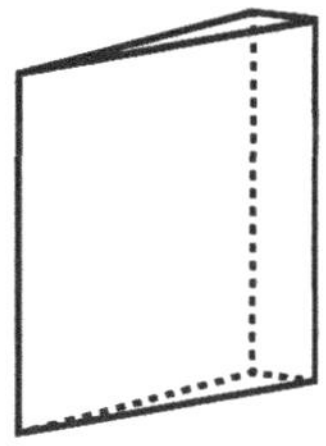

図7　車とドライヤー

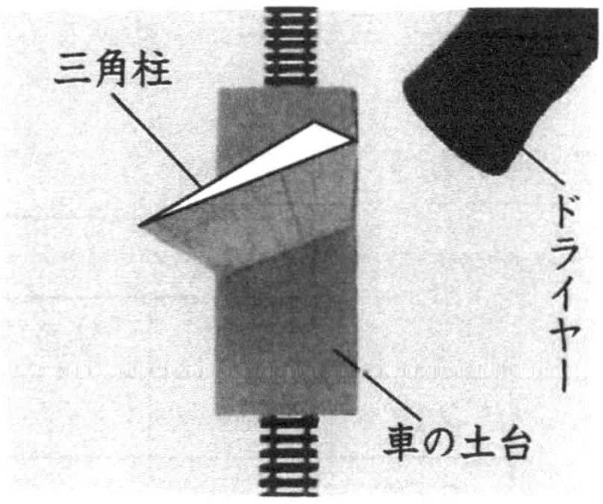

図8　**実験３**を真上から表した図

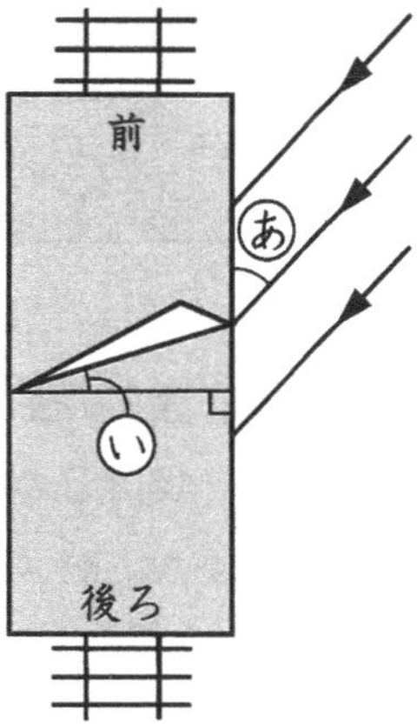

表6　実験3の結果

		(い)						
		10°	20°	30°	40°	50°	60°	70°
(あ)	20°	×	×	×	×	×	×	×
	30°	×	×	×	×	×	×	×
	40°	×	×	×	×	△	△	△
	50°	×	×	×	△	○	○	○
	60°	×	×	△	○	○	○	○
	70°	×	△	○	○	○	○	○
	80°	△	○	○	○	○	○	○

花　子：風をななめ前から当てたときでも、車が前に動く場合があったね。

太　郎：車が前に動く条件は、どのようなことに注目したら分かりますか。

先　生：(あ)と(い)の和に注目するとよいです。

花　子：表7の空らんに、○か×か△のいずれかの記号を入れてまとめてみよう。

表7　車の動き

		(あ)と(い)の和					
		60°	70°	80°	90°	100°	110°
(あ)	20°						
	30°						
	40°						
	50°						
	60°		★				
	70°						
	80°						

〔問題3〕（1）　**表7**の★に当てはまる記号を○か×か△の中から一つ選び、書きなさい。

（2）　**実験3**の結果から、風をななめ前から当てたときに車が前に動く条件を、あなたが作成した**表7**をふまえて説明しなさい。

適性検査Ⅲ

注　　意

1　問題は **1** から **2** までで、**8ページ**にわたって印刷してあります。

2　検査時間は**３０分**で、終わりは**正午**です。

3　声を出して読んではいけません。

4　計算が必要なときは、この問題用紙の余白を利用しなさい。

5　答えは全て解答用紙に明確に記入し、**解答用紙だけを提出しなさい。**

6　答えを直すときは、きれいに消してから、新しい答えを書きなさい。

7　**受検番号**を解答用紙の決められたらんに記入しなさい。

東京都立白鷗高等学校附属中学校

問題は次のページから始まります。

1　**はやと**さんが的当てゲームについて、**おうき**さんと**くるみ**さんに話をしていました。

図1　**はやと**さんが考えた的当て

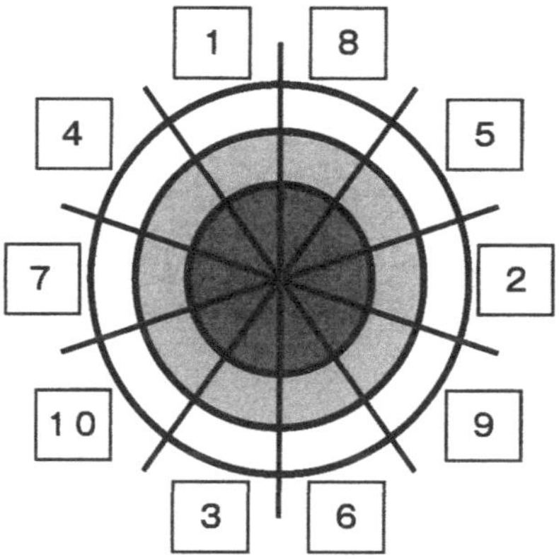

はやと：入る場所を板で区切った、的当てを作ってみたんだ。

3個の玉を投げて、入ったところの合計の点数が自分の得点になるよ。

□ の部分は外側に書いてある数の**1**倍、

▒ の部分は外側に書いてある数の**2**倍、

■ の部分は外側に書いてある数の**3**倍の点数がもらえるよ。

おうき：そうすると、玉の入る場所は全部で**30**か所だね。

はやと：一つの場所に玉が**2**個入ったときや、わくに入らなかったときはやり直しにするね。

くるみ：**2**倍や**3**倍になる場所もあるんだね。**1**個投げたときの最高の点数は**10**点の**3**倍の点数だから、**30**点だ。おもしろそう。

おうき：わたしがやってみたら、**1**点の**2**倍、**10**点の**1**倍、**9**点の**1**倍の場所に入ったよ。だから得点は、**21**点だね（**図2**）。

くるみ：わたしもやってみたよ。わたしの得点は**42**点だったよ（**図3**）。

はやと：**くるみ**さんの結果以外で、得点が**42**点になるには、［　あ　］の三つの場所に玉を入れればいいんだね。

図2　**おうき**さんの結果　　**図3**　**くるみ**さんの結果

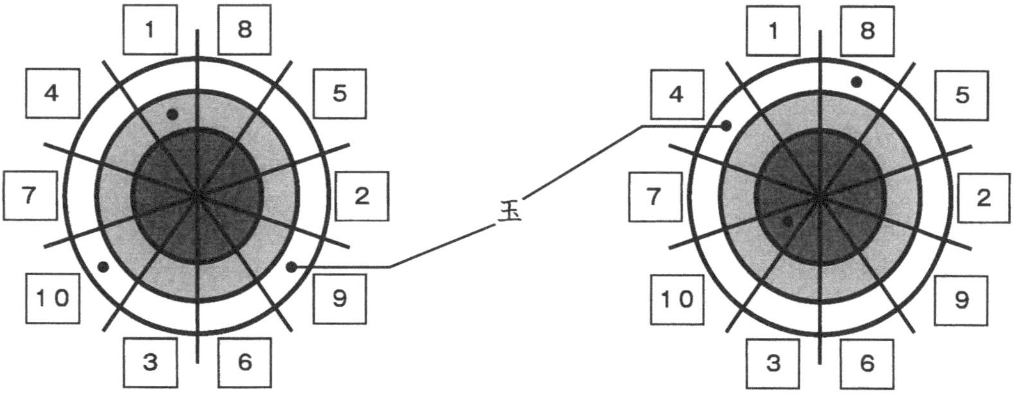

〔問題１〕 あ にはどんな得点の組み合わせがあるか、例にならって３つ答えなさい。

くるみさんの結果をもとにした答え方の例

4点×1　＋　8点×1　＋　10点×3　＝　42点

ただし、玉が入った外側に書いてある数は小さい順に書きなさい。
また、1倍や2倍や3倍のときは、数字の後ろに ×1 ×2 ×3と書くこと。

くるみ： 1点から30点のうち、玉を1個投げるだけではとれない点数があるね。

おうき： ほんとうだ。11点や19点がそうだね。ほかにも［い］点があるね。

〔問題2〕［い］にあてはまる数のうち5個だけ答えなさい。また、それらの答えを求めたあなたの考え方を説明しなさい。

はやと： 外側に書いてある数の並《なら》び順にはきまりがあるよ。1から時計回りに3か所先の場所に1、2、3、・・・と数をあてはめているよ（**図4**）。

くるみ： 時計回りに3か所先ではなく、7か所先の場所に数をあてはめていっても、1から10までの数を重なることなくあてはめることができるね（**図5**）。

図4　外側に書いてある数の並《なら》び順のきまりの図

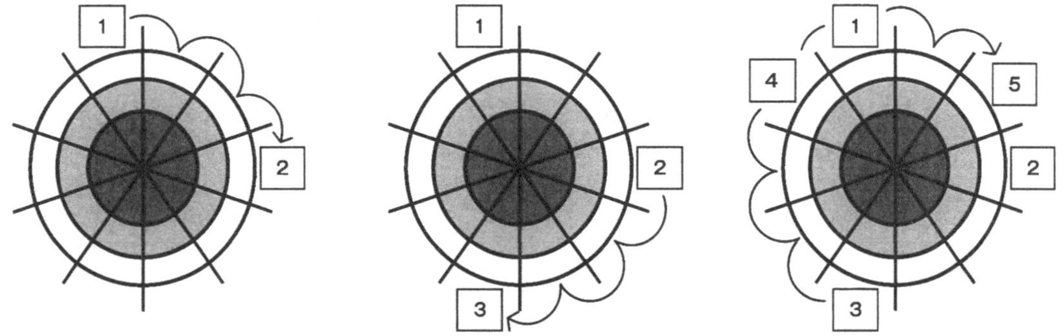

図5　7か所先の場所に数をあてはめた図

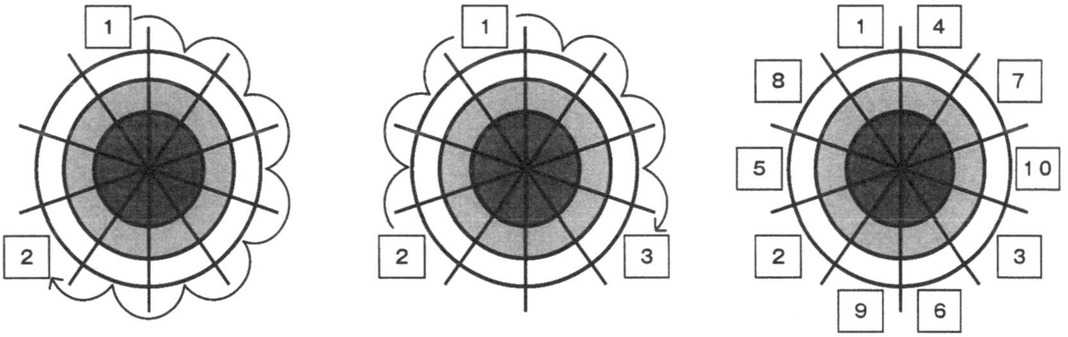

おうき：玉の入る場所をもっと増やしたらどうなるかな。外側に書く数を**1**から**20**まで増やして、玉の入る場所が全部で**60**個になる的を考えてみたよ（**図6**）。
1から順番に、時計回りに、［う］か所先の場所に数をあてはめていけば**1**から**20**までの数を重なることなくあてはめることができるね。

図6　玉の入る場所が全部で**60**個になる的

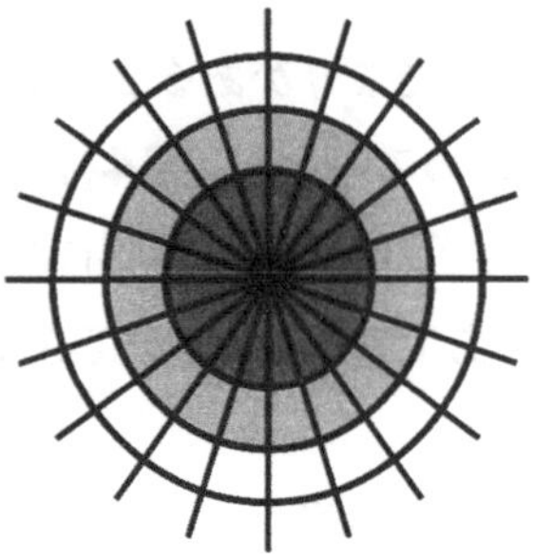

〔問題3〕［う］にあてはまる数のうち**3**個答えなさい。また、それらの答えを求めたあなたの考え方を説明しなさい。ただし、**1**、**3**、**7**を除《のぞ》いて答えなさい。

1

解答用紙　適性検査Ⅰ

〔問題1〕

100

受検番号

得点
※ ※100点満点

※のらんには記入しないこと

〔問題2〕

100

※				

※

20点

〔問題3〕

100

※				

※

20点

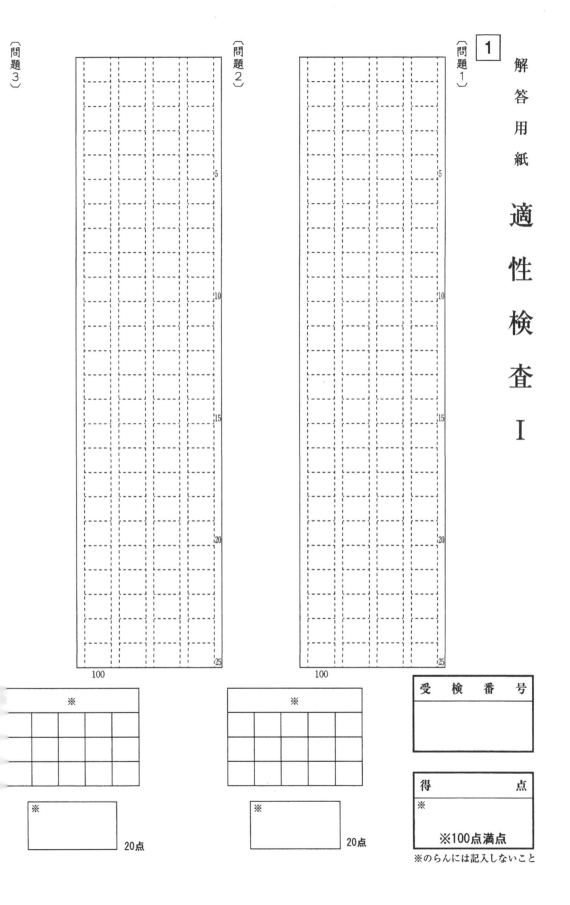

解答用紙　適性検査Ⅱ

受検番号

得点
※ ※100点満点

※のらんには、記入しないこと

1

〔問題１〕　10点

①	②	③	④
ｃｍ	ｃｍ	ｃｍ	ｃｍ

※

〔問題２〕　14点

〔必要なパネルの台数〕

台

〔説明〕

※

〔問題３〕　16点

〔 **ア** に入る数〕

点

〔 **イ** に入る数〕	〔 **ウ** に入る数〕	〔 **エ** に入る数〕	〔 **オ** に入る数〕

※

解　答　用　紙　　適　性　検　査　Ⅲ

受　検　番　号	得　　　　点
	※ ※100点満点

※のらんには、記入しないこと

1

〔問題１〕　12点

１つめ

□点×□＋□点×□＋□点×□＝４２点

２つめ

□点×□＋□点×□＋□点×□＝４２点

３つめ

□点×□＋□点×□＋□点×□＝４２点

※

〔問題２〕　16点

い　にあてはまる数

□．□．□．□．□

考え方

※

〔問題３〕　22点

う	にあてはまる数

□ ・ □ ・ □

考え方

※

2

〔問題１〕　10点

※

〔問題２〕　15点

あ	にあてはまる数		℃ごとに
い	にあてはまる数		mm間かく

求めた式

※

〔問題３〕　25点

※

2

〔問題1〕　10点

〔選んだ図〕

〔あなたの考え〕

※

〔問題2〕　8点

〔設計の工夫《くふう》〕（選んだ二つをそれぞれ ◯ で囲みなさい。）

出入口の高さ　　手すりの素材　　ゆかの素材　　降車《こうしゃ》ボタンの位置

車いすスペースの設置　　フリースペースの設置　　固定ベルトの設置

優先席《ゆうせんせき》の配置

〔期待されている役割《やくわり》〕

※

〔問題3〕　12点

〔課題〕

〔あなたの考え〕

※

3

〔問題１〕　6点

〔選んだプロペラ〕	
〔示す値《あたい》のちがい〕	g

※

〔問題２〕　14点

（１）	〔モーター〕	〔プロペラ〕
（２）	〔選んだ予想〕	の予想
	〔予想が正しくなる場合〕	あります　・　ありません
〔理由〕		

※

〔問題３〕　10点

（１）
（２）

※

（2　白鷗）

450　400　300　200　100

※

※

60点

2　**はやと**さん、**おうき**さん、**くるみ**さんの三人が、**先生**のいる理科室で温度計について話をしていました。

はやと：二人は温度計を使ったことがあるよね。
おうき：もちろんあるよ。ガラス棒《ぼう》の中の赤い液体が温度の変化で上下するよね。
くるみ：あたためると中の赤い液体の体積が増え、冷やすと中の液体の体積が減ると学んだよ。
はやと：理科室のたなにあった実験で使う温度計を見ていたら、おもしろいことに気づいたんだ。
おうき：何に気づいたの。
はやと：温度計のめもりのはばが温度計ごとにちがうことに気づいたんだ。
くるみ：え。どういうこと。
はやと：0℃の位置に5本の温度計をそろえて比べてみると、90℃の位置がすべてバラバラになっているよ（図1）。
くるみ：本当だ。1めもりが同じ1℃でも、90℃の位置がすべてちがうね。

図1　理科室にあった5本の温度計

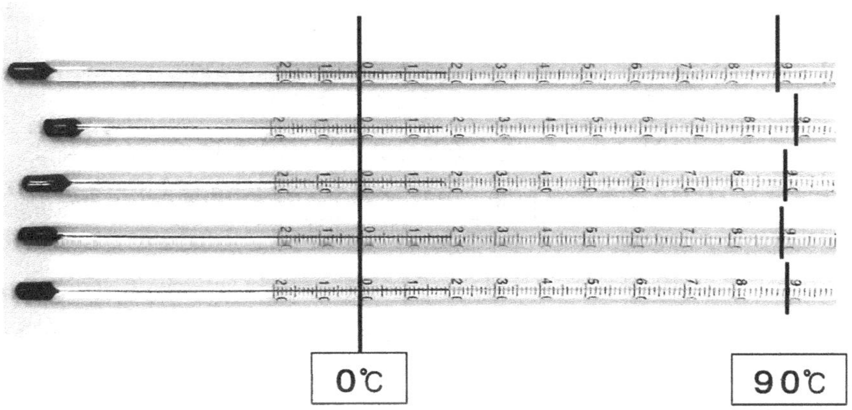

〔問題1〕　温度計のめもりが1本ごとにちがうのはなぜか、答えなさい。
　ただし、5本のどの温度計をつかっても、同じものの温度をはかったとき、同じ温度として読みとることができる。

おうき：ふだん何気なく使っている物でも、よく見ると発見があるね。

くるみ：そうだね。あれ、この温度計だけ、めもりの一部が消えてしまって見えないよ（**図2**）。

図2　めもりの一部が消えている温度計

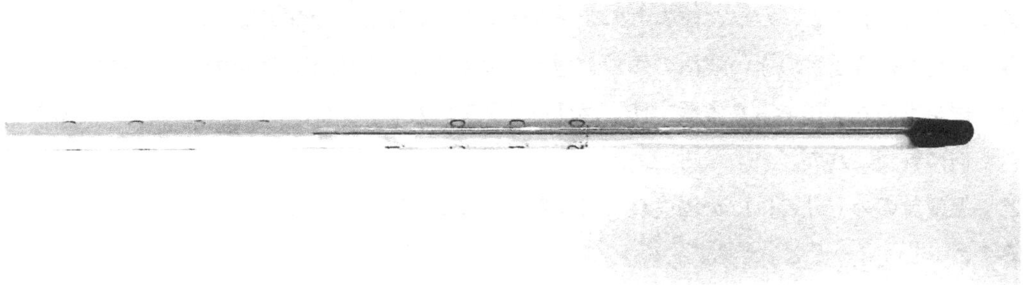

おうき：本当だ。では、この温度計のめもりをわたしたちで考えてみよう。
どうすればいいかな。

くるみ：最初にめもりのついている温度計でお湯の温度を測ったら30℃だったよ。
そこに、めもりの消えた温度計を入れたら、0℃の位置から4ｃｍのところまで赤い液体が上がったよ。

はやと：木の板に温度計を固定して、木の板にめもりをつけていこう。

先　生：温度計として使うためには、1めもりを5℃より小さくしなければならないよ。

おうき：わかりました。0℃の位置から［　あ　］℃ごとに［　い　］mm間かくで書いていきます。

〔問題2〕［　あ　］と［　い　］にあてはまる数を答えなさい。また、求めた式も書きなさい。
必要な場合は小数第三位を四捨《ししゃ》五入《ごにゅう》して答えなさい。なお、0℃から30℃まで、**図2**の温度計のめもりは、すべて同じ間かくであるものとします。

はやと：わたしたちで温度計を作ってみよう。

おうき：温度計を見本に、ガラス管を**1**本用意して、その中に色水を入れ、片方《かたほう》にゴムせんをつけた温度計を考えたよ（**図3**）。

くるみ：いろいろな温度のお湯を用意して、作った温度計を入れてみよう。

はやと：それぞれのお湯に入れて、色水の水面までの長さを**表1**にまとめてみたよ。

表1　おうきさんが作った温度計の色水の水面までの長さ

お湯の温度	30℃	40℃	50℃	60℃	70℃	80℃	90℃
色水の水面までの長さ	5.6cm	5.6cm	5.6cm	5.6cm	5.7cm	5.7cm	5.7cm

おうき：温度が高くなっても色水の水面までの長さはほとんど変わらないね。変化が小さすぎて温度計としては使いづらいね。

くるみ：理科の授業で、空気の方が、水よりもあたためたときの体積が大きくなると学んだよ。このことをいかせないかな。

はやと：このような温度計を作ってみたよ（**図4**）。

図3　おうきさんが作った温度計　　**図4　はやと**さんが作った温度計

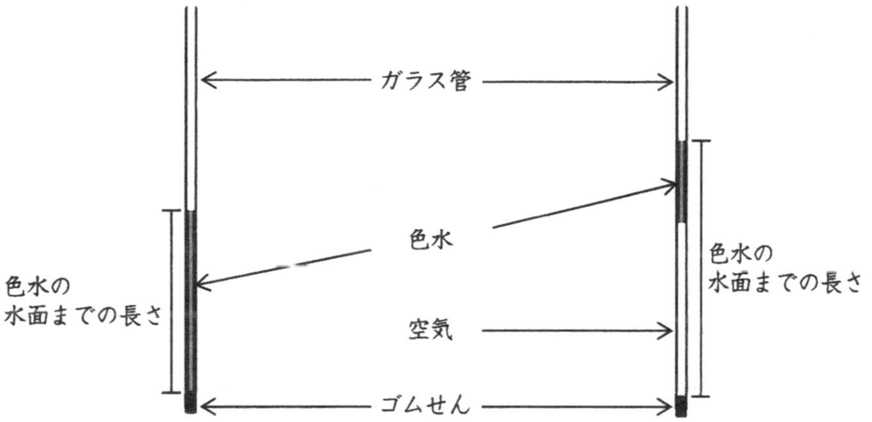

おうき：はやとさんが作った温度計の色水は落ちてこないで止まっているね。

くるみ：はやとさんが作った温度計を、それぞれのお湯に入れて、色水の水面までの長さを**表2**にまとめてみたよ。

表2　はやとさんが作った温度計の色水の水面までの長さ

お湯の温度	30℃	40℃	50℃	60℃	70℃	80℃	90℃
色水の水面までの長さ	7.2cm	7.5cm	7.8cm	8.4cm	9.4cm	11.3cm	18.3cm

くるみ：**おうき**さんの作った温度計よりも、**はやと**さんが作った温度計の方が、変化が大きいね。でも、**はやと**さんが作った温度計では４０℃から５０℃の変化と、８０℃から９０℃の変化は、大きくちがうね。温度計としては使いづらいけど不思議なことが起きたね。

はやと：本当だね。**おうき**さんが作った温度計は、４０℃から５０℃の変化と、８０℃から９０℃の変化はほとんど同じなのにね。

おうき：**はやと**さんが作った温度計の変化の原因を調べるためにはどうしたらいいかな。

くるみ：こんな実験はどうかな。

くるみさんの考えた実験

・かわいたガラスびんと少し色水を入れたガラスびんを用意して、それぞれのガラスびんに風船をつける。

・風船をつけた二つのガラスびんを熱湯が入った容器に入れ、風船のふくらみ方を観察した。

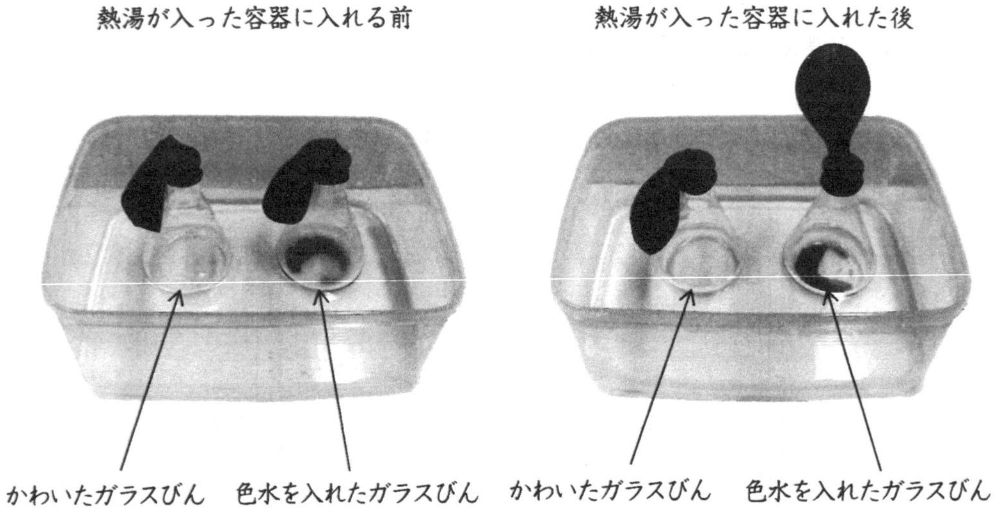

おうき：熱湯が入った容器に入れたとき、かわいたガラスびんは少しふくらんだけど、色水を入れたガラスびんは大きくふくらんだね。

〔問題３〕 **表２**の、**はやと**さんが作った温度計では４０℃から５０℃の色水の水面までの長さの変化と、８０℃から９０℃の色水の水面までの長さの変化は、大きくちがう。その理由を、**くるみ**さんが考えた実験の結果をもとに答えなさい。

2020(R2) 白鷗高等学校附属中
K 教英出版

㉛

適性検査Ⅰ

注意

1 問題は [1] のみで、**4ページ**にわたって印刷してあります。
2 検査時間は**四十五分**で、終わりは**午前九時四十五分**です。
3 声を出して読んではいけません。
4 答えは全て解答用紙に明確に記入し、**解答用紙だけを提出しなさい。**
5 答えを直すときは、きれいに消してから、新しい答えを書きなさい。
6 **受検番号**を解答用紙の決められたらんに記入しなさい。

東京都立白鷗高等学校附属中学校

2019(H31) 白鷗高等学校附属中
K 教英出版

1 次の資料A、資料Bを読んで、あとの問題に答えなさい。
(丸で囲んだ数字が付いている言葉には、それぞれ資料のあとに〈注〉があります。)

資料A

翻訳者《ほんやくしゃ》として大切なのは、「こだわりを捨《す》てて読み、こだわりをもって訳《やく》す」姿勢《しせい》ではないかと思う。

こだわりを捨てて読むとは、とりあえず自分の考えにかかわらず、書いてあることをまっすぐに聞くということである。たとえば、原子力発電に賛成する人がある科学記事を読む場合と、原子力発電に反対する人が同じ記事を読む場合とをくらべたら、おのずと読んだあとの感想はちがってくる。しかし翻訳者は、このような読み方をするべきではない。翻訳者はあくまで原著者《げんちょしゃ》の思いをまっすぐに受けとめなければならない。

じつはこの姿勢は、コミュニケーションのなかで養われる。相手のいうことを批判《ひはん》しながら聞いたり、偏見《へんけん》をもって聞いたりするのではなく、まずは相手のいうことをそのまま聞く。湖の水面に小石を投げると、しずかに波紋《はもん》が広がっていく。湖が自分で、小石が話している人だと思ってほしい。湖面は小石の投げられ方を正確に反映《はんえい》する。

こだわりを捨てて読めたら、次はこだわりをもって訳さなければならない。わたしのこだわりは、翻訳《ほんやく》した文書も、うつくしく流れるような日本語でありたいというものだ。読者に翻訳した文章だとわすれてもらえたら、それがいちばん。むかしから、翻訳のうまい下手《へた》は日本語の力のせいか、外国語の力のせいか、という議論《ぎろん》がある。わたしの答えは「翻訳《ほんやく》の力はすぐれた日本語力に負っている。外国語力は翻訳の前提にあるべきで、あらためて問われる必要はない」だ。だから、翻訳をやりたいなあと思っている人は、①ゆめゆめわすれないでほしい。日本語の力をつけることを。

異文化《いぶんか》のなかで書かれたものを、原文に忠実《ちゅうじつ》でありながら流れるような日本語にする。そのために必要なのは、言葉をたくさん知っていることだと思う。要は語彙《ごい》力《りょく》(ボキャブラリー)が豊富であることだ。それにはなんといっても、多読が大切だ。あるいは自分の好きな作品を徹底的《てっていてき》に②精読することだろう。学校の古典の授業もばかにしてはいけない。③連綿と生きつづけるうつくしい日本語は古典にルーツがある。わたしの高校のときの古典の先生は泣く子もだまる先生で、古典をとんでもなくたくさん読まされた。この経験はいまになって、おおいに役立っている。

また、翻訳力=リサーチ力ともいえる面がある。とくにノンフィクションの本を訳しおえたときは、該当《がいとう》ジャンルの一端《いったん》の知恵《ちえ》がついている。知的好奇心《ちてきこうきしん》の④旺盛《おうせい》な人にはたまらないはずだ。

リサーチをするときにもっとも気をつけるべきことは、もとの資料や情報にあたるということだ。こうしたものを「第一次資料」というが、世の中には「第二次資料」「第三次資料」があふれているから、安易にそれにとびついてはいけない。第一次資料をさがすのは楽ではないが、翻訳書が信頼《しんらい》にたりるためには、どうしても必要なことである。

いまはインターネットでどんな情報もひいてこられるけれど、それだけに「第一次資料」がわかりにくくなっているから注意しなければならない。中学生・高校生のときから、わからないこと・疑問《ぎもん》に思ったことは、すぐに調べるくせをつけておくとよいと思う。なにが本当の情報かを見わけるのに特効薬はないから、若《わか》いうちからなんでも興味をもって、つきつめていくしかないだろう。

（たかおまゆみ「わたしは目で話します
――文字盤《もじばん》で伝える難病《なんびょう》ＡＬＳのこと　そして言葉の力」による）

〔注〕

①ゆめゆめ……決して

②精読……内容をよく考えながら細かいところまで読むこと。

③連綿……長く続いて絶えることのないさま。

④旺盛《おうせい》……さかんなこと。

資料B

ネット社会の隆盛《りゅうせい》が本の市場《しじょう》にあたえた影響《えいきょう》は少なくありません。本がかつてほど売れなくなったのは、明らかにネットの普及《ふきゅう》にあります。

しかし、私はこの流れがそのまま続くとは思いません。再び本が見直される時代がくると見ているのです。

コンピュータはビッグデータなど情報を整理するスピードに関しては非常に優《すぐ》れていますが、その情報の真偽《しんぎ》など質を見極《みきわ》めることはできません。

一つひとつの情報が、どこの誰《だれ》が責任をもって発しているのかが見えないがゆえに、いい加減な情報で溢《あふ》れかえってしまう。

誰が発信しているのかは、とても重要なことです。たとえば、「東京都によれば～」といえば、知事なのか、都の何課の職員なのか、誰がいったのかということになります。情報の信頼性《しんらいせい》を最低限⑤担保《たんぽ》するものとして、どこの誰がいっているのかがわからなければ、信じるに値《あたい》しない情報ということになります。

その点、ネットと比べて、本は発信する人が誰なのかがはっきりとわかります。たとえ極端《きょくたん》な意見であっても、読み手はこの人が責任をもって書いているんだなと安心して読み進められます。

書き手の氏名がきちんと入っていることは、これからの時代、強みではないでしょうか。

ネットはこれまでは光の部分ばかりにスポットライトが当てられて

きましたが、信頼性の欠落という影《かげ》の部分が、これからいろいろな問題を伴《ともな》ってクローズアップされていくように思います。

同じことでも、本を通して知ることと、ネットを通して知ることとは違《ちが》います。

たとえば、新大陸を発見したクリストファー・コロンブス（1451ころ～1506年）についてネットで数行で紹介《しょうかい》されているものに目を通すのと、コロンブス個人や⑥大航海の背景《はいけい》にある当時のヨーロッパの⑦地政学について記述した関連書物を読むのとでは、同じ「知る」でも、その意味合いがかなり違《ちが》います。

ネットで検索《けんさく》すれば、簡単《かんたん》に知ることはできます。しかし、そこで得られるのは単なる情報にすぎません。細切れの断片的な情報をいくらたくさん持っていても、それは知識とは呼《よ》べません。

なぜなら情報は「考える」作業を経《へ》ないと、知識にならないからです。考えることによって、さまざまな情報が⑧有機的に結合し、知識になるのです。読書で得たものが知識になるのは、本を読む行為《こうい》が⑨往々にして「考える」ことを伴うものだからです。

何かについて本当に「知る」ということは、少なくとも知識というレベルにまで深まっていなければならないと思います。

（丹《に》羽《わ》宇《う》一郎《いちろう》「死ぬほど読書」による）

〈注〉

⑤ 担保《たんぽ》する……おぎなう。保証する。

⑥ 大航海……十五世紀から十七世紀にかけて、ヨーロッパ人が新航路を開たくしたこと。

⑦ 地政学……政治と地理的条件との関連を研究する学問。

⑧ 有機的……多くの部分が集まり強く結びついておたがいに関連し合いながら全体を形作っているさま。

⑨ 往々にして……しばしば。

〈問題1〉 資料A に、翻訳《ほんやく》の力はすぐれた日本語力に負っている。とありますが、筆者がこのように述べる理由を百字以内で説明しなさい。

ただし、一ますめから書き始め、記号（、や。や「」など）も字数に数えなさい。

〈問題2〉 資料B で、本当に「知る」とありますが、それはどのようなことだと筆者は考えていますか。百字以内で説明しなさい。

ただし、一ますめから書き始め、記号（、や。や「」など）も字数に数えなさい。

〈問題3〉 資料B の信頼性《しんらいせい》の欠落の例を一つあげ、なぜ信頼性が欠落してしまうのかその理由を説明しなさい。その上で、その信頼性を高めるためにはどうしたらよいか、資料A 、資料B の内容をふまえて、あなたの考えを四百字以上四百五十字以内で書きなさい。

ただし、書き出しや改行などの空らん、記号（、や。や「」など）も字数に数えなさい。

適性検査Ⅱ

注　意

1　問題は **1** から **3** までで、１８ページにわたって印刷してあります。

2　検査時間は**４５分**で、終わりは**午前１１時００分**です。

3　声を出して読んではいけません。

4　計算が必要なときは、この問題用紙の余白を利用しなさい。

5　答えは全て解答用紙に明確に記入し、**解答用紙だけを提出しなさい。**

6　答えを直すときは、きれいに消してから、新しい答えを書きなさい。

7　**受検番号**を解答用紙の決められたらんに記入しなさい。

東京都立白鷗高等学校附属中学校

問題を解くときに、問題用紙や解答用紙、ティッシュペーパーなどを実際に折ったり切ったりしてはいけません。

1　**先生**、**太郎**《たろう》さん、**花子**さんが、学校生活最後のお楽しみ会の準備をしています。

先　生：お楽しみ会では、クラスのみなさんでできる遊びを行いましょう。遊び方をしおりにまとめて、クラスのみなさんに配ろうと思います。１枚《まい》の紙の片面《かためん》から左とじのしおり（**図１**）を作りましょう。

太　郎：１枚の紙の片面からしおりを作ることができるのですか。

花　子：しおりの作り方（**図２**）によると、１枚の紙を ----- で折り、━━━━ を切って、折りたたむと、しおりを作ることができるみたいよ。

図１　左とじのしおり

図２　しおりの作り方

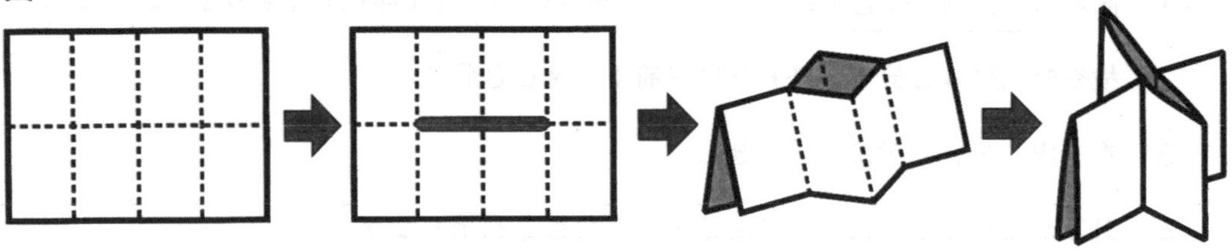

先　生：お楽しみ会では二つの遊びを行います。しおりができたら、表紙を１ページとして、最初の遊びの説明を２ページから４ページに、次の遊びの説明を５ページから７ページにのせましょう。８ページは裏表紙《うらびょうし》になります。

太　郎：折りたたみ方によって、しおりの表紙がくる位置や５ページがくる位置が変わってくるね。

花　子：それに、文字の上下の向きも変わってくるね。しおりにしたときにすべてのページの文字の向きがそろうように書かないといけないね。

先　生：そうですね。では、１枚の紙を折りたたみ、しおりにする前の状態（**図３**）で、しおりの表紙や５ページがどの位置にくるのか、またそれぞれ上下どの向きで文字を書けばよいのかを下書き用の用紙に書いて確かめておきましょう。

〔問題１〕　１枚の紙を折りたたみ、左とじのしおり（**図１**）を作るとき、しおりの表紙と５ページは、しおりにする前の状態（**図３**）ではどの位置にくるのでしょうか。また、それぞれ上下どちらの向きで文字を書けばよいですか。

解答用紙の図の中に、表紙の位置には「表」という文字を、５ページの位置には「五」という文字を**図４**のように文字の上下の向きも考え、書き入れなさい。

図３　しおりにする前の状態

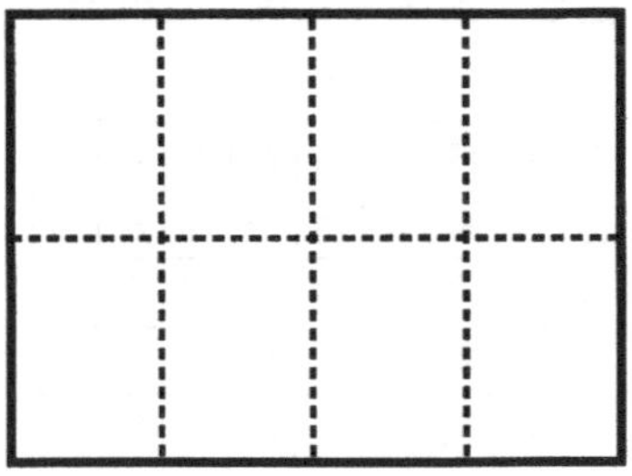

図４　文字の書き方

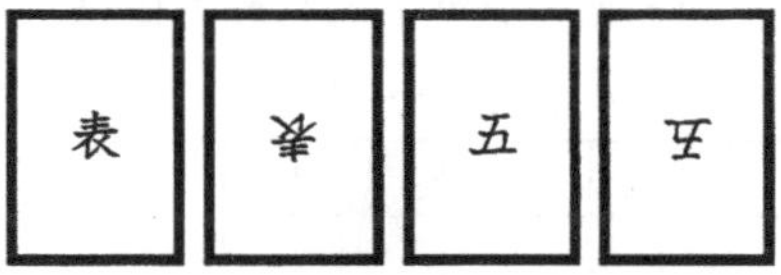

先　生：しおりの２ページから４ページには、「白と黒の２色でぬられた模様《もよう》を漢字や数字で相手に伝える遊び方」の説明をのせます。

花　子：どのような遊びですか。

先　生：例えば、伝える人は模様（**図5**）を漢字で表現（**図6**）します。答える人は、伝えられた表現から模様を当てるという遊びです。横の並《なら》びを「行」といい、縦《たて》の並びを「列」といいます。

図5　白と黒の２色でぬられた模様《もよう》

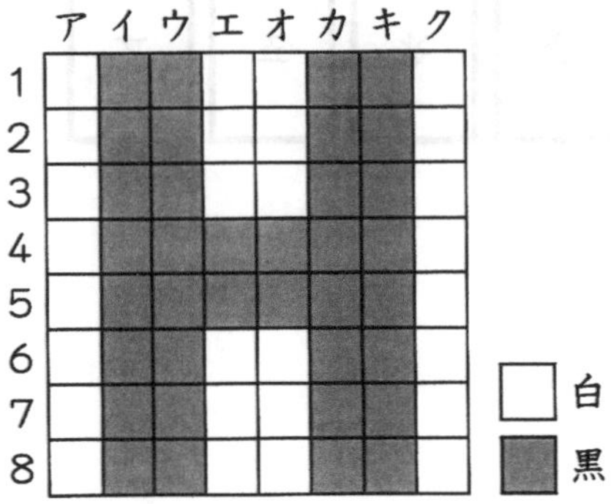

図6　漢字で表現した模様

	ア	イ	ウ	エ	オ	カ	キ	ク
1	白	黒	黒	白	白	黒	黒	白
2	白	黒	黒	白	白	黒	黒	白
3	白	黒	黒	白	白	黒	黒	白
4	白	黒	黒	黒	黒	黒	黒	白
5	白	黒	黒	黒	黒	黒	黒	白
6	白	黒	黒	白	白	黒	黒	白
7	白	黒	黒	白	白	黒	黒	白
8	白	黒	黒	白	白	黒	黒	白

太　郎：全部で６４個の漢字を使って模様を表現していますね。６４個も答える人に伝えるのは大変ではないでしょうか。

先　生：そうですね。ではここで、数字も取り入れて、１行ずつ考えていくと（約束１）、より少ない漢字と数字の個数で模様を表現することができますよ。

約束１

①上から１行ごとに、左から順にますの漢字を見る。

②漢字が白から始まるときは「白」、黒から始まるときは「黒」と最初だけ漢字を書く。

③白または黒の漢字が続く個数を数字で書く。

花　子：**図6**の模様については、１行めは白から始まるから、最初の漢字は「白」になりますね。左から白が１個、黒が２個、白が２個、黒が２個、白が１個だから、

白１２２２１

という表現になります。漢字と数字を合わせて６個の文字で表現できますね。２行めと３行めも１行めと同じ表現になりますね。

先　生：そうですね。４行めと５行めは、白から始まり、白が１個、黒が６個、白が１個ですから、

白１６１

という表現になります。

太　郎：６行めから８行めも１行めと同じ表現になりますね。そうすると、漢字と数字を合わせて４４個の文字で**図６**の模様を表現できました（**図７**）。約束１ を使うと**図６**よりも２０個も文字を少なくできましたね。漢字と数字の合計の個数をもっと少なくすることはできないのかな。

先　生：別の約束を使うこともできますよ。今度は、１列ずつ考えていきます（約束２）。

図７　約束１ を使った表現

白１２２２１
白１２２２１
白１２２２１
白１６１
白１６１
白１２２２１
白１２２２１
白１２２２１

約束２

①ア列から１列ごとに、上から順にますの漢字を見る。
②文字が白から始まるときは「白」、黒から始まるときは「黒」と最初だけ漢字を書く。
③白または黒の漢字が続く個数を数字で書く。

花　子：**図６**の模様については、**図８**のように表現できるから、漢字と数字を合わせて２０個の文字で模様を表現できました。約束１ に比べて 約束２ を使ったほうが、２４個も文字を少なくできましたね。
伝える人は、約束２ を使って答える人に模様を伝えるのがよいと思います。

先　生：どのような模様であっても 約束２ で表現するのがよいのでしょうか。別の模様でも考えてみましょう。

図８　約束２ を使った表現

白	黒	黒	白	白	黒	黒	白
８	８	８	３	３	８	８	８
			２	２			
			３	３			

〔問題２〕　**図９**はある模様を 約束１ で表現したものです。この模様を 約束２ で表現したとき、漢字と数字の合計の個数がいくつになるのかを答えなさい。
　また、約束１ と 約束２ のどちらを使ったほうが表現する漢字と数字の合計の個数が少なくできるのか答えなさい。さらに、少なくできる理由を説明しなさい。考えるときに**図１０**を使ってもよい。

図９　約束１ を使った表現

白８
黒７１
黒１７
白１１６
白２１５
白１１６
黒１７
黒８

図１０

	ア	イ	ウ	エ	オ	カ	キ	ク
１								
２								
３								
４								
５								
６								
７								
８								

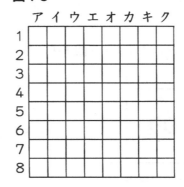

先　生： しおりの５ページから７ページには、**図１１**のような「磁石《じしゃく》がついているおもちゃ（てんとう虫型）を鉄製の箱の表面で動かす遊び方」の説明をのせます。
図１２のように鉄製の箱の表面にはますがかかれていて、使う面は前面と上面と右面だけです。

図１１

図１２

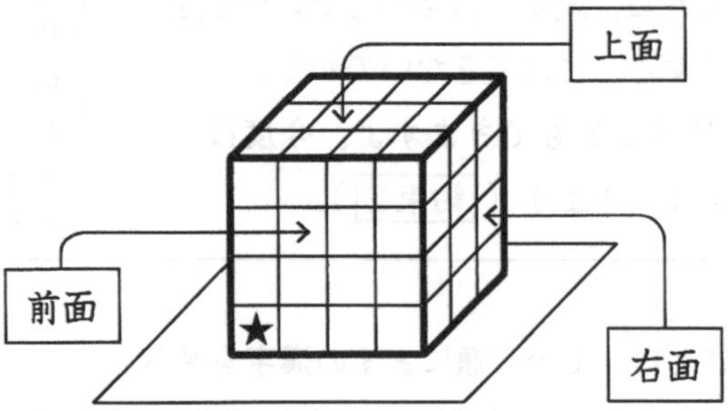

太　郎： どのような遊びですか。

先　生： **表1**にあるカードを使って、「★」の位置から目的の位置まで、指定されたカードの枚数でちょうど着くようにおもちゃを動かす遊びです。最初に、おもちゃを置く向きを決めます。次に、おもちゃを動かすカードの並べ方を考えます。同じカードを何枚使ってもかまいませんし、使わないカードがあってもかまいません。では、まずはカードの枚数を気にしないでやってみましょう。例えば、目的の位置を「う」の位置とします（**図１３**）。**表1**をよく読んで、おもちゃの動かし方を考えてみてください。

表1

カード番号	カード	おもちゃの動かし方
①		同じ面で１ます前に動かす
②		同じ面で２ます前に動かす
③		そのままで右に９０度回転させる
④		そのままで左に９０度回転させる
⑤		面を変えながら１ます前に動かす

図１３

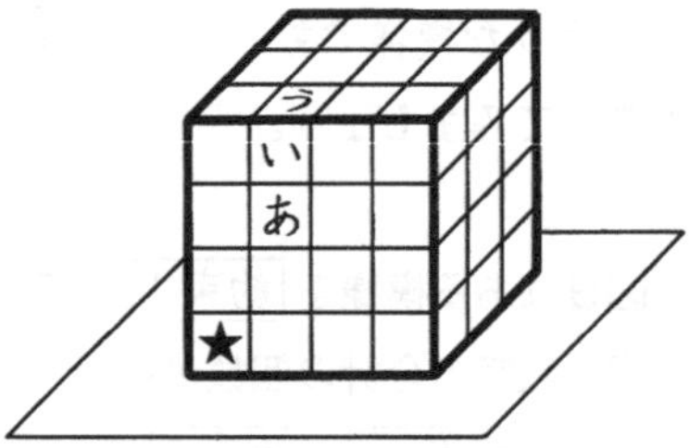

太　郎： 私《わたし》は、最初におもちゃを**図１４**のように置いて、このように考えました。

図１４

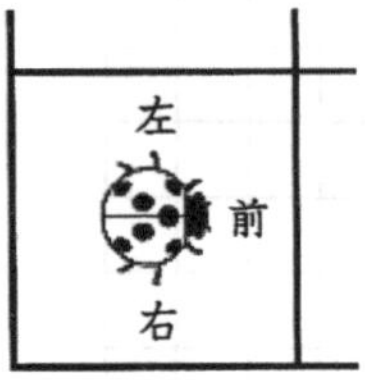

（カード番号　①　④　②　①　⑤　）

先　生： そうですね。「あ」の位置でまずのカードを使って「い」の位置に動かし、それからのカードを使って面を変えながら１ます前に動かすことで「う」の位置にたどりつきます。

花　子： 私は、最初におもちゃを**図１５**のように置いて、このように考えました。

図１５

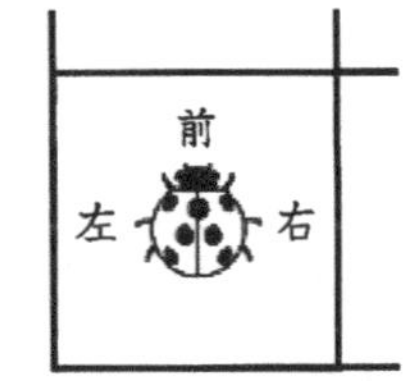

（カード番号　②　①　③　①　④　⑤　）

先　生： そうですね。花子さんの並べ方では、「い」の位置でまずのカードを使っておもちゃの向きを変え、それからのカードを使って面を変えながら１ます前に動かすことで「う」の位置にたどりつきます。

花　子： お楽しみ会ではカードの枚数を指定して遊びましょう。

太　郎： お楽しみ会の日が待ち遠しいですね。

〔問題３〕 **図１６**のように「★」の位置から「え」の位置を必ず通るようにして、「お」の位置までおもちゃを動かします。**表１**のカードを１０枚使って、おもちゃを動かすとき、使うカードの種類とカードの並《なら》べ方を考えなさい。

　最初に、「★」の位置に置くおもちゃの向きを**図１７**から選び、解答用紙の（　）内に○をつけなさい。

　次に、おもちゃを動かすカードの並べ方を、**表１**にある①から⑤のカード番号を使って左から順に書きなさい。

図１６

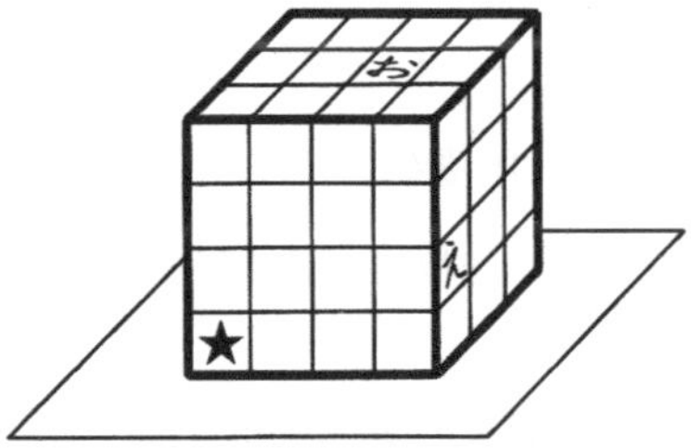

図１７

（　　）　　（　　）

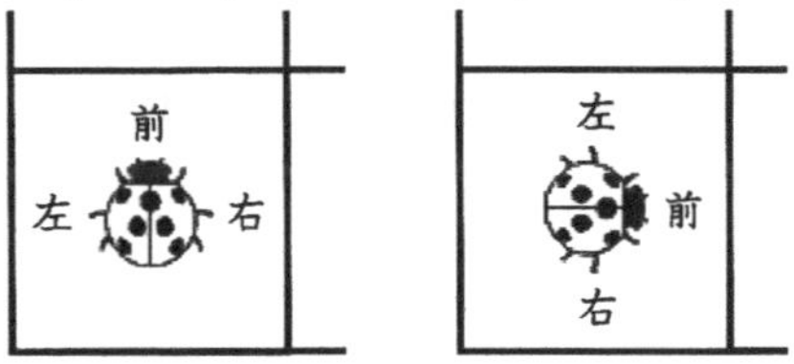

2 校外学習で昼食時におとずれた都立公園で**花子**さんと**太郎**《たろう》さんが、外国人旅行者について話をしています。

花　子：都立公園には外国人が大勢見学におとずれているね。
太　郎：先生も、最近は日本をおとずれる外国人の数が増えていると言っていたよ。
花　子：日本をおとずれる外国人の数はいつごろから多くなってきたのかな。
太　郎：私《わたし》たちが生まれたころと比べて、どのくらい増えているのだろうか。
花　子：日本をおとずれる外国人の数の変化を調べてみようよ。
太　郎：国外に行く日本人もたくさんいるだろうから、日本をおとずれる外国人の数と比べてみるのもおもしろそうだよ。校外学習から帰ったら、調べてみよう。

花子さんと太郎さんは、校外学習の後、図書館に行き、次の資料（**図1**）を見つけました。

図1　日本人の出国者数と、日本への外国人の入国者数の移り変わり

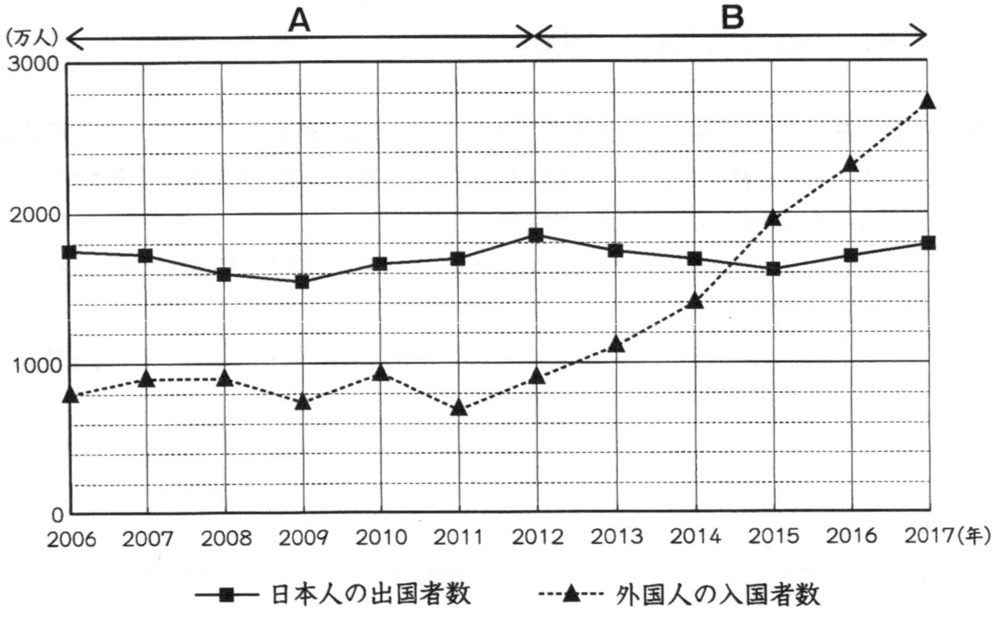

（法務省の資料より作成）

花　子：2006（平成18）年から2012（平成24）年までの間（**図1**の**A**の期間）では、（あ）。2012（平成24）年は日本人の出国者数は、外国人の入国者数の約（い）倍であることが分かるね。
太　郎：2012（平成24）年から2017（平成29）年までの間（**図1**の**B**の期間）では、（う）。外国人の入国者数は、2017（平成29）年には2012（平成24）年と比べて約（え）倍になっていることが分かるね。

〔問題1〕 花子さんと太郎さんは、**図1**をもとに日本人の出国者数と、日本への外国人の入国者数を比べて、それぞれの変化のようすについて話し合っています。二人の会話中の［（あ）］から［（え）］の空らんのうち［（あ）］と［（う）］には当てはまる文を、［（い）］と［（え）］には当てはまる整数を答えなさい。

花　子： 観光を目的として日本をおとずれる外国人旅行者について、調べてみようよ。

太　郎： 日本をおとずれる外国人旅行者について、こんな資料（**図2**）があったよ。この資料の「延《の》べ宿はく者数」は、例えば一人が2はくした場合を2として数えているよ。

図2　外国人旅行者の延《の》べ宿はく者数の移り変わり

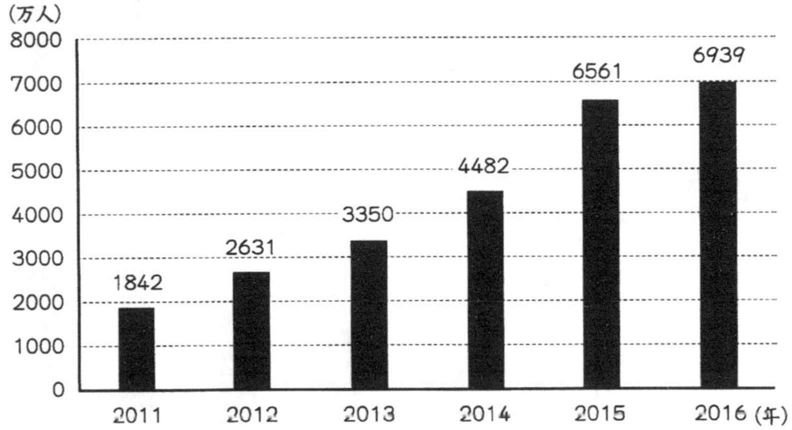

（観光庁《かんこうちょう》「宿泊《しゅくはく》旅行統計調査」より作成）

太　郎： 外国人旅行者の延べ宿はく者数が2011（平成23）年には約1842万人だったのに対し、2016（平成28）年には約6939万人になっていて、約4倍に増えていることが分かるね。

花　子： 日本のどのような地域《ちいき》で外国人旅行者の延べ宿はく者数が増えているのかな。

太　郎： こんな資料（**図3**）があったよ。これは、長野県松本市《ながのけんまつもとし》、岐阜県高山市《ぎふけんたかやまし》、和歌山県《わかやまけん》西牟婁郡白浜町《にしむろぐんしらはまちょう》という三つの地域における外国人旅行者の延べ宿はく者数の移り変わりを示しているよ。

図3　三つの地域《ちいき》の外国人旅行者の延べ宿はく者数の移り変わり

長野県松本市《ながのけんまつもとし》

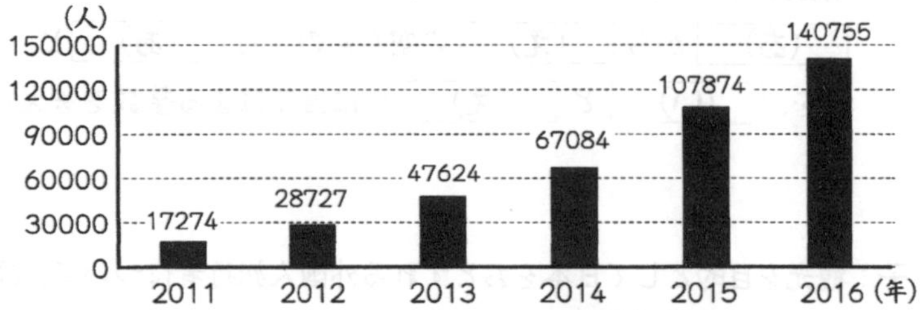

(長野県「長野県外国人延宿泊者数調査結果《のべしゅくはくしゃすう》」より作成)

岐阜県高山市《ぎふけんたかやまし》

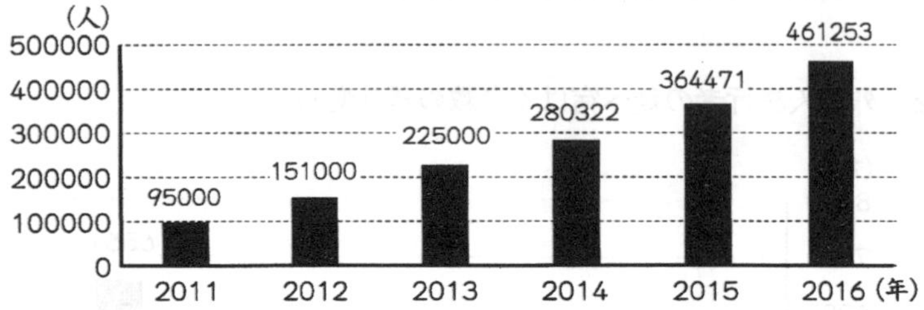

(高山市「高山市外国人観光客宿泊統計」より作成)

和歌山県西牟婁郡白浜町《わかやまけんにしむろぐんしらはまちょう》

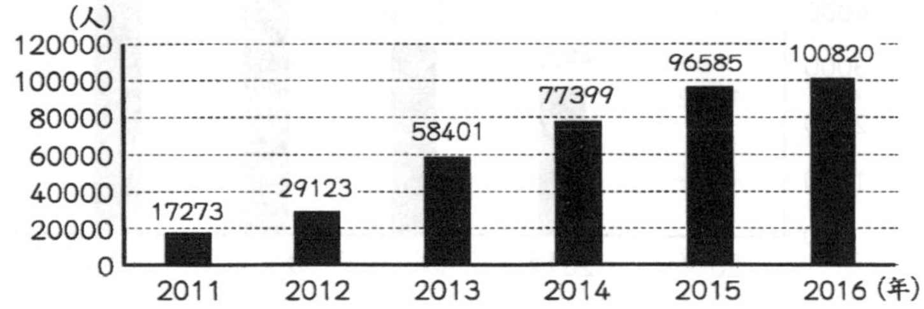

(一般《いっぱん》社団法人南紀白浜《なんきしらはま》観光局「平成３０年度事業計画」より作成)

花　子：この三つの地域は、外国人旅行者の延べ宿はく者数がここ数年で大はばに増えた地域だね。地図上の位置や、どのような地域かなどをもう少し調べてみようよ。(**図4**、**表1**、**表2**)

図4

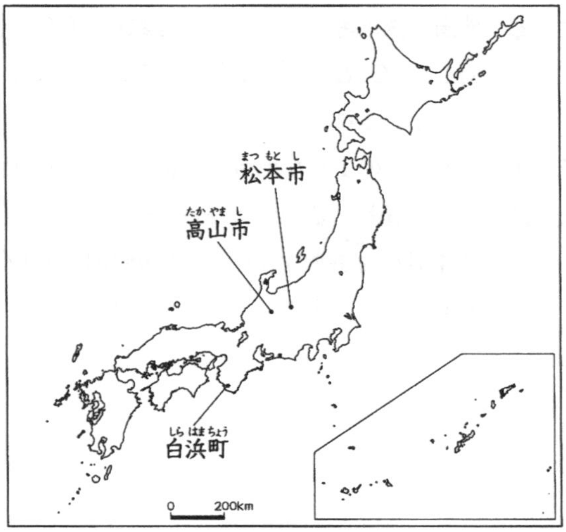

表1　花子さんが調べた三つの地域の主な観光資源《かんこうしげん》

松本市《まつもとし》	松本城《まつもとじょう》、スキー場、 古い街なみ、温泉《おんせん》、 そば打ち体験
高山市《たかやまし》	合しょう造りの民家、 豊かな自然、鍾乳洞《しょうにゅうどう》、 古い街なみ、温泉
白浜町《しらはまちょう》	砂浜《すなはま》、温泉、 美しい景観、パンダ

（各市町ホームページなどより作成）

表2　太郎《たろう》さんが調べた三つの地域が行っている外国人旅行者のための取り組み

松本市	・中部国際空港との連けい（鉄道やバスへのスムーズな乗りつぎなど） ・観光情報サイトのじゅう実 ・多言語表記などのかん境整備 ・観光産業をになう人材の確保と育成
高山市	・海外への職員派《は》けん ・多言語パンフレットの作成 ・伝統文化とふれ合う場の提供《ていきょう》 ・通訳《つうやく》案内士の養成
白浜町	・観光案内看板《かんばん》の多言語化 ・観光情報サイトのじゅう実 ・外国人向けの観光案内の動画作成 ・多言語によるアンケート調査

（各市町ホームページなどより作成）

太　郎：三つの地域にはいろいろな観光資源《かんこうしげん》があることが分かるね。

花　子：この三つの地域は、観光資源があることの他に、外国人旅行者におとずれてもらうために、さまざまな取り組みをしているね。

太　郎：外国人旅行者が旅行中に困《こま》ったことを調査した結果（**表3**）を見つけたけれど、このような資料を活用しながら、それぞれの取り組みを進めているのかな。

表3　日本をおとずれた外国人旅行者が旅行中に困《こま》ったこと

○情報通信かん境が十分でない。
○クレジットカード支はらいが利用できない場所がある。
○多言語対応が不十分である。
・し設等のスタッフとコミュニケーションがとれない。（英語が通じないなど）
・表示が少ない。分かりにくい。（観光案内板など）
・多言語の地図やパンフレットの入手場所が少ない。
・公共交通の利用方法が分からない。（乗りかえ方法など）
・外国の通貨を円に両がえできる場所が分からない。

（観光庁「訪日《ほうにち》外国人旅行者の国内における受入環境《うけいれかんきょう》整備に関するアンケート結果」平成29年より作成）

〔問題２〕　松本市、高山市、白浜町の三つの地域から一つを選び、その地域で外国人旅行者の延べ宿はく者数がここ数年で大はばに増えているのは、観光資源があることの他にどのような理由が考えられるか、**表2**と**表3**をふまえてあなたの考えを書きなさい。

花　子：外国人旅行者のためのパンフレットやガイドブックには、具体的にどのような工夫《くふう》がされているのかな。

太　郎：東京駅では日本語と日本語以外の言語で書かれている駅構内・周辺案内図があって、もらってきたので日本語の案内図と比べてみようよ。

花　子：案内図（**図5**、**図6**）には、いろいろなマークがたくさんかいてあるね。

太　郎：このマークは案内用図記号というそうだよ。

花　子：この案内図の中の「インフォメーションセンター（案内所）」、「エレベーター」、「郵便《ゆうびん》ポスト」、「バスのりば」を表すマーク（**図7**）は、今までに見かけたことがあるよ。

図5　日本語の東京駅構内・周辺案内図の一部

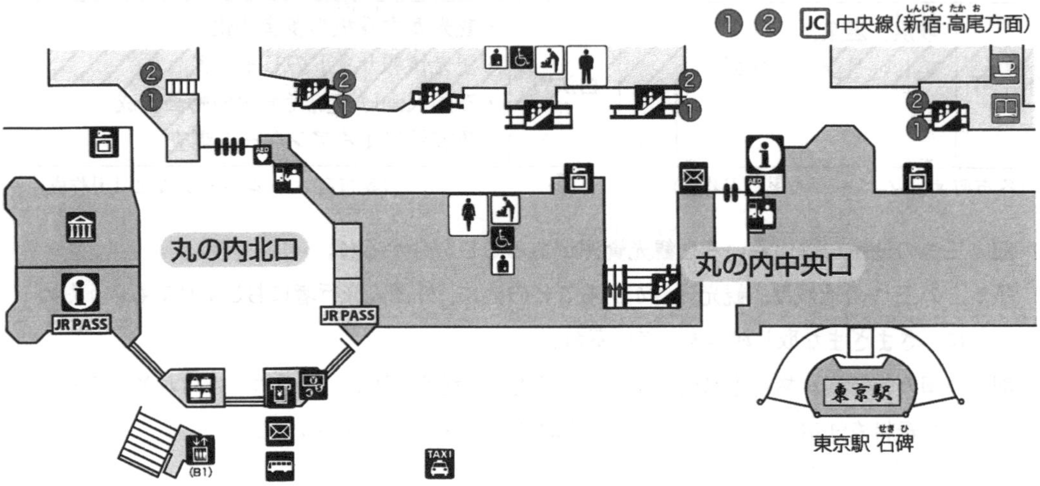

（東京ステーションシティー運営協議会「東京駅構内・周辺案内マップ」より作成）

図6　英語の東京駅構内・周辺案内図の一部

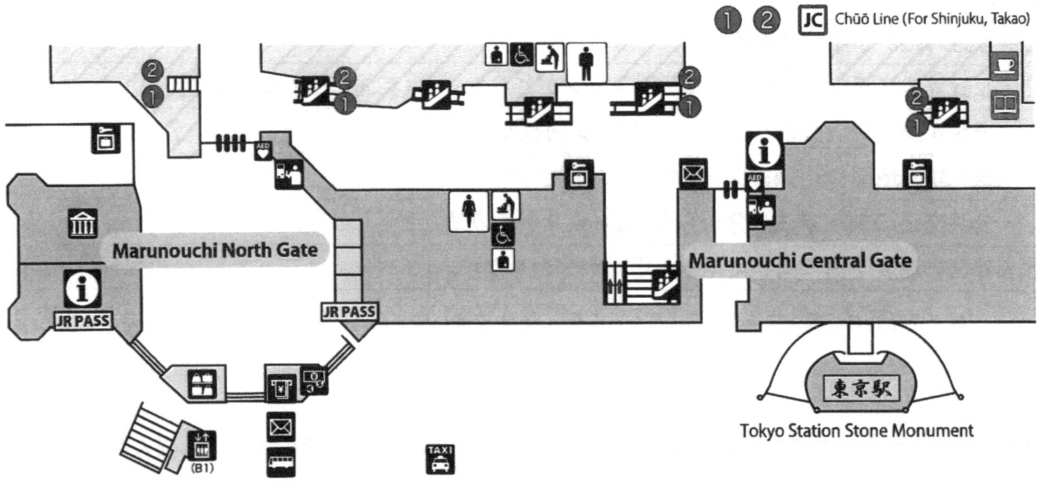

（東京ステーションシティー運営協議会「東京駅構内・周辺案内マップ」より作成）

図7　花子さんが今までに見かけたことがあるマーク

太　郎： このようなマークは外国人旅行者もふくめて、子供《こども》から高れい者まで、さまざまな人に役立っているようだね。

〔問題３〕　太郎さんは「さまざまな人に役立っているようだね。」と言っていますが、案内用図記号にはどのような役割《やくわり》があるか、あなたの考えを二つ説明しなさい。答えは、解答らんの役割１、役割２に分けて書きなさい。

このページには問題は印刷されていません。

3　**太郎《たろう》**さん、**花子**さん、**先生**が先日の校外学習について話をしています。

太　郎：校外学習の紙すき体験で、和紙は水をよく吸《す》うと教えてもらったね。

花　子：和紙と比べて、プリント用の紙、新聞紙、工作用紙などのふだん使っている紙は、水の吸いやすさにちがいがありそうだね。和紙と比べてみよう。

二人は先生のアドバイスを受けながら、和紙、プリント用の紙、新聞紙、工作用紙について、**実験1**をしました。

実験1　水の吸《す》いやすさを調べる実験

1　実験で使う紙の面積と重さをはかる。
2　容器に水を入れ、水の入った容器全体の重さを電子てんびんではかる。
3　この容器の中の水に紙を1分間ひたす。
4　紙をピンセットで容器の上に持ち上げ、30秒間水を落とした後に取り除《のぞ》く。
5　残った水の入った容器全体の重さを電子てんびんではかる。
6　2の重さと5の重さの差を求め、容器から減った水の重さを求める。

太　郎：実験1の結果を**表1**のようにまとめたよ。

花　子：容器から減った水の重さが多いほど、水を吸いやすい紙といえるのかな。

太　郎：実験で使った紙は、面積も重さもそろっていないから、水の吸いやすさを比べるにはどちらか一方を基準にしたほうがいいよね。

花　子：紙の面積と紙の重さのどちらを基準にしても、水の吸いやすさについて、比べることができるね。

表1　実験1の結果

	和紙	プリント用の紙	新聞紙	工作用紙
紙の面積（cm^2）	40	80	200	50
紙の重さ（g）	0.2	0.5	0.8	1.6
減った水の重さ（g）	0.8	0.7	2.1	2

〔問題1〕　和紙の水の吸いやすさについて、あなたが比べたい紙をプリント用の紙、新聞紙、工作用紙のうちから一つ選びなさい。さらに、紙の面積と紙の重さのどちらを基準にするかを書き、あなたが比べたい紙に対して、和紙は水を何倍吸うかを**表1**から求め、小数で答えなさい。ただし、答えが割《わ》りきれない場合、答えは小数第二位を四捨五入《ししゃごにゅう》して小数第一位までの数で表すこととする。

花　子：紙すき体験では、あみを和紙の原料が入った液に入れて、手であみを前後左右に動かしながら原料をすくったね。

太　郎：和紙の原料は、コウゾやミツマタなどの植物のせんいだったよ。

花　子：**図1**を見ると、和紙は、せんいの向きがあまりそろっていないことが分かるね。

図1　和紙のせんいの拡大写真《かくだいしゃしん》

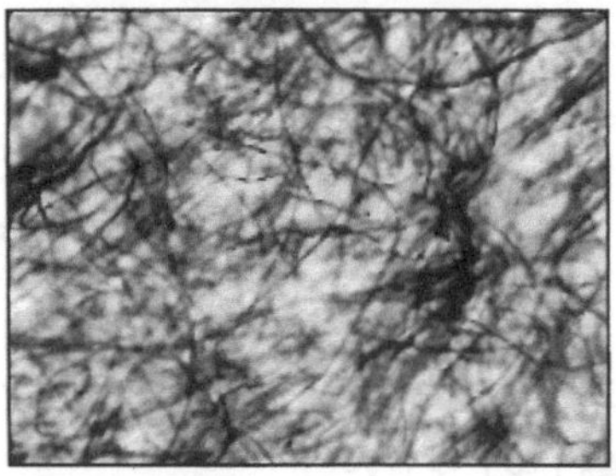

太　郎：ふだん使っている紙は、和紙とどのようにちがうのですか。

先　生：学校でふだん使っている紙の主な原料は、和紙とは別の植物のせんいです。また、機械を使って、あみを同じ向きに動かし、そこに原料をふきつけて紙を作っています。だから、和紙と比べると、より多くのせんいの向きがそろっています。

花　子：ふだん使っている紙のせんいの向きを調べてみたいです。

先生は、プリント用の紙、新聞紙、工作用紙のそれぞれについて、一つの角を選び、**A方向**・**B方向**と名前をつけて、**図2**のように示しました。

図2　方向の名前のつけ方

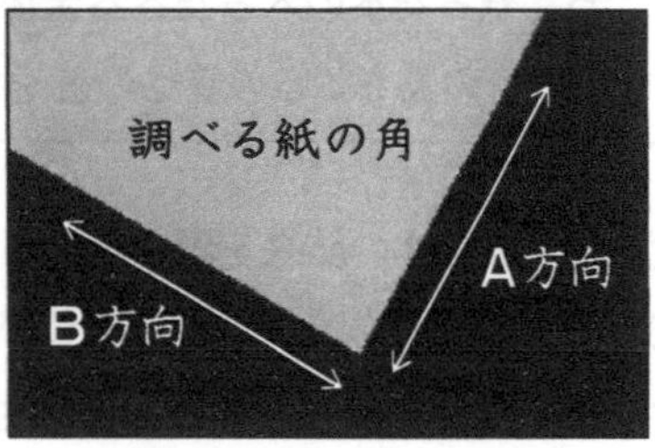

太　郎：それぞれの紙について、せんいの向きが**A方向**と**B方向**のどちらなのかを調べるには、どのような実験をしたらよいですか。

先　生：**実験2**と**実験3**があります。**実験2**は、紙の一方の面だけを水にぬらした時の紙の曲がり方を調べます。ぬらした時に曲がらない紙もありますが、曲がる紙については、曲がらない方向がせんいの向きです。

花　子：それぞれの紙について、先生が選んだ一つの角を使って同じ大きさの正方形に切り取り、**実験2**をやってみます。

実験2の結果は、**図3**のようになりました。

図3　**実験2**の結果

プリント用の紙	新聞紙	工作用紙
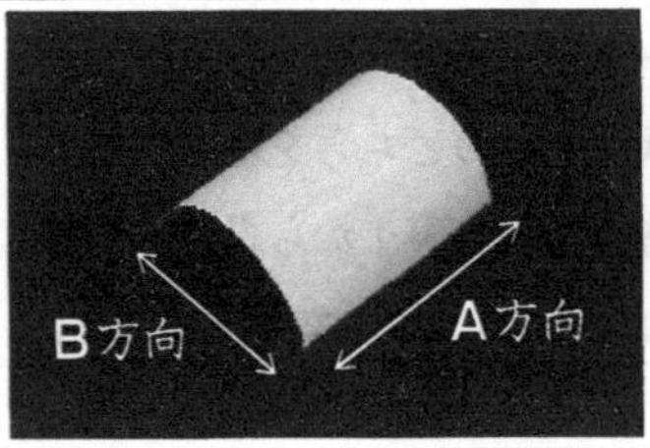	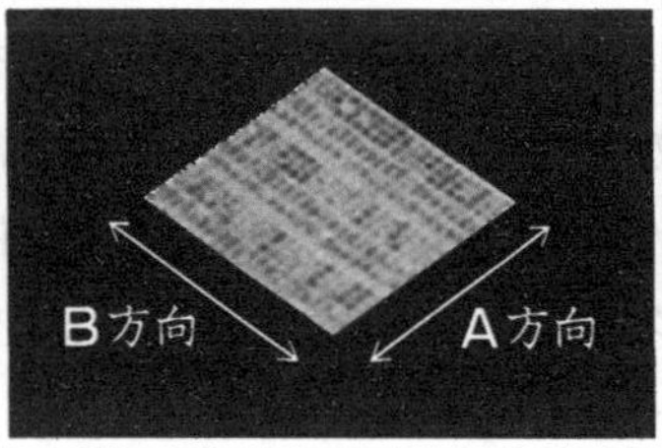	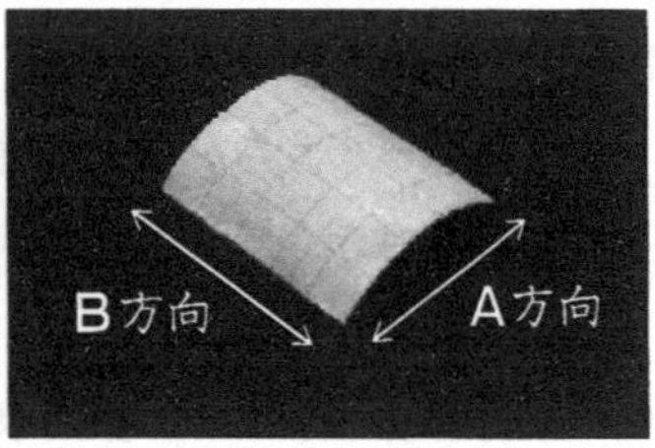

花　子：**実験3**はどのようなものですか。

先　生：短冊《たんざく》の形に切った紙の垂《た》れ下がり方のちがいを調べます。紙には、せんいの向きに沿《そ》って長く切られた短冊の方が垂れ下がりにくくなる性質がありますが、ちがいが分からない紙もあります。

太　郎：短冊は、同じ大きさにそろえた方がいいよね。

花　子：A方向とB方向は、紙を裏返《うらがえ》さずに**図2**で示された方向と同じにしないといけないね。

二人は、**図2**で先生が方向を示した紙について、**図4**のようにA方向に長い短冊Aと、B方向に長い短冊Bを切り取りました。そして、それぞれの紙について**実験3**を行いました。その結果は、**図5**のようになりました。

図4　短冊《たんざく》の切り取り方

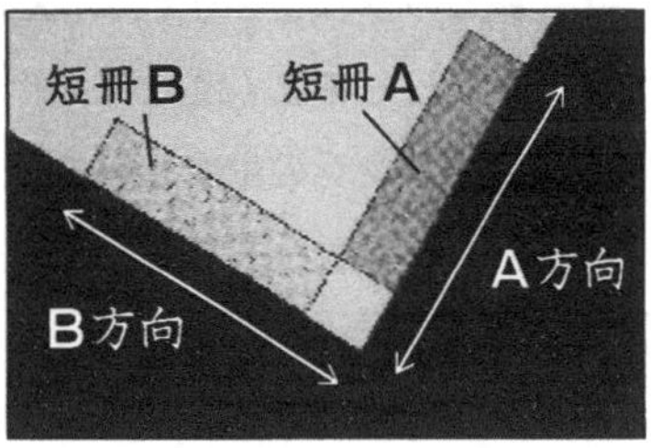

図5　**実験3**の結果

	プリント用の紙	新聞紙	工作用紙
短冊A		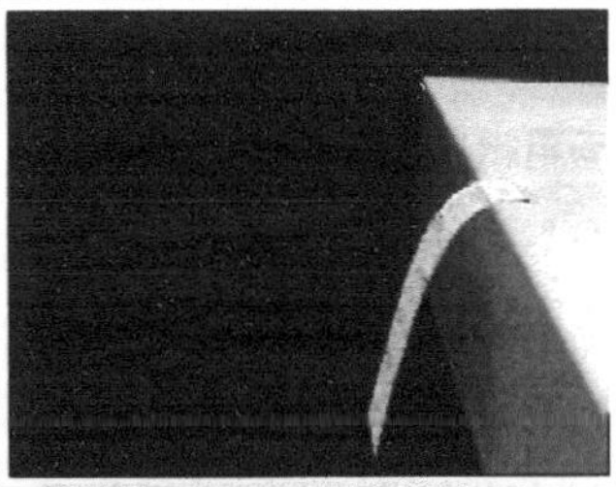	
短冊B	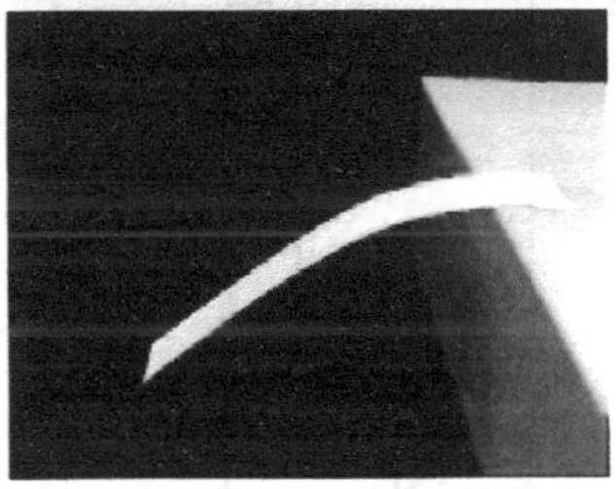		

太　郎：**実験2**と**実験3**の結果を合わせれば、プリント用の紙、新聞紙、工作用紙のせんいの向きが分かりそうですね。

〔問題2〕　プリント用の紙、新聞紙、工作用紙のうちから一つ選び、選んだ紙のせんいの向きは、**図2**で示されたA方向とB方向のどちらなのか答えなさい。また、そのように答えた理由を**実験2**の結果と**実験3**の結果にそれぞれふれて説明しなさい。

太　郎：私《わたし》たちが校外学習ですいた和紙を画用紙にはって、ろう下のかべに展示《てんじ》しようよ。

先　生：昔から使われているのりと同じようなのりを使うといいですよ。

花　子：どのようなのりを使っていたのですか。

先　生：でんぷんの粉と水で作られたのりです。それをはけでぬって使っていました。次のような手順でのりを作ることができます。

〔のりの作り方〕

1　紙コップに２ｇのでんぷんの粉を入れ、水を加える。
2　割《わ》りばしでよく混ぜて、紙コップを電子レンジに入れて２０秒間加熱する。
3　電子レンジの中から紙コップを取り出す。
4　ふっとうするまで２と３をくり返し、３のときにふっとうしていたら、冷ます。

太　郎：加える水の重さは決まっていないのですか。

先　生：加える水の重さによって、紙をはりつけたときのはがれにくさが変わります。

花　子：なるべく紙がはがれにくくなるのりを作るために加える水の重さを調べたいです。

先　生：そのためには、加える水の重さを変えてできたのりを使って、**実験４**を行うといいです。

太　郎：どのような実験ですか。

先　生：**実験４**は、和紙をのりで画用紙にはってから１日おいた後、**図６**のようにつけたおもりの数を調べる実験です。同じ重さのおもりを一つずつ増やし、和紙が画用紙からはがれたときのおもりの数を記録します。

花　子：おもりの数が多いほど、はがれにくいということですね。

先　生：その通りです。ここに実験をするためのでんぷんの粉が5回分ありますよ。はけでぬるためには、加える水の重さは１回あたり５０ｇ以上は必要です。また、紙コップからふきこぼれないように、１５０ｇ以下にしておきましょう。

太　郎：のりしろは5回とも同じがいいですね。

図６　実験４のようす
（横からの図）

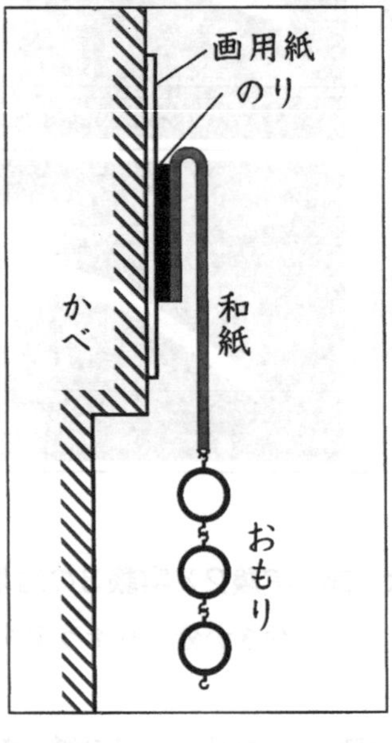

二人は、１回めとして、加える水の重さを５０ｇにしてできたのりを使って、**実験４**を行いました。そして、２回めと３回めとして、加える水の重さをそれぞれ６０ｇと７０ｇにしてできたのりを使って、**実験４**を行いました。その結果は、**表２**のようになりました。

表2　１回めから３回めまでの**実験４**の結果

	１回め	２回め	３回め
加える水の重さ（g）	５０	６０	７０
おもりの数（個）	４４	４６	５３

花　子：さらに加える水を増やしたら、どうなるのかな。たくさん実験したいけれども、でんぷんの粉はあと２回分しか残っていないよ。

先　生：では、あと２回の実験で、なるべく紙がはがれにくくなるのりを作るために加える水の重さを何gにすればよいか調べてみましょう。のりを作る手順は今までと同じにして、４回めと５回めの**実験４**の計画を立ててみてください。

太　郎：では、４回めは、加える水の重さを１００gにしてやってみようよ。

花　子：５回めは、加える水の重さを何gにしたらいいかな。

太　郎：それは、４回めの結果をふまえて考える必要があると思うよ。

花　子：なるほど。４回めで、もし、おもりの数が［**（あ）**］だとすると、次の５回めは、加える水の重さを［**（い）**］にするといいね。

先　生：なるべく紙がはがれにくくなるのりを作るために、見通しをもった実験の計画を立てることが大切ですね。

〔問題３〕（１）　５回めの**実験４**に使うのりを作るときに加える水の重さを考えます。あなたの考えにもっとも近い［**（あ）**］と［**（い）**］の組み合わせを、次の**A**～**D**のうちから一つ選び、記号で書きなさい。

A　（あ）３５個　（い）　８０g
B　（あ）４５個　（い）１１０g
C　（あ）６０個　（い）　９０g
D　（あ）７０個　（い）１３０g

（２）　あなたが（１）で選んだ組み合わせで実験を行うと、なぜ、なるべく紙がはがれにくくなるのりを作るために加える水の重さを調べることができるのですか。３回めの**実験４**の結果と関連付けて、理由を説明しなさい。

適性検査Ⅲ

注　意

1　問題は［1］から［2］までで、10ページにわたって印刷してあります。

2　検査時間は**30分**で、終わりは**正午**です。

3　声を出して読んではいけません。

4　計算が必要なときは、この問題用紙の余白を利用しなさい。

5　答えは全て解答用紙に明確に記入し、**解答用紙だけを提出しなさい。**

6　答えを直すときは、きれいに消してから、新しい答えを書きなさい。

7　**受検番号**を解答用紙の決められたらんに記入しなさい。

東京都立白鷗高等学校附属中学校

問題は次のページから始まります。

問題を解くときに、問題用紙や解答用紙、ティッシュペーパーなどを実際に折ったり切ったりしてはいけません。

1　**はじめ**さんと**くるみ**さんと**おうき**さんの三人が、４５個のおはじきを目の前に置き、次のような会話をしています。

はじめ： この間、大そうじをしていたら、おはじきが出てきたんだ。祖父のものだったらしいんだけど、ぼくにくれたんだ。きれいだから二人にも見せようと思って持ってきたんだ。

くるみ： すてきなおはじきだね。どれも同じ模様《もよう》だ。何個持ってきたの。

おうき： １、２、３、・・・全部で４５個あるね。

はじめ： ４５個あるから、一人１５個ずつ配るね。

おうき： ぼくはおはじきに興味があるよ。量りがあるから、これを使って重さを量ってみよう。

くるみ： 私《わたし》が持っている１５個を全部のせると、３０gだよ。

おうき： ぼくが持っている１５個の重さも３０gだよ。

はじめ： ぼくが持っている１５個を全部のせると、３０．４gだよ。ということは、ぼくが持っているおはじき１個あたりの重さは、約 あ gだね。

くるみ： １個だけで、量ってみたら、私が持っているおはじきはどれもぴったり２gだよ。２gといえば、１円玉が２枚《まい》の重さだね。

はじめ： そういえば祖父がおはじきをくれる時に「１個だけ重いおはじきがある。」と言っていたな。

〔問題１〕 あ にあてはまる数字を、小数第三位を四捨五入《ししゃごにゅう》して小数第二位まで求めなさい。また、求めた式も書きなさい。

三人は、重いおはじきを見つける方法について話しています。

はじめ： この中から、1個だけある重いおはじきを見つけるには、量りに1個ずつのせるしかないのかな。

おうき： それは大変そうだから、ここにある天びんを使ってみたらどうだろう（**図1**）。
これを使った方が、重いおはじきを早く見つけることができるんじゃないかな。

くるみ： 同じ個数のおはじきを皿にのせて、つり合わなければ下に動いた皿の中に重いおはじきが入っていることになるね。

はじめ： 例えば、おはじきが9個あって、重いおはじきが1個まぎれているとすると、天びんを2回使えば、必ず重いおはじきが発見できるね。ぼくの考えが正しければ、2回めは天びんがつり合っても、つり合わなくても、重いおはじきを見つけることができるはずだよ。

くるみ： どんな方法なの。

はじめ： 1回めに、天びんの左右の皿におはじきを3個ずつ入れてみる。ここでつり合ったとしたら、皿に入れなかった3個のおはじきの中に、重いおはじきがあるということだね。

おうき： つり合わなかったとしたら、下に動いた皿に入れた3個のおはじきの中に、重いおはじきがあるということか。

はじめ： 2回めは、重いおはじきが入っていると分かった3個の中から、1個ずつおはじきを天びんの左右の皿に入れればいいと思う。そして、[い]。
この方法なら、2回めに天びんがつり合っても、つり合わなくても、必ず重いおはじきが見つけられるよ。

図1　天びん

〔問題2〕 **はじめ**さんの [い] に入る説明を解答らんに書きなさい。
ただし、2回めに天びんの左右の皿がつり合った場合とつり合わなかった場合、どちらのときでも必ず重いおはじきが見つけられる説明を書くこと。

三人は、実際に１５個のおはじきの中から重いおはじきを見つける方法について話しています。

はじめ：天びんはとても便利だね。これなら、１５個のおはじきでもすぐ見つかるね。
ぼくは、２回使って発見できたよ。
くるみ：私《わたし》がやってみたら、３回使わないと発見できなかったよ。
はじめ：どうしてだろう。
おうき：**はじめ**さんが見つけた重いおはじきも、**くるみ**さんが見つけた重いおはじきも同じものだね。でも、なぜ二人は天びんを使う回数がちがったのかな。
はじめ：ぼくの場合は、１回めも２回めもつり合っていたよ。
くるみ：私も１回めはつり合っていたけれど、２回めはつり合わなかったよ。
でも、３回めはまたつり合ったよ。
おうき：１回めに**はじめ**さんと**くるみ**さんが天びんの左右の皿に入れたおはじきの数はいっしょだったね。２回めも、**はじめ**さんと**くるみ**さんが天びんの左右の皿に入れたおはじきの個数はいっしょだった。でも、重いおはじきを見つけるまでの、天びんを使う回数がちがう。ぼくはその理由が分かったよ。

表１　はじめさんと**くるみ**さんの天びんの結果表

	１回め	２回め	３回め
はじめさん	つり合う	つり合う	
くるみさん	つり合う	つり合わない	つり合う

※**はじめ**さんと**くるみ**さんが１回めに天びんの左右の皿に入れたおはじきの個数は等しい。
２回めも、**はじめ**さんと**くるみ**さんが天びんの左右の皿に入れたおはじきの個数は等しい。

〔問題３〕 **はじめ**さんと**くるみ**さんが天びんを使う回数が異《こと》なる理由を、解答らんの□に数字を書いて説明しなさい。

おうき：重いおはじきに、赤いシールをつけて、赤おはじきと呼《よ》ぼう。残りのおはじきには白いシールをつけて、白おはじきと呼ぼう。このおはじきを使うゲームを思いついたよ。

くるみ：どんなゲームなの。

おうき：この４５個の中から、白おはじき６個と赤おはじき１個を取り出す。
この７個のおはじきを二人で順番に取っていく。ただし、一度に取れるおはじきの個数は１個か２個で、必ず１個は取るんだよ。そして、赤おはじきを取った方が負けというゲームだ。二人でやってみて。

はじめ：ぼくから取るね。ぼくは白おはじきを１個取るよ。そうすると、残りは白おはじきが5個で、赤おはじきが１個だね。次は、**くるみ**さんの番だよ。

くるみ：私《わたし》も白おはじきを１個取るね。次は、**はじめ**さんの番だね。

はじめ：ぼくは２個取るね。これで、残りは白おはじきが２個で赤おはじきが１個だ。

くるみ：ここで私が白おはじきを２個取ると、残りは赤おはじきが１個だ。これで、**はじめ**さんが赤おはじきを取ることになるから、**はじめ**さんの負けだね。今度は三人でこのゲームをやろう。

おうき：ぼく、すごいこと思いついたよ。

はじめ：何を思いついたのか教えてよ。

おうき：ためしてみたいから、ぼくから始めてもいいかな。そうすると、ぼくは絶対に負けない気がするよ。

〔問題４〕　三人は、**おうき**さん→**はじめ**さん→**くるみ**さん→**おうき**さん→・・・の順番で、このゲームを行うことにしました。**おうき**さんは、自分からこのゲームを始めたら、「絶対に負けない気がする」と言っています。
次の（1）、（2）の問いに答えなさい。

（1）　負けないためには、**おうき**さんは最初の自分の順番で、何個取ればよいか答えなさい。

（2）　（1）で答えた個数を取ると、絶対に負けない理由を説明しなさい。

1

解答用紙　適性検査Ⅰ

〔問題1〕

100

※

※

20点

〔問題2〕

100

※

※

20点

〔問題3〕

受検番号

得点
※ ※100点満点

※のらんには記入しないこと

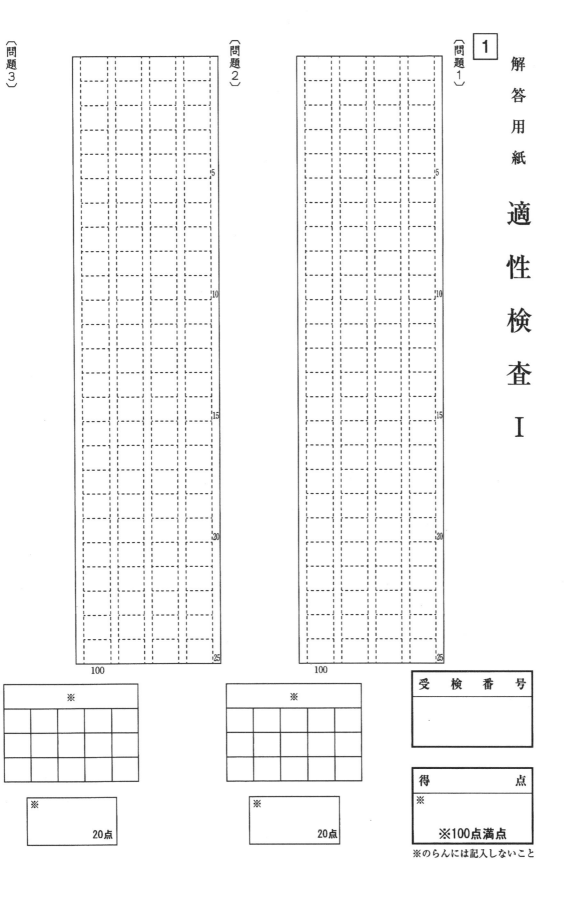

解答用紙　適性検査Ⅱ

受　検　番　号	得　　　点
	※ ※100点満点

※のらんには、記入しないこと

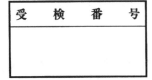

1

〔問題１〕　８点

〔しおりにする前の状態〕

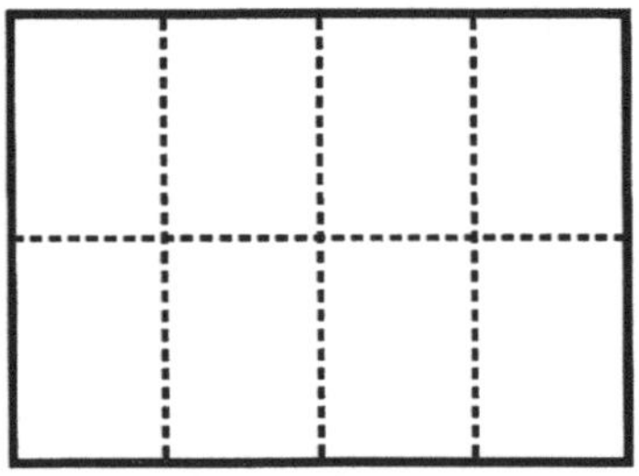

※

〔問題２〕　16点

約束２で表現したときの漢字と数字の合計の個数	〔答え〕 個
漢字と数字の合計の個数が少ない約束	〔答え〕 約束

〔理由〕

※

〔問題３〕　16点

〔「★」の位置に置くおもちゃの向き〕

(　　　)

(　　　)

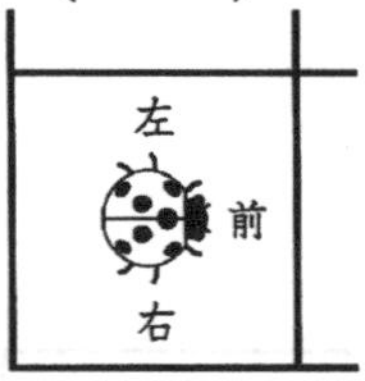

〔カードの並《なら》べ方〕

○ ○ ○ ○ ○ ○ ○ ○ ○ ○

※

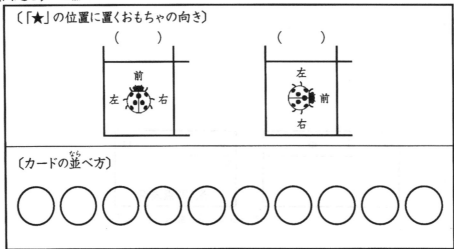

解答用紙　適性検査Ⅲ

受検番号	得点
	※ ※100点満点

※のらんには、記入しないこと

1

〔問題１〕　15点

式	答え　　　　g

※

〔問題２〕　16点

※

〔問題３〕　14点

はじめさんと**くるみ**さん

１回め：左右の皿におはじきを［　　］個ずつ入れる。

２回め：左右の皿におはじきを［　　］個ずつ入れる。

→**はじめ**さんは重いおはじきを発見

くるみさん

３回め：左右の皿におはじきを［　　］個ずつ入れる。

→**くるみ**さんは重いおはじきを発見

はじめさんと**くるみ**さんがこのように天びんを使ったから。

※

〔問題４〕　15点

（１）

おうきさんは最初の自分の番で □ 個とればよい。

※

（２）

※

2

〔問題１〕　14点

※（１）、（２）ともに、この解答らんにかきこむこと。

図4

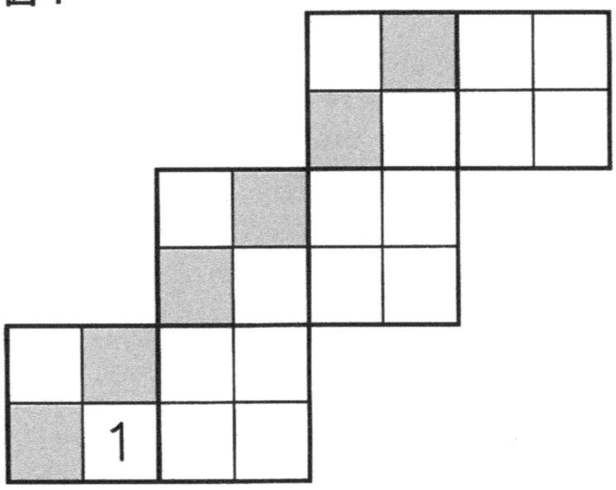

※

〔問題２〕　12点

※

〔問題３〕　14点

ア	イ	ウ	エ	オ	カ	キ	ク	ケ	コ

考え方

※

2

〔問題１〕　12点

（あ）

（い）　　　　　　倍

（う）

（え）　　　　　　倍

※

〔問題２〕　8点

〔選んだ地域《ちいき》〕

〔あなたの考え〕

※

〔問題３〕　10点

〔役割《やくわり》１〕

〔役割２〕

※

3

〔問題１〕　６点

〔比べたい紙〕

〔基準にするもの〕

〔和紙は水を何倍吸《す》うか〕　倍

※

〔問題２〕　12点

〔選んだ紙〕

〔せんいの向き〕　方向

〔理由〕

※

〔問題３〕　12点

（1）

（2）

※

450　400　300　200　100

※									

※

60点

2 **はじめ**さんが先日、オーストラリアから来た留学生といっしょに寄木細工《よせぎざいく》を作ったことについて、**くるみ**さん、**おうき**さんに話をしていました。

図1　寄木細工《よせぎざいく》

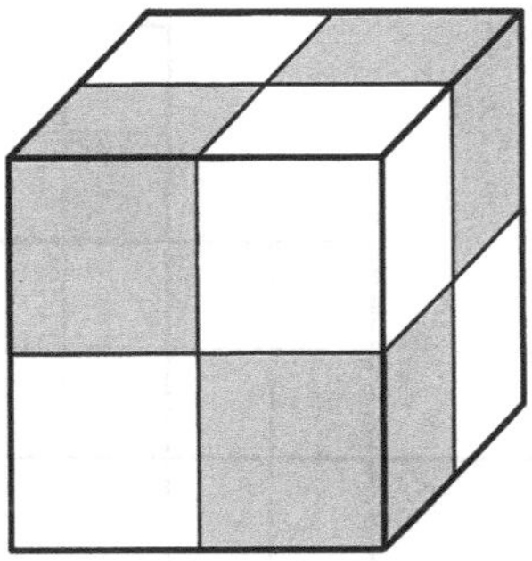

はじめ： この間、ホームステイに来た留学生といっしょに、**図1**のような立方体の寄木細工《よせぎざいく》を作ったんだ。

くるみ： とてもきれいな寄木細工だね。これは日本の伝統工芸品だ。

おうき： 異《こと》なる色の２種類の木で作られた立方体を、４個ずつ組み合わせて、一つの立方体ができているね。紙で作ったらどうかな。

はじめ： **図１**の展開図《てんかいず》を作っているんだけど、まだ完成していないんだ。この寄木細工の立方体には、色の付いた部分  と白い部分  があるから、**図２**の状態までは色をぬれたんだけど、展開図のどこが色のついた部分になるかが分からなくなってしまったよ。

おうき： 何か目印をつけよう。**図３**のように、立方体の白い部分の場所に、数字の「１」を書きこんでみたよ。そうしたら、展開図のこの位置に「１」を書きこむことができるね（**図4**）。

〔問題１〕 **図4**について、次の（1）、（2）の問いに答えなさい。ただし、実際に紙を切ったり、折ったりしてはいけません。

（1） **図4**は、三人が考えている**図３**の立方体の展開図です。**図３**で色が付いている残りの部分を解答用紙の**図4**にぬり、**図３**の展開図を完成させなさい。

（2） 三人は**図5**のように、**図３**の立方体の白い部分にさらに数字の「２」を書きこみました。このとき、展開図では数字の「２」はどのように書かれているでしょうか。解答用紙の**図4**に数字の「２」を、正しい向きで正しい位置に書き入れなさい。

図2

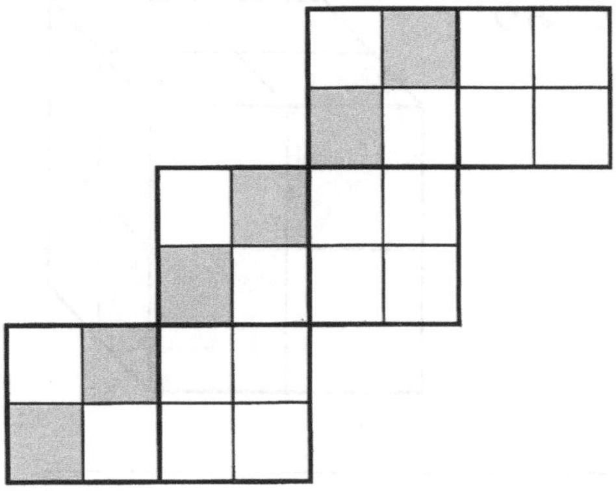

図3

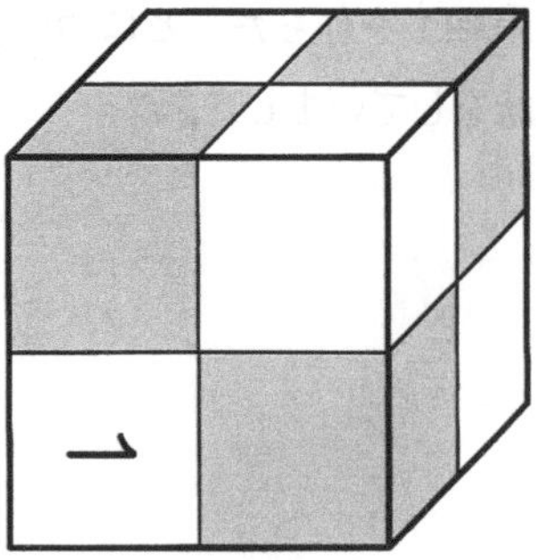

図4

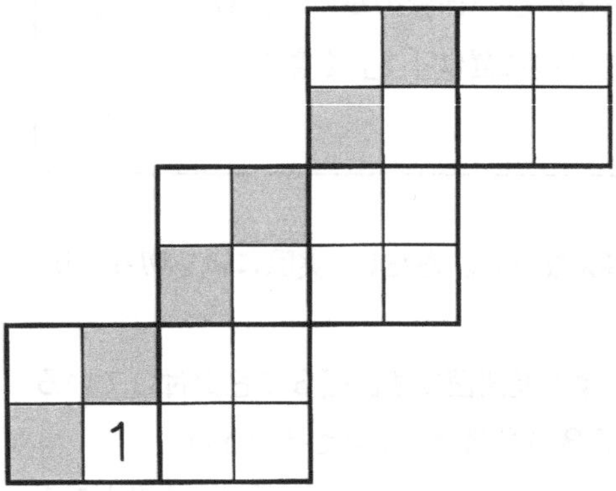

図5

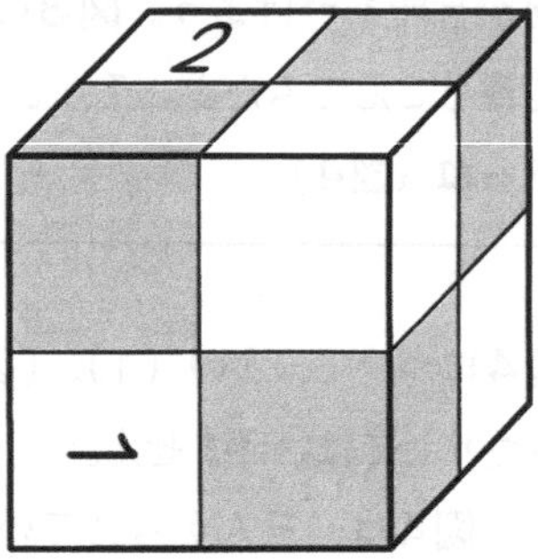

はじめ： 立方体は全ての辺の長さが等しい立体だったよね。

くるみ： そうだね。そして、全ての面が正方形だね。

おうき： 辺の本数は何本あるかな。**図6**を使って数えてみよう。

はじめ： 全部で１２本だ。

おうき： 面の数はどうかな。

くるみ： ６面だね。ところで、この**図7**の立方体の**P**の点って何かな。

はじめ： ぼくが今かいたよ。**点Ｐ**は立方体の一つの面を四つの正方形に区切ったときの真ん中の点だね。立方体は面の数が６面だからこの**点P**は６個あるよ。**図8**のように、となり合う面どうしでこの点を結ぶと**図9**の立体ができるね。これを**立体A**と呼《よ》ぼう。

くるみ： **立体A**は全ての面が正三角形だね。

はじめ： 本当だ、全部でいくつの面があるのだろう。

おうき： 数えたら８面だ。正三角形が８個あるよ。

はじめ： この**立体Aの辺の本数**は１２本だ。数えずに計算で求めることができたよ。

〔問題２〕 **はじめ**さんは「この**立体Aの辺の本数**は１２本だ。数えずに計算で求めることができたよ。」と言っていますが、どのように求めたのかを説明しなさい。ただし、(**正三角形の数**)、(**正三角形の辺の本数**)、という言葉を使って説明しなさい。

図6

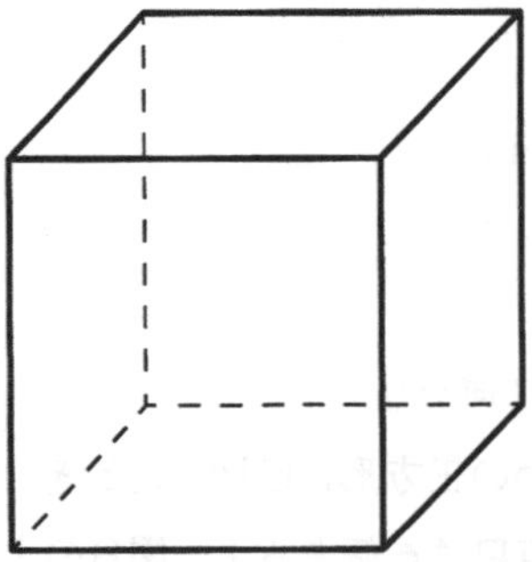

図7

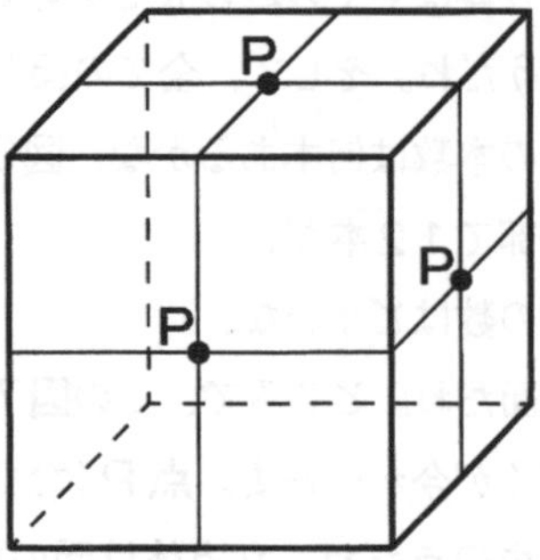

図8

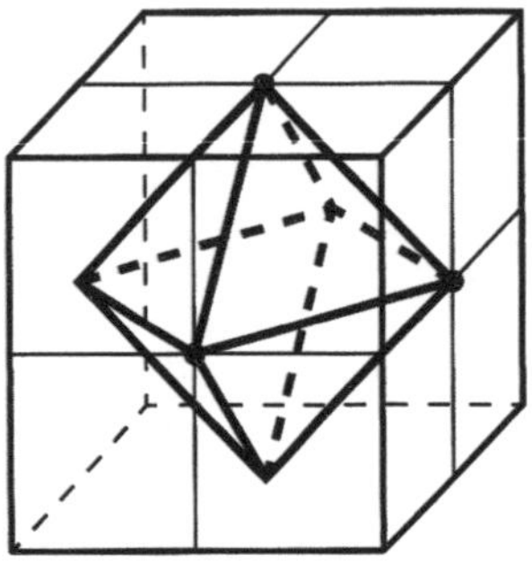

図9　立体A

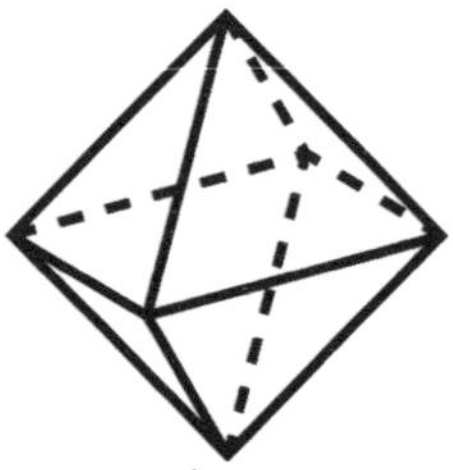

三人は**立体A**の展開図の一つが、**図１０**のようになることを見つけました。そして、**図１１**のように、この図形にある１０個の三角形の頂点《ちょうてん》に点をかきこみ、その１０個の点のうち、いくつかの点を通って**点S**から**点G**まで行くルートを考えていました。

図１０　立体Aの展開図

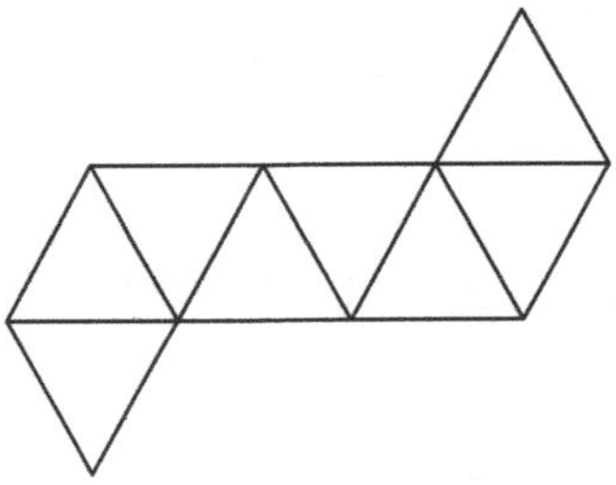

図１１

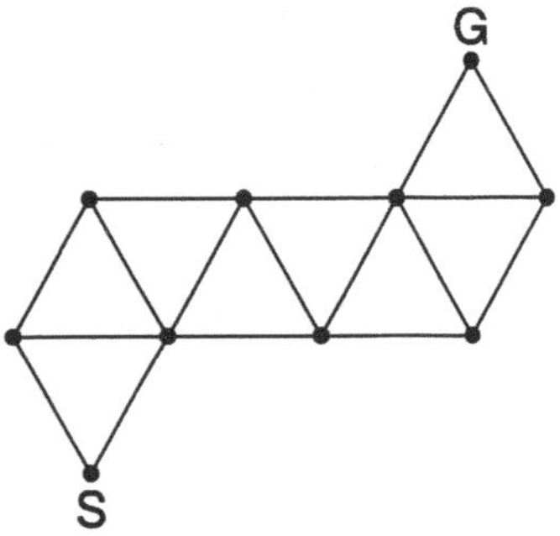

図１２　ルート①

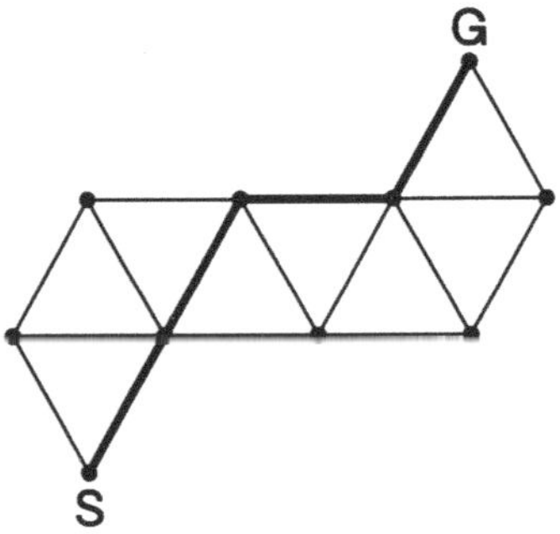

図１３　ルート②

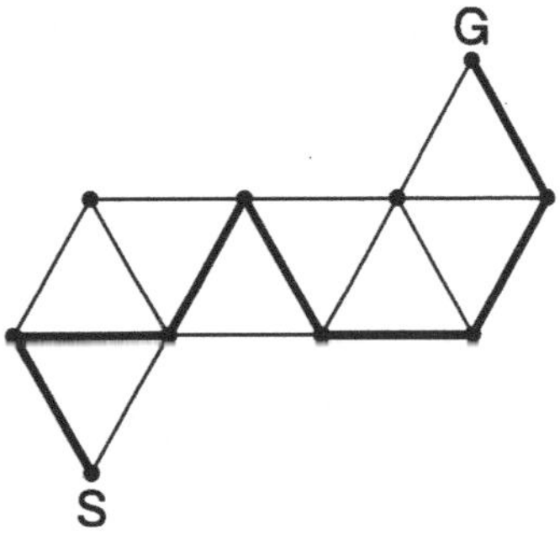

図１４　ルート①の計算例

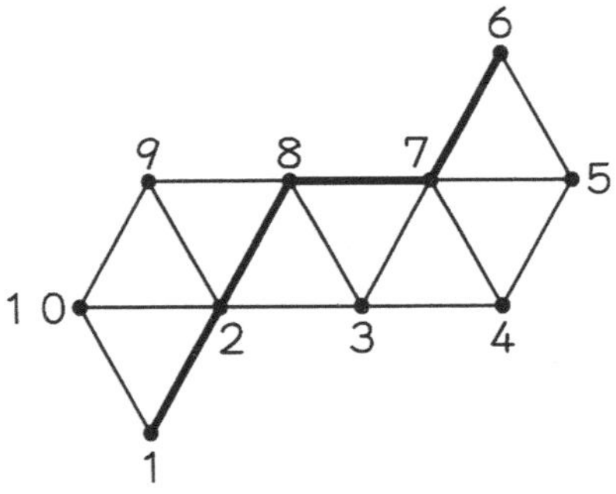

ルート①　１＋２＋８＋７＋６＝２４

図１５　ルート②の計算例

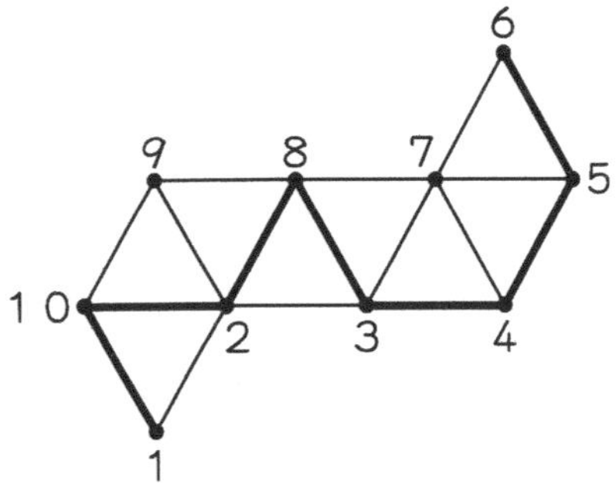

ルート②　１＋１０＋２＋８ ＋３＋４＋５＋６＝３９

はじめ：例えば**図１２**のようなルートが考えられるね。これを**ルート①**としよう。
くるみ：私《わたし》は、**図１３**のようなちがうルートを考えたよ。これを**ルート②**としよう。
おうき：これで新しい問題を考えてみたよ。例えば、１０個の頂点《ちょうてん》のそれぞれの点に１から１０までの数を順番に当てはめ、そのルートが通った数字の和を求めてみると、**図１４**と**図１５**のように２４と３９になるよ。この２つ数の差は

39−24=15

になるね。この**差が最も大きくなる**ように数字を当てはめていくと、どのようなパターンがあるかな。二人とも考えてみて。
くるみ：たくさんのパターンがありそうだね。
はじめ：でも**ルート①**も**ルート②**も同じ点を通る場所があることを利用したらできたよ。

〔問題３〕　**図１６**のように１０個の頂点のそれぞれの点に**点ア**から**点コ**まで点をふり、その点にそれぞれ１から１０までの数字を重ならずに１つずつ入れる。**ルート①**が通る数の和と、**ルート②**が通る数の和を求めると、二つの数の差が最も大きくなった。このとき、**点ア**から**点コ**までにはそれぞれ１から１０までのどの数字が入っていたか答えなさい。また、その答えを導き出した考え方も答えなさい。

図１６

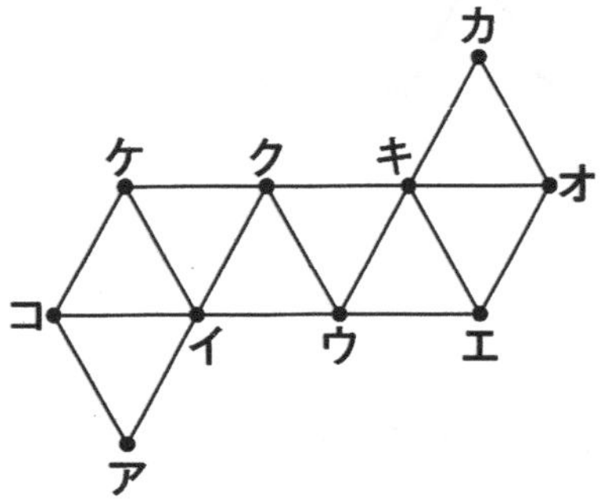

適性検査Ⅰ

㉚

注意

1 問題は **1** のみで、**4ページ**にわたって印刷してあります。
2 検査時間は**四十五分**で、終わりは**午前九時四十五分**です。
3 声を出して読んではいけません。
4 答えは全て解答用紙に明確に記入し、**解答用紙だけを提出しなさい。**
5 答えを直すときは、きれいに消してから、新しい答えを書きなさい。
6 **受検番号**を解答用紙の決められたらんに記入しなさい。

東京都立白鷗高等学校附属中学校

1 次の資料を読んで、あとの問題に答えなさい。
（丸で囲んだ数字がついている言葉には資料のあとに〔注〕があります。）

資料A

環境《かんきょう》はさまざまです。地球には①熱帯から②寒帯まで、いろいろな温度環境がありますし、生物が生きていくには水が必要ですが、水環境も、極端《きょくたん》に乾燥《かんそう》した砂漠《さばく》から、まわりが水だらけの湖や海までさまざまです。

一本の木だって多様な環境を提供《ていきょう》します。根っこのまわり、幹のなか、葉っぱの上では、環境が異《こと》なります。葉と言っても、こずえの先端《せんたん》の葉と根元の葉では環境は違《ちが》うでしょう。葉の表と裏《うら》でも大違いです。木は丈《たけ》が高く枝も茂《しげ》り、さまざまな生息環境を動物に提供します。葉が茂っているので隠《かく》れやすく、幹の中に潜《もぐ》り込《こ》んで隠れることもできます。安全な住みかとなるのです。そして木は長命ですから住みかとして安定しています。つまり木は安全で安定したたくさんの住みかを提供してくれるのですが、その上、葉、果実、蜜《みつ》、花粉、樹液《じゅえき》と、さまざまな形の食物をも提供してくれます。そこで一本の木には多くの動物が住むことになり、だからこそ植物の種数より動物の種数がずっと多くなるのです。一本の木でもそうなのです。木にはさまざまな種類がありますから、それらを利用する動物ものすごくたくさん出てくることになります。

もちろん環境がいろいろあると言っても、どの環境にも生物が住めるわけではありません。水がまったくなければ生物は住めませんし、極端に高い温度や低い温度環境にも住めません。生物が利用できる環境は限られています。環境の種類に限りがあるなら、それらに適応した生物の種の数にも限りが出てくるだろうということになりそうですが、そう簡単《かんたん》にいかないところが生物の生物たるところです。

生物には歴史があります。そして生物多様性にも歴史があります。人間の歴史でもそうですが、歴史は同じことが繰《く》り返されない一回きりのできごとの連続です。③大絶滅《だいぜつめつ》が起こった後、絶滅した種が復活したわけではありません。一回きりとは、かけがえがないことを意味しています。

生物はまた「ご当地主義」です。多くの種は、きわめて狭《せま》い地域《ちいき》に分布が限られており、他の場所には住んでいません。そこ以外には住んでいないということは、そこがだめになったらもう代わりがないのですから、その生物にとってのご当地はかけがえのないものです。地球上のほとんどの場所が、そこに住む生物たちにとってのご当地です。だから、すべての場所がかけがえのない場所だということになりますね。このように生物とは、一回きり・その地域限定であり、二重にかけがえのないとても大切なものなのです。

ところが科学において、ここのところが問題となるのですね。科学とはいつでもどこでも繰り返し起こる④普遍的《ふへんてき》なことを取り扱《あつか》います。

法則性が発見できるとはそういうことです。歴史の上で一回しか起こらなかったことや、ある特定の場所でしか起こらないことは普遍的ではない特殊《とくしゅ》なことであり、科学的には無価値《むかち》なものとして取り扱われます。生物は繰り返しのきかない歴史の中に住んでおり、その土地だけに住み、他のものとは違った存在《そんざい》です。各生物に歴史があり、特定の場所にしか住まないからこそ生物多様性が出てきます。世は科学的に考える時代。そういう時代だからこそ、生物多様性の大切さを理解することが困難《こんなん》になるのです。

（本川達雄《もとかわたつお》「生物多様性」による）

資料B

私《わたし》はよく山に行きます。そこで林業にかかわる人の話を聞きます。山をいい状態に保つには、⑤間伐《かんばつ》など適切な手入れをする必要がある。ところが、どの木を切り、どの木を残すか、あと何年すれば、木がどうなっているか、それを見る目を持つ人がいなくなっているのです。

林業の現場では、いろいろ面白《おもしろ》い話が聞けます。高知県では木を残す際には、三本単位にするのだそうです。なぜか。

高知県は台風が多い土地です。台風で木が倒《たお》れないようにするには、一本に当たる風を弱める必要がある。三本ひとまとめにしていると、どこから風が吹《ふ》いても、どれかが風上に位置することになって、全体への風が弱まるそうです。三本が一緒《いっしょ》に立っているから、木が、そして森林全体が保たれる。三本がいわば共生していることが強みにつながっているわけです。

これが何を示しているかを考えていただきたいのです。

あちこちで植林されたので、杉《すぎ》だらけの山が増えてしまいましたが、本当の山はああいう姿《すがた》ではありません。本来は、さまざまな⑥広葉樹《こうようじゅ》の間に杉が立っているというのが、天然の山の姿です。そういう山は色とりどりで、とてもきれいです。赤、緑、黄色が散らばっていて、パッチワークのようです。

いろいろな木があり、その下にはいろいろな生きものがいる。それは、そのほうがお互《たが》いにとって都合がいいからです。それで山全体が保《も》っているのです。

人間の都合で木を一本切れば、その下にある土の状態が変わる。また隣《となり》にある木への風や日当たりも変わる、すべてが影響《えいきょう》しあっています。

「環境が大事だ」ということに異《い》を唱える人はいないでしょう。でも、どれだけの人が、環境と私たちは一心同体、同じものなのだという点に思い至《いた》っているか。本気でそう思うことができているか。

どこかで「自分は自分」「人間は人間」「環境は外にあるもの」と思っていないでしょうか。そういう人が増えたのは、⑦ルネサンス以降《いこう》の「個人」中心の考え方が幅《はば》をきかせてきたからです。「自分」を周囲から独立した存在として立てて、関係を切っていく。周りは全部異物《いぶつ》ですから、

⑧つまるところはマイナスです。

本来、自然と共生できる文化、「個人」なんてなくてもいい社会を私たちは持っていたはずでした。それが、どんどんおかしな方向に進んでしまいました。

かつては言わなくてもわかっていたことが、今では言っても伝わらないようになった。

学生を田んぼに連れて行った際に、

「あの田んぼはお前だろう」

と私は言います。

すると、相手はぽかんとしています。何を言っているのだ、このじいさんは。

でも、田んぼは私たち自身だ、という考えはおかしなものではありません。田んぼから米ができる。その米を体内に入れて、体をつくっていく。米は体の一部になる。その米を作っている田んぼの土や水、そこに降《ふ》り注いでいる日光も全部、私になっていくわけです。

もちろん海でも同じことです。魚を食べるということは、海を体内に取り入れていく、ということでしょう。

でも、こういうことを子どもに教える大人があまりいません。「あんたはあんた。田んぼは田んぼ。海は海」としか教えないでしょう。

春先になると、スギ花粉のせいで私は花粉症《かふんしょう》の症状《しょうじょう》が出て苦しみます。全国どこの山もスギばかり植えたから、こうなってしまった。なぜ同じ木ばかり植えたのか、もっと自然に合わせたことができただろうに、と言えば、答えは決まっています。

「それでは経済効率《けいざいこうりつ》が悪い」

おおよそこういうことを言ってくるわけです。多様性が大切だとか、そういう議論《ぎろん》をすると、「それでは経済が成り立たない」となる。そういう言い方をしなくても、背景《はいけい》にあるのはその手の思考です。

しかし、「経済が成り立たない」で思考停止してはいけないのです。

（養老孟司《ようろうたけし》「『自分』の壁《かべ》」による）
新潮新書刊

〔注〕

①熱帯……赤道を中心とした一年じゅう暑い地域《ちいき》。

②寒帯……北極と南極を中心とした一年じゅう寒い地域。

③大絶滅《だいぜつめつ》……限られた時期に多種類の生物が同時に、滅《ほろ》びてなくなること。

④普遍的《ふへんてき》……全てのものにあてはまること。

⑤間伐《かんばつ》……森の木を切って木と木の間をあけ、のこした木が早く大きくなるようにすること。

⑥広葉樹《こうようじゅ》……ひらたくて、はばのひろい葉をつける木。

⑦ルネサンス……十四世紀から十六世紀にかけてイタリアからヨーロッパ全体に広まった運動。人間を中心としてとらえる新しい文化。

⑧つまるところ……結局。要するに。

〈問題１〉 資料Ａ で、筆者は「生物」の特ちょうと「科学」の特ちょうを示しています。二つの違《ちが》いを百字以内でまとめなさい。

ただし、一ます目から書き始め、記号（、や。や「」など）も字数に数えなさい。

〈問題２〉 資料Ｂ の中にある「マイナスです。」とは、どのような考え方か、また、その考え方についての筆者の意見はどのようなものか、百字以内で説明しなさい。

ただし、一ます目から書き始め、記号（、や。や「」など）も字数に数えなさい。

〈問題３〉 私《わたし》たちが生きている社会の中で、資料Ｂ の「思考停止」してしまっている例を一つあげ、それを変え多様性を大切にしていくためにはどうしたらよいか、資料Ａ 、資料Ｂ の内容をふまえて、あなたの考えを四百字以上四百五十字以内で書きなさい。

ただし、書き出しや改行などの空らん、記号（、や。や「」など）も字数に数えなさい。

2018(H30) 白鷗高校附属中
教英出版

適性検査Ⅱ

注　　意

1　問題は 1 から 3 までで、１６ページにわたって印刷してあります。

2　検査時間は４５分で、終わりは午前１１時００分です。

3　声を出して読んではいけません。

4　計算が必要なときは、この問題用紙の余白を利用しなさい。

5　答えは全て解答用紙に明確に記入し、**解答用紙だけを提出しなさい。**

6　答えを直すときは、きれいに消してから、新しい答えを書きなさい。

7　**受検番号**を解答用紙の決められたらんに記入しなさい。

東京都立白鷗高等学校附属中学校

1　太郎《たろう》さんと花子さんがさいころについて話をしています。

太　郎： 面が六つあるさいころは、それぞれの面に１から６までの目がかいてあるね（**図１**）。それぞれの面をスケッチしてみたよ（**図２**）。

図１　さいころ

図２　さいころの面のスケッチ

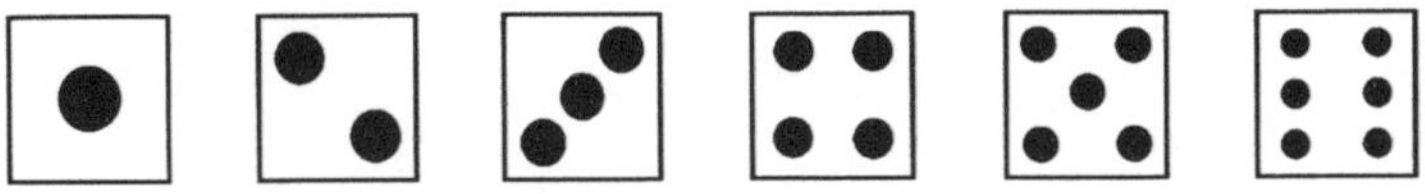

花　子： このさいころは、向かい合う面の目の数の和が、７になるように作られているよ。

太　郎： 本当だ。１の目の面と向かい合う面の目の数は６だね。確かに、足すと７になるね。

〔問題１〕　**図１**のさいころを立方体の展開図《てんかいず》から作るとき、解答用紙の展開図のそれぞれの面に１から５までの目をかきなさい。ただし、展開図にかく１から５までの目は**図２**のさいころの面のスケッチを用いること。

〔展開図《てんかいず》〕

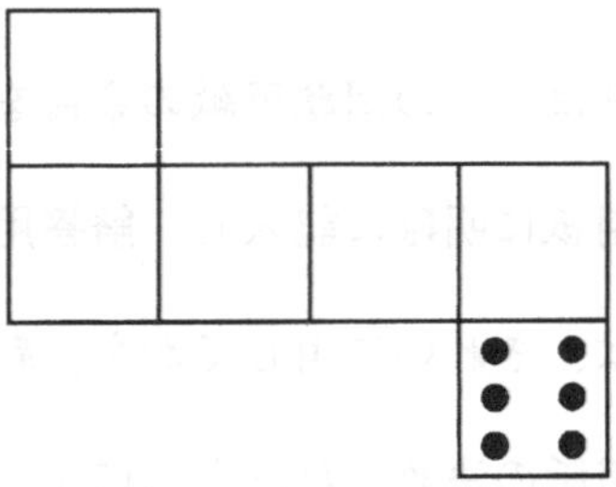

花　子： さいころの面にかかれた目の数の１から６までの整数を使って、答えが７になる式を作ることができるかな。

太　郎： 例えば、１＋２＋４＝７や、１＋１＋１＋１＋１＋１＋１＝７など、いろいろな式が作れそうだよ。

花　子：それでは、今回は次のようなルールで考えてみよう。

〔ルール〕
① １から６までの整数からいくつかの整数を使って、計算結果が７になるような式を作る。
ただし、同じ整数は一度しか使うことができない。
② 計算記号はたし算の＋、かけ算の×、わり算の÷から選んで使う。
ただし、同じ計算記号は一度しか使うことができない。
③ 計算に（　）は使わない。

花　子：まずは整数を三つ、計算記号を二つ使って、式を作ってみようよ。□に整数を、○に計算記号を入れてね（**図3**）。

図3　整数を三つ、計算記号を二つ使う場合の式

□ ○ □ ○ □ ＝ 7

太　郎：こんな式を作ってみたよ（**図4**）。同じ整数や同じ計算記号が使えないと、式を作るのはなかなか難《むずか》しいんだね。

図4　太郎さんが作った式

1 ⊕ 2 ⊗ 3 ＝ 7

花　子：そうね。では次に、整数を四つ、計算記号を三つ使う場合はどうなるかな。
ただし、たし算の＋は、計算記号を入れる○の二つめに入れる場合を考えてみてね（**図5**）。

図5　整数を四つ、計算記号を三つ使う場合の式

□ ○ □ ⊕ □ ○ □ ＝ 7

〔問題２〕**〔ルール〕**にしたがって、１から６までの中から異《こと》なる整数を四つと、計算記号を三つ全て使って、計算結果が７になるような式を作りなさい（**図5**）。

解答用紙の式の□には整数を、○には計算記号を入れ、たし算の＋は計算記号を入れる○の二つめに入れることとする。

また、どのように考えて式を作ったのかを説明しなさい。

花　子：向かい合う面の目の数の和が7になることを同時に見ることができないかな。

太　郎：鏡を使ってみたらどうだろう。3枚《まい》の鏡を、どの2枚の鏡も面と面が垂直《すいちょく》になるようにはり合わせて、その鏡の上にさいころを1個置いてみたよ。

花　子：本当だ。2組の向かい合う面については、それぞれ向かい合う面を同時に見ることができるね。見る方向によっては、3枚の鏡にさいころが映《うつ》って、実際に置いた1個のさいころと鏡に映って見える7個のさいころを合わせて、見かけ上8個のさいころがあるように見えるね（**図6**）。不思議だね。

図6　3枚《まい》の鏡をはり合わせてさいころを1個置いたときの見え方

（実際の写真を一部加工したもの）

太　郎：鏡の上に置いたさいころの置き方をいろいろ変えてみると、おもしろいことに気づいたよ。

花　子：おもしろいことってどのようなことなのかな。

太　郎：さいころを１の目の面が上に、２と３の目の面が手前になるように鏡の上に置いて、見かけ上８個のさいころの見えている面の目の数を合計してみて。

花　子：見えている面の目の数を合計すると６０になったよ。

太　郎：そうだね。では１の目の面を上にしたままで、さいころの置き方を変えて合計してみようよ。

〔問題３〕　１の目の面を上にしたままで、手前に見えている二つの面の目の数が２と３の組み合わせとならないようにさいころの置き方を変える。このとき、さいころの手前に見える二つの面の目の数の組み合わせを一つ答え、その場合の見かけ上８個のさいころの見えている面の目の数の合計を求めなさい。

　また、太郎さんが気づいたおもしろいことを、「１の目の面を上にした」と「目の数の合計」という言葉を使って説明しなさい。

このページには問題は印刷されていません。

2　**太郎《たろう》**さんと**花子**さんが調べ学習について話をしています。

太　郎：日本のくらしの変化について考えてみよう。東京オリンピック・パラリンピック競技大会が開かれるまであと２年だね。１９６４（昭和３９）年に東京で大会が行われたころと、どう変わったのかを調べてみてはどうだろう。

花　子：各家庭のテレビやラジオに電波を送るために、１９６４（昭和３９）年の東京大会の少し前の１９５８（昭和３３）年に建設されたのが東京タワーだね。

太　郎：お姉さんがとってきたこの写真（**図１**）を見て。634mの東京スカイツリーと333mの東京タワーが、同じくらいの高さに見えているよ。お姉さんは、散歩のとちゅうに立ち止まって歩道からとったと言っていたよ。

花　子：そうなんだ。地上からでも同じくらいの高さに見えるんだね。東京スカイツリーは、くらしの変化とともに都心に高いビルが増えて電波が届《とど》きにくくなったので、新たに建設されたものだよね。東京スカイツリーは東京タワーの約２倍の高さがあるのに、どうして同じくらいの高さに見えるのかな。

太　郎：どんなときに同じくらいの高さに見えるのか考えてみよう。

図１　同じくらいの高さに見える東京スカイツリーと東京タワー

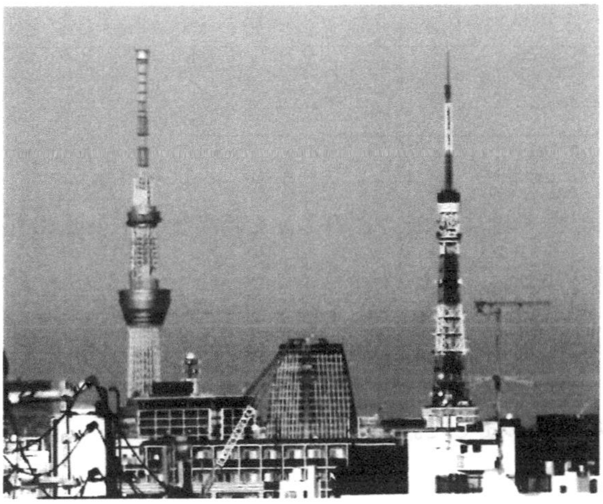

〔問題１〕　どんなときに東京スカイツリーと東京タワーが同じくらいの高さに見えるのでしょうか。二人の会話を参考にして、見る場所から東京スカイツリーまでのきょりと、見る場所から東京タワーまでのきょりに着目して説明しなさい。

　ただし、東京スカイツリーが建っている場所、東京タワーが建っている場所、東京スカイツリーと東京タワーを見る場所のそれぞれの海面から測った土地の高さは、同じであるとします。

太　郎：東京タワーが完成した次の年から工事が始まり、１９６４（昭和３９）年の東京大会の開会より少し早く開業したのが東海道《とうかいどう》新幹線だよ。

花　子：開業当時の東海道新幹線の路線図（**図２**）を作ったよ。○と●が停車駅よ。○は都府県庁《とふけんちょう》のある都市にある駅で、●はそれ以外の都市にある駅よ。

図２　花子さんが作った開業当時の東海道《とうかいどう》新幹線の路線図

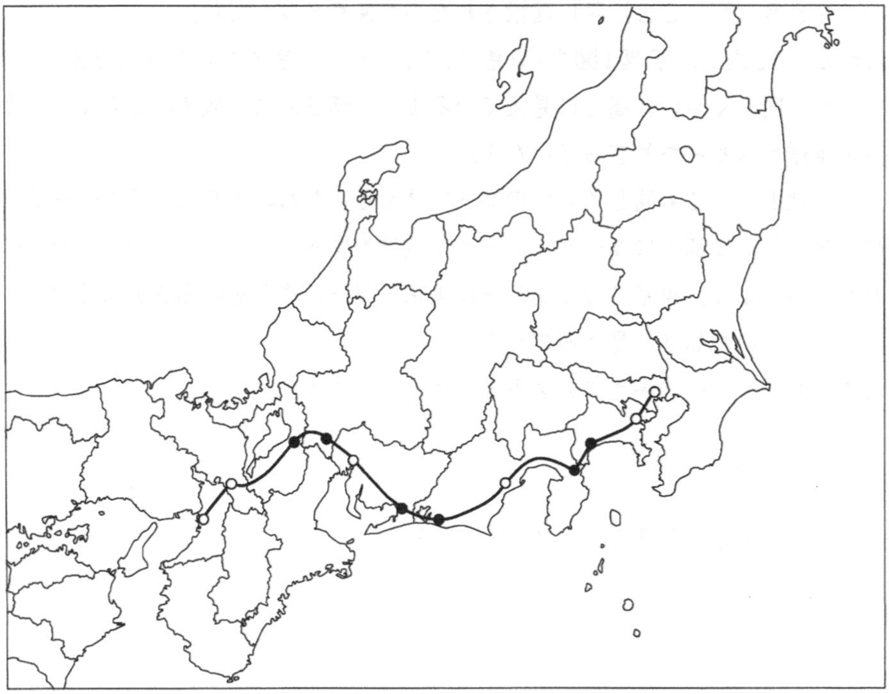

太　郎：東海道新幹線の路線がつないでいる都市や地域《ちいき》には、どのような特ちょうがあるのだろう。都市や地域における人口や産業が関係しているのかな。

花　子：それを考えるために、資料を集めてみよう。

太郎さんと花子さんは、資料（**表１・表２**）を集めました。

表１　１９６０（昭和３５）年における人口が多い上位８都市（単位　千人）

順位	都市	人口	順位	都市	人口
1	東京《とうきょう》23区《く》	8310	5	京都市《きょうとし》	1285
2	大阪市《おおさかし》	3012	6	神戸市《こうべし》	1114
3	名古屋市《なごやし》	1592	7	福岡市《ふくおかし》	647
4	横浜市《よこはまし》	1376	8	川崎市《かわさきし》	633

（総務省統計局「国勢調査」より作成）

表2　1960（昭和35）年におけるおもな工業地帯・地域《ちいき》の製造品出荷額《しゅっかがく》（単位　億円）

順位	工業地帯・地域（ふくまれる都府県）	出荷額
1	京浜《けいひん》（東京都《とうきょうと》、神奈川県《かながわけん》）	38504
2	阪神《はんしん》（大阪府《おおさかふ》、兵庫県《ひょうごけん》）	32520
3	中 京《ちゅうきょう》（愛知県《あいちけん》、三重県《みえけん》）	16835
4	瀬戸内《せとうち》（岡山県《おかやまけん》、広島県《ひろしまけん》、山口県《やまぐちけん》、香川県《かがわけん》、愛媛県《えひめけん》）	12483
5	関東内陸《かんとうないりく》（群馬県《ぐんまけん》、栃木県《とちぎけん》、埼玉県《さいたまけん》）	6809
6	北九州《きたきゅうしゅう》（福岡県《ふくおかけん》）	6465
7	東海《とうかい》（静岡県《しずおかけん》）	6183
8	北陸《ほくりく》（新潟県《にいがたけん》、富山県《とやまけん》、石川県《いしかわけん》、福井県《ふくいけん》）	6153

（経済《けいざい》産業省「工業統計表」より作成）

〔問題2〕　東海道新幹線の路線がつないでいる都市や地域《ちいき》の特ちょうとして、資料からわかることを説明しなさい。なお、説明は、「説明の書き方」にしたがって書きなさい。

「説明の書き方」

① 説明で用いる資料は「**図2**と**表1**」または「**図2**と**表2**」のどちらかの組み合わせとします。**表1**と**表2**のどちらを選んだかを、解答用紙に書きなさい。

② 「**図2**と**表1**」を選んだ時は、**図2**の新幹線が通っている**表1**の都市のうち、異《こと》なる都市を二つ以上、説明の文の中で使いなさい。
「**図2**と**表2**」を選んだ時は、**図2**の新幹線が通っている**表2**の工業地帯・地域のうち、異なる工業地帯・地域を二つ以上、説明の文の中で使いなさい。

花　子：新幹線の路線が日本のいろいろな場所に広がってきたように、時がたつにつれて人々のくらしも変わってきたと思う。

太　郎：くらしの変化をもう少しくわしく見るために、比べる年を決めよう。

花　子：１９６４（昭和３９）年の東京大会の翌年《よくねん》の１９６５（昭和４０）年と２５年後の１９９０（平成２）年ではどうかな。

太　郎：くらしの変化を見るために、どんなことにお金を使っていたかについて比べてみるのはどうだろう。こんな表（**表３**）を見つけたよ。

表３　働いている人がいる世帯のおおよその消費支出（１か月あたりの平均）（単位　円）

	食料	住居	光熱	衣類	その他	合計
1965年	17900	2400	2400	4900	21700	49300
1990年	80000	16500	16800	23900	194400	331600

（総務省統計局「家計調査年報」より作成）

花　子：「働いている人がいる世帯」とは働いている人がいる一つの家庭のことで、「消費支出」とは日常の生活のために実際に使ったお金のことね。表の中の「光熱」には電気代やガス代や水道代が入っていて、「衣類」には服の他にくつ等のはき物も入っているよ。

太　郎：時がたつにつれて全体的にものの値段《ねだん》も高くなっているから、１９６５（昭和４０）年と１９９０（平成２）年では全体の消費支出の金額はずいぶんちがっているね。

花　子：二つの年を比べるために、計算してグラフにしてみよう。私《わたし》は１９６５（昭和４０）年の数字を計算してグラフにするから、太郎さんは１９９０（平成２）年の数字を計算してグラフにしてね。

図３　花子さんと太郎さんが作ったグラフ

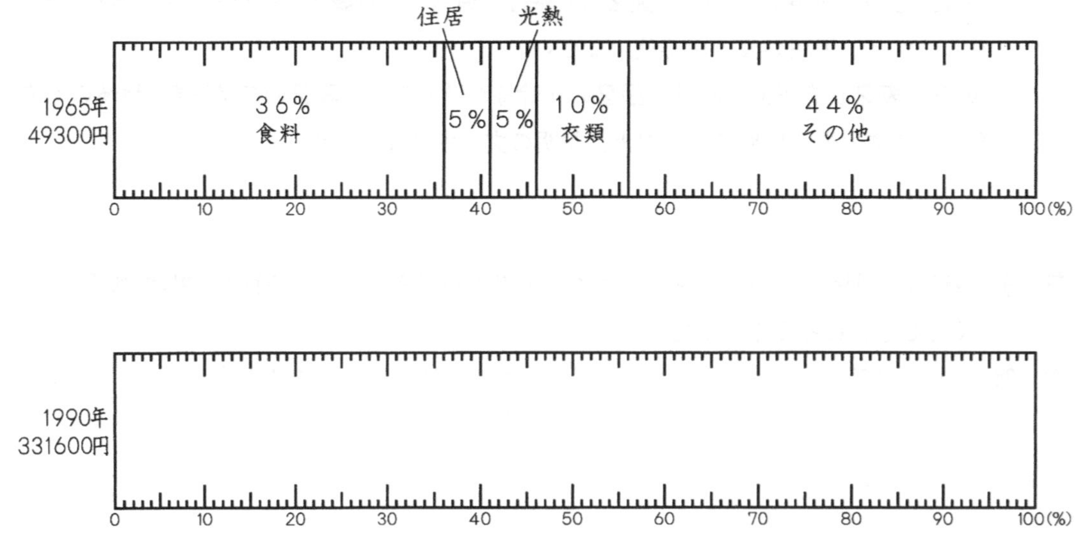

花　子： くらしの変化を考えるために、私たちが作ったグラフ（**図3**）に他の資料もあわせて、どのようなことにお金を使うようになっていったのか、考えてみようよ。

太　郎： この資料（**図4**）を使って考えよう。

図4　家庭電化製品と乗用車の普及《ふきゅう》の様子

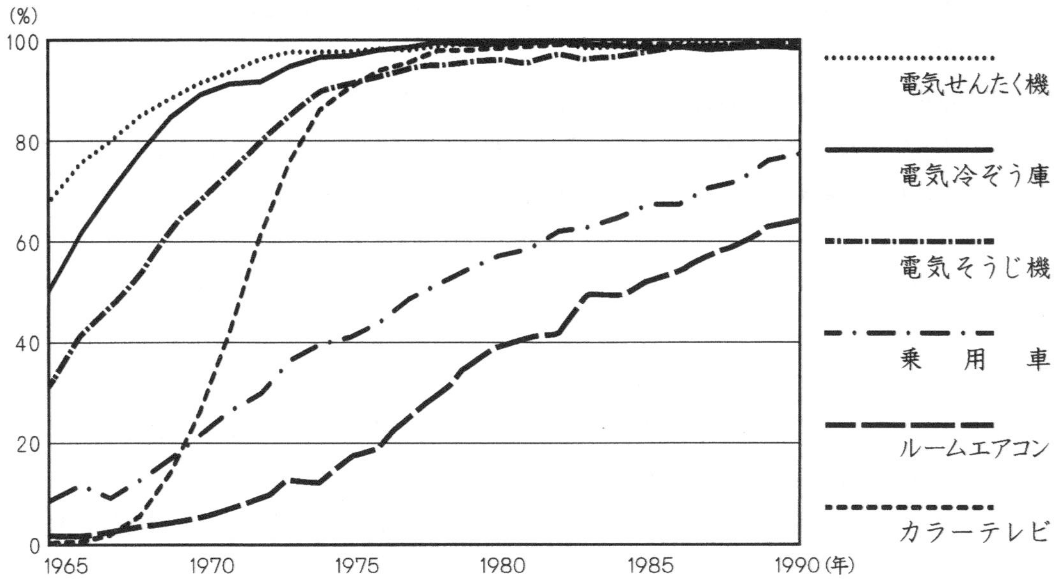

（内閣府《ないかくふ》「家計消費の動向」より作成）

〔問題3〕　花子さんが作成した１９６５（昭和４０）年のグラフを参考にして、**表3**の１９９０（平成２）年の数字を計算し、解答用紙の**図3**の１９９０（平成２）年のグラフを完成させなさい。そのとき、「グラフの書き方」にしたがって作成しなさい。

あわせて、１９６５（昭和４０）年から１９９０（平成２）年までの２５年間のくらしの変化の中で、人々のお金の使い方はどのように変わっていったのでしょうか。完成させた**図3**と**図4**から読みとれることを説明しなさい。

「グラフの書き方」

① 割合《わりあい》は、小数第３位を四捨五入《ししゃごにゅう》して、小数第２位まで求める。（１９６５年の食料の場合、１７９００を４９３００で割《わ》ったものを０．３６と表す）

② ①で求めた割合を百分率で表す。（１９６５年の食料の場合、①で求めた０.３６を３６%と表す）

③ 左から順に直線定規で線を引いて区切り、何を表しているかと何%かを記入する。

④ 何を表しているかをグラフの中に書けない場合は、１９６５（昭和４０）年の「住居」「光熱」のように線を引いて、グラフの外側にはっきり書く。

3 **太郎《たろう》**さん、**花子**さん、**先生**が教室で話をしています。

太　郎：春になるとスギの花粉が多く飛ぶね。

花　子：実際はどのくらいの数の花粉が飛んでくるのかな。調べてみたいな。

先　生：飛んでいる花粉を数えるのは難《むずか》しいですが、スライドガラスにワセリンという薬品をぬって外に置いておくと、そこに花粉が付くので、その数を数えることならできますよ。

太　郎：花粉は小さいので、数えるときはけんび鏡を使うのですか。

先　生：そうですね。けんび鏡で見えているはん囲は全体の一部なので、どのような倍率がふさわしいか考えて観察することが大切ですよ。

二人は先生のアドバイスを受けながら、次のような方法で花粉の数を調べました。

1　スライドガラスにワセリンをぬる。
2　屋上へ行き、平らな台の上にスライドガラスを置き、飛ばされないように固定する。
3　２４時間後に、スライドガラスを回収《かいしゅう》する。
4　ワセリンに付いた花粉をけんび鏡で観察して、１ｃm^2あたりの花粉の数を計算で求める。

図１は二人がけんび鏡で観察した花粉の様子です。

花　子：二種類の花粉が観察できました。形がちがいますが、それぞれ何の花粉ですか。

先　生：とっ起のある方がスギの花粉、とっ起のない方がヒノキの花粉です。

太　郎：スギだけでなく、ヒノキの花粉も飛んでいるのですね。

先　生：二人は、どのような倍率で観察しましたか。

花　子：私《わたし》は広いはん囲を見るために低い倍率で観察しました。花粉の付き方は均一ではないかもしれないので、広いはん囲の花粉の数を数えた方が良いと思います。

太　郎：ぼくは高い倍率で観察しました。倍率を高くすると、それぞれの花粉が大きく見えて良いと思います。

図1　けんび鏡で観察した花粉の様子

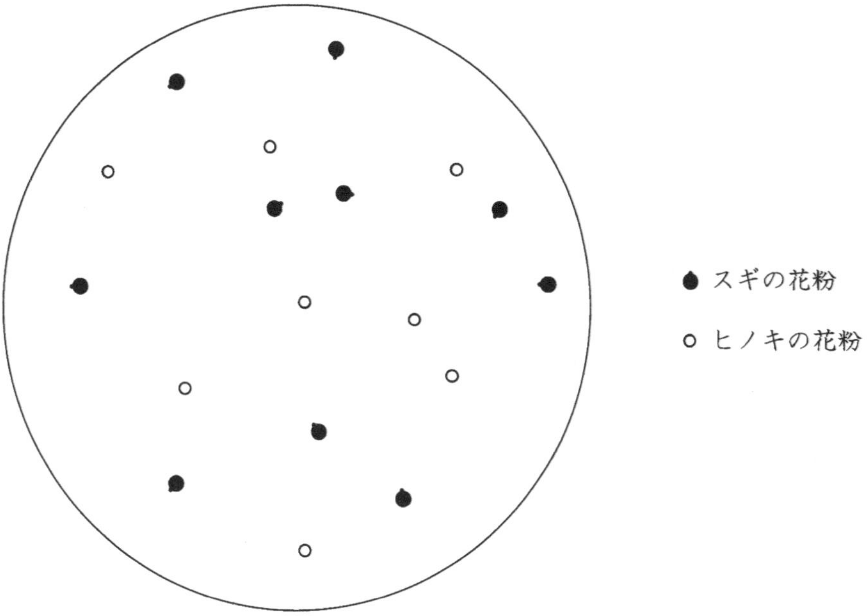

花子さんが観察した花粉の様子（見えているはん囲の面積　４ｍｍ^2）

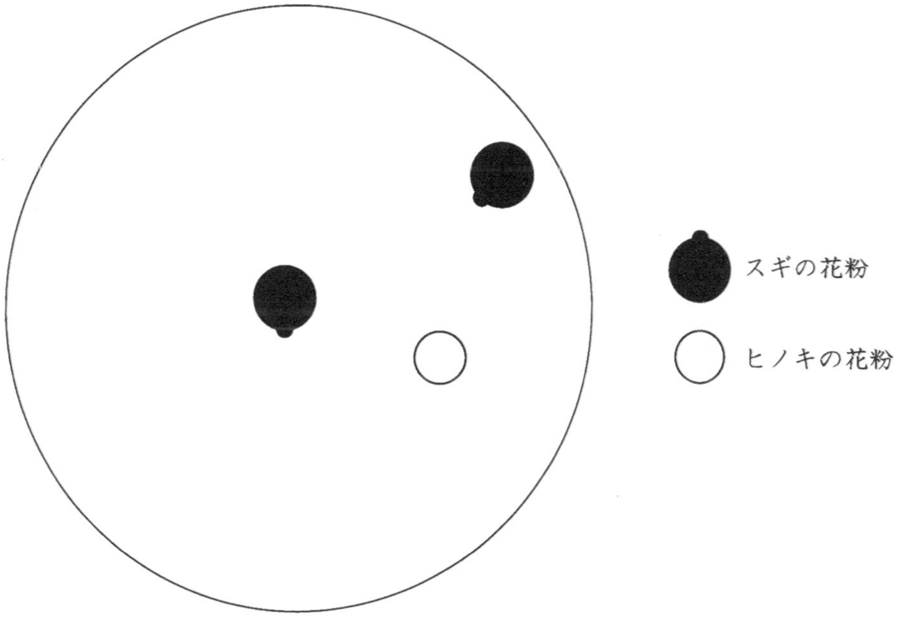

太《た》郎《ろう》さんが観察した花粉の様子（見えているはん囲の面積　０．２５ｍｍ^2）

〔問題１〕　花子さんと太郎さんの観察のうち、花粉の数を求めるのにふさわしいと思う方を選び、スギかヒノキのどちらかについて、１ｃｍ^{2}あたりの花粉の数を求めなさい。また、それをどのように求めたのかを数と言葉を使って説明しなさい。

太　郎： 春は花粉だけでなく、砂《すな》も飛んでいるね。

花　子： 黄砂《こうさ》のことだよね。この砂も花粉と同じようにけんび鏡で調べられますか。

先　生： この砂は、ユーラシア大陸から飛ばされてくるものです。日本まで飛ばされてくる砂の大きさは花粉よりもずっと小さいので、みなさんがけんび鏡で調べるのは難しいです。環境省《かんきょうしょう》などでは、ライダーという特しゅな観測装置《かんそくそうち》で黄砂の観測をしています。

太　郎： どのようにして観測するのですか。

先　生： では、観測の仕組みを説明しましょう。**図2**の**A1**のように、地上の観測装置から上空に向けて特別な光を出します。光は上空に向かってまっすぐに進みますが、上空に砂がある場合には、砂に当たってはね返ります。この装置では、はね返ってきた光の量と、光がはね返ってくるまでの時間を計測しています。

太　郎： 光が進むのに、時間がかかるのですか。

先　生： そうですよ。例えば、太陽の光が地球まで進むのに８分以上かかります。

図2　上空の砂《すな》の様子と観測装置《かんそくそうち》を使った計測結果

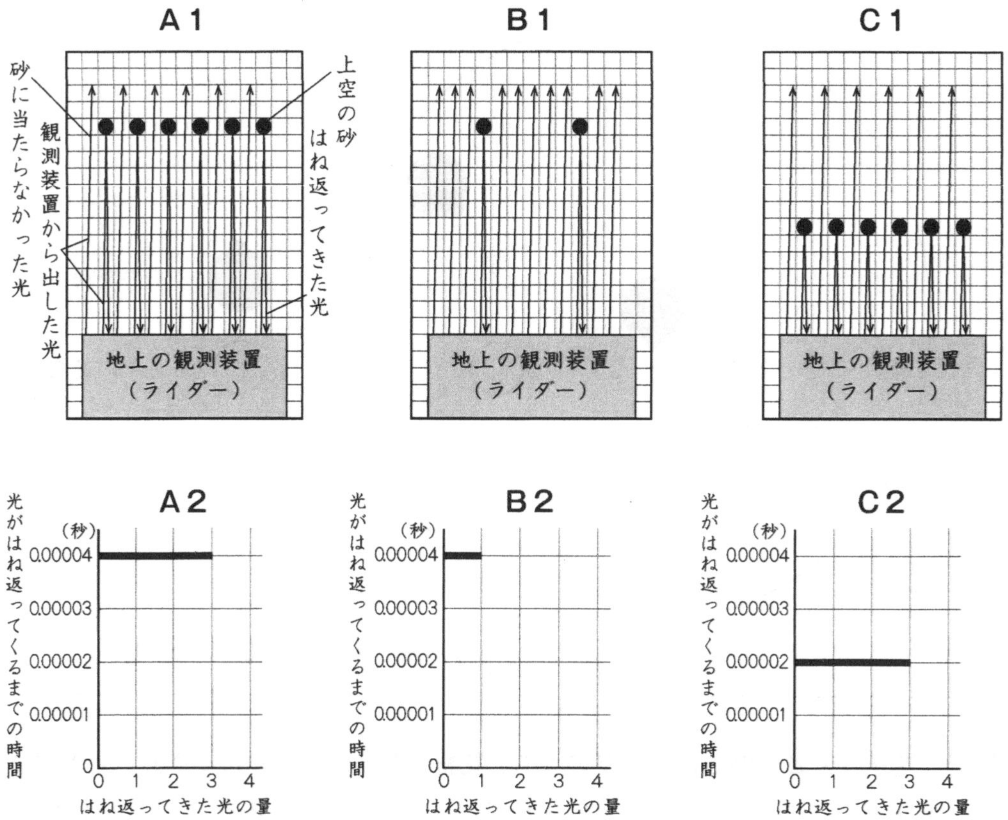

花　子：はね返ってきた光の量と、はね返ってくるまでの時間から何が分かるのですか。

先　生：もう一度、**図2**を見てください。ここでは光はどんなきょりを進んでも弱くならないものとし、上空の砂は同じ高さに並《なら》んでいるものとします。**図2**の**A1**のように砂がある場合の計測結果が**A2**のグラフになります。グラフの横軸《よこじく》の数が大きいほど、砂に当たってはね返ってきた光の量が多いことを示します。

花　子：なるほど。**B1**のように砂がある場合の計測結果が**B2**のグラフで、**C1**のように砂がある場合の計測結果が**C2**のグラフということですね。

先　生：その通りです。計測結果から上空の砂についてどのようなことが分かるか、説明できますか。

太　郎：はい。はね返ってきた光の量が多いほど **（あ）** ということが分かります。

花　子：光がはね返ってくるまでの時間が長いほど **（い）** ということも分かります。

〔問題2〕（1）　会話の中の **（あ）** と **（い）** に当てはまる文章を答えなさい。

（2）　①か②の図のどちらかについて、その計測結果を示すグラフを次の**ア**～**エ**の中から一つ選び、記号で答えなさい。ただし、①と②のます目は**図2**のます目と同じ大きさを表すものとします。

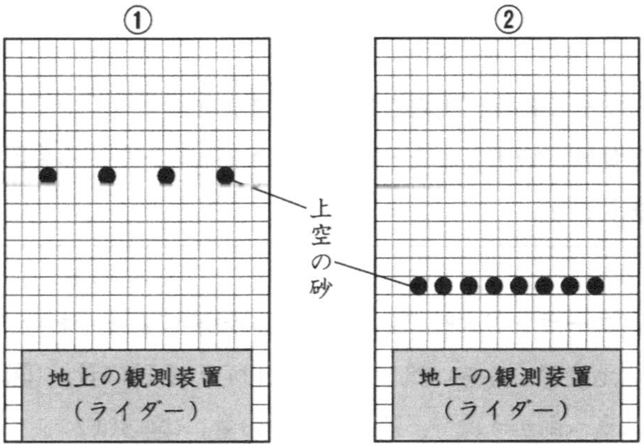

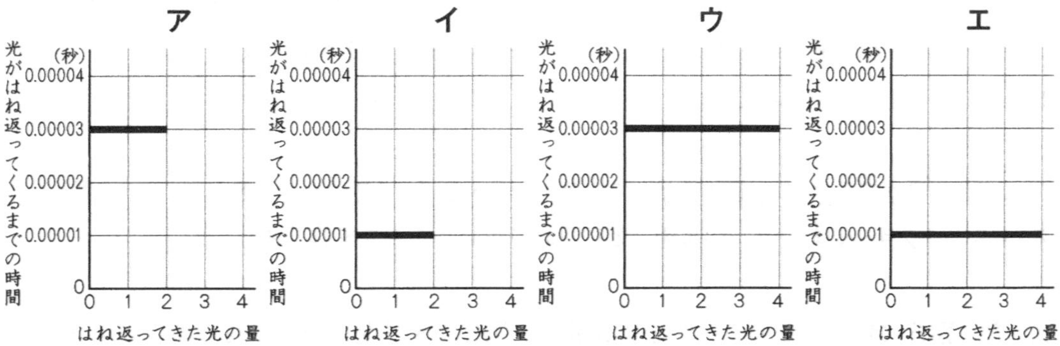

太　郎：黄砂という現象はどのようにして起こるのですか。

先　生：**図3**を見ると黄砂が起こる様子が分かりますよ。

太　郎：なるほど。**図3**のようにして運ばれた砂の一部が日本付近に落ちてくるのですね。

花　子：黄砂は春に起こることが多いと思うのですが、他の季節には起こらないのですか。

先　生：**図4**を見ると、日本で黄砂が観測された日数が、春に多く、夏になると少なくなっていることが分かりますね。

図3　黄《こう》砂《さ》が起こる様子

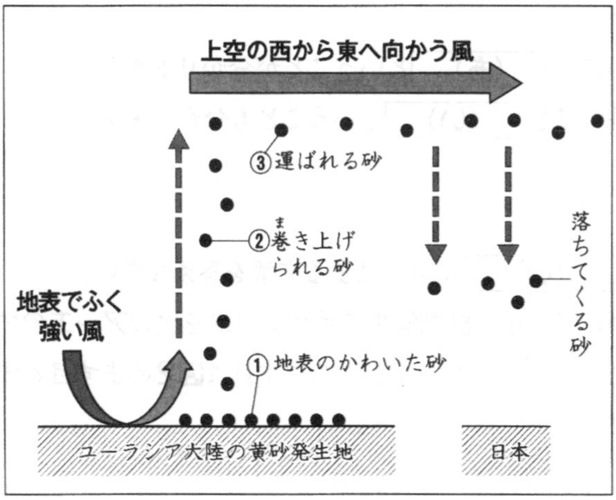

図4　日本で黄砂が観測された平均日数

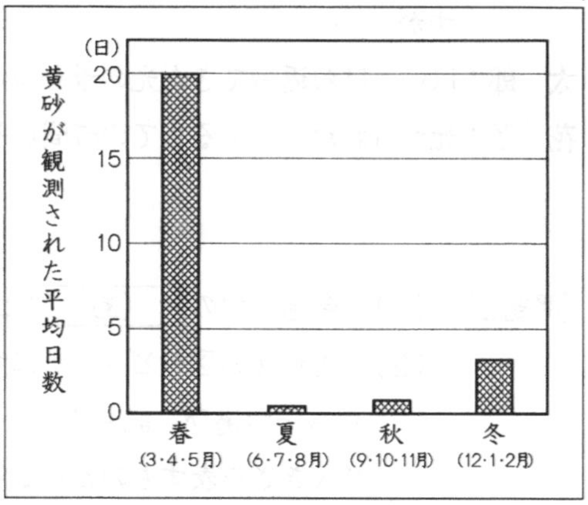

(気《き》象《しょう》庁《ちょう》ホームページより作成)

太　郎：どうして夏になると黄砂が観測された日数は少なくなっているのですか。

先　生：では、日本で黄砂が観測された日数にえいきょうをあたえる要因を、次の三つにしぼって考えてみましょう。

〔三つの要因〕
① 黄砂発生地（ユーラシア大陸のある地域《ちいき》）の地表にあるかわいた砂の量。(**図3①**)
② 黄砂発生地の地表でふく強い風で、巻《ま》き上げられる砂の量。(**図3②**)
③ 上空の西から東へ向かう風で、運ばれる砂の量。(**図3③**)

花　子：黄砂発生地の気象や上空の風について、季節によるちがいを調べれば、黄砂が観測された日数が夏になると少なくなっている理由が分かりそうですね。

太　郎：図書室で調べてみよう。

二人は図書室で見つけた資料をもとに、春（３月～５月）・夏（６月～８月）・秋（９月～１１月）・冬（１２月～翌年《よくねん》２月）の季節ごとに平均を求めてグラフを作りました。

太　郎：**図5**は黄砂発生地の平均月降水量《へいきんつきこうすいりょう》で、**図6**は黄砂発生地の平均の積雪の深さです。このグラフでは春にも積雪があるけれども、実際に雪があるのは春の初めだけです。

花　子：黄砂発生地で、地表の砂を巻き上げるくらい強い風がふいた回数の平均をまとめたものが**図7**です。また、上空の西から東へ向かう風の平均の速さをまとめたものが**図8**です。風の秒速の数値《すうち》が大きいほど風が強いことを示します。

先　生：二人がまとめたグラフから、日本で黄砂が観測された日数が、春に比べて夏になると少なくなっている理由が説明できそうですね。

図5　黄砂発生地の平均月降水量《へいきんつきこうすいりょう》

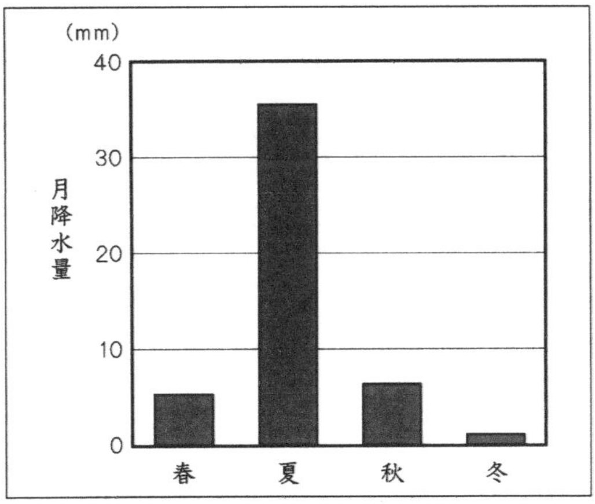

（鳥取《とっとり》大学乾燥地《かんそうち》研究センター監修《かんしゅう》
「黄砂ー健康･生活環境《かんきょう》への影響《えいきょう》と対策《たいさく》」より作成）

図6　黄砂発生地の平均の積雪の深さ

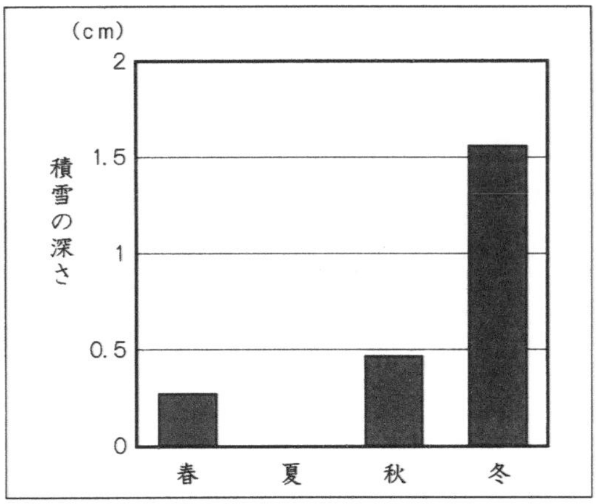

（鳥取大学乾燥地研究センター監修
「黄砂ー健康･生活環境への影響と対策」より作成）

図7　黄砂発生地の地表でふく強い風の平均観測回数
（風の強さは１日に８回、３時間おきに観測している。）

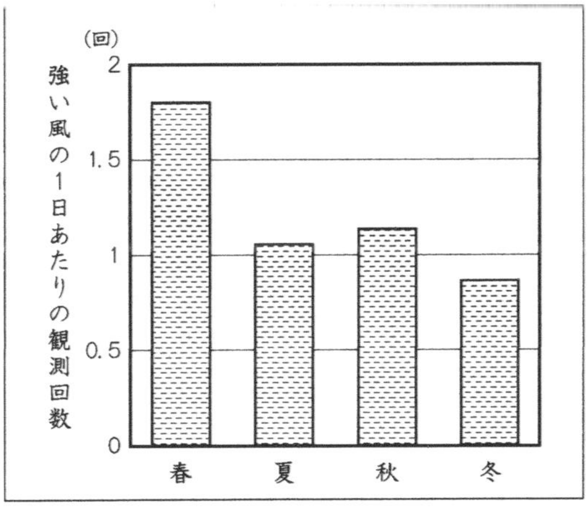

（鳥取大学乾燥地研究センター監修
「黄砂ー健康･生活環境への影響と対策」より作成）

図8　上空の西から東へ向かう風の平均の速さ
（秒速を１秒間に進むきょり（m）で表している。）

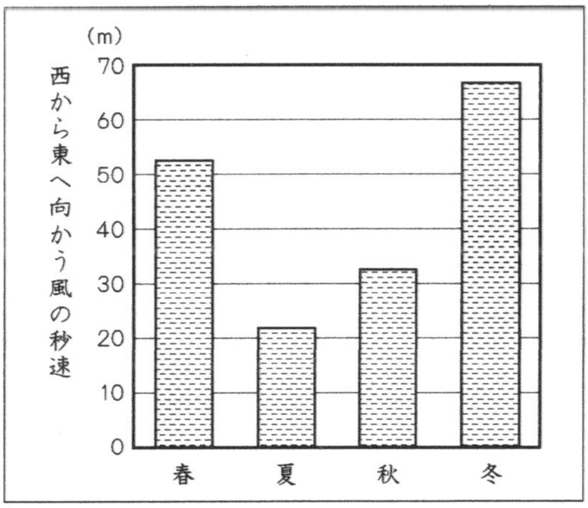

（気象庁ホームページより作成）

〔問題３〕　**図５～図８**の中から二つを選び、日本で黄砂が観測された日数が、春に比べて夏になると少なくなっている理由として考えられることを、それぞれ**〔三つの要因〕**①～③のうちの一つと関連付けて説明しなさい。

適性検査Ⅲ

注　意

1　問題は **1** から **2** までで、**6ページ**にわたって印刷してあります。

2　検査時間は**30分**で、終わりは**正午**です。

3　声を出して読んではいけません。

4　計算が必要なときは、この問題用紙の余白を利用しなさい。

5　答えは全て解答用紙に明確に記入し、**解答用紙だけを提出しなさい。**

6　答えを直すときは、きれいに消してから、新しい答えを書きなさい。

7　**受検番号**を解答用紙の決められたらんに記入しなさい。

東京都立白鷗高等学校附属中学校

問題は次のページから始まります。

1 **はるき**さんと**くみ**さんと**おさむ**さんは、教室で海外留学の準備を始めています。日本のお金を現地のお金に両替《りょうがえ》することについて調べると、各国で金額が変わることを知りました。はるきさんがもってきた資料で、ある日の両替の金額は**表1**のようになっていました。

表1　各国の通貨１単位あたりの両替《りょうがえ》金額

アメリカ	1アメリカドル	１１１円
スイス	1フラン	１１３円
イギリス	1ポンド	１４８円
ブラジル	1レアル	３４円
南アフリカ	1ランド	８．１円

はるき： 国によって、通貨の１単位あたりの両替金額がちがうね。
く　み： イギリスでは、通貨の単位は「ポンド」で1ポンドが１４８円なのね。
おさむ： それじゃ、イギリスの1ポンドの方が、日本の１００円より価値《かち》が高いね。
はるき： 国によって通貨の価値が変わるところはおもしろいね。**表1**から日本の３００００円をイギリスの通貨に両替すると、約２０２．７ポンドを受け取れることも分かるよ。
く　み： 同じように日本の３００００円をアメリカの「アメリカドル」やスイスの「フラン」といった通貨に両替すると、両替後の金額はどのくらいになるのかな。

〔問題1〕　日本の３００００円を各国の通貨に両替すると、それぞれどのくらいの金額を受け取れますか。**表1**のうちからイギリス以外の２つの国を選び、小数第二位を四捨五入《ししゃごにゅう》して小数第一位まで求めなさい。

カナダから帰ってきた**うらら**さんが教室で、はるきさん、くみさん、おさむさんと一緒《いっしょ》に両替について話しています。

> **うらら：** わたしがカナダに留学したときは両替の金額が1カナダドル８４円だったけど、昨日お父さんが「今は1カナダドルが８７円だ。」と言っていたよ。
> **おさむ：** 毎日、国と国とのやりとりの中で、通貨の金額が変わることは、ニュースで見たことがあるよ。
> **はるき：** ぼくたちが日本からカナダに留学する際にも、1カナダドルが８４円の場合と1カナダドルが８７円の場合で、もらえるカナダドルの金額が変わってくるね。
> **く　み：** わたしはより多くのカナダドルをもらえた方がうれしいよ。

〔問題２〕　日本からカナダへ留学する際、くみさんは1カナダドルが「８４円の場合」と「８７円の場合」のどちらの場合に両替すればよいと考えますか。

「８４円の場合」または「８７円の場合」のどちらかを選び、選んだ理由を具体的に説明しなさい。ただし、両替する時はその他の料金はかからないものとします。

1

解答用紙　適性検査Ⅰ

〔問題1〕 20点

100

※

※

〔問題2〕 20点

100

※

※

〔問題3〕 60点

※

※

受検番号

得点
※

※のらんには記入しないこと

※100点満点

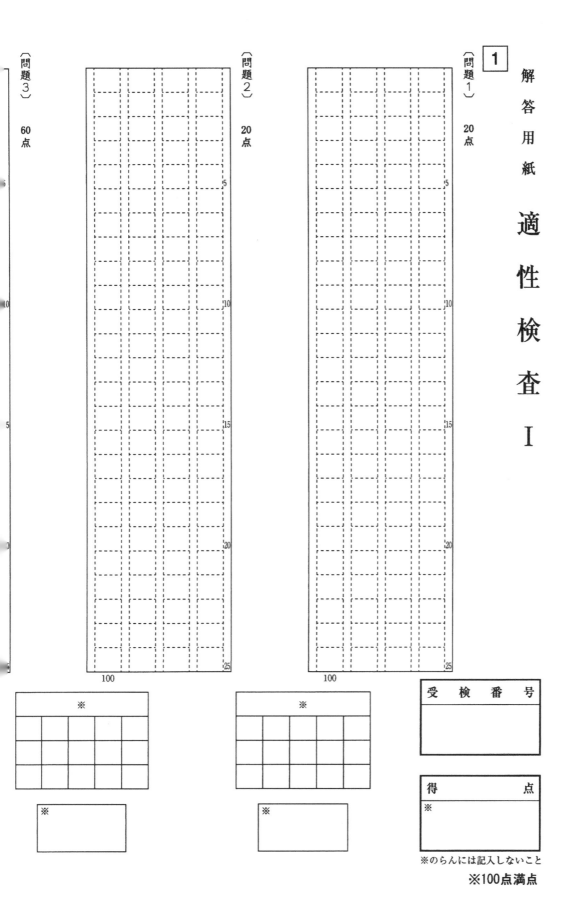

解答用紙　適性検査Ⅱ

※100点満点

受検番号	得点
	※

※のらんには、記入しないこと

1

〔問題１〕　10点

〔展《てん》開《かい》図《ず》〕

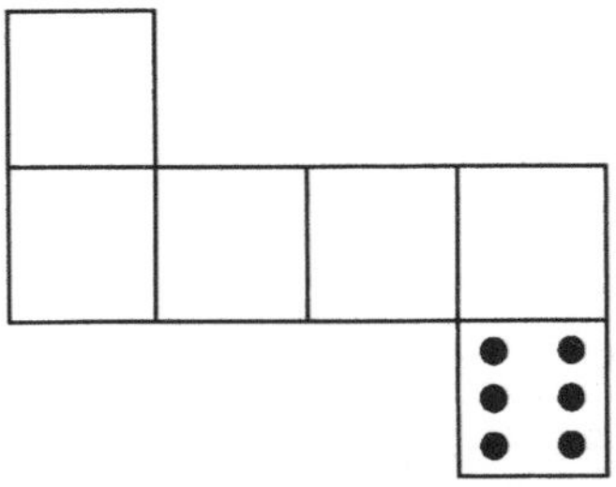

※

〔問題２〕　15点

〔式〕

□ ○ □ ⊕ □ ○ □ ＝ 7

〔説明〕

※

〔問題３〕　15点

〔手前に見える二つの面の目の数の組み合わせ〕 と	〔合計〕
〔太郎さんが気づいたおもしろいこと〕	

※

解 答 用 紙　適 性 検 査 Ⅲ

※100点満点

受　検　番　号	得　　　点
	※

※のらんには、記入しないこと

1

〔問題１〕　10点

国（　　　　　　　　　　）	国（　　　　　　　　　　）
＜金額＞ 約	＜金額＞ 約

※

〔問題２〕　15点

＿＿＿＿＿＿円の場合

＜理由＞

※

〔問題３〕　５点

＜式＞

＿＿＿＿＿＿枚《まい》分《ぶん》

※

〔問題４〕　10点

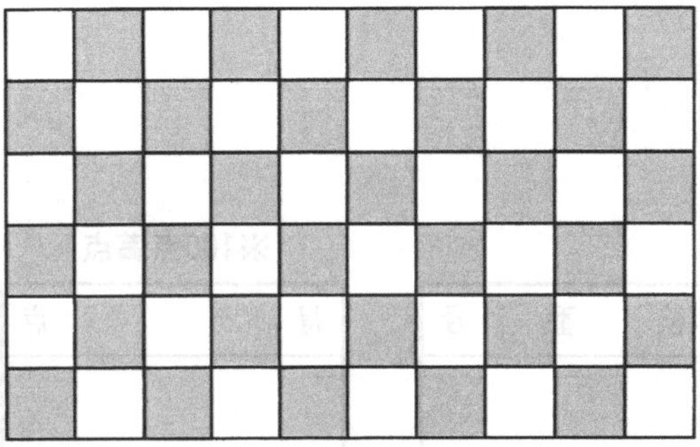

＜式＞（　　　　　　）÷２＋（　　　　　　）－１＝（　　　　　　）

※

〔問題５〕　20点

＜すべての面の面積の合計＞

ｃｍ^{2}

＜説明＞

※

2

〔問題１〕　５点

はるき	くみ

※

〔問題２〕　15点

あ

い

※

〔問題３〕　20点

表㋐

		相手	
		赤	白
自分	赤		
	白		

表㋑

		相手	
		赤	白
自分	赤		
	白		

＜説明＞

※

2

〔問題１〕　６点

※

〔問題２〕　４点

〔選んだ表〕

〔説明〕

※

〔問題３〕　20点

図３

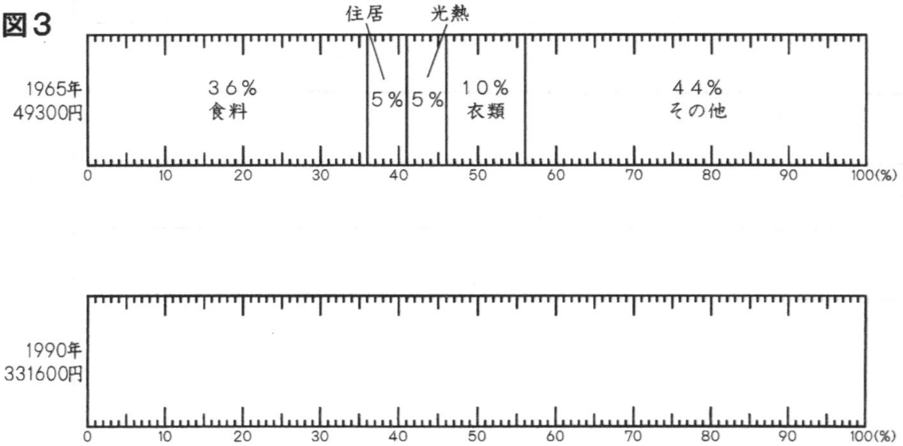

〔説明〕

※

3

〔問題1〕　10点

〔選んだ観察〕	さんの観察
〔選んだ花粉〕	の花粉
〔１ｃｍ^{2}あたりの花粉の数〕	個
〔説明〕	

※

〔問題2〕　10点

（1）　（あ）		
（い）		
（2）〔選んだ図の番号〕	〔グラフの記号〕	

※

〔問題3〕　10点

〔選んだ図〕
〔説明〕
〔選んだ図〕
〔説明〕

※

(30　白鷗)

450　400　300　200　100

※									

※

３人は、カナダに短期留学することになりました。そこで、お世話になるホームステイ先に日本のおみやげを買うことにしました。３人が選んだおみやげは、右の**図１**のような模様《もよう》の小物入れでした。

図１　おみやげの小物入れ

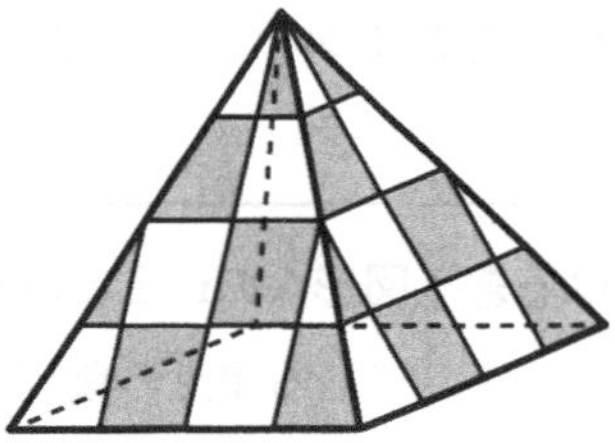

はるき：日本の伝統的な市松《いちまつ》模様《もよう》がすてきだね。
く　み：「東京オリンピック・パラリンピック競技大会」のマークも市松模様に似ているからきっと喜んでくれるよ。
おさむ：ところで、色が付いた部分 □ と白い部分 □ が組み合わせてあるけど、この小物入れの色が付いた部分の面積は、１辺が１ｃｍの正方形何枚分《なんまいぶん》なのかな。

図２　小物入れの表面に現れる図形の模様《もよう》（図形Ａと図形Ｂ）

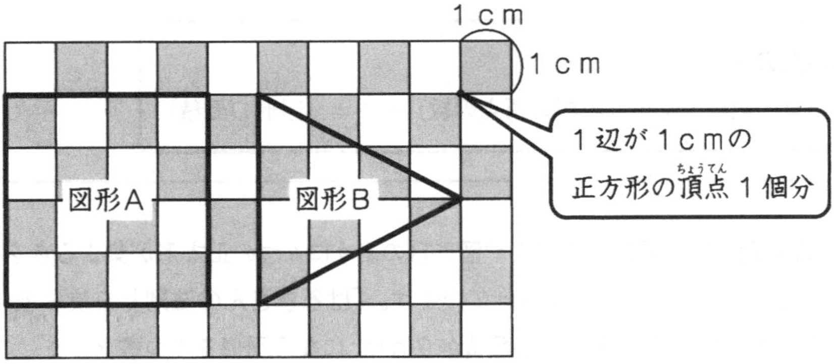

図１の小物入れの表面は、**図２**の図形Ａ（太線の四角形）と図形Ｂ（太線の三角形）を組み合わせてできています。

なお、**図２**では、色が付いた部分も白い部分も、どちらも１辺の長さが１ｃｍの正方形です。

〔問題３〕　小物入れの表面全体について、色の付いた部分の面積は、１辺が１ｃｍの正方形何枚分ですか。**図２**を参考にして、考え方を表す式と１辺が１ｃｍの正方形の何枚分かを答えなさい。

はるきさんは、市松模様について観察していく中で、１辺が１ｃｍの正方形の頂点《ちょうてん》と図形の面積の関係について、次の法則を見つけました。

はるき：図形Ａの辺上にある正方形の頂点の数（辺上の頂点の数）は１６個、図形Ａの内部にある頂点の数（内部の頂点の数）は９個だから、１６÷２＋９－１＝１６となるよ。
く　み：図形Ａは１辺が４ｃｍの正方形だから、面積は４×４＝１６としても確認《かくにん》できるね。
おさむ：図形Ｂでも、確かにはるきさんの法則は成り立つよ。
これは、はるきさんが見つけたので **「はるきさんの法則」** にしよう。

表2

	辺上の頂点の数（個）	内部の頂点の数（個）	面積（cm^2）
図形Ａ	１６	９	１６
図形Ｂ	８	５	８

「はるきさんの法則」
（辺上の頂点の数）÷２＋（内部の頂点の数）－１＝（図形の面積）

〔問題４〕 **「はるきさんの法則」** は、**図２**の図形Ａや図形Ｂのように４つの正方形が集まる点を頂点とする多角形で成り立つことが知られています。**「はるきさんの法則」** を使って、三角形、正方形、長方形以外の多角形で面積が９ｃm^2になる図形を１つ書きなさい。また、解答用紙に書いた、その図形の面積を求める式を **「はるきさんの法則」** に当てはめて書きなさい。ただし、図形の内部の点の数は、最低１つ以上あるものとします。

〔問題５〕 **図３**の立体Ｐは直方体です。立体Ｐの表面は**図２**の図形Ａと、図形Ａと同じ市松模様の長方形を組み合わせてできています。
「はるきさんの法則」 を使って立体Ｐのすべての面の面積の合計を求め、その求め方について「図形Ａ」、「長方形」、「辺上の頂点の数」、「内部の頂点の数」という言葉を使って、説明しなさい。

図３　立体Ｐ

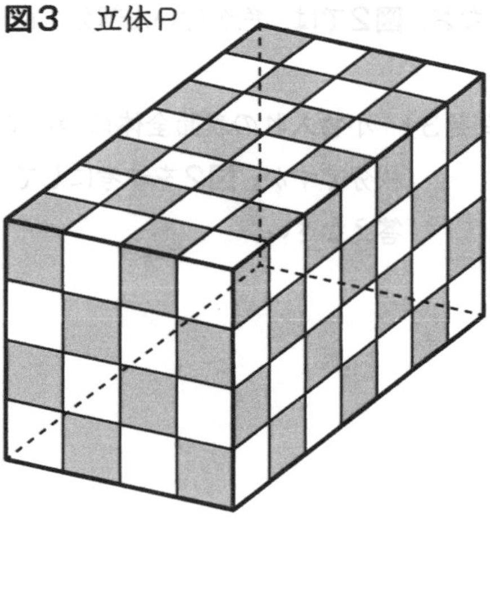

2　**はるき**さんと**くみ**さんはそれぞれ赤１枚《まい》、白１枚のカードを用意し、次のようなゲームを考えました。それぞれの人が２枚のカードから１枚のカードを選んで同時に出し、最初に決めておいたルールによって点数が得られるというものです。ただし、１回使ったカードは２回目からも使うことができます。二人は得点のルールをどうするか話し合い、次の**表１**のようにしました。

表１　ゲームの得点のルール

		相手	
		赤	白
自分	赤	３点	４点
自分	白	２点	１点

次は二人の会話です。

はるき：この**表１**の見方を確認《かくにん》しておこう。この表は自分の点数を出すための表だよ。だから、この表には相手の点数は書かれてないよ。
ぼくが点数を出すときと、くみさんが点数を出すときでは、少し見方がちがう表になっているよ。ぼくが赤、くみさんが白を出したときに、ぼくの点数を知りたいとするね。ぼくが「自分」になるから 赤 に注目することになるよ。

く　み：わたしは白を出しているから、はるきさんは４点になるね。わたしの点数はどんな見方をするのかな。

はるき：今度はくみさんの点数を知りたいから、くみさんが「自分」になるね。だから今度は 白 に注目することになるよ。

く　み：相手のはるきさんは赤を出しているから、わたしは２点になるね。

〔問題１〕　二人はこのゲームを３回行ってみました。カードの出し方は**表２**のようになりました。
このとき、二人の３回の合計得点をそれぞれ求めなさい。

表２　二人がそれぞれ３回出したカードの色

	１回目	２回目	３回目
はるき	白	白	赤
く　み	白	赤	赤

次はくみさんが気づいたことについての会話です。

く　み： 何度かやってみて気がついたのだけど、この**表1**の得点のルールのときは、わたしは［　あ　］を出せばいいと思う。 **はるき：** どうしてそう思うのかな。 **く　み：** ［　い　］

〔問題２〕 くみさんは赤と白のどちらのカードを出したほうが点数が高いと考えたでしょうか。会話中の［　あ　］に入るカードの色を答えなさい。また、くみさんが［　い　］の会話でどのような説明をしたと考えられますか。**表1**の得点および「赤」、「白」の言葉を使って会話文を考えなさい。

二人は**表1**の四つの数字を他の数字にかえて、もう一度行ってみることにしました。1から9までの九つの数字からことなる四つの数字を選び、**表1**の得点を書きかえました。次に、新しい得点のルールをもとに、二人は5回ゲームを行いました。出したカードの色と合計得点は次の**表3**のようになりました。

表3　二人がそれぞれ5回出したカードの色と合計得点

	1回目	2回目	3回目	4回目	5回目	合計
はるき	赤	赤	白	白	赤	25点
く　み	赤	白	白	白	赤	26点

しかし後日、二人はこの得点のルールを書いた紙をなくしてしまったことに気がつきました。次は二人の会話です。

はるき： くみさんが出した色は覚えていないけど、ぼくが赤を出したときに3点もらえたこと**（条件A）**があったよ。 **く　み：** わたしは、はるきさんが出した色は覚えていないけど、わたしが白を出したときに一番高い点数がもらえたこと**（条件B）**と、2回だけ6点だったこと**（条件C）**を覚えているよ。

〔問題３〕 これらの会話だけでは得点のルールは一つに決まらず、2種類できます。会話文に合った2種類の得点のルールを考え、解答用紙の表㋐、㋑に数字をかきなさい。また、なぜ2種類の表になるか、上の会話中の**（条件A）**、**（条件B）**、**（条件C）**という言葉を使って、説明しなさい。

ただし、表㋐、㋑の順番は問いません。